Alfred Läpple
Ketzer und Mystiker

Alfred Läpple

Ketzer und Mystiker

Extremisten des Glaubens.
Versuch einer Deutung

Delphin Verlag

© 1988 Delphin Verlag GmbH, München
Alle Rechte vorbehalten
Umschlag: Franz Wölzenmüller, München
Satz: Uhl + Massopust GmbH, Aalen
Druck und Bindung: Uhl, Radolfzell
Printed in Germany · ISBN 3.7735.5363.3

Inhalt

7 Standort und Perspektiven. Einführung

Das christliche Altertum
1.–5. Jahrhundert

21 Jesus von Nazareth (um 6 vor – 30 n. Chr.)
28 Marcion (um 85 – um 160)
38 Origenes (um 185–253/54)
46 Arius (um 260–336)
53 Aurelius Augustinus (354–430)
65 Pelagius (um 384 – um 422)

Das christlich-abendländische Mittelalter
11.–15. Jahrhundert

71 Peter Abälard (1079–1142)
80 Bernhard von Clairvaux (1090–1153)
89 Hildegard von Bingen (1098–1179)
98 Joachim von Fiore (um 1130–1202)
106 Katharer und Waldenser
113 Franz von Assisi (1181/82–1226)
124 Mechthild von Magdeburg (1208–1282)
130 Meister Eckhart (um 1260–1328)
139 William Ockham (um 1285–1349)
148 Jan Hus (1369–1415)
158 Jeanne d'Arc (1412–1431)
167 Girolamo Savonarola (1452–1498)

Die Neuzeit
16.–20. Jahrhundert

177 Martin Luther (1483–1546)
185 Teresa von Avila (1515–1582)
193 Giordano Bruno (1548–1600)
202 Galileo Galilei (1564–1642)
211 Jakob Böhme (1575–1624)
220 Angelus Silesius (1624–1677)
226 Bernadette Soubirous (1844–1879)
237 Therese von Lisieux (1873–1897)
246 Marcel Lefebvre (* 1905)
258 Leonardo Boff (* 1938)

268 Nachwort

270 Anmerkungen

Standort und Perspektiven
Einführung

Was antworten wohl Menschen unserer Zeit auf die Frage: Von wem geht eine größere Faszination aus – von Ketzern oder von Mystikern? Gewiß gibt es heute weltweit ein Interesse für Mystik, für Zen und Meditation. Ohne jedoch Institute für Meinungsbefragungen einzuschalten und ihre Ergebnisse abzuwarten, dürfte das Ergebnis auf die gestellte Frage lauten: Viele (vielleicht sogar die Mehrzahl) unserer Zeitgenossen plädieren für die Ketzer. Die Gründe hierfür sind vielfältig. Ein Hauptgrund dürfte sein, daß viele mit den Ketzern der Vergangenheit und der Gegenwart so etwas wie eine geistige Wahlverwandtschaft verspüren. Im Ketzer steckt der Mut zum offenen und kritischen Wort. Das eigene ketzerische, nicht selten babylonisch verwirrte Herz empfindet unverhohlene Sympathie mit denen, die gegen Autoritäten und Institutionen zu rebellieren wagten und wagen.

Mit dem vollen Einsatz ihres Lebens haben Ketzer für die von ihnen erkannten, in ihrer Umgebung aber oft vergessenen, verschwiegenen oder sogar unterdrückten Wahrheiten gelitten und gekämpft. Sie riskierten nicht selten – dem großen griechischen Dissidenten Sokrates folgend, der für seine Wahrheit den tödlichen Schierlingsbecher nehmen mußte – ihr Leben auf dem Schafott oder Scheiterhaufen. Wer erinnert sich nicht an Jan Hus, der am 4. Mai 1415 vor den Toren der Konzilsstadt Konstanz verbrannt wurde, an die kaum zu zählenden Opfer der Inquisitionstribunale oder auch an die Mitglieder der studentischen Widerstandsgruppe »Weiße Rose«, die gegen das Hitler-Regime in der Universität München am 18. Februar 1943 protestierten und für ihre politische und religiöse Überzeugung ihr Leben lassen mußten! Vom Ketzer, vom religiösen wie politischen Widerstandskämpfer geht heute eine rätselhaft imponierende Ausstrahlung aus, die recht unterschiedliche »Brechungen« erfährt. Während das Konterfei des Ketzers im Denken vieler Menschen unserer Zeit ein einigermaßen greifbares Profil besitzt (sagen wir es wohl exakter: zu besitzen scheint), ist wohl deshalb die Sympathie für Mystiker, ihre Ekstasen und Visionen geringer und zurückhaltender, weil das Bild (oder exakter gesagt: das, was man sich darunter vorstellt) des Mystikers erheblich unklarer und verschwommener ist und weil es vor allem dem modernen Selbstverständnis nicht entgegenkommt.

Trotz des gegenwärtigen Meditationsbooms wissen die meisten viel zu wenig über Mystiker. Man hat weithin ein reichlich allgemeines Bild, das nicht selten mit vagen, negativen Vor-Urteilen besetzt ist. Der Mystiker scheint von der realistisch-nüchternen Lebens- und Glaubenssituation der heutigen Menschen, die bisweilen sogar als »Gottesfinsternis« (Martin Buber) charakterisiert wurde, so weit entrückt zu sein, als wohne er auf einem ganz anderen Stern. Nicht selten verbinden sich mit der Begriffsbestimmung eines Mystikers Bigotterie, Gefühlsüberflutung, Weltflucht – Eigenschaften, die auf der Werteskala der meisten Menschen dieses ausgehenden 20. Jahrhunderts im unteren Bereich sich befinden. Trotz dieser eher klischeehaften, mehr emotional als rational begründeten Wertungen könnte bei genauerem Zusehen eine kaum für möglich gehaltene überraschende Neusicht sich erschließen: In der geistes- und glaubensgeschichtlichen Realität wirken Ketzer und Mystiker – unbewußt und ungewollt – an der Erreichung eines gleichen Zieles mit. In beiden pulsiert der Aufbruch aus der Enge der »kleinen« Wahrheit in die Weite und Fülle der je größeren Wahrheit. Es ist daher für die Bewertung und Bedeutung der Ketzer wie der Mystiker eher hinderlich als förderlich, sie nur im unversöhnlichen Gegensatz wie Feuer und Wasser zu sehen und zu deuten.

Visionäre der Zukunft

Ketzer und Mystiker bewegen sich nicht in der »Mitte«, im »Mittelmaß« des Glaubens, des kirchlichen Wohlverhaltens und der monotonen Repetition der Überlieferung »von gestern«. Sie sind beide Maßlose. Ähnlich den Propheten des Alten Testaments sind sie »meschugge«, Ver-Rückte, aus der Mitte der Normalität, des Gebotenen und Erwarteten heraus-gerückt.

Bemerkenswert ist die recht unterschiedliche Beurteilung durch die gleichen kirchlichen Instanzen. Während man den Mystiker »gelten« läßt, nicht zuletzt deshalb, weil er in seiner Einsamkeit und Verzückung kaum einer größeren Zahl von Zeitgenossen bekannt ist und daher zeitlebens meist keinen religiösen Erdrutsch auslöst, ist die kirchliche Reaktion auf Ketzer schneller und härter. Die Amtskirche befürchtet nämlich eine gefährlich sich ausweitende Reaktion von Sympathisanten, von Mitläufern und Irregeleiteten, die bisweilen ganz andere Ideen und Ideologien im Sog ketzerischer Strömungen mitverwirklichen wollen.

Ketzer schauen erregt in die Abgründe der kirchlichen Realität, der im begrifflichen System sich zufrieden bewegenden Theologie, des Verlustes der Wirklichkeit angesichts der in der kirchlichen Verkündigung um sich greifenden Sprachsklerose. Der Ketzer steht unter der Not und Nötigung des Sprechen-Müssens. Er kann vor seinem Gewissen nicht mehr länger schweigen: Hier steh' ich! Ich kann nicht anders! Gott helfe mir! Von der Institution Kirche wird er als störender Querulant, als Propagandist verderblicher Irrlehren mit Bann und Exkommunikation belegt.

Wie der Ketzer leidet auch der Mystiker an der Kirche. Sein Verhalten ist jedoch anders. Seine Sprache ist individueller, stiller, weniger plakativ als introvertiert. Nicht der Marktplatz, die Klosterzelle mit dem Schreibtisch oder der Tabernakel in der Hauskapelle sind die Stätten seines Leidens, seiner Visionen, seines Sühnens. Der Mystiker wird – je nach den schwankenden Bewertungskriterien einer Epoche – bald als weltfremder »Spinner« oder als verzückt stammelnder Stotterer abgetan, bald als sensibler Charismatiker oder sogar als »Harfe des Heiligen Geistes« eingeschätzt.

Beide, Ketzer wie Mystiker, sind offensichtlich in der Glaubensgeschichte ein quälendes und nachhaltig wirkendes Ferment der Unruhe. Durch das schnelle und harte Eingreifen gegenüber dem Ketzer glaubt man, »Ruhe und Ordnung« in den Reihen des verunsicherten Volkes wiederherzustellen. Mit dem Tolerieren des Mystikers meint man ebenfalls, taktisch richtig zu handeln. Man will durch keine äußeren Aktionen das Phänomen eines Mystikers

»hochspielen« und öffentlich interessant machen. Wirklichkeit und Botschaft eines Mystikers sollen durch Verschweigen – wenigstens gegenüber den Zeitgenossen – nicht ins große Gerede kommen.

Gemeinsam ist beiden, dem Ketzer wie dem Mystiker, das Leiden an der Kirche und die schmerzliche Sorge für die Zukunft des Glaubens. Mag sein, daß der Ketzer mehr der intellektuell-aktive, der Mystiker mehr der emotional-passive Randsiedler im breit gefächerten Spektrum des Glaubens ist. Gemeinsam ist beiden die Vision einer besseren, einer gläubigeren, einer frömmeren Gemeinschaft des Glaubens. Nur dort, wo der Glaube existentielle Leidenschaft ist, entsteht Ketzerei. Nur dort, wo ein Mensch von Gottes Gnade geradezu überfallen und entrückt wird, entsteht das Phänomen der Mystik. Ketzerei und Mystik verursachen Leiden, die letztlich die Tore der Zukunft öffnen wollen.

Der Aufschrei der Ketzer

Über jedem Zugang zum Selbstverständnis wie zur Botschaft eines Ketzers sollte jenes Wort richtungweisend stehen, das Aurelius Augustinus (354–430), der als Bischof der nordafrikanischen Stadt Hippo sich immer wieder mit Irrlehrern und Ketzern herumzuschlagen hatte, sich vom Herzen geschrieben hat: »Glaubt doch nicht, daß Ketzereien durch ein paar hergelaufene kleine Seelen entstehen. Nur große Menschen haben Ketzereien hervorgebracht.«[1] Bischof Augustinus bezeugt den Ketzern seinen hohen Respekt, und zwar wegen ihres für den Glauben blutenden und leidenden Herzens. Der um Glaube und Kirche leidende Ketzer steht seinem Herzen näher als der abgestandene, gleichgültige Taufscheinchrist, dem die Kirchenmitgliedschaft fast nur für seine Karriere wichtig ist. Wem Glaubensfragen gleichgültig sind oder wem es an Mut und Seelengröße mangelt, hat nie und nimmer das Zeug zu einem Ketzer.

Es ist daher unberechtigt und lieblos zugleich, den Wurzelboden ketzerischer Gedanken nur in Skepsis und Ungläubigkeit, in Besserwisserei und Unbelehrbarkeit, in Scharlatanerie und Arroganz zu sehen. Handfeste Ketzereien können durchaus aus dem

Einführung

Charisma des heiligen Zornes, aus einem Aufschrei des Leidens, des Unbehagens, der Sorge und der Verantwortung entstehen. Der Ketzer ist das genaue Kontrastbild eines Funktionärs der Kirche, der alles und jedes gemäß »Befehl von oben« verteidigt und gutheißt, auch wenn er innerlich anders denkt.

Der Ketzer ist mit den Augen seines Verstandes und seines Herzens »sehend« und dadurch leidend und innerlich wund geworden. Er steht vor der unausweichlichen Gewissensfrage: Leide ich allein an der Kirche, an ihrem verkürzten Glauben, an der »Gottesvergiftung« (Tilmann Moser), an den unerträglich falschen Akzenten oder an vergessenen, verschwiegenen Glaubenswahrheiten, an der Verkitschung des Glaubens und der Frömmigkeit des einfachen Volkes? Ist dieses Leiden an der Kirche doch nichts anderes als Selbsttäuschung, Übertreibung oder Überheblichkeit, weil die Großzahl der Gläubigen im kirchlichen Umfeld davon nichts merkt, nicht erschreckt wird?

Der Ketzer beruft sich für seinen Auftrag auf sein gequältes Gewissen, letztlich auf den Auftrag Gottes. Ist es aber wirklich Gott, unter dem er leidet und unter dessen Auftrag er steht, oder ist es nur Einbildung oder Eitelkeit? Der Ketzer weiß sich unter dem Druck eines ganz persönlichen Auftrages, den ihm niemand abnehmen kann: Ich kann, ich darf nicht anders handeln!

Er kann nicht mehr schweigen zur institutionellen Verfilzung der Kirche. Er protestiert gegen die Einkerkerung des lebendigen Glaubens in glatte Systeme und in ausgeklügelte Begriffskäfige. Von dieser blutenden, weil anhänglichen Liebe zur Kirche, die den Glauben bitterschwer machen kann, hat die Schriftstellerin Gertrud von Le Fort (1876–1971), zwei Jahre vor ihrer Konversion zur katholischen Kirche, in ihren »Hymnen an die Kirche«[2] ahnungsvoll und ohne sich etwas vorzumachen geschrieben:

> Mutter, ich lege mein Haupt
> in deine Hände:
> schütze mich vor dir!

Die erste und fundamentale Intention des Ketzers ist nicht Zerstörung, sondern Erneuerung der Kirche im Geiste Christi. Er will jener Botschaft dienen, die Jesus, der Mann aus Nazareth, verkündet hat. Übersehenes, Vergessenes, Verblaßtes will er wieder zum Leuchten bringen.

Er erlebt am eigenen Leib, wie gefährlich die Erinnerung an Jesus, an seine Botschaft und an sein Werk ist. Eine tiefgreifende Glaubensunruhe treibt den Ketzer um. Er ist davon überzeugt, daß der Geist weht, wo er will, und daß er »einem jeden zuteilt, wie er will« (1 Kor 12,11). Der Geist Gottes weht nicht nur in den Chefetagen der kirchlichen Hierarchie und Verwaltung. Er kann auch »unten«, in der Basisgemeinde, in einem einzelnen Priester oder Laien wirksam sein und sich Gehör in der weiten Kirche verschaffen wollen.

Es ist in der christlichen Glaubensgeschichte nicht zu übersehen, daß die Kirche ketzerische Auffassungen verurteilte und oft schon nach kurzer Zeit deren theologische Anliegen in die weiterführenden Aussagen ihrer Glaubenswahrheiten (Dogmen) aufgenommen hat. Mit guten Gründen und mit geschichtlichen Nachweisen überreichlich belegt, ist daher gesagt worden:»Die Glaubensformeln der Kirche sind mit dem Blute der Ketzer geschrieben.«[3] Es läßt sich aber auch jenes Phänomen belegen, daß die Kirche – wenngleich in äußerst seltenen Fällen – Ketzerurteile revidierte und den Sprung über ihren eigenen Schatten vollzog, wie das Beispiel der Jeanne d'Arc bestätigt: Am 30. Mai 1431 wurde sie »als Abtrünnige, Götzendienerin, Teufelsbeschwörerin«, als »Lästerin Gottes und seiner Heiligen«, »als Hexe und Zauberin« auf dem Scheiterhaufen in Rouen verbrannt, am 16. Mai 1920 wurde die Ketzerin von damals durch Papst Benedikt XV. heiliggesprochen!

Nur selten hat sich die Kirche zur Rehabilitierung eines Ketzers durchgerungen. »Viele (Ketzer) waren tiefreligiöse Menschen, trugen ihr hartes Los wie Helden und starben fromm wie und wohl auch als Heilige. Aber man machte sie zu bösartigen, mit geistigem Aussatz behafteten Menschen, zu Verführern zum Bösen, zu Wölfen im Schafspelz, zu Gliedern des Teufels. Gewiß gab es unter den Ketzern auch Querulanten, Außenseiter, Fanatiker, Psychopathen, aber die gibt es auch unter Nichtketzern... An der Kirche litten Menschen, die die Kirche zur Buße, Umkehr und Reform riefen. Manche wurden ins Schisma gedrängt, andere wurden zu Ketzern, andere litten in der Kirche an ihrer Härte, an ihrer Unbußfertigkeit, an ihrem Unglauben.«[4]

Auch die Ketzergeschichte ist Passionsgeschichte, geschrieben mit Blut und Tränen. Der am 12. Juni 1926 exkommunizierte Priester und Theologieprofessor der Universität Breslau, Joseph Wittig (1879–1949), schreibt über seinen Kreuzweg: »Die römische Kirche hat mich als Schriftsteller wirklich tot gekriegt.«[5] Es ist keineswegs vermessen, über so manchen Ketzer und sein Leiden an der Kirche und durch die Kirche die Worte aus der neutestamentlichen Briefliteratur zu schreiben: »Für den Leib Christi, die Kirche, ergänze ich in meinem irdischen Leben das, was an den Leiden Christi noch fehlt« (Kol 1,24). Es mag durchaus sein, und es ist zu hoffen, daß das Gericht Gottes über nicht wenige Ketzer zu ganz anderen Ergebnissen kommt als die irdischen Ketzertribunale.

Die Betroffenheit der Mystiker

In einer berühmten Plastik (heute in der römischen Kirche S. Maria delle Vittoria an der Piazza S. Bernardo) hat Gian Lorenzo Bernini (1598–1680) die mystische Ekstase der spanischen Karmelitin Teresa von Avila in dramatisch-barocker Überschwenglichkeit gestaltet: Ein Engel durchbohrt mit einem Liebespfeil das Herz der verzückten Nonne.

Der Künstler hat dabei wiedergegeben, was Teresa im 30. Kapitel ihrer Autobiographie niedergeschrieben hat, der sie den bezeichnenden Titel »Buch der Erbarmungen Gottes« (El libro de las misericordias del Señor) gegeben hat.

Mancher nüchtern und sachlich denkende Mensch von heute hat sichtlich Mühe und Not, gerade wegen der überquellenden Emotionen, die ihm ebenso im mystischen Schrifttum wie auch in den barocken Nachgestaltungen beggnen, einen Einlaß in das Wesen der Mystik und in die Visionen und Aufzeichnungen der Mystikerinnen und Mystiker zu gewinnen. Fast jede der großen Weltreligionen hat mystische Phänomene, wenn etwa in Buchveröffentlichungen neben christlicher Mystik auch islamische Mystik und buddhistische Mystik präsentiert werden. Versuchen wir, uns nur mit einem einzigen Sektor dieses mystischen Angebotes zu befassen, nämlich mit der christlichen Mystik, ihrem Ursprung, ihren

Äußerungen in Visionen und im Schrifttum wie in ihrer glaubensgeschichtlichen Bedeutung.

Bereits im Neuen Testament sind mystische Phänomene festgehalten. Jesus von Nazareth ist gewiß der große Beter und Verkünder der Botschaft vom Reiche Gottes. Weder in der landläufigen Exegese noch in der herkömmlichen Katechese wird Jesus als »Mystiker« verkündet, obwohl dies durchaus aus dem Neuen Testament belegbar wäre. Wenn und weil Mystik das Heilsereignis der Begegnung Gottes mit dem Menschen, der Durchdringung des Menschen durch Gott, der Einswerdung des Menschen mit Gott umgreift, ist Jesus, der Christus, gerade als der menschgewordene Sohn Gottes (wie es der christliche Glaube festhält) Ur-Bild, Fundament und Kriterium jeder christlichen Mystik.

In den Paulusbriefen stößt man immer wieder auf Phänomene christlicher Mystik, auf die verschiedenen Charismen (1 Kor 12,4), auf Wunderwirkungen (1 Kor 12,5) und Geistesgaben (1 Kor 14,1). Die von Paulus gegründete Christengemeinde von Korinth ist durch Mystiker und Charismatiker in schwere Bedrängnisse geraten. Paulus selbst spricht von seinen Visionen und Offenbarungen. Er weist auf seine Entrückung »bis in den dritten Himmel« hin, wo er »unsagbare Worte hörte, die ein Mensch nicht aussprechen kann« (2 Kor 12,4). Was spezifisch christliche Mystik ist, formuliert er in dem schlichten Satz: »Nicht mehr ich lebe, Christus lebt in mir« (Gal 2,20).

Der Verfasser der neutestamentlichen Apokalypse nennt die mystische Schau und Prophetie als Quelle seines Buches: »Offenbarung Jesu Christi, die Gott ihm gegeben hat, damit er seinen Knechten zeigt, was geschehen muß; und er hat es durch seinen Engel, den er sandte, seinem Knecht Johannes gezeigt« (Offb 1,1). »Am Tag des Herrn wurde ich vom Geist ergriffen« (Offb 1,10).

Nun aber muß grundsätzlich gefragt werden: Ist Mystik eine Luxusausstattung des Christen, die auch fehlen kann? Der christliche Glaube verkündet dezidert die In-Existenz Christi im Christen. Damit ist christliche Mystik alles andere als ein außerordentliches Phänomen. Christsein in der Vollgestalt (Eph 4,13) ist ohne christliche Mystik nicht möglich, nicht erreichbar.

Jeder Christ ist »auf dem Weg« zum Mystiker. In jedem Christen steckt ein Mystiker »im Ansatz«. Entfaltung und Vertiefung der mystischen Existenz können vom Menschen vorbereitet werden. Sie können aber durch noch so große religiöse »Leistungen« nicht erreicht, geschweige denn erzwungen werden. Mystik ist Geschenk, Gnade, Charisma. Der Mystiker ist ein von Gott Getroffener und Verletzter, der zuerst selbst, wie es Mechthild von Magdeburg (um 1210–1294) ausgesprochen hat, »zunichte geworden ist«.

Der Mystiker ist ein großer Leidender in der Glut einer maßlos sich verzehrenden Liebe, in der sogar »das begierige Verlangen wächst, verworfen zu werden« (Mechthild von Magdeburg). Gott wird als der »brennende Gott in seiner Sehnsucht« erfahren. Gott ist geradezu »liebeskrank« nach den Menschen. Der Mystiker will mit Christus zum Heil der Menschen mitleiden, mitgekreuzigt werden, mitopfern, mitsühnen. Wer Mystik mit wonniger Beseligung verwechselt, muß sein Mystik-Verständnis grundlegend revidieren. Mystik ereignet sich dort, wo in einem Menschen der Einbruch des Göttlichen sich vollzieht. Unter diesem Einbruch von Freude und Schmerz seufzt und stöhnt er: Gott wohnt in mir spürbar und erlebbar. Die Anwesenheit Gottes sickert in das Erlebnis des Menschen erregend und aufregend ein. Das Wort von der Allgegenwart Gottes – hier wird's Ereignis.

Mystik hat aber – was meist zuwenig bedacht wird – auch eine epochal-biographische Struktur. Zeit- und Frömmigkeitsrichtungen können ebenso Einfärbungen bewirken wie die individuellen Anlagen und Ansprechbarkeiten einer Persönlichkeit. Spielball Gottes zu sein, war Sehnsucht und Glück der französischen Karmelitin Therese von Liseux (1873–1897). Mystische Liebeslyrik kann nur der verstehen, der selbst ein Liebender und ein Glaubender ist. Mystikerinnen explodieren in einer Liebeslyrik, die an das alttestamentliche Hohelied der Liebe erinnert.

Die mystische Erfahrung ist zunächst und in erster Linie rein persönlich. Nicht selten hat sie auch eine soziale Komponente, einen Auftrag »für andere«, für eine Ordensgemeinschaft, für eine Familie, für Kirche und Gesellschaft. Die mystische Sendung sprengt häufig die Enge und Beschaulichkeit der Klosterzelle. Sie gerät immer wieder in die Zone des Mißverstanden-Werdens, der Mystiker ebenso ausgesetzt sind wie die Propheten des Alten Testaments.

Entzug des Gottesauftrags

Setzen wir voraus: Mystiker, aber auch Ketzer können unter einem Auftrag Gottes stehen. Dieser göttliche Impuls und Auftrag muß nicht zum Lebensauftrag werden. Er kann auf ein ganz bestimmtes Ereignis der Kirchen- und Weltgeschichte oder auch auf einen genau festgelegten Zeitraum eingegrenzt sein. Bernadette Soubirous hatte zwischen dem 11. Februar und dem 16. Juli des Jahres 1858 achtzehn Marienerscheinungen in der Grotte von Massabielle bei Lourdes. Später hatte sie weder in Lourdes noch in Nevers, wo sie seit 1866 als Ordensfrau lebte, keine einzige Marienerscheinung. Es kann durchaus in den Plänen Gottes liegen, daß ein später als Ketzer Verurteilter für seine ersten Aktionen einen charismatischen Erstimpuls von Gott empfangen hatte. Ein Charismatiker muß nicht während seines ganzen Lebens, in allen seinen Reden oder Büchern »Werkzeug Gottes« sein. Wenn er seine Aufgabe erfüllt hat, tritt er gleichsam in die Reihe der Normal-Christen zurück.

Immer dann entstehen erschütternde Probleme und tragische Verwirrungen bei Mystikern wie bei Ketzern, wenn sie einen zeitlich oder räumlich begrenzten Auftrag Gottes für ihr ganzes Leben in Beschlag nehmen wollen und sich als Instrument Gottes ausgeben, obwohl Gott sie schon längst nicht mehr braucht. Es kann Verhärtungen, Unbelehrbarkeiten, Selbstüberschätzungen und Überheblichkeiten geben, so daß Menschen zwar von »Gott« sprechen, aber Gott nicht mehr hinter ihnen steht. Es ist immer gewagt, ganz bestimmte Ereignisse oder auch Katastrophen mit dem Etikett des göttlichen Willens oder der göttlichen Vorsehung zu versehen, als ob man einen sicheren Blick über die Schultern Gottes in dessen ewige Pläne hätte.

Bernhard von Clairvaux und mit ihm viele Kreuzzugsprediger haben europaweit den Weckruf »Gott will es!« verkündet. Hat Gott wirklich die Ströme Blut und Tränen gewollt, die im Zeitalter der Kreuzzüge vergossen worden sind? Es ist mehr als gewagt, Gott mit menschlichen Bemühungen und Projekten zu identifizieren. Nie sollte vergessen werden, was Reinhold Schneider in seinem Werk »Winter in Wien« geschrieben hat: »Christus ist nicht der Ordner der Welt, er ist unsere tödliche Freiheit.«

Auch der Charismatiker und Mystiker kann nach Erfüllung seiner Aufgabe von der ihm schmeichelnden Faszination betört werden, im Lichte der Öffentlichkeit und in der Verehrung der Frommen weiterhin stehen zu wollen und von Privatoffenbarungen Gottes zu sprechen, obwohl seine Reden nur Ausgeburt seiner armseligen, gottfernen Phantasie sind. Angesichts mancher Verwirrungen in der Christengemeinde von Korinth gerade durch Charismatiker sah sich der Apostel Paulus genötigt, ganz deutlich zu sagen: »Wer zu stehen meint, der gebe acht, daß er nicht fällt« (1 Kor 10,12). Es kann durchaus auf das Konto der menschlichen Schwachheit und Verblendung geschrieben werden, daß ein Mystiker nach einem zeitlich begrenzten Gottesauftrag sich von Menschen immer noch als Mystiker bestaunen, besuchen und befragen läßt. Gott wirkt gewiß nicht ohne den Menschen. Weil aber im Menschen ein eitles, oft verwirrtes Herz wohnen kann, kann ein Gottesauftrag wie ein von Gott Beauftragter auch in die Brüche gehen.

Das geistesgeschichtliche Umfeld

Ketzerei und Mystik sind nicht geschichtslose Zufälligkeiten, die ohne Kontakt zur Umwelt und ohne Auslösemomente durch die Umwelt möglich sind. Sie sind deutlich angebunden an Pflöcke, die in eine ganz bestimmte Geistes-, Glaubens- und Kulturgeschichte eingerammt sind. Ketzer wie Mystiker sind hochempfindlichen Seismographen vergleichbar, auf deren Meßskala die positiven wie die negativen, die bejahten wie die verneinten Schwingungen einer Epoche abzulesen sind. Selbst unscheinbarste Vorgänge, die in ihrem Umfeld sich abzeichnen und die von den meisten ihrer Zeitgenossen überhaupt nicht wahrgenommen werden, registrieren Ketzer und Mystiker mit größter Genauigkeit.

Man muß wohl, um Ketzer zu werden oder um mystisches Instrument göttlicher Eingebungen und Visionen zu sein, in seiner geistig-seelischen Grundverfassung eine ganz eigenartige »Antenne« besitzen. Es ist zu einfach, Menschen mit einer solchen Sensibilität von vornherein als Psychopathen abzustempeln und ihnen jede Ernsthaftigkeit und Glaubwürdigkeit rundweg abzusprechen. Hildegard von Bingen (1098–1179), in der man die erste deutsche Mystikerin erblickt, ist der festen Überzeugung, daß die Anlage zur Mystik und die mystische Sehergabe als Gnadengeschenk von Anfang an mit ihrer irdisch-geschichtlichen Existenz verbunden war und sich stufenweise entwickelt hat. Sie schreibt: »Bei meiner ersten Gestaltung, als Gott mich im Schoße meiner Mutter durch den Hauch des Lebens erweckte, prägte er meiner Seele dieses Schauen ein... Im dritten Jahre meines Lebens sah ich ein so großes Licht, daß meine Seele erbebte, doch konnte ich meines jugendlichen Alters wegen nichts darüber äußern... Die feste Gestaltung und innere Deutung verborgener wunderbarer Geschichte erfuhr ich seit meinem fünften Lebensjahre.«[6]

Selbst »normale« Christen tun sich schwer, solche Aussagen einer anerkannten Mystikerin »zu verstehen«. Mystische Begabung scheint als Gnadengeschenk und als neue spirituelle Potenz nicht erst in der Lebensmitte eines Menschen einzubrechen. Die heilige Hildegard spricht es in ihrem Selbstzeugnis klar und unmißverständlich aus, daß ihre charismatisch-mystische Anlage von Anfang an mitgegeben war.

Mystiker und Ketzer sind stärker, als man es zu sehen gewohnt ist, eingebunden, inspiriert und in ihren Äußerungen geprägt durch die konkrete Situation ihres Lebens im Rundhorizont einer ganz bestimmten Zeit. Mißstände in der Kirche oder in der Frömmigkeit des einfachen Volkes können jene brisante Erregung auslösen, wie sie sich in Martin Luthers Thesenveröffentlichung am 31. Oktober 1517 gegen eine mißverständliche Ablaßverkündung äußerte. Das leidenschaftliche Plädoyer für den wahren Glauben kann zum harten Protest des Ketzers ausarten – nicht zuletzt durch die Lieblosigkeit, den Gesprächsabbruch, die allzu schnelle Verketzerung, die allzu frühen Verbote der Kirche. Theologische Probleme und Gespräche können in einer psychologisch unguten Atmosphäre eskalieren, wenn die Verhandlungspartner in einer unglücklichen psychologischen wie theologischen Position und Voreingenommenheit zueinander stehen.

Viel zu wenig beachtet ist »die Schubkraft«, die Ketzer wie Mystiker in ihrer Zeit und durch ihre Zeit erhalten. Es war ohne Zweifel die Erfindung der Buchdruckerkunst, die im 16. Jahrhundert die Anliegen der Reformatoren bekannt machte und ein europaweites Echo auslöste.

EINFÜHRUNG

Bis hinein in die Sprachgestalt ihrer Pamphlete und ihrer mystischen Aufzeichnungen sind Ketzer und Mystiker Kinder und Künder ihrer Zeit. Sie können gar nicht anders, als sich der ihnen vertrauten sprachlichen Ausdrucksmöglichkeiten, der Bilder und Darstellungs- und Argumentationsformen ihrer Zeit zu bedienen, um auf dem sprachlich ihnen zur Verfügung stehenden Instrumentarium das mystisch Gehörte und Geschaute wiederzugeben und den Lesern und Adressaten ihrer Epoche verständlich zu machen.

Nicht außer acht lassen sollte man bei dem Um- und Übersetzungsprozeß mystischer Erfahrungen in die nachträgliche Niederschrift die Not und Unzulänglichkeit des menschlichen Sprachvermögens. Zwischen dem mystisch Geschauten und Gehörten und der zu Papier gebrachten Niederschrift besteht ein gewaltiges Gefälle, unter dem niemand mehr gelitten hat als der Mystiker selbst. Er spürte schmerzlich, daß das Niedergeschriebene und Mitgeteilte nur ein kleiner Rest dessen ist, was »eigentlich« und in unaussprechlicher Fülle erfahren wurde.

Selbst beim Einbruch des Göttlich-Ewigen in die Erfahrung und Niederschrift der Mystiker ist der »Erdgeruch« des Situationsbedingten und des Zeitgebundenen nicht zu leugnen. Bernhard von Clairvaux (1090–1153) erfährt die mystische Begegnung mit dem zerschlagenen, blutüberströmten und gekreuzigten Schmerzensmann. Dies ist nicht der mit der Krone ausgestattete Christ-König der romanischen Kunst. Bernhard von Clairvaux ist Zeitgenosse der europäischen Gotik. Er erlebt Christus im Verständnis seiner gotischen Epoche – als Leidensmann, zerfetzt, zugerichtet, entstellt.

Der mystische Einbruch mißachtet und überblendet nicht die Existenz, die Besonderheit, die Geschichtlichkeit eines Menschen. Ein mittelalterlich-scholastisches Axiom sagt: Die Gnade zerstört nicht die Natur, sondern setzt sie voraus und vervollkommnet sie (Gratia non destruit, sed supponit et perficit naturam). Es gibt feinste und intimste Schwingungen und Unterschiede in den Erfahrungen eines Mystikers und einer Mystikerin, in der sprachlichen Wiedergabe wie bei der Deutung des Geschauten.

Unerläßlich ist es daher, den Ketzer wie den Mystiker im Kontext seiner Zeit- und Geistesgeschichte zu sehen und zu werten. Mystiker und Ketzer haben einen eminent wichtigen

Bezug zur Geschichte, zu ihrer Geschichte, zum geschichtlichen Hintergrund ihres Lebens. Ohne die Verwurzelung in ihrer Geschichte verblassen sie zu blutleeren Schemen und sind immer neuen Verfälschungen, Fehldeutungen und Vereinnahmungen ausgesetzt. Die Bedeutung der Geschichtsverknüpfung ist der Grund, warum in diesem Werk die dargestellten Ketzer und Mystiker in den Rahmen ihrer Zeit gestellt und vor dem Hintergrund der Probleme, der Nöte und Irritationen ihrer Zeit gesehen und gedeutet werden.

Als Grobraster wird folgende Epochengliederung verwendet:

> Das christliche Altertum
> (1.–5. Jahrhundert)
>
> Das christlich-abendländische Mittelalter
> (11.–15. Jahrhundert)
>
> Die Neuzeit
> (16.–20. Jahrhundert)

Das christliche Altertum

1.–5. Jahrhundert

Jesus von Nazareth
(um 6 vor – 30 nach Chr.)

Es ist uns geläufig, von Jesus, dem Mann aus Nazareth, als dem Christus, dem menschgewordenen Sohn Gottes zu sprechen (wie es der christliche Glaube verkündet). Im Neuen Testament wird das Geheimnis Jesu mit einer Vielzahl von Hoheitstiteln umschritten und zu deuten versucht: Rabbi (Meister)– Prophet – Menschensohn – Herr (Kyrios) – Sohn Davids – Messias – Heiland – Erlöser.

Es ist alles andere als ein Trick raffiniert eingefädelter literarischer Verfremdung, Jesus dadurch interessant zu machen und ihm einen neuen Verkaufswert zu geben, daß man ihn als »Ketzer« neu erzählt, neu verkündet. Es gilt, ihm die vertraute Gewandung des »Sonntagsjesus«, des »Kirchenjesus« zu nehmen, um sich der Realität zu stellen und das zu wenig Herausgestellte und daher Vergessene und Übersehene des geschichtlichen, im Neuen Testament dargestellten Jesus wieder ins Bewußtsein zu heben.

Der geschichtliche Jesus

Leben und Wirken Jesu liegen in einem klar umrissenen Koordinatenfeld der römischen Geschichte. Palästina, die Heimat Jesu, war unter Pompejus, dem römischen Befehlshaber im Osten, seit 63 v. Chr. in das Imperium Romanum eingegliedert und unterstand dem römischen Besatzungsstatut. Auch das jus gladii, die Blutgerichtsbarkeit, lag in den Händen der Römer.[1] Jesus wurde in Bethlehem unter der Regierung des römischen Kaisers Augustus, der von 31 v.–14 n. Chr. regierte, geboren (Lk 2,1). Unter Pontius

Pilatus, der römischer Statthalter in Judäa von 26–36 n. Chr. war, starb Jesus (wohl am 7. April des Jahres 30) den Kreuzestod auf dem Berg Golgatha, außerhalb der Stadtmauern Jerusalems (Mk 15,15). Jesus ist in Galiläa, dem nördlichen Teil Palästinas, aufgewachsen. Er sprach Aramäisch mit galiläischem Akzent. Galiläa war damals ein besatzungspolitisches Reizwort. Dieser Landstrich war Zentrum und Rekrutierungsgebiet jüdischer Widerstandsgruppen gegen die römische Besatzungsmacht. In Galiläa hatten die antirömischen Partisanen, Terroristen und Attentäter ihre Sympathisanten und Schlupfwinkel. Sicherlich hat Jesus als heranwachsender Junge von dem furchtbaren Racheakt des Quintilius Varus gehört (es ist der gleiche Feldherr, der im Jahr 9 n. Chr. in der Schlacht im Teutoburger Wald den Tod fand). Als Jesus zwei Jahre alt war, hatte nämlich Varus zweitausend jüdische Widerstandskämpfer vor den Toren Jerusalems kreuzigen lassen. Die Erinnerung an diese Massenkreuzigung blieb lebendig und schürte die antirömische Einstellung.

Der neutestamentlichen Überlieferung ist nicht zu entnehmen, daß Jesus selbst ein Sympathisant der Widerstandsbewegung war. Es ist jedoch auffallend, daß Jesus in die Schar seiner Apostel einen gewissen »Simon« aufgenommen hat, der wegen seines früheren Partisaneneinsatzes den Ehrennamen »Eiferer« (Zelot) erhalten hatte (Lk 6,15). Hinter der an Jesus gerichteten Frage, ob ein gesetzestreuer Jude dem römischen Kaiser Steuern zahlen dürfe (Mk 12,14–17; vgl. Lk 23,2), wird ein besatzungspolitisch und religiös hochbrisantes Thema sichtbar. Jesus war kein politischer Theologe, kein Vertreter einer Befreiungstheologie.

Eines belegen die neutestamentlichen Berichte: Das Volk Israel sah (wenigstens in der ersten Phase des öffentlichen Auftretens) in Jesus den längst ersehnten Befreier-Messias. Aus Jesu Worten von der Gegenwart und Wirksamkeit des Gottesreiches glaubten nicht wenige seiner jüdischen Zuhörer jene Visionen bestätigt zu finden, die ihrem aufgestauten Freiheitsfanatismus und ihrer Hoffnung auf baldige politisch-militärische Auseinandersetzung mit den verhaßten Römern entgegenkam. Die Proklamation: Das Reich Gottes ist bereits angebrochen. Es ist bereits mitten unter euch! (Mk 1,15), konnte von jüdischen Widerstandsgruppen und ihren Sympathisanten durchaus als Fanal und Losungswort verstanden werden: Die Stunde X zum Aufstand gegen die Römer hat geschlagen!

Immer breiter und tiefer wuchs die Enttäuschung über das Zögern, über das Verzögern und über die Entschlußlosigkeit Jesu. Jüdische Untergrundbewegungen erwarteten von ihm ein Signal. Jesus aber setzte kein Signal. Jesus war – das wurde den meisten Juden der unterschiedlichsten Richtungen bewußt – nicht ihr Mann, auf den sie so viele, zu viele Hoffnungen gesetzt hatten. Das Sendungsbewußtsein Jesu ging in eine ganz andere Richtung, als sie von jüdischen Zeloten und antirömischen Terroristen der damaligen Zeit anvisiert wurde.

Christus in der Rast. Holzschnitt von Albrecht Dürer

Je länger Jesus in der Öffentlichkeit wirkte, desto mehr wurde er bei den jüdischen Widerstandsgruppen zum Enttäuschungserlebnis. Die Ausstrahlung und Anziehungskraft seiner Anfangszeit verblaßte. Viele Juden sahen sich in ihren messiaspolitischen Erwartungen, die sie auf Jesus, den Galiläer, gesetzt hatten, enttäuscht. So rapid bröckelte die Schar der Zuhörer und Sympathisanten ab, daß Jesus auch an seine Apostel die Frage richtete:

»Wollt auch ihr weggehen?« (Joh 6,68). Was ursprünglich Begeisterung war, schlug in Enttäuschung um. Aus dem Hosanna wurde ein Crucifige. Jesus spricht es offen aus, daß viele Barrieren überwunden und viele Vorurteile abgebaut werden müssen, um ihn verstehen und um in seine Nachfolge eintreten zu können. »Selig, wer an mir keinen Anstoß nimmt« (Mt 11,6; vgl. Lk 7,23). Viele haben daher nur noch am Rand das weitere Schicksal Jesu verfolgt. Jesus war für sie ein verstiegener, weltfremder Idealist, ein Träumer, dessen Reich-Gottes-Visionen unrealisierbar sind. Das Urteil über Jesus, das zu seinen Lebzeiten im jüdischen Volk umging und das auch von manchem heutigen Juden geteilt wird, hat Schalom Ben-Chorin, der jüdische Religionsphilosoph, in die Worte gefaßt: Jesus war »ein tragisch Scheiternder..., ein tragisch Irrender, dessen Augen aus Liebe zu Israel verblendet wurden«.[2]

Der Ketzerei angeklagt

Jesus enttäuschte die messiaspolitischen Erwartungen seiner Zeit. Er hätte dadurch eine Randfigur im damaligen Judentum werden können. Auf einer ganz anderen Ebene wurde er zum ärgerniserregenden Problemfall. Es ist nämlich den amtlichen Stellen des religiösen Judentums, an ihrer Spitze dem höchsten geistlichen Gerichtshof Israels, dem Großen Synedrium, zu Ohren gekommen, daß der Mann aus Nazareth, der mit dem Beginn seines öffentlichen Wirkens seinen Wohnsitz nach Kapernaum am See Genezareth verlegt hatte (Mt 4,13), in einen zunehmenden, sich verschärfenden Konflikt mit der Thora, den fünf Büchern Mose, geriet. Jede Form der Auflehnung gegen die Thora war Ketzerei, die mit den härtesten Strafen bis zur Strafe der Steinigung belegt war.

Als knapp 30jähriger stand Jesus als Angeklagter vor dem höchsten jüdischen Religionsgericht. Die vier Evangelien berichten mit unterschiedlichen Akzentuierungen und Szenenfolgen von dem Gerichtsverfahren (Mt 26,57 – 27,30; Mk 14,53 – 15,15; Lk 22,63 – 23,25; Joh 18,12 – 19,16). Aus jahrhundertealten Gerichtsprotokollen und vielen kasuistischen Einzelurteilen sind in den jüdischen Rechtsbüchern umfangreiche und detaillierte Ketzergesetze[3] angewachsen. Nur äußerst sachkundige Richter konnten sich in diesem Dickicht der Ketzergesetze zurechtfinden. Von Fachleuten wird bestätigt, daß der damalige Gerichtspräsident des Großen Synedriums, Joseph Kaiphas, mit allen geschichtlichen und juristischen Detailfragen wohl vertraut war. Er hatte sich früher schon als Untersuchungsrichter durch seine Fachkenntnisse wie durch geschickte, stets faire Fragestellungen einen Namen gemacht (der Name »Kaiphas« ist ein Beiname und heißt »Inquisitor«).

Vor dem Synedrium wurde Jesus von Nazareth als Ketzer zur Verantwortung gezogen. Ihm wurden schwere Vergehen der Tempelästerung (Mt 26,61; Mk 14,58; Joh 2,19), der Sabbatübertretung (Joh 5,9 ff.; Mk 2,23 ff.), der Gotteslästerung und Blasphemie (Mk 14,64) vorgeworfen. Trotz der hochexplosiven Stimmung muß dem Gerichtspräsidenten Joseph Kaiphas eine faire Gerichtsverhandlung mit einer virtuosen Inquisitionstaktik bescheinigt werden.

Man höre das Urteil eines Experten über die damalige Zeit, Ethelbert Stauffer: »Die Prozeßführung des Kaiphas war ein formaljuristisches Meisterstück. In zahllosen großen und kleinen Punkten ... hat er sich mit demonstrativer Pedanterie an die Prozeßvorschriften gehalten.«[4] Den Höhepunkt des Gerichtsverfahrens bildete die an Jesus gerichtete Frage des Gerichtspräsidenten und Hohenpriesters: »Bist du der Messias, der Sohn (Gottes) des Hochgelobten?« Die Antwort Jesu: »Ja, ich bin es« (Mk 14,61–62).

Das Urteil des Großen Synedriums war einstimmig. Jedes Ratsmitglied, auch Nikodemus (Joh 3,1) und Gamaliel (Apg 5,34), haben ihr Votum mit dem einen Wort »Lammaweth« (d. h. zum Tode) abgegeben. Jesus von Nazareth wurde vom höchsten jüdischen Religionsgericht einstimmig als Ketzer, als Gotteslästerer zum Tod verurteilt. Dies ist ein Faktum, das auch im Neuen Testament nicht verschwiegen wurde.

Alles andere, was dann folgte, waren nur die Ausführungsbestimmungen, die sich auf Grund des römischen Besatzungsstatuts ergaben. Den Römern stand die Blutgerichtsbarkeit (jus gladii) zu. Nach einem weiteren, nicht religiös, sondern politisch akzentuierten Verfahren wurde Jesus schließlich durch Pontius Pilatus zum Kreuzestod verurteilt. Das Große Synedrium konnte nach einem religionsgesetzlichen Prozeß wohl Todesurteile (meist der Steinigung) fällen; bestätigt und vollstreckt wurde jedoch das Todesurteil (der Kreuzigung) durch den zuständigen Prokurator Pontius Pilatus.[5] Auf Golgatha erlebten die Juden den gekreuzigten Jesus als einen von Gott verlassenen Idealisten, als Ketzer und Gotteslästerer, der in seiner Einsamkeit und Not gerufen hat: »Mein Gott, mein Gott, warum hast du mich verlassen?« (Mk 15,34; Mt 27,46 = Ps 22,2) Gerade in diesem Ruf sahen nicht wenige Juden, vor allem die Ratsmitglieder, die Jesus verurteilt hatten, eine nachträgliche Bestätigung, daß Jesus letztlich doch ein gottverlassener Träumer, ein tragisch irrender Idealist und Ketzer gewesen ist, den Gott selbst fallenließ. »Die führenden Männer des Volkes verlachten ihn und sagten: Anderen hat er geholfen, nun soll er sich selbst helfen, wenn er der erwählte Messias Gottes ist. Auch die Soldaten verspotteten ihn« (Lk 23, 35–36).

Am Beginn der christlichen Glaubensgeschichte steht Jesus, der Stifter der christlichen Kirche, der selbst vom höchsten Gericht des religiösen Judentums als Pseudoprophet, Ketzer, als Gotteslästerer, als Apostat verurteilt wurde. Der gekreuzigte Ketzer Jesus ist der Anfang der Geschichte eines neuen Glaubens, einer neuen Glaubensgemeinschaft, die immer wieder, mehr durch Ketzer als durch Mystiker, in Unruhe und Aufregung versetzt wird. Stehen vielleicht die Ketzer, deren Glaubensgeschichte häufig eine Passionsgeschichte ist, dem »Ketzer« Jesus näher als man es anzunehmen wagt?

Dokument

Sie führten Jesus zum Hohenpriester, und es versammelten sich alle Hohenpriester und Ältesten und Schriftgelehrten...

Die Hohenpriester und der ganze Hohe Rat bemühten sich um Zeugenaussagen gegen Jesus, um ihn zum Tod verurteilen zu können; sie fanden aber nichts. Viele machten zwar falsche Aussagen über ihn, aber die Aussagen stimmten nicht überein. Einige der falschen Zeugen, die gegen ihn auftraten, behaupteten: Wir haben ihn sagen hören: Ich werde diesen von Menschen erbauten Tempel niederreißen und in drei Tagen einen anderen errichten, der nicht von Menschenhand gemacht ist. Aber auch in diesem Fall stimmten die Aussagen nicht überein.

Da stand der Hohepriester (Joseph Kaiphas) auf, trat in die Mitte und fragte Jesus: Willst du denn nichts sagen zu dem, was diese Leute gegen dich vorbringen? Er aber schwieg und gab keine Antwort.

Da wandte sich der Hohepriester nochmals an ihn und fragte: Bist du der Messias, der Sohn des Hochgelobten? Jesus sagte: Ich bin es. Und ihr werdet den Menschensohn zur Rechten der Macht sitzen und mit den Wolken des Himmels kommen sehen.

Da zerriß der Hohepriester sein Gewand und rief: Wozu brauchen wir noch Zeugen? Ihr habt die Gotteslästerung gehört. Was ist eure Meinung?

Und sie fällten einstimmig das Urteil: Er ist schuldig und muß sterben (Mk 14,53–64).

Dieser Bericht über den Prozeß gegen Jesus von Nazareth und seine Verurteilung als Ketzer durch den jüdischen Gerichtshof, den Hohen Rat, aus der Hand des Evangelisten Markus (14,53–64), ist die älteste Dokumentation über dieses Gerichtsverfahren im gesamten Neuen Testament. Sie wurde von dem Evangelisten Markus um 65 n. Chr. niedergeschrieben. Gewiß hat es vorher schon, etwa in den authentischen Briefen des Apostels Paulus, zwischen 52 und 60 n. Chr. abgefaßt, Kurznotizen über die Geburt, die Kreuzigung, Auferstehung und Himmelfahrt Jesu gegeben (vgl. dazu 1 Thess 1,9–10; Gal 4,4; Phil 2,6–11; 1 Kor 11,23–25; 15, 3–5; Röm 1, 3–4). Um aber diese Aussagen, die eingefügt waren in liturgische Hymnen, geschichtlich abzusichern und damit jede Mythologisierung Jesu abzuwehren, schrieben Markus wie die später schreibenden Evangelisten Matthäus, Lukas und Johannes ihre »Evangelien« auch mit der Absicht, Jesus im Umfeld der jüdisch-römischen Geschichte darzustellen und damit seine geschichtliche Wirklichkeit zu bezeugen.

Marcion
(um 85 – um 160)

Es gibt Menschen, deren Lebensgeschichte – aus welchen Gründen auch immer – aus den Akten der Geschichte und aus der Erinnerung ihrer Zeitgenossen wie der Nachwelt so gründlich »ausradiert« wurde, daß keine ihrer Schriften, kein Bild vorhanden sind, auch nicht ihr Grab bekannt ist. Selbst für ihre Biographie stehen nur Bruchstücke und unzulängliche Nachrichtenfetzen zur Verfügung. Eine dieser Persönlichkeiten, die vielen nicht einmal dem Namen nach bekannt sind und selbst Fachleuten höchstens als Schattenriß vertraut sind, heißt: Marcion.

Marcion. Holzschnitt aus der Schedelschen Weltchronik, 1493

Nur wenige Daten stehen für eine Darstellung seiner Biographie zur Verfügung: um 85 n. Chr. in Sinope (am Schwarzen Meer) geboren, 140 Ankunft in Rom und Aufnahme in die dortige Christengemeinde, 144 Ausschluß aus der römischen Christengemeinde, um 160 Tod in Rom.

So gründlich hat man die Erinnerung an ihn ausgelöscht, daß sein Leben und seine Gedankenwelt heute nur noch aus den Schriften seiner Gegner[1] rekonstruiert werden können. Vieles ist unter der polemischen Brille in äußerster Verzerrung dargestellt worden. Aus immer neuen Schuttablagerungen muß mit äußerster

Vorsicht und Sachkenntnis zum geschichtlichen Original vorgestoßen werden. Eines gibt jedoch zu denken und löst eine Welle der Sympathie aus: Wer mit so fanatischer Intensität wie Marcion bekämpft wurde, muß Größe und Ausstrahlung gehabt haben. Wenn Marcion in der christlichen Glaubensgeschichte des 2. Jahrhunderts nur eine kleine Nebenrolle gespielt hätte, wäre er nie und nimmer in das Messer der Kritik und der Verfolgung geraten. Nur große, und in den Augen mancher Zeitgenossen gefährliche Menschen verfolgt man so gründlich und so verbissen wie einen Marcion.

Das glaubensgeschichtliche Intermezzo

Marcion wurde um 85 n. Chr. (etwa 50 Jahre nach dem Kreuzestod Jesu) in der Hafenstadt Sinope (am Südufer des Schwarzen Meeres) geboren als Sohn des Vorstehers der dortigen christlichen Gemeinde. Weil damals die Leiter der christlichen Gemeinde »Episkopen« bezeichnet wurden, sprechen einige Zeitgenossen von einem »Bischof« als Vater des Marcion. Die christliche Gemeinde in Sinope (im Gebiet von Pontus: Apg 2,9) lag am Rand des paulinischen Missionsgebietes in Kleinasien. Die Briefe und die Theologie des Apostels Paulus haben sicherlich ihr Glaubensleben entscheidend geprägt. Das begüterte Elternhaus hat Marcion einen tiefen christlichen Glauben, eine überdurchschnittliche Bildung und nicht zuletzt wünschenswerte und ergiebige Finanzen mit auf den Lebensweg gegeben. Beruflich war er Schiffsreeder mit reichlich fließenden Einnahmen.

Um das Geburtsjahr 85 n. Chr. waren die Männer der ersten Stunde, die Jesus noch kannten und die er mit seiner Mission betraut hatte, alle bereits tot – eine einzige Ausnahme dürfte der Apostel und Evangelist Johannes gewesen sein, der hochbetagt in der kleinasiatischen Hafenstadt Ephesus noch lebte. Was waren die typischen Kennzeichen und Probleme der damaligen Christengemeinden vor allem im ephesinisch-kleinasiatischen Raum?

Die urchristliche Dynamik hatte sich verlangsamt. Die Konvertitenbegeisterung der ersten christlichen Generation und die hochgespannte Erwartung eines baldigen Wiederkommens Jesu auf den Wolken des Himmels mit großer Macht und Herrlichkeit hatten merklich nachgelassen. Die Blicke der Christen hatten sich der Erde wieder zugewandt. Man begann sich in dieser Welt häuslich einzurichten, sich mit der Welt zu arrangieren. Tiefgreifende Ermüdungs-, Enttäuschungs- und erste Zersetzungserscheinungen machten sich da und dort in christlichen Gemeinden bemerkbar, wie sie den sieben Sendschreiben der johanneischen Apokalypse (Offb 2,1–3,22) entnommen werden kann. »Ich werfe dir vor, daß du deine erste Liebe verlassen hast. Bedenke, aus welcher Höhe du gefallen bist, kehr zurück zu deinen ersten Werken! Wenn du nicht umkehrst, werde ich kommen und deinen Leuchter von seiner Stelle wegrücken« (Offb 2,4–5).

Vieles war noch in Bewegung. Noch kannte man keine straffe Kirchenorganisation, kein einheitliches Kirchenrecht. Es gab nicht einmal eine verbindliche Zusammenstellung jener Bücher, die heute im Kanon des Neuen Testaments zusammengefaßt sind. Es war ein glaubens- und kirchengeschichtliches Intermezzo: eine Ruhe- und Atempause nach Jahrzehnten einer stürmischen Ausbreitung des christlichen Glaubens und einer explosionsartigen Gründung christlicher Gemeinden.

Marcion hatte wie wenige seiner Zeit einen umfassenden und zugleich kritischen Überblick über die spätantike Welt und über die unterschiedlichen Strömungen, Gruppierungen und Grüppchen in den jungen christlichen Gemeinden. Im Hause seines bischöflichen Vaters hat er davon mehr als genug erfahren. Was ihn bedrängte, war die religiöse Orientierungslosigkeit des damaligen christlichen Glaubens. Neben Schriften, als deren Verfasser Apostel genannt wurden, gab es »viele« (Lk 1,1) Jesusromane, volkstümliche Wunderberichte und erzählfreudige Borschüren über das Leben Marias, staunenswerte Berichte über den Knaben Jesus in Nazareth[2], die begieriger gelesen wurden als die in den Gemeindefeiern vorgetragenen »offiziellen« Schriften. Es scheint zu allen Zeiten gerade vom einfachen, frommen Volksglauben eine eigenartig-magische Wirkung auszugehen.

Inmitten der Überflutung mit frommen Schriften und Schriftchen zu Beginn des 2. Jahrhunderts vermißte Marcion die ordnende Hand, die mit der Wurfschaufel die Spreu legendenhafter Jesusgeschichtchen vom Weizen der wahren Jesusverkündigung scheidet. Es war nicht so sehr ein theologisch-wissenschaftliches, sondern ein menschlich-seelsorgliches Anliegen, das Marcion angesichts des Schweigens und der Entscheidungslosigkeit kirchlicher Instanzen quälte und nicht zur Ruhe kommen ließ.

Marcion muß der schwierige Sohn eines Bischofs gewesen sein. Wegen mancher Disziplinlosigkeiten und nicht zuletzt wegen vermeintlicher Irrlehren mußte er von seinem bischöflichen Vater aus der Christengemeinde von Sinope ausgeschlossen werden. Er zog nach Rom, wo der Exkommunizierte im Jahr 140 in die römische Christengemeinde aufgenommen wurde. Als »Einstandsgeld« und als Zeichen seines orthodoxen Glaubens hat er rund 200 000 Sesterzen bezahlt. Als wenige Jahre später, im Jahr 144, Marcion aus der römischen Christengemeinde durch ihren Bischof Pius I. [142–150] ausgeschlossen wurde, wollte man mit diesem schmutzigen Geld nichts mehr zu tun haben. Auf Heller und Pfennig wurde die Summe an Marcion zurückbezahlt.

Seit seiner Ankunft in Rom litt er unter dem deutlichen Verfallsprozeß des christlichen Glaubens. Man kann die Botschaft Jesu auch durch Schweigen und durch Untätigkeit verraten und sich am Zerbröckeln des Volksglaubens schuldig machen.

Gerade in Rom, wohin Marcion seinen Wohnsitz verlegt hatte, erwartete er zukunftsweisende Klarstellungen und Entscheidungen. Aber Marcion wartete vergeblich. Er konnte nicht mehr zuschauen, wie Glaube und Frömmigkeit fehlgeleitet wurden. Mußte in ihm nicht der schreckliche Gedanke sich festigen, die offizielle Kirche weiß sich nicht mehr unter dem Auftrag Christi! Sie erscheint ihm mehr und mehr wegen ihrer Unfähigkeit und Entscheidungslosigkeit einer geradezu dämonischen Verschwörung ins Netz gegangen zu sein. Die Kirche des Herrn, Grab Gottes, Fassade der Frömmigkeit, vielleicht sogar Instrument dämonischer Mächte?

Marcions Zweigötterlehre

Marcion war nicht der Mann, der angesichts der ihn und den Glauben des christlichen Volkes bedrängenden Nöte und Verwirrungen sich schweigend zurückzog. Er beherrschte von seiner beruflichen Tätigkeit als Schiffsreeder das Management. Er ver-

fügte über genügend Geld. Er war ein scharfsichtiger Theologe und
ein Philologe, der bereits in der damaligen Zeit präzise Kenntnisse
der textkritischen Methode hatte. Marcion muß außerdem, was
nicht zuletzt seine Erfolge erklärt, eine überzeugende, ja eine
geradezu bezwingende Ausstrahlung gehabt haben.

Er war ein exzellenter Bibliker, ein Bibelfanatiker, den die Worte
der Heiligen Schrift unruhig gemacht hatten und umtrieben. Was
war aber angesichts der buntschillernden Jesusromane, die in der
damaligen Zeit als Bestseller von Hand zu Hand gereicht wurden,
wirklich »Wort Gottes«? Der unkontrolliert fließende Strom sogenannter Jesus-Literatur mußte kontrolliert, überprüft und es mußten echte Schriften von den unechten Texten klar geschieden
werden. Es mußte – nach der Auffassung Marcions je eher, desto
besser – endlich eine Abgrenzung jener Schriften erfolgen, die
wirklich als Wort Gottes der »Heiligen Schrift« zuzurechnen seien,
und zwar im Interesse der Kirche wie im Interesse des Glaubens
jedes einzelnen Christen.

In mühseliger und zeitraubender Kleinarbeit hat Marcion mit
dem Seziermesser der textkritischen Methode sein Unterfangen
durchgeführt. Hielt das Ergebnis, das er vorlegte, wirklich nur
seiner textkritischen Methode stand oder haben andere »Vor«-
Urteile Marcion in seinem Scheidungs- und Entscheidungsprozeß
mehr, als er selbst merkte, bestimmt und narkotisiert? In seinem
Elternhaus wie in der christlichen Gemeinde seiner Geburtsstadt
Sinope hat Marcion eine von Paulus geprägte und stimulierte
Theologie und Frömmigkeit empfangen. Theologie und Argumentation des Apostels Paulus wurden für Marcion zum Fundament
jeder Theologie und zum Kriterium jeder Schrift des Neuen
Bundes.

Mit diesem paulinischen »Vor«-Urteil ging Marcion an den
Scheidungsprozeß zwischen den sogenannten »echten« und
»unechten« Schriften der christlichen Gemeinden heran. Marcion
war ein biblischer Existentialist, ein maß-loser Paulinist. Was der
Theologie des Paulus, besser und kritischer gesagt, »seines« Paulus
entsprach, konnte in den Kanon »seiner« neutestamentlichen
Schriften eingehen.[3]

Ohne den Verästelungen und Motivierungen seiner textkritischen Bemühungen und Argumentationen nachzugehen, sei lediglich das Ergebnis seiner Forschungsarbeit vorgelegt. Mit textkritischer Sachkenntnis und Pedanterie hat Marcion eine in der Geschichte des christlichen Glaubens einzigartige Pionierleistung vollbracht, für die ihm eine Statue auf dem Petersplatz in Rom errichtet werden müßte. Er hat erstmals eine Zusammenstellung der Schriften des Neuen Testaments – oder sagen wir es genauer, »seines« Neuen Testaments – vorgelegt. Man muß bei diesem kühnen Erstversuch Marcion zugute halten, daß er wohl nicht alle Schriften, die wir heute dem Neuen Testament zurechnen, kannte. Vielleicht ist ihm der ganze Block der johanneischen Schriften (Johannes-Evangelium, die drei Johannesbriefe und die Apokalypse) überhaupt nicht bekannt gewesen.

Paulus und nur Paulus ist für Marcion die theologische Bezugs- und Orientierungsperson. Was gleichsam vor dem »Lehramt« und vor den theologischen Kriterien des Apostels Paulus nicht standhält, kann und darf nicht in den Kanon eines Neuen Testaments aufgenommen werden. Eine erste und radikale Vorentscheidung traf Marcion: Das gesamte Alte Testament wird ausgeschieden und verworfen. Im Schöpfergott sah er einen Gott der Gerechtigkeit und der Strafe, einen Stümpergott, den er für die Erbärmlichkeit der sichtbaren Welt verantwortlich machte.

Zu »seinem« Neuen Testament[4] rechnete Marcion nur das Lukas-Evangelium und die zehn Paulusbriefe; mit textkritischem Scharfblick hat er bereits damals die sogenannten Pastoralbriefe – die beiden Timotheusbriefe und den Titusbrief (wie auch den Hebräerbrief) – als nichtpaulinisch erkannt und daher ausgeschieden. Zu den zehn stark bearbeiteten Paulusbriefen zählten der Galater-, der erste und zweite Korinther-, der Römer-, der erste und zweite Thessaloniker-, der Laodizener (= Epheser)-, Kolosser-, Philipper- und Philemon-Brief.

Das Lukas-Evangelium, jedoch in einer stark bearbeiteten und »bereinigten« Fassung, nahm deshalb bei Marcion eine unangefochtene Favoritenstellung ein, weil man damals in Lukas den langjährigen Begleiter und »geliebten Arzt« (Kol 4,14; vgl. 2 Tim 4,11; Philem 24) sah, der Paulus auf vielen Reisen begleitet und betreut hatte. Kein anderer als Lukas konnte daher authentischer Kenner und Propagandist der paulinischen Theologie sein.

Marcion glaubte Paulus als einziger verstanden zu haben, und er hat Paulus doch gründlich mißverstanden. Die paulinische Gegenüberstellung von (jüdisch-alttestamentlichem) Gesetz und (christlich-neutestamentlichem) Evangelium hat er zu einer »Zweigötterlehre« personalisiert: Dem gerechten, ja sogar bösen Weltenschöpfer des Alten Testaments stellte er den gütigen Gott der Liebe entgegen, der sich in Jesus geoffenbart hat. Seine »Antithesen« sind als Werk zwar verlorengegangen; Bruchstücke sind jedoch als Zitate in Schriften der Kirchenväter erhalten geblieben, so daß sich die Grundlinien seines Werkes »Antithesen« rekonstruieren lassen (vgl. dazu das nachfolgende »Dokument«).

Selbstsicher und rigoros, als habe er Paulus selbst noch gekannt und interviewt, ging Marcion an seinen textkritischen Ausscheidungsprozeß heran. Selbst bei den zehn Paulusbriefen, die seinem kritischen Urteil standhielten und die er in »sein« Neues Testament aufnahm, hat er nicht wenige, nach seiner Meinung »unpaulinische« und später eingeschmuggelte Passagen ausgemerzt. Man mag bei diesen Vorgängen keineswegs immer Marcion beipflichten. Was er aber in seinen Vorreden (Prologen) der Sammlung seiner zehn Paulusbriefe beigegeben hat, ist heute noch von größter Bedeutung für die Entstehungs- und Sammlungsgeschichte der Paulusbriefe überhaupt.

Marcion hat mit seinem verkürzten Neuen Testament einen unerhörten Proteststurm ausgelöst. Er wurde aus der römischen Christengemeinde ausgeschlossen. Wie groß die damalige Erregung war, kann den Beschimpfungen, er sei »der Erstgeborene des Satans[5]« und »des Teufels Sprachrohr«[6], noch entnommen werden. Es kann aber nicht geleugnet werden, daß gerade Marcion durch sein, wenn auch verkürztes und purgiertes Neues Testament die offizielle Kirche in Zugzwang versetzt hat, ihren Kanon des Neuen Testaments und ihre Argumente für die Aufnahme der von ihr gebilligten Schriften vorzulegen. Marcion ist es gewesen, der die Kirche aus ihrer Entscheidungslosigkeit aufrüttelte. In einem glaubensgeschichtlichen Intermezzo vieler Unklarheiten und Ungeklärtheiten hat er den zukunftsweisenden Anstoß für die Sammlung und Abgrenzung des von der Kirche gebilligten Neuen Testaments gegeben.

Marcion nötigte die offizielle Kirche zur Reaktion, die für die Geschichte des christlichen Glaubens von fundamentaler Bedeutung war und bis heute geblieben ist.[7] Nach seiner Exkommunikation aus der römischen Kirche im Jahr 144 n. Chr. vermochte Marcion viele Christen um sich zu scharen. Er war in ihren Augen der mutige und verfolgte Bekenner der wahren und unverkürzten Botschaft Jesu. Seine Argumente gegen die offizielle Kirche fielen bei Frommen, Suchenden und Enttäuschten auf fruchtbaren Boden. Marcion warf der Kirche totalen Verrat an der Botschaft Jesu vor. Damit stellte er ihre Glaubwürdigkeit, ihre Existenz und Überlebenschance radikal in Frage. Er wollte keine »Gegen-Kirche« gründen. Er war der festen Überzeugung, daß seine Gemeinde die wahre, von Christus gegründete Kirche und daß die römische (katholische) Kirche eine abgefallene Kirche, eine Kirche der Apostasie sei.

In der von Marcion inspirierten, von Bischöfen und Priestern geleiteten Glaubensgemeinschaft wurden die Mitglieder auf die kompromißlosen Forderungen Jesu eingeschworen: Ehelosigkeit, strenges Fasten, härteste Leibesaskese, Enthaltsamkeit von Fleischspeisen. Die »marcionitische« Kirche hielt sich dabei weithin bei den kirchlichen Zeremonien an die Gepflogenheiten der römischen Kirche. Ihrer Festigung und Ausbreitung kam die straffe Organisation zugute.

Leben und Botschaft des Marcion waren alles andere als ein brillantes, aber schnell abgebranntes Feuerwerk. Die marcionitische Lehre und Kirche breitete sich explosionsartig und für die offizielle Kirche beängstigend schnell aus. Von Gallien über Italien, Griechenland, Kleinasien und Syrien bis an den Euphrat gab es marcionitische Gemeinden, deren Existenz ein Stachel im Fleisch der römischen Kirche war. Kaiser Theodosius I., der Große [378–395], der in einer einheitlichen Reichsreligion das beste Fundament und die idealste Einigungsklammer seines politischen Reiches sah (nach dem Grundsatz: Ein Glaube – ein Reich – ein Kaiser!), hat nicht nur alle heidnischen Kulte verboten und ihre Tempel zerstört. Im Jahr 381 hat er auch die marcionitischen Gemeinden im gesamten Reichsgebiet, in denen er sprengendes und gefährliches Dynamit der von ihm angestrebten Reichseinheit erblickte, verboten. Wie tief eingewurzelt jedoch diese marcionitischen Gemeinden im Volk waren, beweist die Tatsache, daß bis in das 6. Jahrhundert, also sogar über die Epoche der Völkerwanderung hinweg, marcionitische Glaubensgemeinschaften nachweisbar sind.

Marcion mag in den Augen der römischen Kirche ein lästiger Querulant, ein unangenehmer und geschickt argumentierender Zeit- und Streitgenosse gewesen sein. Man sieht und wertet jedoch Marcion in einer Blickverengung, die ihn nur als Ketzer erkennen läßt. Es kann nicht abgestritten werden, daß er ein leidenschaftlicher, vielleicht sogar ein maßloser Christ, ein famoser Textkritiker und ein exzellenter Bibliker gewesen ist, dem attestiert werden muß: »Die erste neutestamentliche Schriftensammlung wurde von einem Ketzer geschaffen!«[8]

Dokument

Der Demiurg wurde Adam und den folgenden Geschlechtern bekannt, der Vater Christi aber ist unbekannt, wie Christus selbst von ihm in den Worten gesagt hat: »Keiner hat den Vater gesehen außer dem, der von Gott her gekommen ist« (Joh 6,46).

Der Demiurg wußte nicht einmal, wo Adam weilte, und rief daher: »Wo bist du?« (Gen 3,9). Christus aber kannte auch die Gedanken der Menschen.

Josua hat mit Gewalt und Grausamkeit das Land erobert; Christus aber verbietet alle Gewalt und predigt Barmherzigkeit und Friede.

Mose mischte sich ungerufen in den Streit der Brüder, fuhr den Übeltäter an: »Warum schlägst du deinen Stammesgenossen?« und wurde von ihm zurückgewiesen: »Wer hat dich zum Aufseher und Schiedsrichter über uns bestellt?« (Ex 2,13f.). Christus aber, als ihn einer aufforderte, daß er Erbschlichter sei zwischen ihm und seinem Bruder, verweigerte seine Mitwirkung sogar in einer so billigen Sache – weil er der Christus des guten und nicht des Richter-Gottes war – und sprach: »Wer hat mich zum Richter... gemacht?« (Lk 12,14).

Der Prophet des Schöpfergottes stieg, als das Volk in der Schlacht stand, auf den Gipfel des Berges und breitete seine Hände aus zu Gott (Ex 17,8ff.), damit er möglichst viele in der Schlacht töte; unser Herr aber, der Gute, breitete seine Hände aus, nicht um Menschen zu töten, sondern um sie zu erlösen.

Im Gesetze heißt es: »Auge für Auge, Zahn für Zahn« (Ex 21,24); der

Herr aber spricht im Evangelium: »*Wenn dich einer auf die rechte Backe schlägt, dann halt ihm auch die andere hin*« *(Mt 5,39).*

Der Prophet des Schöpfergottes ließ, um in der Schlacht möglichst viele zu töten, die Sonne stille stehen, damit sie nicht untergehe (Jos 10,12–14), bevor die feindlichen Gegner des Volks sämtlich vernichtet seien; der Herr aber, der gute, spricht: »*Die Sonne soll über eurem Zorn nicht untergehen*« *(Eph 4,26).*

Der Weltschöpfer schickt auf die Forderung des Elija die Feuerplage (2 Kön 1,9ff.); Christus aber verbietet den Jüngern, Feuer vom Himmel zu erbitten (Lk 9,54f.).

Der Prophet des Weltschöpfers spricht: Meine Bogen sind gespannt und meine Pfeile gespitzt gegen sie (vgl. Jes 5,28). Der Apostel aber sagt: »*Darum legt die Rüstung Gottes an, damit ihr... alle feurigen Geschosse des Bösen auslöschen könnt*« *(Eph 6,13.16).*

Der Weltschöpfer sagt: »*Ein Gehenkter ist ein von Gott Verfluchter*« *(Dtn 21,23). Christus aber erlitt den Kreuzestod.*

Der Juden-Christus wird vom Weltschöpfer ausschließlich dafür bestimmt, das Judenvolk aus der Zerstreuung zurückzuführen (vgl. Jes 43), unser Christus aber ist vom guten Gott mit der Befreiung des gesamten Menschengeschlechts betraut worden (Joh 12,32).

In sorgfältigen und zeitraubenden Forschungen hat Adolf von Harnack (1851–1930), einer der bedeutendsten protestantischen Theologen des ausgehenden 19. und des beginnenden 20. Jahrhunderts, sich dem theologischen und literarischen Entwicklungsprozeß des Frühkatholizismus gewidmet. Aus den Schriften der Kirchenväter hat er die Zitate aus dem Marcion-Werk »Antithesen« herausgelöst und in seinem Buch »Marcion, das Evangelium vom fremden Gott« (Leipzig 1924) veröffentlicht. Wenn auch kein fortlaufender Text vorgelegt werden konnte, so läßt sich doch aus dem Text-Mosaik die theologische Grundlinie der »Zweigötterlehre« Marcions deutlich erkennen: Der alttestamentliche Schöpfergott – Marcion spricht vom »Demiurgen« – und der in Jesus sich offenbarende Gott der Liebe und Güte stehen sich schroff gegenüber. Vgl. dazu A. v. Harnack, Neue Studien zu Marcion, Leipzig 1923.

Origenes
(um 185–253/54)

Es muß sich um einen Geistesmann erster Qualität handeln, wenn von ihm gesagt wird, »seine Bedeutung für die Geschichte des christlichen Denkens zu überschätzen, ist kaum möglich. Ihn an die Seite von Augustinus und Thomas von Aquin stellen heißt, ihm den Platz einräumen, der ihm in dieser Geschichte zukommt«.[1]

Selbst wenn der Name Origenes fällt, können die meisten Christen sich kaum ein klar umrissenes Bild seiner Persönlichkeit, seines Werkes und seiner Ausstrahlung machen. Sein Leben, das eine Spanne von siebzig Jahren umfaßt, erzählen heißt, vor dem reichspolitischen Hintergrund der ersten Hälfte des 3. christlichen Jahrhunderts die innerkirchlich-theologischen Auseinandersetzungen sichtbar machen.

Geboren wurde Origenes Adamantius (diesen Doppelnamen trug er nach den Berichten zeitgenössischer Schriftsteller von Geburt an, wobei der Beiname »Adamantius« zu übersetzen ist mit »Mann aus Stahl«) um 185 vermutlich in der ägyptischen Stadt Alexandria. Sein Vater Leonidas war Katechet in der christlichen Gemeinde seiner Geburtsstadt. Während der Christenverfolgung unter dem römischen Kaiser Septimius Severus [193–211] starb sein Vater um 202 den Märtyrertod. Da das elterliche Vermögen während der Verfolgungszeit konfisziert wurde, mußte Origenes Adamantius für den Unterhalt seiner verwitweten Mutter und seiner neun Geschwister aufkommen. Mit neunzehn Jahren wurde dem hochbegabten Origenes die Leitung des berühmten katechetischen Zentrums in Alexandria anvertraut, an dem er selbst zum gefeiertsten Lehrer aufstieg. Trotz seiner immensen Vorlesungstätigkeit fand er immer wieder Zeit, auf Reisen nach Kleinasien, Griechenland und Italien (Rom) seinen geistigen Horizont zu erweitern und mit Gelehrten seiner Zeit Kontakte aufzunehmen. Um 230 empfing er in Palästina die Priesterweihe, die ihm aber von seinem Heimatbischof Demetrios von Alexandrien aberkannt wurde. Es waren sehr handgreifliche Neidkomplexe im Spiel, als der gleiche Bischof ihn aus der alexandrinischen Christengemeinde ausschloß.

Trotz dieser Exkommunikation hielt Origenes seiner Kirche die ungebrochene Treue. Während der Verfolgung unter dem römischen Kaiser Decius [249–251] erlitt er (wahrscheinlich in Cäsarea) im Kerker schwerste Mißhandlungen, an deren Folgen er, nach dem Tod des Kaisers freigelassen, 254 starb. Dieses nüchterne Zahlenmaterial läßt kaum das Bündel asketischer und theologischer Explosionen vermuten, das Origenes Adamantius war.

Origenes. Holzschnitt aus der Schedelschen Weltchronik, 1493

Der Kampf mit der Leiblichkeit

Es gibt im Leben des Origenes ein Problem, das für Menschen unserer Zeit kaum verständlich ist und nur aus einer extremchristlichen Glaubensüberzeugung verstanden und gedeutet werden kann. Das Leben des Origenes ist eingefügt in die Szene des spätantiken Luxus, der extravaganten Badesitten und Leibvergötzung.

Origenes setzte zu dieser spätantiken Szene einen eindeutigen Kontrapunkt. Er war ein asketischer Protestler gegen seine Zeit. Er ging ohne Sandalen, schlief auf dem bloßen Erdboden, aß nur soviel, um leben und seiner geistigen Arbeit nachgehen zu können, und verschmähte den Wein. Vielleicht hatte Origenes selbst angesichts der epochalen Aufreizung Probleme mit seiner Leiblichkeit, mit seiner männlichen Geschlechtlichkeit.

Origenes kannte wie kaum ein anderer seiner Zeit die Heilige Schrift. Mit innerer Erregung las er darin die Worte Jesu: »Manche sind von Geburt an zur Ehe unfähig, manche sind von den Menschen dazu gemacht, und manche haben sich selbst dazu gemacht – um des Himmelreiches willen. Wer das fassen kann, der erfasse es« (Mt 19,12). Origenes, der ein Meister der allegorischen (bildlich-übertragenen) Schriftauslegung war, hat sich bei der Deutung dieses Jesuswortes nicht an seine sonst praktizierten Grundsätze der Exegese gehalten. Er hat diese Aussage vielmehr wortwörtlich ausgelegt und mit geradezu grausamer Realität an sich in die Tat umgesetzt. An einer anderen Stelle fand er das Jesus-Wort: »Nach der Auferstehung werden die Menschen nicht mehr heiraten, sondern sein wie Engel im Himmel« (Mt 22,30).

Um seine Ganz-Hingabe (das lateinische Wort hierfür heißt »holocaustum«) Gott zu zeigen und weil Jesus selbst im Akt der Selbstkastrierung – um des Himmelreiches willen! – keine Verfehlung gesehen hat, hat Origenes aus (wenn auch verstiegener) religiöser Überzeugung sich mit etwa zwanzig Jahren das männliche Glied abgeschlagen und freiwillig entmannt. Es war alles andere als sexuelle Not, Ausweglosigkeit oder Verklemmung, sondern der aus letzter Hingabebereitschaft kommende Entschluß, der Origenes zur Selbstkastrierung führte. In diesem Entschluß der Selbstentmannung steckt sicherlich auch der kühne Vorausgriff auf die himmlische Herrlichkeit, für die der pneumatische Christ Origenes sich bereits hier auf Erden zeichenhaft vorbereiten wollte.

Es gibt im Leben von Menschen, auch von Heiligen, Großartiges, das man bewundern, aber nicht nachahmen kann. Die Selbstverstümmelung, die Origenes an sich vollzogen hat, ist weder bewundernswert noch nachahmenswert. Hier ist ein Mensch zu weit gegangen. Es war eine falsche Entscheidung, totale Hingabe an Gott durch ein Nein zur göttlichen Schöpfungsordnung der Geschlechtlichkeit demonstrieren zu wollen. Damit setzt man kein Zeichen des Glaubens, der Christusnachfolge! Gefährlich könnte eine solche Einstellung und Handlungsweise werden, wenn sie als exemplarisches Zeichen für ein höheres, »vergeistigtes« Christsein zur Nachfolge empfohlen wird.

Nur kurz sei erwähnt, daß Verstümmelung bei Tieren und Menschen nach dem alttestamentlichen Gesetz (Lev 22,24; Dtn

23,2) verboten war. Selbstverstümmelung stand nach dem zur Zeit des Origenes geltenden römischen Gesetz sogar unter Todesstrafe. Die Selbstverstümmelung (wie auch die vom ägyptischen Heimatbischof nicht eingeholte Weihelizenz) war der Grund, der zur Aberkennung der um 230 in Palästina empfangenen Priesterweihe führte.

Das Meisterwerk der Hexapla

In der wissenschaftlichen Theologie, speziell im Bereich der Bibelwissenschaft, verbindet sich mit dem Namen Origenes eine einzigartige Pionier- und Glanzleistung. Um den originalen Text des Alten Testaments lesen und interpretieren zu können, lernte Origenes die hebräische Sprache. Da in der Gelehrtenwelt seiner Epoche das Alte Testament in der griechischen Übersetzung, der sogenannten Septuaginta, gelesen wurde und neben dieser aus vorchristlicher Zeit stammenden Übersetzung eine Vielzahl griechischer Übersetzungen des Alten Testaments mit recht unterschiedlicher Übersetzungsqualität von Hand zu Hand gingen, unternahm es Origenes, die sich widersprechenden Textvarianten offenkundig zu machen und den verbindlichen Übersetzungstext herauszukristallisieren. Origenes schuf ein Bibelwerk, das etwa 6000 Blätter in 50 Bänden umfaßte. In sechs Kolumnen wurden neben dem hebräischen Originaltext und einer griechischen Umschrift (Transkription) die Übersetzungen des Aquilas (Mitte des 2. Jahrhunderts) und des Symmachus (Ende des 2. Jahrhunderts), der Septuaginta und des Theodotion (Anfang des 3. Jahrhunderts) nebeneinander abgedruckt.

Hätte Origenes kein anderes Werk als die Hexapla verfaßt, er hätte sich allein durch dieses gigantische, textkritische Werk für immer mit Goldlettern in die Annalen der Bibelwissenschaft eingetragen.

Es ist kaum zu fassen, welche Vielzahl von Werken Origenes über das Riesenwerk der Hexapla hinaus noch hinterlassen hat. Origenes war ein exzellenter theologischer Lehrer und Spekulierer, dessen Gedanken geradezu unaufhörlich und druckreif aus ihm hervorsprudelten. Er hatte keine Zeit zum Schreiben, zur ruhigen

Abklärung seiner im Aphorismusstil herausgeschleuderten Gedanken. Es stand ihm jedoch ein Schreibbüro mit mehr als sieben Stenographen zur Verfügung, die, sich einander abwechselnd, seine Vorlesungen, Predigten, Briefe und Gedankensplitter aufzeichneten, redigierten, sammelten und verbreiteten. Von römischen Notaren ist bekannt, daß sie Gerichtsverhandlungen genauestens protokollieren ließen, indem von Gerichtsschreibern eine Art Stenographie[2] (»tironische Noten«) verwendet wurden.

Gegen die Lehre von der ewigen Hölle

Origenes war ein großer Kenner der Bibel, ein leidenschaftlicher Nachfolger Jesu, ein volksnaher, aus dem Geist des Gottswortes lehrender und lebender Katechet. Man kann ihm nicht den Vorwurf machen, er habe die Bibel nur mit einem Auge gelesen. Gerade weil er die Bibel wie kaum einer seiner Zeitgenossen kannte, wurden manche ihrer Aussagen für ihn zu einem tiefgreifenden Problem. Das Wort Gottes wurde zum schmerzlichen Pfahl im Fleisch seines Denkens und Glaubens.

Immer wieder wird im Neuen Testament vom Gott der Liebe gesprochen. Christus ist die persongewordene »Güte und Menschenfreundlichkeit Gottes« (Tit 3,4). Origenes liebte ganz besonders das Gleichnis Jesu vom verlorenen Sohn, der vom Vater ohne ein einziges Wort des Vorwurfs wieder aufgenommen wird (Lk 15,11–32). Mit Ergriffenheit hat er von der großen Freude im Himmel über einen einzigen Sünder, der umkehrt (Lk 15,7), im Neuen Testament gelesen. Nicht zuletzt war der Opfertod des menschgewordenen Gottessohnes am Kreuz für Origenes *die* alles entscheidende und prägende Ur-Kunde des christlichen Glaubens. Immer mehr wurde aber die Ewigkeit der Hölle für ihn zum Problem, zum Widerspruch, ja zur Herabsetzung des Lebens- und Todeseinsatzes Jesu Christi, von dem der Apostel Paulus sagte: »Ihr seid um einen teuren Preis erkauft!« (1 Kor 6,20).

Hat der Gehorsam des menschgewordenen Gottessohnes bis zum Tod am Kreuz (Phil 2,8) so wenig Kraft, daß nur ein Teil der Menschheit die himmlische Herrlichkeit erreicht, während der andere (vielleicht sogar größere?) Teil in die ewige Hölle verdammt wird? Origenes konnte und wollte nicht glauben, daß der freiwillige und blutige Lebenseinsatz Jesu nur so wenig Heilungs- und Erlösungskraft besitzt. Es wäre nach seiner Auffassung wahrhaftig ein kleiner, unzulänglicher, »ungöttlicher« Gott, der von sich aus alles einsetzt und riskiert und nur einen recht bescheidenen Erfolg hat.

Gott ist größer, als es die Theologen mit ihrer Lehre von der ewigen Hölle ausgetüftelt haben: Diese Auffassung gewinnt im Denken und Glauben des Origenes immer mehr Raum. Unerbittlich grübelt er weiter: Ist überhaupt ein endlicher Mensch, auch wenn er sich gegen Gott schwer verfehlt, fähig, eine unendlich schwere, nie vergebbare Sünde zu begehen? Kann Gott Menschen, die sein »Bild und Gleichnis« (Gen 1,26) tragen, für immer vergessen? Wird dieser Schmerz einfach weggeschminkt, so vom Glanz Gottes überblendet, als gäbe es ihn nicht? Wird nicht ein inhumanes Gottesbild sichtbar, dem jedes Pathos, jedes Mitleiden grundsätzlich fehlt?

Origenes spürt die unerträgliche Spannung zwischen der Personalität und Dynamik des biblischen Gottes, von dem Gefühle des Zornes, des Mitleids und des Schmerzes berichtet werden, und der kalten und statischen Marmorstatue eines Gottes, der, in Begriffen eingefangen, mehr und mehr den christlichen Glauben zu prägen beginnt. Sein Kampf gegen die ewige Hölle ist ein Kampf für die Universalität der Liebe Gottes. Origenes ist mit der offiziell vertretenen Glaubenslehre von der ewigen Hölle nicht fertig geworden. Gewiß gab es auch für ihn ein Sühnen und Aufarbeiten der Schuld. Noch so große Schuld kann aber, getragen von der reinigenden und wachsenden Liebe Gottes, gesühnt werden, so daß schließlich die Rückkehr aller Geschöpfe in die Herrlichkeit des Erlösers möglich wird.

Man unterstelle Origenes nicht theologische Besserwisserei oder Arroganz. Sein Leiden an der ewigen Hölle war ein Leiden an der Liebe Gottes, die er für so unermeßlich groß und mächtig hielt, daß am Ende die Heimholung und die Wiederherstellung aller Schöpfungswirklichkeit in Gott steht (Apokatastasis). Origenes kämpfte mit dem Rücken gegen die Kirche, aber mit seinem Antlitz für Gott. Die Verwerfung der origenistischen Apokatastasis-Lehre hat leider die bibeltheologische Leistung dieses Mannes fast völlig in den Hintergrund treten lassen. Origenes ist ein Ketzer, den man Jahrhunderte nach seinem Tod nicht zur Ruhe kommen ließ. Immer wieder hat man gegen ihn ein Anathema (z. B. auf dem 5. allgemeinen Konzil in Konstantinopel 553) geschleudert. Es waren nicht die schlechtesten Christen und Theologen, die sich im Laufe der christlichen Glaubensgeschichte wie Origenes mit der Ewigkeit der Hölle bitterschwer getan haben.

Es ist tröstlich und nachahmenswert, was bereits Vinzenz von Lerin († 450), der entscheidende Kriterien der kirchlichen Überlieferung und des christlichen Glaubens vorgelegt hat, geschrieben hat: »Lieber mit Origenes irren als mit den andern recht haben.«[3]

Dokument

»Und führe uns nicht in Versuchung, sondern erlöse uns von dem Bösen!« Die Worte »Sondern erlöse uns von dem Bösen« fehlen bei Lukas. Wenn der Heiland uns nicht vorschreibt, Unmögliches zu erbitten, dann scheint es mir doch der Untersuchung wert zu sein, wie es denn zugehen kann, daß uns ein Befehl gegeben werden mag, wir sollen beten, nicht in Versuchung zu kommen, da doch »das ganze irdische Leben eine einzige Versuchung ist« (Job 7, 2). Denn solange wir auf Erden sind, umgeben mit dem »Fleische, das gegen Gott streitet« (Gal 5,17) und dessen »ganzes Sinnen nur Feindschaft ist gegen Gott, da es sich in keiner Weise dem Gesetze Gottes zu unterwerfen vermöchte« (Röm 8, 7) – solange befinden wir uns immer in Versuchung ...

Wenn wir den der großen Menge verborgenen Sinn des Gebetes, daß wir nicht in Versuchung kommen möchten, richtig verstehen, dann dürfen wir vielleicht betonen, daß die Apostel nicht erhört wurden, als sie darum baten. Unzählige schwere Leiden und Prüfungen haben sie in ihrer ganzen Lebenszeit erdulden müssen »mit Beschwerden über alle Maßen, mit Schlägen über die Maßen, in Gefangenschaft, schwerer als andere, oft in Todesnöten« (2 Kor 11,23) ...

Wenn aber die Apostel selbst in ihren Gebeten keinen Erfolg hatten, welche Hoffnung besteht dann für uns, die um so viel geringer sind als jene? Wie können wir erwarten, daß unser Gebet bei Gott Gehör finden werde? ...

Lukas scheint mir durch die Bitte »Führe uns nicht in Versuchung« dem Sinne nach auch das »Erlöse uns von dem Bösen« mitgelehrt zu haben... Gott erlöst uns von dem Bösen ja nicht, wenn uns der Feind mit seinen Schlichen und mit den Helfershelfern seiner bösen Absichten überhaupt nicht zum Kampf entgegentritt, sondern nur, wenn wir den Ereignissen tapfer die Stirn bieten und den Sieg gewinnen. So verstehen wir auch das Schriftwort: »Zahlreich sind die Drangsale der Gerechten, und aus allen diesen erlöst Er sie« (Ps 33, 20). Denn von den Drangsalen erlöst Gott nicht dadurch, daß keine Drangsale mehr eintreten... sondern dadurch, daß wir zwar von allen Seiten bedrängt, aber durch Gottes Beistand niemals erdrückt werden. Da wir nun, um Gott mit Verständnis bitten zu können, daß wir nicht in Versuchung geraten und daß wir von dem Bösen erlöst werden, alle diese Worte sorgfältig geprüft und bei uns selbst erwogen haben und damit wir dadurch, daß wir auf Gott hören, auch Seiner Erhörung würdig werden: so wollen wir denn ehe noch die Versuchungen über uns kommen und auch wenn sie über uns kommen, ihn anrufen, damit wir nicht den Tod erleiden und, getroffen von den feurigen Geschossen des Bösen, nicht von ihnen entzündet werden.

In der griechisch abgefaßten Schrift »Vom Gebet« hat sich Origenes als schriftgewandter Theologe in sokratischer Methode, die den vorgegebenen Text Wort für Wort abschreibt und erklärt, über das Gebet im allgemeinen und über den Sinn des Vaterunsers geäußert. Der Vergleich mit früheren Auslegungen dieses Herrengebetes zeigt die souveräne Schriftkenntnis des Origenes wie auch seine Unterrichtserfahrung als Methodiker. Der Auszug behandelt die Vaterunser-Bitte: »Und führe uns nicht in Versuchung, sondern erlöse uns von dem Bösen«.

Aus diesem Text, in dem das Anliegen der »Erlösung von dem Bösen« angesprochen wird, kann man noch nicht die Apokatastasis-Lehre, d. h. die totale Allversöhnung der Menschen und des Kosmos (und damit die Leugnung einer ewigen Hölle), heraushören. Sehr klar hat Origenes diese Lehre im Anschluß an das Paulus-Wort: »Gott wird alles in allem sein« (1 Kor 15,27–28) in seiner Abhandlung »über die Urgründe« (bzw. Grundsätze, entstanden zwischen 220 und 230, vertreten.

Die deutsche Übersetzung ist entnommen: W. Tritsch (Hg.), Christliche Geisteswelt. Die Väter der Kirche, Baden-Baden 1957, 158–159, 165–166.

Arius
(um 260–336)

Nach vorsichtigen Schätzungen umfaßte das Römische Reich zur Zeit seiner größten Ausdehnung unter Kaiser Trajan [98–117] etwa 5 Millionen Quadratkilometer und 70/80 Millionen Einwohner. Für die Ausbreitung des Christentums sind folgende Zahlen vorgelegt worden:
1. Jahrhundert: 0,5 Millionen Christen
2. Jahrhundert: 2 Millionen Christen
3. Jahrhundert: 5 Millionen Christen

Die wachsende Zahl der christlichen Gemeinden hat zu einem Ausbau der kirchlichen Organisation geführt. Die unterschiedlichen Denkebenen, aus denen Christen als Palästinenser, Ägypter, Griechen, Römer, Gallier usw. kamen, haben eine starke Dynamik in der christlichen Glaubenswelt, gleichzeitig aber auch unterschiedliche, oft sich widersprechende Ausdeutungen des christlichen Glaubens ausgelöst. Der Entfaltungsraum der theologischen Gedanken war bis in die Mitte des 2. Jahrhunderts noch elastisch, wenngleich sich bereits in den sogenannten Pastoralbriefen des Neuen Testaments (1. und 2. Timotheusbrief und Titusbrief) ein unverkennbarer Institutionalisierungsprozeß abzuzeichnen beginnt. So werden dort Qualifikationen für kirchliche Ämter (als Vorsteher: 1 Tim 3,1–7; als Diakon: 1 Tim 4,14; 5,22; 2 Tim 1,6) wie auch für die Bewahrung und Verkündigung der unverkürzten, »gesunden« Lehre (2 Tim 4,3; Tit 1,9; 2,2) genannt.

Bis in die Mitte des 2. christlichen Jahrhunderts waren noch viele Glaubensfragen offen. Noch waren sie nicht in scharf konturierte dogmatische Begriffe eingefangen. Spekulative Denker dieser Frühepoche haben geistig-geistliche Entdeckungsfahrten bis an die Grenzen des Möglichen unternommen. Die offizielle Kirche sah sich immer wieder herausgefordert, die Grenzen des Glaubens vor einem geistreichen Ausufern zu schützen und klar zu umreißen.

Bereits unter Origenes ist festzustellen, wie der ursprünglich größere und elastischere Denkraum in den Rahmen des kirchlichen Glaubens und der Respektierung kirchlicher Entscheidungsinstanzen eingepaßt wurde. Über diesen Vorgang hat Alfred Loisy (1857–1940) den berühmt gewordenen und viel zitierten Satz geschrieben: »Jesus hat das Reich Gottes verkündigt – gekommen ist die Kirche.«[1]

In dem Prozeß der Festigung der kirchlichen Lehre und der Verfestigung der kirchlichen Organisation gerieten spekulative Theologen – trotz besten Wollens – fast unaufhörlich in das Dorngestrüpp kirchlicher Konflikte. Durch ihre hartnäckigen Fragen waren sie für die Kirche und den Glauben des einfachen Volkes unruhige, ketzerische Mitbrüder. Aber gerade durch ihre unerbittlich gestellten Fragen haben sie die Kirche zur Klärung des christlichen Glaubens gezwungen. Die Glaubensformeln und der Glaubensfortschritt der Kirche sind in den damaligen Jahrhunderten mit den Tränen und dem Blut vieler ketzerisch bohrender, an der Heiligen Schrift wie an der Kirche leidender Christen ermöglicht worden.

Das Jesus-Problem

Arius, geboren um 260, ein frommer und bibelkundiger Priester der Baukaliskirche in der ägyptischen Stadt Alexandria, war ein vielgereister und auch belesener Mann. Seine besondere Begeisterung galt der neuplatonischen Philosophie seiner Zeit. Es war ohne Zweifel außergewöhnlich, daß dieser Priester eine dichterische Ader hatte und gern gesungene Lieder für Matrosen und Reisende verfaßte. Eine seiner berühmtesten Dichtungen trug den Titel »Thalia oder das Bankett«. Aber nicht als Dichter, sondern als Theologe hat er sich einen Namen gemacht, der von nicht wenigen nur mit einem üblen Beigeschmack genannt wurde und wird. Selbst nach seinem plötzlichen Tod im Jahr 336 hat man ihn mit Schmutz beworfen. Am liebsten hätten manche seinen Namen aus der Geschichte der Menschheit radikal »ausradiert«.

Arius sah um sich die Vielzahl heidnischer Tempel und Götterstatuen. Das Christentum war für ihn die große und endgültige Götter- und Götzendämmerung. Der Glaube an den *einen* Gott war für ihn die absolute Kritik an allen Göttern und Götzen, die von Menschen gefertigt worden sind. In der christlichen Theologie und

Verkündigung seiner Umgebung hörte Arius mit zunehmender Bedrückung, Jesus von Nazareth sei wahrer Gott. Gerade in der Verkündigung der ewigen Gottessohnschaft Jesu erblickte er einen eklatanten Verrat am Glauben an den einen Gott und einen unverantwortbaren Rückfall in die heidnische Vielgötterei.

Im Jahr 318 konnte Arius nicht mehr schweigen. Ein längeres Schweigen hätte er als Schuld an der Demontage des neutestamentlichen Eingottglaubens angesehen. Mit aller Deutlichkeit verkündete Arius die von ihm allein richtig gehaltene Gottesauffassung des Neuen Testaments: »Wir haben nicht zahllose Götter wie die Heiden, sondern einen einzigen Gott. Wäre Christus völlig gottgleich, so hätten wir zwei Götter, und das widerspricht unserm Bekenntnis. Also ist Christus nicht Gott, sondern er ist ein Mensch, freilich der oberste und vornehmste aller Menschen, unvergleichlich hoch über allen anderen, aber eben doch Mensch von Fleisch und Blut.«[2]

Arius war der festen Überzeugung, daß seine These richtig sei. Sie konnte sich auf Worte Jesu stützen. So findet sich im Neuen Testament das Jesus-Wort: »Der Vater ist größer als ich« (Joh 14,28). An einer anderen Stelle bekennt Jesus seine Unwissenheit über den Termin des Jüngsten Tages, wenn er sagt: »Jenen Tag und jene Stunde kennt niemand, auch nicht die Engel im Himmel, nicht einmal der Sohn, sondern nur der Vater« (Mk 13,32). Man könne jedoch – wie Arius durchaus zugestand – der Auffassung sein, daß der Mensch Jesus bei seiner Taufe im Jordan als göttlicher Adoptivsohn vom Vater-Gott angenommen und mit einem Erlösungsauftrag bedacht worden sei.

Die arianische These, Jesus ist nicht von Ewigkeit, sondern aus dem Nichts geschaffenes Geschöpf Gottes, fand wegen ihres leichten Verständnisses ein ungeahntes Echo. So weitreichend und nicht zu übersehen war der Wellenschlag des Arianismus, daß selbst Kaiser Konstantin der Große [324–337] darauf reagieren mußte. Die religiöse Spaltung der Christen konnte allzu schnell zur politischen Gefährdung seines Reiches werden. 325 berief Kaiser Konstantin – aus politischen und gewiß auch aus religiösen Gründen – das erste ökumenische Konzil[3] nach Nizäa (im Nordwesten Kleinasiens am Marmarameer) ein. Der Präsident dieses Konzils war der hochbetagte, allseits geachtete Bischof Hosius von Cordoba

Jesus und Kaiphas
Der niederländische Maler Gerard van Honthorst (1590–1656) hat die Gerichtsszene vor dem Hohen Rat auf die beiden Hauptgestalten konzentriert. Das um 1617 geschaffene Ölgemälde befindet sich in der National Gallery in London.

Aurelius Augustinus

Der Philosoph, Psychologe, Theologe und Bischof Aurelius Augustinus (354–430) hat als Schriftsteller sein stürmisches Leben und die Kehren seines Denkens schonungslos beschrieben, kommentiert und kritisch reflektiert. Sein umfangreiches Opus ist Darstellung einer spannungsgeladenen Biographie, die ebenso von menschlichen wie philosophischen Sackgassen berichtet wie nachdenkenswerte Zukunftsperspektiven erschließt.

Das Bild bietet einen Ausschnitt (untere Hälfte) einer farbigen Miniatur »Rom und der heilige Augustinus« von Niccolo Polano, die in einer Handschrift des Jahres 1495 (Bibliothek von St. Geneviève, Paris) entdeckt wurde.

[256–358], ein Vertrauensmann des Kaisers. In der durch Arius ausgelösten Konzilsdebatte standen sich zwei Positionen mit unterschiedlichen Entscheidungsworten gegenüber:

homo-ousios = wesensgleich (gottgleich) mit dem Vater-Gott,
homoi-ousios = wesensähnlich (gottähnlich) mit dem Vater-Gott.

Ein einziger Buchstabe »i« unterschied die streitenden Parteien. Aber dieser eine Buchstabe »i« machte die unüberbrückbaren Abgründe des Denkens und Glaubens sichtbar. Nach hitzigen Debatten und manchen bösartigen Intrigen hinter den Kulissen hat das Konzil von Nizäa eine denkwürdige dogmatische Formulierung beschlossen, die heute noch im Großen Glaubensbekenntnis aller christlichen Kirchen steht:

> ... Jesus Christus, Gottes eingeborenen Sohn,
> aus dem Vater geboren vor aller Zeit:
> Gott von Gott, Licht vom Licht,
> wahrer Gott vom wahren Gott,
> gezeugt (in Ewigkeit), nicht geschaffen (in der Zeit),
> eines Wesens mit dem Vater.

Von den 318 bischöflichen Konzilsvätern unterschrieben alle – bis auf zwei – die Konzilsentscheidungen und die Verurteilung des Arius. Arius wurde als Ketzer nach Illyrien verbannt. Wenige Jahre später starb er 336 in Konstantinopel eines plötzlichen Todes. Er hat seine großen Sorgen um das wahre Gottesbild und Jesusverständnis in sein Grab mitgenommen und wird, wie zu hoffen ist, in Gott einen gnädigeren Richter finden als bei den bischöflichen Mitbrüdern des Konzils von Nizäa.

Die weltgeschichtliche Epoche des Arianismus

Mit der Verurteilung auf dem Konzil von Nizäa (325) und seinem plötzlichen Tod (336) schien der Vorhang der Geschichte endgültig und für immer über das Drama des Arius gefallen zu sein. Das Anliegen des exkommunizierten und toten Arius erlebte nach seinem Tod eine ganz unerwartete Renaissance. Um die Mitte des 4. Jahrhunderts stand fast der gesamte Episkopat auf der Seite des Arianismus. Hilarius von Poitiers (315–367) sah sich damals zu der Aussage genötigt: »Die Ohren der Gläubigen waren reiner als die Herzen der Bischöfe.«[4] Die Ausbreitung des Arianismus war so europaweit, daß Hieronymus (347–419) bestürzt feststellen mußte: »Der Erdkreis seufzte und stellte mit Verwunderung fest, daß er arianisch war.«

Viel zu wenig bekannt ist, daß die Welle der Völkerwanderung im 4. Jahrhundert nicht nur eine biologisch-militärische Welle der Ostgoten, der Westgoten und Vandalen war, die durch den Einfall der Hunnen (375) vom Schwarzmeergebiet aus über ganz Europa hinwegflutete. Unter christlichem Aspekt ist die Völkerwanderung eine »ketzerische«, weil arianische Welle. Bischof Wulfila († 383) hatte die am Schwarzen Meer lebenden Goten zum arianischen Christentum bekehrt. Dort hatte sich eine gut organisierte arianische Staatskirche gebildet. Den Marschgruppen der Völkerwanderung waren arianische Priester als Militärgeistliche beigegeben, über denen arianische Regimentsbischöfe standen. Die großen Heerführer der Völkerwanderungsstämme wie Alarich [395–410], Theoderich I. [419–451], Geiserich [428–477] oder Hunnerich [477–484] waren überzeugte Arianer. Einer der bedeutendsten, wenngleich toleranten arianischen Führer war Theoderich der Große [471–526]. Heute noch wird jeder Tourist, der Ravenna besucht, an die damals recht zwiespältige religiös-kirchliche Situation erinnert, denn neben der Taufkapelle der Orthodoxen (in S. Giovanni in Fonte) gibt es das Baptisterium der Arianer (in S. Maria in Cosmedin).

Der weltberühmte Codex Argenteus, seit 1662 in der Universitätsbibliothek von Uppsala (Schweden) aufbewahrt, bietet die gotische Bibelübersetzung des arianischen Bischofs Wulfila. Auch die Jesusdarstellung im »Heliand«, einem um 830 aufgezeichneten, altsächsischen Bibelepos, ist deutlich in arianische Atmosphäre eingetaucht.[5] Mehr als nur ein bescheidenes Rüchlein des Arianismus ist in manchen christologischen Debatten der Gegenwart zu konstatieren. Es ist der »Mensch« Jesus, der heute auch außerhalb der Kirchenmauern einem neuen Interesse begegnet.[6] Karl Rahner (1904–1984), der große spekulative Dogmatiker unserer Zeit, stellte ein starkes Defizit an christlicher Information über den »Menschen« Jesus fest: »Eine Lehre von seiner (Jesu Christi) bleibender Funktion als Mensch ist kaum ausgebildet... Alles bewegt sich in der dünnen Luft einer bloßen theologischen Metaphysik.«[7]

Arius. Holzschnitt aus der Schedelschen Weltchronik, 1493

Dokument

Unserem gesegneten Papst und Bischof Alexander wünschen die Presbyter und Diakonen Heil im Herrn!

Unser von den Vorfahren her [überlieferter] Glaube, wie wir ihn auch von dir... gelernt haben, hat diesen Inhalt:

Wir anerkennen einen Gott, der allein ungeworden, allein ewig, allein anfangslos, allein wahrhaftig, allein unsterblich, allein weise, allein gut... unveränderlich und unwandelbar ist,... der vor unvordenklichen Zeiten einen eingeborenen Sohn erzeugt hat, durch welchen er auch die Äonen und das All schuf. Er hat ihn jedoch nicht zum Scheine, sondern in Wahrheit erzeugt, und zwar durch seinen eigenen Willen ins Dasein gerufen, unveränderlich und unwandelbar, als ein vollkommenes Geschöpf Gottes, aber nicht wie eines der [übrigen] Geschöpfe, als Erzeugnis, noch so, daß der, der vorher [bereits] da war, nachträglich als Sohn geboren oder hinzuerschaffen worden wäre, wie ja auch du selbst, gottseliger Vater, inmitten der Kirche und der [Kleriker-]Versammlung mehr als einmal diejenigen zurechtgewiesen hast, die derartiges vorbrachten.

Vielmehr, sagen wir, ist er durch den Willen Gottes vor Zeiten und Äonen geschaffen worden und hat vom Vater Leben, Sein und Herrlichkeit empfangen, welche der Vater gleichzeitig mit ihm hat ins Dasein treten lassen. Denn der Vater hat sich, als er ihm alles zum Erbe gab, nicht selbst dessen beraubt, was er ohne Werden in sich trägt; ist er doch die Quelle allen Seins.

Folglich gibt es drei Hypostasen [Vater, Sohn, und Hl. Geist]. Und zwar ist Gott, sofern er Vorsehung und über das höchste Wesen muß es [freilich] einen einzigen Glauben, ein einziges Verständnis ... geben; was ihr jedoch untereinander über diese geringfügigen Fragen ausklügelt, das sollte, mögt ihr hierin auch zu keiner einhelligen Meinung gelangen, im innersten, geheimsten Denken eines jeden von euch wohl verwahrt bleiben. Dagegen bestehe unter euch unerschüttert das herrliche Gut freundschaftlicher Verbundenheit, der Glaube an die Wahrheit und die Gott und dem Dienst des Gesetzes erwiesene Ehre ...

Dieses aufschlußreiche Glaubensbekenntnis, das Arius um 320 auch im Namen seiner Anhänger und Sympathisanten verfaßt hatte, war einem Schreiben beigelegt, das er sowohl an Papst Silvester I. [314–335] wie auch an seinen Heimatbischof Alexander von Alexandria gerichtet hat. Sehr deutlich werden in diesem Glaubensbekenntnis die christologischen wie auch die trinitarischen Positionen erkennbar, die Arius vertreten hat. Als Konsequenz der Aussage, Jesus Christus ist das Geschöpf des Vaters, ergibt sich, daß Arius nicht an die ewige Gottessohnschaft glaubt und daß daher auch der Dreifaltigkeitsglaube hinfällig ist. Die deutsche Übersetzung, jedoch unter Weglassung der griechischen Fachausdrücke, ist zitiert nach A. M. Ritter. Alte Kirche (Kirchen- und Theologiegeschichte in Quellen). Bd. I, Neukirchen 1978, 133–134.

Aurelius Augustinus
(354–430)

Von Aurelius Augustinus sprechen heißt, von einer überreichen und profunden Begabung reden: als Meister der Rhetorik, als kritisch analysierenden Philosophen, als sensiblen Psychologen, als einzigartigen Geschichtstheologen, als Verkünder einer Theologie des Herzens (theologia cordis), als Verwalter eines nordafrikanischen Bistums, der auch als Bischof immer der menschennahe, stets hilfsbereite Seelsorger blieb. War Augustinus auch ein Mystiker?

Die breitgefächerte Veranlagung des Augustinus, die später zu mannigfachen und unterschiedlichen Deutungen Anlaß gegeben hat, wuchs aus einer geistig-geistlichen Tiefe, die im Laufe seines langen Lebens immer deutlicher wurde: die mystische Erfahrung. Durch sein ganzes Leben zieht sich wie ein »roter Faden« die Einsicht, daß der menschliche Verstand mit all seinen Bemühungen und Höhenflügen Gott nie in den Griff, nie in den Begriff bringen kann. »Ein begriffener Gott ist nicht Gott« (si comprehendis, non est Deus). Augustinus erlebte, daß Gott ihn gesucht und geliebt hatte, ehe er selbst für Gott sich interessiert und geöffnet hatte: »Du warst mir innerlicher als mein eigenes Ich.«

Weil Augustinus in der Länge eines 76jährigen Lebens ein umfangreiches schriftstellerisches Opus geschaffen hat, in dem sich seine vielen Wandlungen und geistigen Kehren niedergeschlagen haben, konnten spätere Generationen aus diesem bunt gemischten Gedankenarsenal bald dieses, bald jenes Zitat für ihre Ansichten anführen. Konservative und Revolutionäre, Orthodoxe und Ketzer, Mystiker und Dichter haben auf »ihren« Augustinus geschworen und sich als Vollstrecker augustinischer Gedanken und Anregungen gefühlt. So konnte es nicht ausbleiben, daß Augustinus Kirchenlehrer und Ketzervater in einer Person zu sein scheint. Leider hat die Diskrepanz der Augustinus-Deutungen und Augustinus-Rezeptionen den Mystiker Augustinus fast vergessen lassen.

Neben Ambrosius (339–397), Hieronymus (347–420) und Papst Gregor I. [590–604] zählt er zu den großen abendländischen Kirchenlehrern. Von Augustinus wird unter Verwendung von

Zitaten aus seinem umfangreichen Opus behauptet, er sei der geistige Vater vieler Ketzer. Nicht wenige Ketzereien und Verstiegenheiten, Übertreibungen und Überakzentuierungen haben ihre Initialzündung aus dem Archiv augustinischer Schriften erhalten. Augustinus erlebte in vielen Jahrhunderten des christlichen Abendlandes eine erregende, bisweilen aufregende Renaissance; erinnert sei nur an das Zeitalter der Reformation, das mit Recht als augustinischer Frühling bezeichnet worden ist. Augustinus »schreibt das Programm der wahren Toleranz und wird der Vater der Inquisition, er lehrt den innerlichsten Gehorsam gegen die Weisung des Gewissens und stärkt als römischer Ordnungsmensch der Autorität den Arm... So vererbte sich mit der Fülle dieses Geistes eine Weite der Horizonte, eine Vielheit der Wege..., daß die innere Beweglichkeit auch zur Gefahr der Einheit werden konnte.«[1]

Dieser Mann, klein von Gestalt und zerbrechlich in seiner Gesundheit, ist ein geistiges Kraftbündel. Das Wort des Nikolaus von Cues (1401–1464) von der »coincidentia oppositorum«, dem Zusammenfallen und Vereinigtsein unerhörter Gegensätze, kann mit gutem Recht auf Augustinus angewendet werden. Augustinus gleicht dem »Trojanischen Pferd«, dem, in die Stadt Gottes gezogen, orthodoxe Theologen wie auch Irrlehrer mit immer neuen theologischen Variationen entstiegen sind.

Lebensabriß

Die Lebensgeschichte des Aurelius Augustinus ist ein spannender Roman, der hier nur in den wichtigsten Etappen skizziert werden kann, wobei sein geistiger Entwicklungsprozeß wie sein umfangreiches literarisches Schaffen ebenfalls nur angedeutet werden können. Geboren wurde Aurelius Augustinus am 13. November 354 in Thagaste (heute Souk Ahras), einer Stadt in der römisch-nordafrikanischen Provinz Numidien. Er war der zweite Sohn seiner Eltern Patricius und Monika. Erster Sohn dieser Ehe war Navigius, drittes und letztes Kind war Perpetua, die spätere Äbtissin einer christlichen Schwesterngemeinschaft in der Stadt Hippo, in der ihr Bruder Augustinus Bischof war. Der hochbegabte, ungetaufte Augustinus war ein jugendlicher Playboy, der sich mit starker sinnlicher Leidenschaft in die aufreizende Welt der Spätantike stürzte. »Auch ein Reinerer wäre unterlegen im Zauber dieser ungeheuren Verführung – und Augustinus war ohne religiösen Halt.«[2] Seine messerscharfe Intelligenz wurde oft und oft überflutet von seiner nur schwer zu bändigenden Emotionalität.

Augustinus. Holzschnitt aus der Schedelschen Weltchronik, 1493

Mit 16 Jahren verliebte er sich – sehr zum Mißfallen seiner frommen Mutter Monika (ihr Name ist abgeleitet aus dem Lateinischen »monere« = mahnen, ermahnen; sie wurde tatsächlich die ständige »Mahnerin« ihres unsteten Sohnes Augustinus) – in eine rassige Afrikanerin (Melania), die, ohne sie zu heiraten, seine treue Lebensgefährtin (bis zu seiner Taufe) wurde. Augustinus hatte sein 16. Lebensjahr noch nicht vollendet, da wurde er Vater eines Kindes, dem er den Namen Adeodatus (von Gott geschenkt) gab. Bereits mit 20 Jahren war er in Thagaste, später in Karthago Professor für Rhetorik. Um den Vorwürfen der Mutter zu entgehen, flüchtete Augustinus mit Freundin und Söhnchen Adeodatus nach Italien. Nach manchen Irrungen und Wirrungen empfing der 33jährige Augustinus in der Osternacht, am 25. April 387, in Mailand durch Bischof Ambrosius die Taufe.

391 nach Nordafrika in die Hafenstadt Hippo Regius zurückgekehrt, wurde er durch den spontanen Zuruf des Kirchenvolkes und

nach einer sich schmerzlich abgerungenen Entscheidung Priester. Den Tag seiner Priesterweihe hat Augustinus als »Tag der Trauer und der Tränen«[3] erlebt. Schon vier Jahre später (395) empfing er durch den greisen Bischof Valerius von Hippo die Bischofsweihe und wurde dessen Nachfolger. Stets verspürte Augustinus »mehr die Last als die Würde«[4] des bischöflichen Amtes, das er 34 Jahre innehatte.

Mit der Übernahme des Bischofsamtes begann für ihn ein Leidensweg. Als Bischof war er ein Seelsorger ohne Vorzimmer, ohne Büro, ohne Sekretär. Zu jeder Stunde und für jedes noch so kleine, oft lächerliche Problem war Augustinus für seine Gläubigen da. Als Diözesanbischof hatte er damals die Gerichtsbarkeit in all jenen Dingen zu betreuen, die nicht unter das Strafrecht fielen. Indem er seine Zeit für andere opferte, hatte er für sich und seine schriftstellerischen Aufgaben viel zuwenig Zeit. »Das Leben Augustinus' muß eine beständige Entsagung und Überanstrengung gewesen sein, . . . Augustinus opferte immer wieder das Denken um der Liebe willen . . . . Das Werk, das eigentlich hätte werden sollen, hat er eben nicht schaffen können.«[5]

Nach einem reichen seelsorglichen und literarischen Wirken, in dem der Schriftsteller allzu oft vor dem Seelsorger zurücktreten mußte, starb Augustinus als 76jähriger am 28. August 430 in seiner Bischofsstadt Hippo, die von den Vandalen unter Geiserich belagert war und kurze Zeit später erobert wurde. Das Abendrot seines Lebens geht konturlos über in das Morgenrot einer Epoche, die von germanischen Stämmen geprägt wird.

Aus der sich überstürzenden Fülle von Gedanken und Anregungen, die bald ausgefeilt, bald nur bruchstückhaft angedeutet, bald korrigiert, ergänzt oder auch widerrufen, im Schrifttum des Aurelius Augustinus vorliegen, seien für die Thematik dieses Buches nur drei Themen herausgegriffen.

Die Entdeckung des Ich

Erst ein Vergleich der Werke antiker Schriftsteller – wie der griechischen Philosophen Platon und Aristoteles oder der römischen Schriftsteller Caesar und Seneca – mit den Werken des

Aurelius Augustinus vermag die neue Stunde des menschlichen Selbstverständnisses in der erforderlichen Schärfe ins Bewußtsein zu heben. Die antiken Schriftsteller haben in der »dritten« Person gesprochen. Der Mensch wurde gesehen und gedeutet als Teil des Kosmos, als Ding unter Dingen. Die Sonderstellung des Menschen im Kosmos war noch nicht entdeckt. Aristoteles staunt über den Menschen, aber nur über den Menschen als Teil (Mikrokosmos) einer durchaus erstaunlichen Welt (Makrokosmos).

Aurelius Augustinus ist »der erste, der, mehr als sieben Jahrhunderte nach Aristoteles, die anthropologische Frage neu stellt, und zwar in der ersten Person... Der augustinische Mensch staunt über das am Menschen, was nicht als Teil der Welt, als ein Ding unter Dingen zu verstehen ist«[6] und wodurch der Mensch diese Welt »überschreitet«.

Man muß die »Bekenntnisse« (Confessiones), die erste, in 13 Büchern abgefaßte Autobiographie und existentielle Literatur des Abendlandes aufblättern, um der beglückenden Entdeckung der ersten Person, des Ich zu begegnen. Gewiß setzte sich der antike Mensch mit der Natur auseinander. Aber diese war kein verstehender, fragender und antwortender Gesprächspartner. Nun aber redet der Mensch Augustinus zu Gott und Gott zum Menschen. In diesem Dialog erfährt der Mensch sein Ich, erlebt der Mensch als dialogische Existenz ein neues Selbstverständnis.

Es ist überraschend und bestürzend zu verfolgen, mit welcher Schnelligkeit und Tiefe Augustinus das Ich auslotet. »Die Seele erlebt sich unmittelbar.«[7] Der Mensch ist nicht eingebunden in das Haus des Kosmos, sondern ist »unbehaustes« Ich, das die Natur überschreitet. Er steht auf Ausschau nach den Ufern einer letzten und endgültigen Erfüllung. Der Mensch erfährt aber in der Zwiespältigkeit und Disharmonie von Leib und Geistseele seine existentielle Unzulänglichkeit und Krankheit.[8] Man fühlt sich an den Apostel Paulus erinnert, der in seinem Römerbrief von ähnlichen Erfahrungen berichtet: »Ich tue nicht das Gute, das ich will, sondern das Böse, das ich nicht will... Ich stoße also auf das Gesetz, daß in mir das Böse vorhanden ist, obwohl ich das Gute tun will. Denn in meinem Innern freue ich mich am Gesetz Gottes, ich sehe aber ein anderes Gesetz in meinen Gliedern, das mit dem Gesetz meiner Vernunft im Streit liegt und mich gefangenhält im

Gesetz der Sünde, von dem meine Glieder beherrscht werden« (Röm 7, 19, 21–23).

Nach Augustinus erfährt der Mensch sein Ich in der Beziehung zum Du Gottes. Er schreibt nicht: Ich erlebe die Seele oder Seele ist in mir. Er schreibt vielmehr: Ich bin Seele, Ich-Seele. Da der Mensch sich voller Widersprüche erlebt, können Heil und Gesundung des ganzen Menschen erst und endgültig nur in der ewigen Unsterblichkeit empfangen werden. Erst wenn der Mensch unsterblich wird, gesundet er für immer an Leib und Seele.[9]

Die Barockkunst hat Aurelius Augustinus mit dem Flammenherz in der Hand dargestellt. Augustinus hat die menschliche Existenz nicht als Monolog mit sich selbst, auch nicht als Dialog mit dem Gegenüber des göttlichen Du verstanden. Menschsein ist für Augustinus die überwältigende Erfahrung, von Gott unverdient geliebt, von Gottes Liebe durchdrungen und belebt zu sein, so daß vom Menschen nicht ohne Gott gesprochen werden kann. In die Begriffsbestimmung des Menschen gehört Gott. Alle Sehnsüchte des Menschen finden in der mystischen Einigung mit Gott ihre letzte Erfüllung und höchste Beglückung, wie es Augustinus an den Beginn seiner »Confessiones« programmatisch geschrieben hat: »Unruhig ist unser Herz, bis es Ruhe findet in dir, o Gott.« Auch sein Bekehrungserlebnis ereignete sich in mystischer Dimension (siehe »Dokument«).

Es ist überraschend, daß Augustinus seine eigene Pionierleistung, die Entdeckung des Ich mit einer schweren Hypothek belastet. Er stellt in Frage, was er selbst als den Durchbruch zur ersten Person vollzogen hat. Rückblickend auf sein Leben hat Augustinus bereits in den dreizehn Büchern seiner »Bekenntnisse«, um 400 niedergeschrieben, vor dem sicherlich zu dunkel geratenen Hintergrund der eigenen Schuld und Sünde, die übermächtige Wirksamkeit der Gottesgnade herausgestellt. Er wird seither nicht müde, die unwiderstehliche Gnade (gratia irresistibilis) zu preisen. Je älter er wird, um so mehr kommt die düstere Kehrseite des unwiderstehlichen Wirkens Gottes in seiner Prädestinationslehre zum Vorschein.

Das hochgepriesene, neu entdeckte Ich wird degradiert zur Marionette des göttlichen Heilwirkens, das den einen für das ewige Heil, den andern für das ewige Unheil vorherbestimmt, prädestiniert. Im Jahrhundert der Reformation haben Luther und Calvin (vor ihnen bereits Hus) sich auf diese Thesen Augustinus' berufen. Im 17. Jahrhundert waren es die Jansenisten (genannt sei nur Blaise Pascal), die ebenfalls aus dem augustinischen Werk die Argumente für ihre Prädestinationslehre geholt haben.

Perspektiven einer politischen Theologie

Das 22 Bücher umfassende Riesenwerk »Der Gottesstaat« (de civitate Dei), an dem Augustinus als Bischof von Hippo mit Unterbrechungen fast 14 Jahre (412–426) geschrieben hatte, ist durch eine ganz konkrete weltgeschichtliche Situation und Katastrophe provoziert worden: die scharfe und irreparable Krise der antiken Gesellschaft. Das Imperium Romanum, dem Heiden wie auch Christen Unzerstörbarkeit zusprachen, begann unter dem Sturm der Völkerwanderung an seinen Grenzen und in seinen Grundfesten zu wanken. 410 hatte Alarich Rom erobert und geplündert. Weder die heidnischen Götter noch der Christengott hatten helfend eingegriffen. Der Ruhm des ewigen Rom (Roma aeterna) war endgültig zerstört, endgültig begraben. Nicht wenige Christen befürchteten, daß die Kirche, die sich erst seit einem Jahrhundert (durch Kaiser Konstantin den Großen) mit dem Römischen Reich arrangiert hatte, mit dem Reich in den Abgrund der Vernichtung stürzt.

Immer wieder unterbrochen durch seine Seelsorgstätigkeit als Bischof von Hippo, hat sich Augustinus durch die gewaltige Materie mühsam hindurchgearbeitet. »Hätte sein Verfasser in Muße schreiben können, dann wäre es zur großen Synthese gediehen. Am Leitgedanken der Geschichte von Gottes Reich hätte es dargestellt, was die vorchristliche Welt war und die christliche werden sollte; das ist aber nicht wirklich zustande gekommen.«[10] Es wird der »Gottesstaat« wegen seiner exzellenten Geschichtstheologie gerühmt. Was wäre aus diesem Entwurf geworden, hätte Augustinus dafür Zeit und Muße gehabt! Man hört am Ende dieses mächtigen Werkes das befreiende Atemholen heraus, wenn Augustinus als letzte Sätze formuliert: »Ich glaube nunmehr mit Gottes Hilfe der Aufgabe, die ich mir in diesem umfangreichen Werk gesetzt hatte, gerecht geworden zu sein. Wem es zu wenig ist oder zu viel ist, möge mir verzeihen. Wem es aber genügt, der möge nicht mir, sondern Gott mit mir fröhlichen Dank sagen. Amen. Amen.«[11]

Das unverwechselbare Charakteristikum der augustinischen Geschichtstheologie ist die Lehre von den beiden Reichen, der civitas dei (dem Gottesstaat), die von oben stammt und seit Abel (Gen 4,1–16) da ist, und der civitas terrena (dem Erdenstaat), die seit Kain geschichtlich anwesend ist. Beide Reiche bilden eine Wirklichkeit. In dieser einen Wirklichkeit ist jedoch das Reich Gottes verborgen und tritt mehr oder weniger aus dem Verborgenen heraus. Mag die Staatslehre Augustins auch anfechtbar sein, seine geschichtstheologische Konzeption ist für die politische Gestaltung und Geschichte des Abendlandes, für das Grundverständnis des »Heiligen Römischen Reiches deutscher Nation« und für das Gottesgnadentum der deutschen Kaiser und Könige über tausend Jahre eine prägende, strukturierende Kraft geblieben. Nachdem vom 19. Jahrhundert an dem »konstantinischen Zeitalter« das Grablied gesungen wird, wird heute immer häufiger die Frage aufgeworfen, ob die augustinische Vision der Verknüpfung von Erdenstaat und Glaubensstaat nicht doch in eine grandiose Sackgasse führte, aus der die europäischen Völker den Rückzug anzutreten haben.

Mancher Papst – erinnert sei nur an den Papst-Kaiser Bonifaz VIII. (1204–1303) – ist der betörenden Versuchung erlegen, Kirche mit der civitas dei gleichzusetzen und aus dieser Selbsttäuschung unstatthafte Konsequenzen zu ziehen. So stellte dieser Papst in seiner Bulle »Unam sanctam« (1302) fest: »Daß in der Gewalt dieses Hirten (des Papstes) zwei Schwerter sind, ein geistliches und ein weltliches, lehrt uns das Evangelium. Beide Schwerter sind also in der Gewalt der Kirche, das geistliche und das weltliche. Dieses muß für die Kirche, jenes von der Kirche gehandhabt werden; das eine von der Priesterschaft, das andere von den Königen und Kriegern, aber nach dem Willen des Priesters und so lange er es duldet. Es muß aber ein Schwert über dem andern, die weltliche Autorität der geistlichen unterworfen sein.«[12]

Augustinus mühte sich um eine politische Theologie aus dem christlichen Glauben. Er vermochte aber nicht eindeutig die Fesseln antiker Staatsmodelle abzuschütteln. Er drückte dem Herrscher das Gottesschwert der Gerechtigkeit in die Hand. Augustinus wußte sich eins mit dem staatspolitischen Denken des Apostels Paulus, der schrieb: »Jeder leiste den Trägern der staatlichen Gewalt den schuldigen Gehorsam. Denn es gibt keine staatliche Gewalt, die nicht von Gott stammt; jede ist von Gott eingesetzt. Wer sich daher der staatlichen Gewalt widersetzt, stellt sich gegen die Ordnung Gottes, und wer sich ihm entgegenstellt, wird dem Gericht verfallen ... Nicht ohne Grund trägt sie das Schwert. Sie steht im Dienst Gottes und vollstreckt das Urteil an dem, der Böses tut« (Röm 13, 1-2,4).

Augustinus war so tief und so selbstverständlich vom Gottesauftrag der gesalbten Führungsautoritäten überzeugt, daß er diesen die Einheit und Förderung des christlichen Glaubens überantwortete. Sie haben jede Gefährdung oder Spaltung der christlichen Einheit mit dem Schwert abzuwehren. In einem um 398 abgefaßten Schreiben (Brief 47) an einen gewissen Publicola schreibt Augustinus, sicherlich unter Berufung auf das Paulus-Wort (Röm 18) vom Schwert in der Hand des Kaisers: »Es ist keine Sünde, von Amts wegen zu töten. Dies sage ich im Bezug auf die Leute, die getötet werden müssen ... Die sind keine Mörder, die mit Eifer gegen die Exkommunizierten der Mutter Kirche kämpfen«.[13] Es mag hart klingen, wenn Augustinus »der Vater der Inquisition«[14] genannt wird. Ohne Zweifel wurden durch ihn Argumente formuliert, die später in Inquisitionsverhandlungen oder zur Unterdrückung eines anderen Denkens oder Glaubens verwendet und – je nach Weltanschauung oder Ideologie der Machthaber – mit neuen Akzenten versehen worden sind.

Augustinus hat gegenüber den positiven Aussagen über den Staat, die im 13. Kapitel des Römerbriefes stehen, als notwendiges und kritisches Korrektiv die negativen Aussagen über die Perversion und Dämonie des Staates (über das Tier aus dem Meer und das Tier aus der Erde) unterbewertet, die im 13. Kapitel der johanneischen Apokalypse[15] zu lesen sind. Die Geschichte bietet einen erschütternden Anschauungsunterricht, der eine laute Anklage ist gegen Mißachtung der Menschenrechte und Grundfreiheiten – durch politische Machthaber und autoritäre Regimes unterschiedlicher Parteiprogramme.

Entwürfe und Dementis des Augustinus

Woher kommt die Vielzahl der Wege und die Gegensätzlichkeit der Argumente, die auf Aurelius Augustinus sich berufen? Man sollte ausgerechnet Augustinus nicht der Doppelzüngigkeit bezichtigen. Es gibt nur wenige Menschen, die philosophisch und theologisch so leidenschaftlich – man erinnere nur an seine Auseinandersetzungen mit Pelagius – um die Wahrheit gerungen und die auch in einer so schonungslos demaskierenden Autobiographie ihre letzten und geheimsten Gedanken aufgedeckt haben, wie Augustinus.

Augustinus ist das, was man einen »gläsernen« Menschen nennen kann. Er ist durchsichtig. In jeder Zeile ist er zu hören, mit seiner ganzen Persönlichkeit präsent. Er schreibt nicht distanziert, nicht mit eingeklammertem Ich. In seinen Schriften entblößt er sich bis zur Selbstentäußerung. Bedenkenlos läßt er alle Hüllen seines Herzens fallen. Wo andere verhüllen oder verschweigen, läßt er in die Abgründe seines Herzens schauen. In allen Etappen seines Denkens und Lebens hat Augustinus mit seinem Herzblut geschrieben – hier ist dieses Wort wahrhaftig keine Phrase.

Augustinus hat nicht das Ergebnis eines Denkprozesses abgewartet. Er hat während dieses Entwicklungsprozesses geschrieben und beschrieben. Es ist daher mehr als selbstverständlich, daß in seinen Schriften dieser Entwicklungsprozeß mit Kehren, Umbrüchen und Neuansätzen nachzulesen ist. Argumente von gestern sind nicht mehr die Argumente von heute und erst recht nicht von morgen. Manches ist nur skizzenhaft angedeutet, in Aphorismen festgehalten. Mancher Geistesblitz ist als ungeschützt aufgezeichnete Problemskizze festgehalten worden, der die letzte inhaltliche und sprachliche Abklärung und Absicherung und die ihr zustehende Einfügung in eine übergreifende Systematik fehlt.

Augustinus liebt es, Extrempositionen eines Problems auszuleuchten. Man hat ihm »unwissenschaftliches« Vorgehen[16] vorgeworfen, weil er, der nur dürftige Griechischkenntnisse besaß, aus lateinischen Übersetzungen griechische Autoren kannte und zitierte. Er führte häufig eine Fülle von Zitaten an, hat diese aber nicht selten aus dem geschichtlichen und literarischen Kontext herausgelöst und durch ihre Isolierung oft verfremdet und verfärbt. Mancher Theologe oder geistige Gegner, den Augustinus aufs Korn genommen hat, wurde nicht wegen seiner tatsächlichen Aussagen angegriffen, sondern wegen möglicher Konsequenzen, die man daraus ziehen könnte. Das Denken Augustinus' ist in ständiger Bewegung. Augustinus ist ehrlich genug, überholte Denkpositionen zu kritisieren, wie er dies in vielen Dementis und Korrekturen in seinem Werk »Retractationes«, einer 426/427 niedergeschriebenen kritischen Besprechung seiner Schriften in chronologischer Reihenfolge, getan hat. Man kann durchaus Augustinus gegen Augustinus, den frühen Augustinus gegen den späten Augustinus ausspielen. Ohne Zweifel gibt es den gütigen und einfühlsamen Augustinus. Mancher Widerspruch blieb unkorrigiert stehen, obwohl Augustinus nicht mehr dahinterstand.

Man sollte aber nicht von Senilität sprechen, wenn der alte Augustinus in manchen Anschauungen und Urteilen düsterer und härter wurde, nicht selten auf Grund bitterer Erfahrungen, etwa in den Auseinandersetzungen mit Häretikern in Nordafrika. Hinzu kommt, worauf wiederholt schon aufmerksam gemacht wurde, daß Augustinus gerade während seiner 34jährigen, aufreibenden Wirksamkeit als Bischof von Hippo nicht die Zeit hatte, seine Werke in eine letzte, ausgereifte Systematik einzubringen. Das augustinische Schrifttum gleicht einem Gebirge von Entwürfen, die nicht »ins Reine« gebracht worden sind, von Fragmenten, von kürzeren oder längeren Ausarbeitungen. Ein wahres Feuerwerk von Gedankensplittern leuchtet darin auf, das in einer späteren Bearbeitung eine letzte inhaltliche und sprachliche Gestalt hätte gewinnen sollen.

Es war wohl das größte Leid des Augustinus, an seinen einzelnen Schriften wie in der Konzeption seines gesamten Opus nicht mehr die letzte Hand anlegen zu können. Mancher Text, manche Schrift blieb unkorrigiert, obwohl der alte Augustinus in einer veränderten Denkposition sich befand. Es hat sich sein Leben wie sein Denken unaufhörlich weiterentwickelt. Auffassungen und Urteile der früheren Jahre sind aufgegeben worden, ohne daß dies immer eigens vermerkt worden ist. Viele glaubten und glauben, Augustinus verstanden zu haben und haben ihn (in seinen letzten, uns nicht immer bekannten Intentionen) doch mißverstanden.

In Krisensituationen der christlichen Glaubensgeschichte hat man bei ihm Orientierung und Tröstung gesucht. Daß Aurelius

Augustinus ein großer, das Herz anrührender Mystiker war, von dem auch heute heilende Kräfte ausgehen können, ist leider zu wenig beachtet worden.

Dokument

Und sieh, da hör ich eine Stimme vom Nachbarhaus herüber, singenden Tons, die Stimme wie von einem Knaben oder Mädchen, die immer wieder rief: Nimm, lies! Nimm, lies! Da änderte sich meine Miene, ich begann achtsam mich zu besinnen, ob Kinder so etwas bei irgendeinem Spiel zu singen pflegten. Doch ich entsann mich nicht, es je einmal gehört zu haben. Da staute sich der Ansturm meiner Tränen, und ich stand auf. Ich dachte nichts anderes, als daß mir Gott befehle, ein Buch zu öffnen und zu lesen, worauf zuerst mein Auge stoße. Denn von Antonius (Einsiedler in Mittelägypten, † um 360) hatte ich gehört, daß er durch einen Satz des Evangeliums, auf den er wie durch Zufall stieß, sich habe mahnen lassen. Er las: »Geh hin, verkaufe alles, was du hast, und gib's den Armen, und einen Schatz wirst du haben im Himmel. Und komm, folge mir.« (Mt 19,21) Und daß er sich durch dies Orakel alsobald zu dir bekehrte.

So ging ich schnell zum Platz zurück, wo noch Alypius (sein Freund) saß. Dort hatte ich einen Band, die Briefe des Apostels, liegen lassen, da ich aufgestanden und weggegangen war. Ich griff danach, ich öffnete, und schweigend las ich die Stelle, auf die zuerst mein Auge fiel: »Nicht in Fressen und Saufen, nicht in Zank und Streit, sondern ziehet den Herrn Jesus Christus an und pflegt das Fleisch nicht zur Erregung eurer Lüste.« (Röm 13,13–14) Ich wollte nicht weiter lesen und brauchte nicht weiterlesen. Denn kaum, da ich den Satz zu Ende gelesen, kam's in mein Herz, ein Licht der Zuversicht und der Gewißheit, und alle Nacht des Zweifels war zerstoben.

In seinem autobiographischen, um 400 niedergeschriebenen Werk »Confessiones« (VIII,12) berichtet Aurelius Augustinus, damals bereits Bischof der nordafrikanischen Stadt Hippo, von jenem Erlebnis im Jahr 387 in Mailand, das den letzten Anstoß gab für den Empfang der Taufe und die Aufnahme in die Kirche. Zusammen mit seinem Sohn Adeodatus und seinem Freund Alypius empfing er in der Osternacht – 25. April 387 – durch den Bischof Ambrosius die Taufe.

Die deutsche Übersetzung des lateinischen Originals ist entnommen: Augustinus, Bekenntnisse und Gottesstaat. Ausgewählt von Joseph Bernhart, Leipzig, o. J. 143–144.

Pelagius
(um 384 – um 422)

Es gibt Menschen, deren geschichtliche Wirksamkeit und Ausstrahlung einem Meteor gleicht, der aus dem Dunkel kommt, für kurze Zeit aufleuchtet, um dann wieder im Dunkel zu versinken. Pelagius, ein irischer Laienmönch, ist einer von ihnen. Er kommt aus der nordöstlichen Ecke Europas, wobei die Überlieferungen sowohl über sein Geburtsdatum als auch über seine Heimat (Britannien, Irland oder Schottland) unsicher sind. Nach 418 verliert sich seine Spur. Gestorben dürfte er im Vorderen Orient sein.

Pelagius ist einer der ersten Theologen, der nicht aus dem Raum der spätantiken Mittelmeerkultur kommt. In ihm greift zum ersten Mal ein Vertreter der englischen Denkweise in die Geschichte des christlichen Glaubens ein. Bezeichnend ist sein Denkansatz. Er geht vom Menschen aus. Er nimmt den Menschen mit seiner Willenskraft und Entscheidungsfreiheit ernst und wehrt sich gegen jede Degradierung des Menschen zu einer Marionette der göttlichen Gnade und Vorherbestimmung (Prädestination). Der Mensch in seiner Würde und Freiheit ist sein Anliegen – ein Anliegen, das seither in der christlichen und europäischen Denkgeschichte (erinnert sei nur an Jean Jacques Rousseau im Aufklärungszeitalter) lebendig geblieben ist.

Sicher verbürgt ist, daß er um 400 nach Rom kam. Er war kein emotionaler Typ. Er entsprach den Worten Jesu: »Euer Ja sei ein Ja, euer Nein ein Nein; alles andere stammt vom Bösen« (Mt 5,37). Pelagius war ein sachlich nüchterner Mensch; er sagte, was er dachte. Er glaubte an die guten, geistig-seelischen Potenzen, die in jedem Menschen liegen. Er war ein Vorläufer des Franzosen Rousseau, der Jesus wegen der Reinheit und Größe des von ihm verkündeten Sittengesetzes bewunderte.

Die Erbsünde – eine fatale Ausrede

Was den britischen Asketen und Laienmönch in Rom betroffen machte, war das skandalöse Leben vieler Christen. Noch mehr empörte ihn, daß man für ein Leben »im Sumpf« eine elegante, biblisch klingende und alles entschuldigende Aus-Rede parat hatte: die Erbsünde, richtiger gesagt: die Erbschuld[1]. Für jedes Ausflippen aus den Ordnungen und Geboten Gottes zitierte man die religiös klingende Entschuldigung: Wir alle stehen unter der Hypothek der Erbschuld! Wir alle sind Sünder, große oder kleine Sünderlein. Nicht der Einzelmensch, nicht der einzelne Sünder ist für Schuld und Sünde verantwortlich. Schuld und Sünde sind auf das Konto einer anonymen Kollektivschuld zu setzen.

Diese faule Ausrede war Pelagius, dem ethisch argumentierenden und von der Widerstands- und Leistungsfähigkeit des Menschen überzeugten Briten, ein Greuel. Wer mit dem Argument der Erbschuld alles erklären und zudecken will, nimmt den Menschen nicht ernst und macht ihn zu einem willenlosen Hampelmann anonymer Schicksalsmächte. Pelagius gehörte einem Volk und einer Generation an, das nicht angekränkelt war von der untergangsreifen Spätantike. Er war Repräsentant jener Stämme und Völker, in denen eine ungebrochene, ethische Vitalität lebendig war und deren geschichtliche Stunde erst noch schlagen sollte.[2]

Pelagius stand wie das ganze damalige Europa unter den Erlebnissen und Berichten von den Vernichtungen der aus dem Schwarzmeergebiet kommenden und unaufhaltsam vorwärtsdrängenden Stämme der Ostgoten, der Westgoten und Vandalen. Eine geradezu apokalyptische Endzeitstimmung machte sich auch unter Christen breit. Um 450 gab der christliche Dichter Orientius die damalige Stimmung mit den Worten wieder: »Müde erwartet alles das greisenhafte Ende der Welt. Schon beginnt die Zeit am letzten Tage... Ganz Gallien raucht als einziger Scheiterhaufen... Doch was soll ich den Leichenzug der hinsinkenden Welt beschreiben, der ohne Unterbrechung seine gewohnte Bahn zieht?«

Am 24. August 410 eroberte der Westgoten-König Alarich Rom. Die spätantike Welt tanzte ihren Totentanz auf einem politischen Vulkan. Pelagius vermißte gerade in dieser Grenzsituation bei den Christen innere Besinnung, aufrichtige Auseinandersetzung mit der eigenen Schuld und Sünde und ehrliche Bereitschaft zur Buße und Erneuerung. Pelagius konnte das Sich-Hinausreden auf die Erbschuld nicht anders deuten als Ausdruck einer morbiden, kraftlosen Untergangsstimmung. Das Weströmische Reich schlitterte seinem Untergang im Jahr 476 unaufhaltsam entgegen. Wer so mit der Erbschuld argumentiert, kapituliert vor seiner Menschenwürde, vor seiner Selbstverantwortung, Selbstentscheidung, Willensfreiheit und Selbstdisziplin.

Pelagius. Holzschnitt aus der Schedelschen Weltchronik, 1493

Die Konfrontation

Während seines Aufenthaltes in Rom hörte Pelagius, dessen ethische Verkündigung von nicht wenigen Christen als Warn- und Umkehrruf durchaus verstanden wurde, daß man seine Lehre im nordafrikanischen Raum mit wachsender Skepsis betrachtete. Um 411 reiste er nach Afrika, um in der Stadt Hippo dem berühmten Bischof seiner Zeit, Aurelius Augustinus (354–430)[3], begegnen zu können. Er wollte nicht, daß man ihn nur aus schriftlichen Traktaten oder aus diffamierenden Berichten kennt. Er wollte und suchte das persönliche Gespräch unter Männern, denen die Fragen der Theologie zum persönlichen Lebensprogramm geworden waren. Leider kam es nicht zu dem Gespräch zwischen Pelagius und Augustinus, das bei einem glücklichen Ausgang entscheidende Weichenstellungen für die christliche Glaubens- und Frömmigkeitsgeschichte hätte auslösen können.

Hinter den theologischen Thesen, die zwischen Pelagius und Augustinus strittig und diskussionswürdig waren, standen zwei

Menschen mit unterschiedlichen, ja konträren Lebens- und Gottesauffassungen. Pelagius glaubte an die Kraft der eigenen Sittlichkeit und Selbstdisziplin. Er argumentierte ethisch-rational, aus einem starken Optimismus und aus einem gesunden Vertrauen in das opus operantis, in die Entscheidungs- und Leistungsfähigkeit des einzelnen. Augustinus hingegen hat in seinem eigenen Leben (wie er es in seinen »Bekenntnissen« schonungslos, in der Rückblende vielleicht zu dunkel beschrieben hat) die menschliche Sündhaftigkeit und Erbärmlichkeit schmerzlich erfahren.

Hinter den verfochtenen Thesen standen zwei Vollblut-Menschen, die sich mit gegensätzlichen Lebenserfahrungen gegenüberstanden, die einen klar konturierten Niederschlag in ihrer Theologie gefunden hatten. Weder Pelagius noch Augustinus konnten über den Schatten ihrer Biographie springen.

Augustinus wußte aus eigenem Erleben, daß seine Christusbegegnung nichts anderes als unverdiente Gnade (sola gratia) war. Was ihn zum Glauben, zur Kirche geführt hat, war Gnade, nichts als Gnade. Pelagius hingegen lebte und argumentierte aus der selbst erfahrenen Willensstärke, aus der asketisch geschulten Selbstdisziplin und aus den positiven Erfahrungen seiner persönlichen Willensentscheidungen zum Guten. Aus der Härte seiner ethischen Disziplin war es für ihn unverzichtbar, daß der Mensch aus der Kraft seiner persönlich-freien Entscheidung und gewiß auch getragen von der Gnadenhilfe Gottes sein Heil erreichen kann. Wer sich nach Pelagius auf die Erbschuld hinausredet, mißachtet jene Würde und Freiheit, die der Schöpfergott selbst dem Menschen als sein »Bild und Gleichnis« (Gen 1,26) mitgegeben hat.

Nach dem gesuchten, aber nicht zustande gekommenen Gespräch mit Augustinus in Nordafrika, zog Pelagius in den Vorderen Orient. Während er in Palästina lebte und lehrte, bestätigte ihm die von vierzehn Bischöfen besuchte palästinensische Synode in Diospolis (= das frühere Lydda) 415, daß er durchaus der kirchlichen Gemeinschaft würdig sei. Hinter seinem Rücken und während seiner Abwesenheit braute sich aber, ausgehend von Nordafrika, das Unheil gegen ihn wie schwere Gewitterwolken zusammen. Die beiden nordafrikanischen Synoden von Karthago und Mileve (416) ignorierten die ihnen durchaus bekannte, positive Stellung der Bischofssynode von Diospolis.

Treibende Kraft der Opposition gegen Pelagius war Augustinus, der seit 415 mit persönlicher Härte und Schärfe gegen Pelagius und seine Irrlehre (Leugnung der Ursünde und der Erbschuld) vorging. Um eine grundsätzliche und endgültige Entscheidung gegen Pelagius zu erreichen, wandten sich die beiden nordafrikanischen Synoden von Karthago und Mileve, außerdem auch Augustinus in einem eigenen Schreiben, an den römischen Bischof (Papst) Innozenz I. [402–417]. Dieser hat die sich bietende Gelegenheit geradezu als Geschenk des Himmels betrachtet. Ohne Pelagius vor sein Glaubensgericht zu zitieren und ohne die tatsächliche Lehre des Pelagius von böswilligen Unterstellungen und Diffamierungen klar abzuheben, verurteilte Innozenz I. Pelagius und dessen Lehre. Der römische Bischof Innozenz I. hat es aber nicht versäumt, ausdrücklich zu betonen, daß die afrikanischen Bischöfe gutgetan hätten, den römischen Bischof als Petrusnachfolger anzurufen, weil in allen strittigen Fragen des Glaubens und der Sitte der römische Bischof die letzte Entscheidungsinstanz sei. Er forderte alle Bischöfe des Erdkreises auf, bei strittigen Fragen ebenfalls den römischen Petrusnachfolger anzurufen (Schreiben vom 27. Januar 417).[4]

Es war mehr als eine nüchtern vorgetragene, theologische Feststellung, sondern ein stolz genossener, persönlicher Sieg, als Bischof Augustinus nach dem Empfang des römischen Schreibens in einer Predigt am 23. September 417 in Karthago die seither berühmt gewordenen Worte sprach: »Rom hat gesprochen – die Sache (des Pelagius) ist erledigt« (Roma locuta – causa finita).[5] Der bischöfliche Prediger Augustinus forderte im Anschluß daran seine Zuhörer sogar zum Denunziantentum auf, nämlich alle heimlichen hartnäckigen Pelagianer zu ihm zu führen (ad nos perducite!).

Wie sehr Pelagius die Bischöfe und Theologen seiner Epoche in einer mächtigen Offensivfront gegen sich in Bewegung setzte, kann allein daran ersehen werden, daß in der Zeit von 412 bis 431 nicht weniger als 24 Synoden gegen den Pelagianismus Stellung genommen hatten.

Pelagius wurde als Ketzer verurteilt und 418 verbannt. Er nahm Zuflucht in Ephesus, wo sich seine Lebensspur im Dunkel verliert. Aber sein anthropologisches Anliegen der Würde und Freiheit des Menschen ist bis zum heutigen Tag lebendig geblieben. Seit der

Epoche der europäischen Aufklärung (17. und 18. Jahrhundert) und seit der Verkündigung der Menschenrechte ist es in der hohen Politik wie in den pädagogischen Zielsetzungen vieler schulischer Lehrpläne heute nicht minder aktuell (wenn auch mit anderer Akzentsetzung) als im beginnenden 5. Jahrhundert.

Aber auch sein Opponent, der Bischof Aurelius Augustinus von Hippo, hat nicht wenige Menschen zur Deutung des eigenen Lebens wie der großen Weltgeschichte inspiriert.[6] Wohl der berühmteste Wortführer dieser Gruppe dürfte der französische Mathematiker und Religionsphilosoph Blaise Pascal (1623–1662) sein, der sagte: »Sobald mir die christliche Religion die Lehre vom Sündenfall erklärte, gingen mir die Augen auf, und ich sah überall die Merkmale dieser Wahrheit... Das dunkelste Geheimnis, das es für unseren Verstand geben kann, das Mysterium der Erbsünde, ist der einzige Schlüssel zum Verständnis unseres Wesens... Nichts bereitet uns ein so unerträgliches Ärgernis als diese Lehre; aber ohne dieses Geheimnis, das unbegreiflichste von allen, sind wir uns selbst unbegreiflich.«[7]

Dokument

1. *Adam ist sterblich erschaffen und wäre gestorben, unabhängig davon, ob er sündigte oder nicht sündigte.*
2. *Die Sünde Adams hat nur ihm selbst geschadet, nicht dem Menschengeschlecht.*
3. *Das Gesetz bringt die Menschen in das Reich Gottes, genauso gut wie das Evangelium.*
4. *Vor der Ankunft Christi gab es Menschen ohne Sünde.*
5. *Die neugeborenen Kinder sind in dem Zustand, in dem Adam vor seiner Übertretung war.*
6. *Durch den Tod oder die Sünde Adams stirbt nicht das ganze Menschengeschlecht, genausowenig wie das ganze Menschengeschlecht durch die Auferstehung Christi aufersteht.*

Der lateinisch abgefaßte Text »Thesen des klassischen Pelagianismus« (hier in die direkte Rede übertragen), findet sich zweimal in den Werken des Aurelius Augustinus: »De gestis Pelagii XI«, 23 (PL 44, 333f.) und »De peccato originali XI«, 12 (PL 44,390f.).

Das christlich-abendländische Mittelalter

11.–15. Jahrhundert

Peter Abälard
(1079–1142)

Durch den englischen Dichter William Shakespeare (1564–1616) haben Romeo und Julia Weltberühmtheit erfahren. Tragischer als dieses italienische Liebespaar aus Verona war zu Beginn des Mittelalters ein französisches Liebespaar, der Priestermönch Peter Abälard und seine Freundin, Äbtissin Heloise, deren Lebens- und Liebesschicksal jeden Dramatiker reizen müßte.[1]

Peter Abälard war der 1079 in Palais bei Nantes erstgeborene Sohn des Ritters Berengar und dessen Frau Lucia. Beide Eltern sind, nachdem ihre Kinder erwachsen und versorgt waren, in geistliche Orden eingetreten. Der hochbegabte Peter lernte bei Magistern mit unterschiedlichen theologischen Konzepten die spannungsreiche Vielfalt und Dialektik der zeitgenössischen Philosophie und Theologie kennen. 1108 gründete er selbst auf dem Berg Sainte Geneviève in Paris eine eigene Philosophenschule. Er muß ein faszinierender Lehrer gewesen sein, der seine immer zahlreicher werdenden Hörer ebenso durch die Brillanz seiner Rede wie durch die ungewohnt heftige Aggressivität anzog, mit der er die meisten seiner damaligen Philosophie- und Theologiekollegen angriff und mit sichtlicher Wonne »zerlegte«.

Peter Abälard war das Musterbeispiel eines progressistischen Theologen, der vor keinem noch so berühmten Namen und vor keinem noch so hohen Rang seiner Kontrahenten zurückschreckte.

Das kam auch damals schon an. Um 1118 ist jene wichtige Lebensstation anzusetzen, die den kecken und eitlen Abälard in seinem Herzen und in seiner wissenschaftlichen Laufbahn verhängnisvoll und für die weitere Zeit seines Lebens traf. Er wurde Hauslehrer im Dienste des geizigen Pariser Kanonikers Fulbert. Für seinen Unterricht erhielt Abälard Kost und Logis, aber kein Honorar. Was aber für ihn wichtiger war als jedes noch so große Honorar, war die Liebe, die zwischen ihm, dem Hauslehrer, und seiner Schülerin Heloise, der achtzehnjährigen Nichte des ahnungslosen Kanonikus Fulbert, aufflammte.

Abälard und Heloise auf der Flucht.
Lithographie aus dem 18. Jahrhundert. Paris, Nationalbibliothek

Entführt und fern von Paris schenkte Heloise einem Kind das Leben, dem der Name Astrolabius gegeben wurde. Kanonikus Fulbert rächte sich bitter an Abälard. Er ließ ihn überfallen und entmannen. Damit war die geistliche wie auch die wissenschaftliche Laufbahn Abälards fast völlig ruiniert. Nach einer wahren Odyssee zog er sich, müde von der pausenlosen Hetzjagd, in die Einsamkeit bei Nogent in der Champagne zurück. Aus Schilf und Rohr erbauten ihm dort seine treuen Schüler eine armselige

Unterkunft mit einer Kapelle, die später durch einen Steinbau mit Kapelle ersetzt wurde. Dieses Kloster wurde unter das Patronat des Heiligen Geistes, des Parakleten, gestellt (Kloster Paraklet). Kurze Zeit später wurde Abälard zum Abt des heruntergekommenen Klosters des heiligen Gildasius in Rhuys in seiner bretonischen Heimat gewählt. Er sollte den Konvent zur klösterlichen Ordnung und zur geistlichen Erneuerung zurückführen. Heloise, seine ehemalige Freundin und Mutter seines Sohnes Astrolabius, war in der Zwischenzeit in ein Frauenkloster in Argenteuil eingetreten. Nachdem sie mit ihren Mitschwestern dort vertrieben wurde, schenkte Abälard sein Paraklet-Kloster bei Nogent der heimatlosen Schwesterngemeinschaft, zu deren Äbtissin die wegen ihrer Umsicht und Frömmigkeit hochgeschätzte Heloise gewählt worden war.

Abälard selbst kam nicht zur Ruhe. Auf der Synode von Soissons 1121 wurde ein umfangreiches Exzerpt mit Thesen aus seinen Schriften als ketzerisch verurteilt. Auf der Synode von Sens 1141 wurde er selbst exkommuniziert. Kurze Zeit später verhängte Papst Innozenz II. [1130–1143] den Kirchenbann. Es war für Abälard ein großer Trost, daß Abt Petrus Venerabilis von Cluny († 25. Dezember 1156), wo Abälard seine lebenslängliche Klosterhaft abzubüßen hatte, menschlich wie priesterlich einfühlsam und weitherzig war. Wiederholt lud er diesen sogar zu Vorträgen im Klosterkonvent ein.

Als Peter Abälard mit 63 Jahren am 21. April 1142 nach einem wahrhaft stürmischen Leben im Priorat St.-Marcel bei Chalon sur Saône starb, wohin er wegen seiner angeschlagenen Gesundheit gebracht worden war, wurde seinem letzten Wunsch gemäß sein Leichnam in das Kloster Paraklet gebracht und dort am 16. November 1142 mit kirchlichen Ehren durch den Abt von Cluny Petrus Venerabilis bestattet.

In einem Brief an die Äbtissin Heloise, der sicherlich zu den ergreifendsten Briefen der ganzen christlichen Glaubensgeschichte zählt, hat der Abt von Cluny Petrus Venerabilis über den Tod Abälards geschrieben: »... in frommer Ergebung bekannte er seinen Glauben, wie es ein rechter Christ soll, und legte die Beichte ab; in der rechten Innigkeit eines sehnsüchtigen Herzens empfing er die letzte Wegzehrung als Unterpfand des ewigen Lebens, er empfing den Leib unseres Erlösers; in aufrichtigem Glauben empfahl er Leib und Seele für Zeit und Ewigkeit seinem Herrn und Gott. Zeuge dessen sind die frommen Brüder, Zeuge ist der ganze Konvent des Klosters... Er ruht, Dein besseres Ich, in Christi Armen, bis Du zum Herrn eingehen darfst.«[2]

Für Äbtissin Heloise war es ein großer Trost und ein letztes Zeichen ihrer liebenden Verbundenheit, an den Sarg ihres Peter Abälard das von Abt Petrus Venerabilis von Cluny unterzeichnete Absolutionsschreiben heften zu können. Als sie 22 Jahre später am 15. Mai 1164 starb, respektierte man ihren Wunsch und legte ihren Leichnam in den Sarg des Peter Abälard. Wenigstens im Tod sollten sie vereinigt sein, die im Leben sich so sehr geliebt hatten und mit den kirchlichen Gesetzen in schwerste Konflikte geraten waren. Am 2. Mai 1497 wurden die Gebeine beider in den Chor der Kirche von Nogent sur Seine übertragen.

Als während der Französischen Revolution (1790) Kloster und Friedhof Paraklet zerstört wurden, konnten aus dem gemeinsamen Grab die Gebeine beider gerettet werden. In dem berühmten Parkfriedhof Père-Lachaise in Paris haben beide seit 1817 ihre letzte Ruhe in einem gemeinsamen Grab gefunden.

Abälard war ohne Zweifel ein großer, kritischer und gewiß auch streitsüchtiger Geistesmann seiner Zeit. Heloise dürfte als liebende Frau, auch nachdem sie den Ordensschleier genommen hatte, seelisch stärker und geistlich geläuterter gewesen sein als ihr Peter Abälard.

Der neue Ton in der Theologie

Was Blaise Pascal (1623–1662) in seinen Pensées geschrieben hat: »Man erwartet, einem Autor zu begegnen, und man trifft einen Menschen«, ist die wohl treffendste Charakterisierung der Schriften Abälards. Er war ein Mensch, in dessen Leben und Denken der Vorauswind des Renaissance-Zeitalters zu verspüren war. Abälard schrieb, was er dachte. Er dachte kühn und selbständig, abseits der damals üblichen monotonen Repetitionen überlieferter Autoritäten. Im 12. Jahrhundert zeichnete sich auf vielen Gebieten ein Umbruch, ein Neuansatz ab: in der Kunst der Gotik, die die herrschende Romanik ablöste – in der Begegnung mit der arabisch-islamischen Geisteswelt – im Denkansatz der Vernunft (intelligo ut credam), deutlich abgehoben von der bisherigen Denkposition (credo ut intelligam). Es war der weitherzige Beschützer Abälards, der Abt Petrus Venerabilis von Cluny, der den Auftrag gab, erstmals den Koran in die lateinische Sprache zu übersetzen und damit im christlichen Abendland bekannt und lesbar zu machen.

Abälards dogmatisches Werk »Über die göttliche Einheit und Dreiheit« (De unitate et trinitate divina) wurde auf der Synode von Soissons 1121 als ketzerisches Werk verurteilt. Man demütigte damals den aufmüpfigen Disputator Abälard dadurch, daß er eigenhändig dieses Werk in die Flammen werfen mußte. In dem moraltheologischen Werk »Scito te ipsum« (Erkenne dich selbst), geschrieben vor 1141, betonte Abälard die Freiheit und Entscheidung des Gewissens, eine für die damalige Zeit bemerkenswerte Betonung der Gesinnungsethik, in der das Motto des griechischen Philosophen Sokrates »Erkenne dich selbst!« aufscheint.

Seine wohl letzte Schrift »Dialogus inter Philosophum, Judaeum et Christianum« erinnert nicht nur an das »Gespräch mit dem Juden Tryphon«, das Justin der Märtyrer († um 165) aufgezeichnet hat. Man verspürt eine geöffnete Perspektive, die auf die Ringparabel aus Lessings »Nathan der Weise« (III, 5–7) hinweist.

Theologiegeschichte hat das 1115/17 verfaßte Werk »Sic et non« (Ja und Nein) gemacht. Abälard hat darin gegensätzliche Positionen und Argumentationen aus der christlichen Glaubensgeschichte zusammengestellt. Er wollte die allzu selbstsicher und monoton argumentierende Theologie seiner Zeit auf ihr keineswegs so monolithisch sicheres Fundament und auf den übersehenen Pluralismus und Antagonismus aufmerksam machen. Es ging ihm dabei letztlich darum, einen mutigen und ehrlichen theologischen Dialog in Gang zu setzen und gleichzeitig seine eigene Lehr- und Argumentationsweise darzustellen und sich zu rechtfertigen.

Abälard ist gerade durch sein Werk »Sic et non« zum Vater der dialektischen Methode geworden, die den gesamten Lehrbetrieb der Universitäten des Mittelalters beherrschte. Sein Schüler Petrus Lombardus (1095–1160) hat in seinem Kommentar aus 1500 Sentenzen, der gesamten Patristik entnommen, diese Methode noch weiter vervollkommnet. Mit Petrus Lombardus ist Peter

Abälard durch sein Werk »Sic et non« zum unbestrittenen Pionier kontroverser Zitatensammlungen, wissenschaftlicher Lexika und Handbücher geworden, wie sie heute in letzter Perfektion in Wortkonkordanzen mit Hilfe der elektronischen Datenverarbeitung EDV zur Verfügung stehen.

Die Spannung Intellekt – Herz, die Abälard in seinem Leben auszutragen hatte, spiegelt sich in seinem Opus wider, in dem sich auch poetische Schriften finden: Gedichte an seinen Sohn Astrolabius (Versus ad Astrolabium filium), Briefe, kirchliche Hymnen für das Paraklet-Kloster und vor allem seine »Historia calamitatum Abaelardi«, die mit Recht an den Beginn der modernen Autobiographie gestellt wird. Abälard war ein faustischer Mensch mit »zwei Seelen« in seiner Brust – mit der einen Seele des scharfsinnig argumentierenden und streitbaren Theologen und mit der anderen liebeshungrigen Seele, die den gefeierten Philosophen und Theologen immer wieder erinnerte, daß er Mensch aus Fleisch und Blut ist.

Die Konfrontation mit Bernhard von Clairvaux

Abälard war in jeder Hinsicht ein realistischer Kämpfer: in seiner Liebe, die er wahrhaftig nicht platonisch verstand und lebte – in seinem christlichen Glauben, den er gegen so viele Widersacher und kirchliche Synoden zu verteidigen hatte – in seinem philosophischen Konzept, das nur Einzeldingen, nicht aber Allgemeinbegriffen Realität zugestand. In den philosophischen Debatten der damaligen Zeit ging es darum, ob Allgemeinbegriffen Realität zukomme (Realismus) oder ob sie nur Namen (nomina) und unrealistische Begriffe (Nominalismus) seien. Abälard war – in der philosophischen Fachsprache – Nominalist, weil er nur den Einzeldingen Realität zuerkannte.

Der harte Gegner Abälards war der zeitgenössische Mystiker und Zisterzienserabt Bernhard von Clairvaux (1090–1153). Die Debatten zwischen beiden waren wohl deshalb so unerbittlich, weil beide – ohne sich selbst darüber im klaren gewesen zu sein – Vertreter des neu aufbrechenden Individualismus in seiner philosophischen bzw. in seiner religiös-mystischen Variante waren. Auf der Synode von Sens 1141 standen sich beide gegenüber. Bernhard spielte ohne Zweifel seine kirchenpolitische Machtposition aus. Abälard wurde verurteilt, ohne daß man ihn, wie es auch der Bischof und Geschichtsschreiber Otto von Freising (1112–1158) monierte, zu Wort kommen ließ. Die Schärfe der Diskussionen war dadurch bedingt, daß zwei Menschen gerade wegen ihrer sehr ähnlichen Denk- und Frömmigkeitsstruktur sich aneinander gerieben und zerrieben haben. Damals »kämpften Abälard und Bernhard wie feindliche Brüder doch wieder in einer Front, der eine um die psychologische Vertiefung des Glaubens, der andere um das persönliche Erleben der Passion Christi«.[3] Es war die individualistische Wahlverwandtschaft, die zu so großer Leidenschaftlichkeit provozierte.

Ohne jedes Verständnis für Abälard hat Bernhard von Clairvaux seinem Gegner Zwiespältigkeit in höchster Potenz vorgeworfen: »... ein Mann mit doppeltem Gesicht, von außen ein Johannes der Täufer, von innen ein Herodes... eine Natter, die ihren Schlupfwinkel verlassen hat, eine Hydra, die für einen abgehauenen Kopf sieben andere, schrecklichere hervorbringt, einen Vorläufer des Antichrist, einen Schurken.« Ausgerechnet diesem Bernhard von Clairvaux hat die Nachwelt den Titel »doctor mellifluus« (honigfließender Lehrer) gegeben! Abälard hat »im intellektuellen Raum dasselbe bedeutet, wie Bernhard im emotionalen«.[4] Bernhard, der Mann der Herzensfrömmigkeit, dem Glühen mehr war als Wissen, stand dem Mann des nüchtern argumentierenden Verstandes gegenüber. »Der geborene Fromme und der geborene Logiker, Menschenart gegen Menschenart, stießen auf der Synode von Sens 1141, ein Jahr vor Abälards Tod, zusammen. Der Denker unterlag dem Dämon des Gläubigen... Wie ein verwirrter Knabe wußte sich Abälard gegen den Ansturm des Abtes nicht mehr zu helfen.«[5] Erst kurz vor dem Sterben Abälards kam es in Cluny zur Aussöhnung mit Bernhard von Clairvaux und zur Lösung vom Kirchenbann durch Papst Innozenz II.

Beide, der Mystiker Bernhard von Clairvaux und der Ketzer Peter Abälard, haben in vielen Fortsetzungen durch ihre Gesinnungsgenossen die Geschichte des christlichen Glaubens belebend mitgeschrieben und weitergeschrieben. Abälard ist der von der Kirche exkommunizierte »Vater der Scholastik«. Erst an den Sarg des Toten konnte seine ehemalige Freundin, Äbtissin Heloise, den vom Abt Petrus Venerabilis von Cluny unterzeichneten Absolutionsbrief heften. Auch Mystiker haben ihren ringenden Mitbrüdern das Leben und Wirken bitter schwer gemacht.

Dokument

Liebe Schwester Heloise, in der Welt einst mir teuer, jetzt in Christo vor allem lieb und wert: die Logik ist es, die mich der Welt verhaßt gemacht. Die Erzverdreher, deren Weisheit im Verderben besteht, verkünden der Welt, ich sei in der Logik eine erste Kraft, aber im Paulus hinke ich stark. Sie rühmen damit meinen Scharfsinn, aber sie wollen die Reinheit meines Christenglaubens nicht anerkennen. Sie lassen sich ja nur von ihren Vorurteilen zum Verurteilen verführen und haben sich nicht die Mühe genommen, zu prüfen und sich eines Besseren belehren zu lassen.

Wenn ich mich gegen Paulus verstocken muß, um ein Philosoph zu heißen, dann verzichte ich auf den Philosophen; um ein Aristoteles zu sein, will ich mich nicht von Christo scheiden. Es ist kein anderer Name unter dem Himmel, in dem ich selig werden kann. Ich bete den Christus an, der zur Rechten des Vaters sitzet und regieret. Mit der ganzen Kraft des Glaubens umfasse ich meinen Herrn, der vom Heiligen Geist empfangen jungfräulich im Fleisch lebte und in Gottes Kraft Wunder wirkte. Laß die ängstliche Sorge und alle Zweifel aus Deinem Herzen weichen und laß Dich nicht irren, da ich also glaube, und mein Gewissen gegründet ist auf jenen Felsen, auf den Christus seine Kirche baute. Was auf diesem Felsen geschrieben steht, will ich Dir in wenigen Worten deuten:

Ich glaube an den Vater, Sohn und Heiligen Geist, an den von Anbeginn an einen und wahren Gott, der in seinen Personen die Dreieinigkeit also verkörpert, daß er in seiner Wesenheit stets die Einheit bewahrt. Ich glaube, daß der Sohn in allem dem Vater gleicht, in Ewigkeit und Macht und Wollen und Werk. Ich höre nicht auf Arius, der in seinem verkehrten Denken, ja vom teuflischen Geiste verführt, Abstufungen in der Dreieinigkeit einführt, der den Vater für größer, den Sohn für kleiner erklärt, und das Gebot vergißt: »Du sollst nicht auf Stufen zu meinem Altar steigen.« Denn zum Altar Gottes steigt auf Stufen empor, der ein Früher oder Später in der Dreieinigkeit behauptet. Ich bezeuge, daß auch der Heilige Geist mit dem

Vater und dem Sohn wesenseins und wesensgleich ist; darum erklären auch meine Schriften vielfach, es komme ihm der Name ›Liebe‹ zu. Ich glaube, daß der Gottessohn zum Menschensohn geworden, und daß er eine Person ist, aus und in zwei Naturen besteht. Ich glaube, daß er nach Vollendung seines irdischen Wirkens gelitten hat, gestorben und auferstanden ist, aufgefahren gen Himmel, von dannen er kommen wird, zu richten die Lebendigen und die Toten. Es ist meine feste Überzeugung, daß in der Taufe alle Sünden vergeben werden, daß wir der Gnade bedürfen, um das gute Werk anzufangen und zu vollenden, und daß die Gefallenen durch die Buße in den Zustand vor ihrem Fall zurücktreten. Und nun die Auferstehung des Fleisches – soll ich darüber etwas sagen, da ich mich umsonst rühmte, ein Christ zu heißen, wenn ich nicht an meine Auferstehung glaubte? Das ist der Grund, da ich mich gründe, auf den ich meine feste Hoffnung baue. Auf diesen festen Glaubensgrund ist meine Heilsgewißheit gegründet, und so fürchte ich nicht der Scylla Gebell, ich lache über der Charybde Schlund, ich schaudere nicht vor den todbringenden Liedern der Sirenen. Mögen des Wassers wirbelnde Wogen herantoben und Stürme sausen, ich weiche nicht und stehe unerschüttert, denn ich bin auf einen festen Felsen gegründet.

Das hier ungekürzt wiedergegebene Schreiben Abälards an die Äbtissin Heloise, in dem er es – wie in seinen sonstigen Briefen – nicht unterläßt, an die herzliche Beziehung in früheren Jahren zu erinnern, enthält sein Glaubensbekenntnis, in dem sich ebenso seine Geisteshaltung wie seine Auseinandersetzungen mit kirchlichen Institutionen niedergeschlagen hat. Im ersten Teil brechen die kaum vernarbten Wunden auf, die ihm durch Bernhard von Clairvaux (1090–1153) und Norbert von Xanten, den Stifter des Prämonstratenserordens (1085–1134) wie durch die Provinzialsynoden von Soissons (1121) und Sens (2./3. Juni 1141) beigebracht worden sind.

Abälard will offensichtlich vor seinem Sterben († 21. April 1142) seine ehemalige Freundin und Mutter seines Sohnes Astrolabius, die jetzige Äbtissin Heloise beruhigen und ihr seinen Christenglauben und seine Kirchentreue bezeugen. Das Seelenheil erwartet er aus der Heiligen Schrift und von der verzeihenden Gnade Gottes, nicht aber aus den Büchern der Philosophen und der damals so beliebten Dialektik. Abälard hatte sicherlich Freude am Denkspiel, aber es fehlte ihm die Absicht der Auflösung, der Zerstörung der Glaubensinhalte.

Das Schreiben ist zitiert aus: Abälard, Die Leidensgeschichte und der Briefwechsel mit Heloise. Übertragen und herausgegeben von E. Brost, Berlin 1963, 400–402.

Bernhard von Clairvaux
(1090–1153)

Man ist mehr als gespannt, jenen Mann ausfindig zu machen, von dem Friedrich Schiller in einem Brief vom 17. März 1802 an Goethe schreibt, es möchte schwer sein, in der Geschichte einen zweiten so weltklugen geistlichen Schuften aufzutreiben. Wer ist dieser »geistliche Schuft«, wie ihn Friedrich Schiller so massiv abqualifizierte? Es ist kein Geringerer als der berühmte Kreuzzugsprediger, Zisterzienserabt und Mystiker Bernhard von Clairvaux, der durch Papst Alexander III. bereits knapp zwei Jahrzehnte nach seinem Tod am 18. Januar 1174 heiliggesprochen wurde.

Ohne Zweifel war Bernhard von Clairvaux ein Mensch, dessen innere Variationsbreite nur in dialektischer Aussage auszudeuten ist. Man hat ihn, den am alttestamentlichen Hohenlied entzündeten Mystiker, »Lehrer, der von Honig fließt« (doctor mellifluus) genannt. Der mittelalterliche Geschichtsschreiber Bischof Otto von Freising, der wie Bernhard Zisterziensermönch war, sah in ihm eine »für die christliche Religion eifernde Gewaltnatur« (christianae religionis fervore Zelotypus). Bernhard von Clairvaux hat in entlarvender Ehrlichkeit über sich selbst in folgenden Sätzen ein Kurzporträt entworfen: »Ich bin eine Art Chimäre meiner Zeit (chimaera mei saeculi), nicht Geistlicher, nicht Mönch. Den Wandel des Mönchs habe ich seit langem schon aufgegeben, nur nicht das Kleid«. Sein Charakteristikum ist »die Dimension einer dämonischen Gewaltigkeit.«[1] Er konnte ruhig sein wie ein erloschener Vulkan und plötzlich gefährlich und weltverbrennend seine Predigten und Briefe wie glühende Lavaströme über Menschen und Ereignisse seines Jahrhunderts ergießen. Wo immer Bernhard auftrat, hat er deutliche Spuren hinterlassen.

Lebensabriß

Als dritter Sohn des Ritters Tescelin le Saur von Fointaines wurde Bernhard 1090 auf dem Schloß seiner burgundischen Vorfahren in der Nähe von Dijon geboren. Zwischen der Mutter Aleth aus dem herzoglichen Geschlecht der Montbard und ihrem Sohn Bernhard muß es sehr früh schon eine außergewöhnlich innige Gesprächs- und Gebetsgemeinschaft gegeben haben. In unvergeßlichen Gesprächen mit seiner Mutter hat Bernhard gelernt, sein Herz zu öffnen und die letzten und feinsten Schwingungen und Sehnsüchte seiner Gefühle in Worte zu fassen. Es ist daher keineswegs zufällig, daß sich Bernhard von Clairvaux in seinen exegetischen Kommentaren und biblischen Predigten[2] innerlich besonders zu dem nur acht Kapitel umfassenden, alttestamentlichen Buch »Das Hohelied« hingezogen fühlte.

Wie sehr Bernhard mit seinen Geschwistern verbunden war, wird in seiner Totenklage auf seinen leiblichen Bruder Gerard sichtbar, den er für den Zisterzienserorden gewonnen hatte. Er schreibt: »Ich bekenne meinen Schmerz, ich verhehle ihn nicht. Nennt ihn einer fleischlich, so sage ich offen, daß er menschlich ist und auch ich ein Mensch bin . . . Ich gestehe, ich bin für das Leiden nicht unempfindlich, ich schaudere vor meinem und der Meinen Tod. Mein Gerard ist er gewesen, mein Sohn als Ordensmann, mein Vater durch seine Sorge für mich, mein Gefährte im Geist, der Nächste meinem Herzen. Der ist von mir gegangen; ja, ich bin getroffen, und das schwer. Verzeiht, meine Söhne! Und seid ihr schon Söhne, so teilt mit mir den Vaterschmerz.«[3]

Es muß offensichtlich die Mutter Aleth eine einmalige Ausstrahlung auf die gesamte Familie gehabt haben. Für Bernhard war und blieb die allzu früh verstorbene Mutter († 1103) »die hohe Frau«, die in seiner Marienminne deutlich aufscheint. Bernhard hat dem aus der Vergangenheit überlieferten marianischen Gruß »Salve regina« den Seufzer seines liebenden Herzens hinzugefügt: »O gütige, o milde, o süße Jungfrau Maria!«

Nach dem Tod der Mutter wählte der überaus sensible Bernhard – vielleicht auch um seiner seelischen Verwundbarkeit einen schützenden Panzer zu geben – das strengste Kloster seiner französischen Heimat, Citeaux, um dort im weißen Habit eines Zisterziensermönchs zu leben, zu beten, zu wirken. Das Leben in diesem Kloster war so barbarisch streng, daß der aus England stammende dritte Abt Stephan Harding (1059–1134) schon daran dachte, diese Stätte aufzugeben. Mit dem Eintritt von Bernhard trat eine unerwartete Wende ein. Aus einem sterbenden Herbst wurde ein blütenreicher Frühling des Ordenslebens in Citeaux.

Als Bernhard 1112 an die Pforten des Zisterzienserklosters Citeaux anklopfte, brachte er dreißig Gefährten (darunter seine vier Brüder) aus seinem adeligen Verwandten- und Bekanntenkreis mit. Einer seiner Freunde, der (seit 1122) Benediktinerabt Wilhelm von Saint-Thierry (1080–1151), hat damals das Wort geprägt: »Er wurde der Schrecken der Mütter und der jungen (heiratsbereiten) Frauen. Die Freunde fürchteten, ihre Freunde an ihn zu verlieren.«
Bereits drei Jahre später (1115) wurde Bernhard als Abt eines neu zu gründenden Zisterzienserklosters, nördlich von Citeaux, im »Tal der bitteren Kräuter« ausgesandt. Nachdem dieses unwirtliche Tal gerodet und der Steinbau einer neuen Abtei mit Kirche errichtet war, wurde diesem Tal der Name »Clara vallis« (= lichtes Tal) = Clairvaux gegeben. Heute ist es kaum vorstellbar, daß Bernhard von Clairvaux wegen der geradezu überflutenden Ordenseintritte sich gezwungen sah, immer neue Zisterzienserklöster zu erbauen – insgesamt 68. Er konnte es noch erleben, seinem eigenen Vater wie auch seinem jüngsten Bruder das weiße Ordenskleid eines Zisterziensers zu überreichen.

Gotik und Mystik

Bernhard von Clairvaux war innerlich so reich an Visionen und mystischen Erfahrungen, daß Kirchen mit Gemälden, Bildern und Statuen für ihn nur Ablenkung von der Gebetsversunkenheit bedeuteten und von ihm als pompa diaboli, als Blendwerk des Teufels, abqualifiziert wurden. Die Nüchternheit und Kühle der von ihm inspirierten Klosterkirche wurde mit dem Signum »Zisterzienserstil« gekennzeichnet.

Gerade deshalb ist es bemerkenswert, daß einer seiner Freunde, Suger (1080–1151, seit 1122 Abt von St.-Denis), beim 1137 begonnenen Neubau der Klosterkirche von St.-Denis (eingeweiht Juni 1144) die ersten Zeichen des neuen Baustils und der Spitzbogenkonstruktion der Gotik setzte. Eine neue, stark subjektiv eingefärbte Frömmigkeit hat sich ebenso im gotischen Baustil wie in der mittelalterlichen Mystik ausgesprochen. Trotz der gemeinsamen Wurzel im Subjektivismus haben beide sehr verschiedene Wege und Entwicklungen durchlaufen.

Die gotische Kunst hat im deutlichen Gegensatz zur Romanik, die den Christkönig mit der Kaiserkrone verehrte, den Blick zum Menschen, zur Menschlichkeit, zur Armseligkeit des mit Blut überströmten Gekreuzigten hingewendet. Der aus einer Vielzahl von Wunden blutende Heiland wird jetzt zum Gesprächspartner des mystisch verzückten Ich. Es ist der nahe, der mitbrüderliche Christus, zu dem Bernhard von Clairvaux seine Hände emporstreckt. Von ihm weiß er sich verstanden und zum Mitleiden aufgerufen. Der gekreuzigte Christus wiederum beugt sich, wie es auf einer Vielzahl gotischer Tafelbilder wiedergegeben ist, herab zu Bernhard, um ihn zu umarmen und der großen Gnade zu würdigen, in seinem irdischen Leben zu ergänzen, »was an den Leiden Christi noch fehlt« (Kol 1,24).

Es war eine gewaltige Welle der Anregung, ja der offensichtlichen Provokation eines neuen Menschenverständnisses, aus der die gotische Kunst ebenso wie die mit der Gotik einsetzende und in der Gotik sich aussprechende und verstärkende Frömmigkeit und Mystik ihre stärksten Impulse erhalten hatten. Die mystischen Erfahrungen konnten durch den Zisterzienserabt Bernhard von Clairvaux sich so zärtlich, so emotional, so sprachlich subtil, so ungebrochen und übervoll von seliger »Süßigkeit« (dulcedo Dei) aussprechen, weil er bereits als Kind von und mit seiner Mutter Aleth es gelernt hatte, ohne Scheu seine geheimsten Gefühlsschwingungen in Worten weiterklingen zu lassen. Erstaunlich viel Mütterliches, Frauliches ist in der Christus- und Brautmystik dieses Mannes, der in seiner Zeit wahrhaftig große Politik gemacht hat. Er ist »Mystiker nicht aus Müdigkeit, sondern aus dem Überschuß der Kraft«,[4] der von der »süßen Wunde der Liebe« schwärmt, denn »Glühen ist mehr als Wissen«.

Es war und blieb Bernhard von Clairvaux unverständlich, Gott mit dem Verstand suchen und beweisen zu wollen und nicht Gott mit dem Herzen zu erfahren (credo ut experiar). Einen mit dem Seziermesser des Verstandes argumentierenden Dialektiker wie Peter Abälard konnte er daher nie und nimmer verstehen. Dieser introvertierte Mystiker, der einen ganzen Tag am Genfer See entlang ritt, hatte, wie es aus dem Abendgespräch mit seinen mitreitenden Gefährten hervorging, überhaupt nicht bemerkt, daß er an einem See war. Es ist kaum zu begreifen, daß der gleiche in dieser Welt traumwandlerisch sich bewegende Mystiker auf dem profan- und kirchenpolitischen Parkett seiner Zeit ein nüchterner, leidenschaftlich kämpfender und zielstrebiger Realist gewesen ist. Er trat in den Zisterzienserorden ein, um 25 Jahre seines Ordenslebens auf den Straßen und im Getümmel der Welt zuzubringen. Fast zu allen einflußreichen Männern, Päpsten und Kaisern seiner Zeit, hatte er ausgiebige, persönliche Kontakte. Mit diplomatischem Geschick und mit der Klugheit der Schlangen wußte er diese »einzusetzen«. Aus dem umfangreichen Briefwechsel sind heute noch 497 Briefe erhalten, in denen keineswegs unverbindliche Harmlosigkeiten, sondern harte Fakten und Entscheidungen zu lesen sind.

Das kirchenpolitische Engagement

Eine geradezu beängstigende Spannweite des Zisterzienserabtes Bernhard von Clairvaux wird in seinem kirchenpolitischen Engagement sichtbar. Er wurde hineingezogen in den Streit über die Rechtmäßigkeit zweier, 1130 gewählter Päpste: Innozenz II. aus dem Haus der Frangipani und Anaklet II. aus der reichen, jüdischen Bankiersfamilie der Pierleoni. Letzterer hatte durch ansehnliche Geldspenden, richtiger gesagt durch Bestechungsgelder, viele Römer auf seine Seite gebracht und schließlich Papst Innozenz II. zur Flucht nach Frankreich genötigt. Sowohl der französische König Ludwig VI. [1108–1137] wie auch die Bischöfe legten die Entscheidung, wer von beiden der rechtmäßige Papst sei, in die Hände Bernhards. Menschlich-psychologisch war für den Zisterzienserabt diese Entscheidung äußerst delikat: Einerseits war Innozenz II. sein Favorit, andererseits war in seinem Herzen eine mehr als nur leise Abneigung gegen einen Papst aus jüdischem Geblüt. Die Entscheidung Bernhards fiel eindeutig auf Innozenz II., weil er der sittlich und religiös Würdigere sei, aber auch früher gewählt und vom zuständigen Kardinalbischof von Ostia auch konsekriert wurde.

Es dauerte Jahre, bis endlich Innozenz II., unterstützt von den Truppen des deutschen Kaisers Lothar III. [1125–1133] Anfang 1133 Rom erobern konnte. Bernhard von Clairvaux zog nicht nur mit diesen papstgetreuen Truppen mit. Er hat mit seinen flammenden Predigten die Losung zum Vormarsch und zum Sieg ausgegeben und den Soldaten Papsttreue zu Innozenz II. wahrhaftig »eingehämmert«. Nachdem Anaklet II. am 25. Januar 1138 gestorben war, konnten die letzten Reste des über achtjährigen Papstschismas (1130–1138) im April 1139 durch das zweite Laterankonzil beseitigt werden.

Als Retter der Kirche wurde Bernhard von Clairvaux in ganz Europa gefeiert, der müde des Kampfes sich in die Stille seiner Abtei nach Clairvaux zurückzog.

Ein noch größeres, europaweites Engagement wurde Bernhard, der keineswegs über eine stabile Gesundheit verfügte, durch Papst Eugen III. [1145–1153] als Kreuzzugsprediger aufgebürdet. Nach dem Fall von Edessa am 13. Dezember 1144 schrieb Bernhard an seinen Schüler, Papst Eugen III., die flammende Aufforderung: »Jesus wird wieder heftig verfolgt. Er leidet an den gleichen Orten, wo er einst gelitten hat. Heiliger Vater, es ist Zeit, deine beiden Schwerter zu ziehen!« In seiner Mystik hatte Bernhard den auf Golgatha gekreuzigten Jesus in seiner Menschheit und Menschlichkeit immer wieder erfahren. Es war ihm daher mehr als ein politischer Verlust, sondern ein persönlich und religiös tief empfundener Schmerz, die Heimat Jesu, die Stätten seiner Geburt, seines Leidens und Sterbens in den Händen der Mohammedaner zu wissen, die nicht selten respektlos die dort errichteten Kirchen profanierten oder zerstörten.

Mit dem Aufruf »Gott will es« zog Bernhard von Stadt zu Stadt (u. a. Aachen, Köln, Worms, Mainz, Frankfurt, Trier), begeisterte Tausende durch seine Predigten, wies auf die ausgeschriebenen Kreuzzugsablässe mit großem Nachdruck hin und füllte die Kontingente der Kreuzfahrerheere. Der zweite Kreuzzug (1147/48) war jedoch ein großes Fiasko, bedingt durch die Uneinigkeit, Intrigen, Gewinnsucht und nationale Zerstrittenheit der beteiligten Fürsten und Völker. Bernhard von Clairvaux hatte den Mut zur harten Selbstkritik und gleichzeitig zur Verteidigung der unverletzten Ehre Gottes.

Otto von Freising, geistlicher Reichsfürst und Geschichtsschreiber (um 1112–1158, seit 1138 Bischof von Freising), hat in seinem unvollendeten Werk »Gesta Friderici I imperatoris«[5] jene entscheidenden Worte überliefert, die Bernhard angesichts des Kreuzzugsfiaskos gesprochen hat: »Ich will lieber, man lästere mich denn Gott. Wohl mir, wenn er mich als seinen Schild gebraucht!« Es bleibt jedoch erstaunlich, daß die Zisterziensermönche von Clairvaux ihrem jahrelang abwesenden Abt Bernhard stets mit großem Respekt begegneten und nicht hinter seinem Rücken eine innerklösterliche Palastrevolution gehalten haben. In den wenigen Wochen, da er unter ihnen weilte, verspürten sie nicht nur den überwältigenden Zauber seiner priesterlich-monastischen Persönlichkeit. Sie waren immer wieder überwältigt von der absolut echten Frömmigkeit und von der mitreißenden Mystik ihres Abtes, in dem Zeugnis und Zeuge zu einer nahtlosen, glaubwürdigen Einheit verwachsen waren.

Abgekämpft und müde hat sich Bernhard von Clairvaux in die Abtei Clairvaux, seine geistliche Heimat, zurückgezogen. Was ist in dieser Epoche, die man »Bernhardinisches Zeitalter« nannte, geschehen seit dem Eintritt des 23jährigen burgundischen Adeligen Bernhard in das Zisterzienserkloster Citeaux 1112? Die meisten seiner Freunde waren tot. Auch Peter Abälard, gegen den Bernhard auf der Synode von Sens 1141 so heftig gestritten hatte, war gestorben. Wie ein erratischer Block stand der alt gewordene Zisterzienserabt in einer sich wandelnden Welt, deren neue Konturen des gotischen Überschwangs, der harten Auseinandersetzungen zwischen den Päpsten und dem deutschen Kaiser Friedrich I. Barbarossa [1155–1190] und der erschütternden Auseinandersetzungen mit den Katharern und Waldensern sich bereits unübersehbar abzeichneten.

Hat sich, so mag gewiß Bernhard von Clairvaux in einem kritischen Rückblick sich selbst gefragt haben, sein lebenslanger und zermürbender Einsatz für Kirche und Reich gelohnt? Hat er die politisch immer mächtiger werdenden Einflußbereiche der Normannen unter Roger II. von Sizilien und der französischen Könige wirklich in die Schranken weisen können und den Päpsten die Gasse der Freiheit öffnen und sichern können? In seinem Werk »De consideratione ad Papam Eugenium« ist ein kräftiger Unterton der Resignation nicht zu überhören. Die beiden großen Männer dieser Epoche starben innerhalb weniger Wochen im gleichen Monat August: Papst Eugen III. am 8. August 1153 in Tivoli und Abt Bernhard am Abend des 20. August 1153 in Clairvaux.

Am 18. Januar 1174 wurde er durch Papst Alexander III. [1159–1181] heiliggesprochen. Im liturgischen Gedenken wird sein Festtag am 20. August, seinem Sterbetag, gefeiert.

Den Zisterzienserabt Bernhard von Clairvaux kennzeichnet die spannungsgeladene und scheinbar widersprüchliche Polarität seiner mönchischen und seiner politischen Existenz, die sich auszuschließen scheinen und die in ihm doch zu einer Personaleinheit verwachsen waren. In ihm wirkte die bestürzende Mächtigkeit seiner natürlichen Anlagen des Verstandes wie des Herzens mit einer außergewöhnlichen Begnadung und charismatischen Berufung zusammen. Es ist nicht leicht, die feine Grenze zwischen der charismatischen Berufung und der Versuchung zur politischen Macht[6] in seinem Leben und Wirken stets eindeutig zu finden. Ohne Zweifel war er, der hochsensible und rhetorisch gewaltige Zisterzienserabt, wie kaum ein anderer seiner Zeit in die Misere der Geschichte verspannt.

Der politisch einflußreiche Mann ist gleichzeitig der vom gotischen Geist infizierte, ekstatisch erregte Mystiker. Seine Frömmigkeit und Theologie haben eine immer neu entfachte Fortsetzungsgeschichte erlebt. Mystische Lebens- und Glaubensform hielt Bernhard von Clairvaux für die einzige Lebensform wahren und konsequenten Christseins. Er hatte kein Verständnis für die Pluralität anderer, durchaus möglicher und legitimer Lebensverwirklichungen des Christseins. Er besaß eine feine Witterung für unterschiedliche politische Situationen und politisch durchsetzbare Realisierungen. Im innerkirchlichen Lebens- und Denkbereich war er jedoch ganz auf die mystische Lebensform eingeschworen. Er hatte, wie seine harten Auseinandersetzungen mit Peter Abälard auf der Synode von Sens 1141 bestätigen, für andere Verwirklichungsformen keine Antenne.

Wer wie Bernhard von Clairvaux auf der mystischen wie auch auf der politischen Ebene seiner Epoche mit höchstem Einsatz präsent war, stellt jede Beurteilung seiner Persönlichkeit vor eine fast unlösbare Aufgabe. Es läßt sich nur schwer ein Schema finden, in dem die mystische wie die politische Dimension je in ihrer Eigenständigkeit wie in ihrer paradoxen Verknüpfung die situationsrichtige und auch die überzeitlich gerechte Wertung erhält.

Schon während seines Lebens wurde die geheimnisumwitterte Gestalt Bernhards »stupor mundi« (Staunen, Verwirrung der Welt) genannt. Wer sich wie Bernhard von Clairvaux auf der kirchenpolitischen Bühne bis zur letzten Erschöpfung verausgabte, ist ein Mann, der aus einer rätselhaften, mystischen Mitte und Gottverbundenheit lebte und wirkte, der aber immer auch in der Anfechtung eines politischen Machtmenschen sich zu bewähren hatte.

Dokument

Wenn ihr (der Liebe Gottes) eine Seele begegnet, die alles, alles verlassen hat, um sich mit all ihrer Kraft dem Ewigen Worte Gottes hinzugeben und nur noch für das Ewige Wort Gottes ganz und gar zu leben, nur noch von Ihm bewegt und geleitet zu sein, nur noch in Erwartung und Empfängnis dessen lebt, was das Wort Gottes in ihr zeugen mag und was sie Ihm gebären soll – so daß sie mit Recht ausrufen darf, »Christus ist mein Leben und der Tod ist mir Gewinn« – dann wisset, daß eine solche Seele dem Ewigen Worte Gottes wie eine echte Gemahlin ist: sie hat sich Ihm im Geiste vermählt ... (85,12).

Ja, eine solche Hingabe an den Willen Gottes vermählt die Seele mit Ihm, und dann erst wird sie im Geiste Ihm ähnlich, und Ihm nicht weniger ähnlich auch im Willen, und ebenso in der Liebe, mit der sie vollkommen und grenzenlos nur Gott und Gott allein liebt: so ist sie Ihm also eine Gemahlin ... Der Name der Liebe kommt aber vom Lieben und nicht vom Ehrfürchten oder Bewundern. Man ehrt, wenn man staunt und bewundert, oder wenn man fürchtet und bewundert – aber alles Staunen und Fürchten verschwindet, verdampft in der reinen Flamme, geht auf im reinen Jubel bewundernder Liebe. Nur die Liebe genügt sich selbst vollkommen ... Und der Geliebte ist die Unendliche Liebe Selbst ... (83,3).

Bei aller kirchenpolitischen Aktivität im Zeitalter der Kreuzzüge war Bernhard von Clairvaux ein großer Beter und ein hinreißender Prediger der mystischen Innerlichkeit. Glaube und Innigkeit seiner Mystik haben sich vor allem in seinen Predigten über das alttestamentliche Hohelied niedergeschlagen. Der zitierte Text ist zwei Predigten (85,12 und 83,3) entnommen und zitiert aus: W. Tritsch, Christliche Geisteswelt. Die Welt der Mystik, Baden-Baden 1957, 100.

Vision des Bernhard von Clairvaux
Die Legende berichtet, der Zisterzienserabt und große Marienverehrer Bernhard von Clairvaux (1090–1153) habe eine mystische Begegnung mit der von zwei Engeln begleiteten Gottesmutter Maria gehabt. Diese Überlieferung war für Pietro Perugino (1446–1524), den Lehrer Raffaels, der Impuls für ein Altarbild, das er um 1490/94 für die Kapelle der Familie Nasi in Santa Maria Maddalena in Florenz geschaffen hat. Hinter Bernhard von Clairvaux sind die beiden Apostel Johannes und Bartholomäus zu erkennen.
Das Gemälde wurde 1829/30 von König Ludwig I. von Bayern in Florenz erworben und befindet sich heute in der Alten Pinakothek in München.

Abälard und Heloise
Peter Abälard (1079–1140) und Heloise (1079–1164), seine Freundin und spätere Äbtissin – im religiösen Gespräch. Beide haben seit 1817 ihre letzte Ruhestätte in einem gemeinsamen Grab auf dem berühmten Friedhof Père-Lachaise in Paris erhalten. Miniatur aus einer alten Handschrift des »Roman de la Rose« im Musée de Chantilly.

Hildegard von Bingen
(1098–1179)

Keine andere Frau der frühmittelalterlichen, vielleicht sogar der gesamten deutschen Geschichte ist mit einer solchen Fülle von Titeln ausgezeichnet worden wie Hildegard von Bingen: Prophetin (prophetissa teutonica)[1], Äbtissin, Visionärin, Mystikerin, Naturforscherin, Ärztin.[2] Ein ganz neues Interesse findet gegenwärtig Hildegard von Bingen bei Naturschützern und Naturheilkundigen. In ihren Schriften »Physica« und »Causae et curae« entdecken sie mit wachsendem Staunen wertvolle, jedoch lange Zeit vergessene Anregungen und Einsichten der kosmischen Heilkräfte.

Die Nonne hinter den Klostermauern wirkte in ähnlicher und doch ganz anderer, aber nicht weniger eindringlicher Weise wie Bernhard von Clairvaux in die große Politik ihrer Epoche, des turbulenten Kreuzzugzeitalters, ein.[3] Nur wundern kann man sich, wie diese, mit einer zerbrechlichen und schwächlichen Gesundheit ausgestattete und immer wieder ans Krankenbett gefesselte Frau ihren kirchenpolitischen Part »leisten« konnte. Sie vermochte tatsächlich Weltgeschichte zu bewegen, ohne der Manie einer monastischen Emanze zu verfallen.

Lebensabriß

Hildegard ist das zehnte, 1096 geborene Kind des Adeligen Hildebert von Bermersheim[4] und seiner Frau Mechthild. Schon mit acht Jahren trat sie in die Frauenklause auf dem Disibodenberg an der Nahe bei Bingen ein. Jutta von Sponheim war dort von 1106 bis zu ihrem Tod im Jahre 1136 ihre Meisterin. Sie brachte ihr während dieser 30 Jahre bescheidene Volksschulkenntnisse (Lesen, Schreiben, Singen, Handarbeit und lateinische Anfangsgründe) bei, vermittelte aber kaum eine asketische Einführung und Schulung. Nach dem Tod der »Meisterin« wurde Hildegard von Bingen zur Leiterin des benachbarten Benediktinerinnenklosters gewählt. Unter ihrer Leitung als Äbtissin [1147–1150] wurde dieses Kloster auf den Rupertsberg als selbständige Abtei verlegt.

Diese Benediktinerinnenabtei wurde zum Angelpunkt der damaligen Politik und Kirche.[5] Hildegard von Bingen, die sich selbst »ein armselig Weibsbild«[6] nannte, hatte einen europaweiten Kontakt mit den Mächtigen in Kirche und Reich: mit Kaiser Friedrich I. Barbarossa [1155–1190], mit Papst Eugen III. [1145–1153], mit König Heinrich II. von England [1154–1189], mit dem Zisterzienserabt und Kreuzzugsprediger Bernhard von Clairvaux (1090–1153). Sie begnügte sich nicht, nur in Briefen zu mahnen, zu warnen, zu ermutigen. Sie unternahm zu Pferd, zu Schiff, zu Fuß vier Predigtreisen nach Trier, Köln, Bamberg, Metz, Maulbronn und Zwiefalten. Sie scheute sich nicht, die Kanzeln der größten Kirchen zu besteigen und den Mächtigen ihrer Zeit vor allem Volk kräftig und beeindruckend »den Marsch zu blasen«.

Unbekümmert um Lob oder Tadel, nur ihrem inneren Auftrag folgend, nannte sie den Grund ihres Predigteinsatzes: »Die Doctores und Magister wollen nicht mehr in die Trompete der Gerechtigkeit stoßen. Ihnen fehlen die guten, vom Feuer des Heiligen Geistes erfüllten Werke. Verdorrt stehen sie da, weil das lebendige Grün fehlt.« In einer kirchenpolitisch stürmischen, ja brisanten Zeit, in der sich Päpste und Gegenpäpste gegenüberstanden – Kaiser Friedrich I. Barbarossa hat nacheinander vier Gegenpäpste aufgestellt! –, hielt Hildegard von Bingen in ungebrochener und offen bekundeter Kirchentreue zum rechtmäßigen Papst Alexander III., gleichzeitig blieb sie aber im ehrlichen und kritischen Gespräch mit dem gebannten Kaiser Friedrich I., der ihr hohen Respekt entgegenbrachte. Es war eine durch Briefe angebahnte und durch Gebete erflehte Freude für Hildegard, die Versöhnung zwischen dem Kaiser und dem rechtmäßigen Papst erleben zu dürfen.

Hildegard von Bingen stand zu ihrer Meinung und zu ihrer Gewissensüberzeugung auch dann, wenn ihr und ihrem Konvent schwerste Kirchenstrafen drohten. Als nämlich ein Adeliger, der exkommuniziert war, aber nach reumütigem Empfang der Sakramente gestorben war, auf dem Friedhof ihres Klosters mit ausdrücklicher Genehmigung der Äbtissin Hildegard begraben wurde, forderte die Erzbischöfliche Kanzlei in Mainz[7], der Tote müsse wieder ausgegraben werden. Würde diese Anordnung nicht beachtet, würde über die Benediktinerinnenabtei das Interdikt verhängt. Äbtissin Hildegard gab nicht nach. Bereits 81 Jahre alt, stand sie gegen die kirchliche Behörde zu ihrer Gewissensüberzeugung und handelte sich und ihrem ganzen Klosterkonvent das Interdikt ein: Es durften keine Kirchenglocken geläutet werden. Verboten waren die Spendung der Kommunion und jeder feierliche Gottesdienst. Leidend an ihrer Kirche und wiederum leidend für ihre Kirche starb Hildegard von Bingen am 17. September 1179, 82 Jahre alt – körperlich ausgezehrt und bis zum Skelett abgemagert, aber geistig ungebrochen und hellwach.

Hildegard von Bingen. Zeitgenössischer Holzschnitt

Die Schriftstellerin

Hildegard von Bingen hatte mittelmäßige, ja sehr bescheidene Kenntnisse im Lesen und Schreiben, weder Anlage noch Ausbildung zu einer großen Schriftstellerin. Sie nannte sich in voller Ehrlichkeit »einen einfältigen Menschen«.[8] Außerdem war sie häufig bettlägerig. Kleinste Schwierigkeiten und Aufregungen bewirkten nicht selten einen totalen körperlichen Zusammenbruch, so daß sie tagelang wie gelähmt und fast blind dalag. Jeder noch so kleine Text mußte ihrer schwachen körperlichen Konstitution mühsam abgerungen werden.

Selbstlos und einfühlsam wurde Hildegard von Bingen von gelehrten Mitarbeitern, den Benediktinermönchen Volmar, Gottfried und Wibert von Gembloux, unterstützt. Diese haben es ermöglicht, daß die Visionen Hildegards eine sprachliche Fassung überhaupt erhalten haben. Für die Niederschrift eines einzigen Werkes waren meist fünf bis sieben Jahre erforderlich. Ihre Hauptwerke sind: Scivias (Wisse die Wege), Liber vitae meritorum (Das Buch der Lebensverdienste) und Liber divinorum operum (Das Buch von den göttlichen Werken). Das Spektrum ihres literarischen Schaffens umfaßt neben diesen theologischen Werken auch heute mit besonderer Beachtung immer gelesene Werke der Naturheilkunde: Liber simplicis medicinae = Liber subtilitatum diversarum naturarum creaturarum, meist zitiert »Physica« (Einfache Heilkunde. Die Feinheiten der verschiedenen Geschöpfesnaturen), und Liber compositae medicinae de aegritutinum causis, signis atque curis, meist zitiert »Causae et curae« (Angewandte Heilkunde über die Ursachen, Kennzeichen und Heilmittel der Krankheiten). Auch Werke der Dichtung wie Carmina, Symphonia harmonicae coelestium revelationum (Klänge aus Himmelsharmonien; es handelt sich dabei um 68 liturgische Gesänge wie Antiphonien, Responsorien, Hymnen und Sequenzen) und Ordo virtutum (Spiel der Kräfte; ein geistliches Singspiel); selbst Liedkompositionen hat sie hinterlassen.[9]

Das Hauptproblem bei der langsamen und überaus mühseligen Niederschrift dieser Werke war die Schwierigkeit, das Unaussprechliche und Unfaßbare ihrer Visionen in Worte zu fassen, Jenseitserfahrungen in einer Diesseitssprache wiederzugeben. Hier wird das exemplarische Dilemma von erfahrener, geschauter und gehörter »Wirklichkeit« und menschlicher Sprache in seiner ganzen, oft unerträglichen Spannung und Dramatik sichtbar. Das visionär Geschaute läßt sich in aus Zeit und Raum gewonnenen, unzulänglichen und überholbaren Worthülsen nie ganz und endgültig einbringen und aussprechen. Äbtissin Hildegard verspürte die Schwachheit, Farblosigkeit, die mangelnde Tiefendimension der menschlichen Sprache. Sie mußte ihrem gelehrten, überaus einfühlsamen benediktinischen Mitarbeiter und Schreiber Volmar immer wieder behutsam beibringen, daß in den aufgezeichneten Worten nur fragmentarisch und reichlich gebrochen wiedergegeben wird, was sie in ihren Visionen tatsächlich geschaut und erlebt hatte.

In einem Brief an den belgischen Mönch Wibert von Gembloux über »die Art ihrer Heimsuchung« schreibt sie: »... ich werde in dieser Schau nicht gelehrt, zu schreiben, wie Philosophen schreiben. Und die Worte sind in der Schau nicht die Worte, die aus Menschenmund tönen, sondern wie eine zuckende Flamme oder eine in reiner Luft segelnde Wolke.«[10] Es war die schmerzlich erlebte Sprachnot und Spracharmseligkeit, unter der Hildegard von Bingen litt und die zu immer neuen Anläufen und Versuchen einer besseren Formulierung nötigten. Trotzdem blieb die so überaus sorgsam und gewissenhaft erarbeitete Endfassung weit hinter dem zurück, was Hildegard selbst in ihren Visionen erfahren hat. Eine umfangreiche Briefsammlung (Liber epistolarum)[11], die nur einen, wenn auch gewichtigen Teil ihrer Korrespondenz enthält, rundet ihr respektables Opus ab.

Es nötigt Respekt ab, wie diese Frau mit schwächlicher Gesundheit, als Äbtissin eingefügt in eine von der Liturgie und vom Breviergebet bestimmte Tagesordnung, belastet mit der Sorge für das leibliche wie seelische Wohl ihrer Mitschwestern und trotz ihres religiösen und kirchenpolitischen Einsatzes auf strapaziösen Reisen ein so umfassendes, vielgliedriges und reifes Werk überhaupt schaffen konnte!

Mystikerin, Prophetin, Visionärin

Zunächst einige Bemerkungen zum Verständnis der Hildegard-Mystik. Die Sehnsucht des Mystikers nach persönlicher Einigung kann nur von Gott erfüllt werden. Die erfahrene Realität der Einigung erlebt der Mystiker bis hinein in die letzten Fasern seiner Existenz. Er wird geradezu überwältigt von der Verschmelzung mit Gott. Das in mystischer Verzückung beglückte Ich wäre sogar bereit, mit Gott auch in die Hölle zu gehen. Begegnung mit Gott als Verschmelzung mit Gott werden von Hildegard von Bingen erfahren als fließende Weisheit, als ebenso mildes wie wildes Licht. Dieses Abenteuer ist so unerhört und unaussprechlich, daß menschliches Denken und Ausformulieren ihm nicht mehr folgen können. Nur Fragmente dessen werden aussprechbar, was in der mystischen Beglückung erfahren wurde.

Auffallend ist, daß durch die Schriften der heiligen Hildegard (gerade wenn man sie als mütterlich sorgende und tätige Frau ernstnimmt) eine erstaunliche Kühle, ja eine fast distanzierte Sachlichkeit weht. Gewiß ist Hildegard von Bingen Mystikerin, aber ihre mystische Ich-Gott-Verschmelzung ist alles andere als introvertiert. In der Einigung mit Gott nimmt sie teil am Blick Gottes, vor dem das Geschehen der sichtbaren Welt wie ein Buch aufgeschlagen ist.

Sie ist »Mund«, »Posaune« Gottes in einer von vielen Stürmen geschüttelten und sich wandelnden Epoche. Sie ist vergleichbar den alttestamentlichen Propheten. Sie steht unter der »Last« des Gotteswortes, der Vision Gottes. Für Hildegard gibt es in ähnlicher Weise wie für den alttestamentlichen nabí eine selbstverständliche und unzertrennbare Symbiose von Religion und Politik.

In einem Brief an den deutschen Kaiser Friedrich I. Barbarossa, der eigenmächtig gegen den rechtmäßigen Papst Alexander III. [1159–1181] vier Gegenpäpste aufgestellt hatte, schreibt sie: »Ich sehe dich in der mystischen Schau als einen (Menschen), der vor den lebendigen Augen (Gottes) wie ein Kind oder wie ein Wahnsinniger lebt. Noch hast du Zeit, in irdischen Dingen zu regieren. Nimm dich in acht, daß der höchste König dich nicht stürzt wegen der Blindheit deiner Augen, die nicht richtig sehen, wie du den Stab rechten Regierens in deiner Hand haben solltest!«[12] Hildegard wird durch das sie überwältigende Gotteserlebnis zum Reden und Handeln genötigt.

Ihre Rede ist zu vergleichen mit der plötzlichen Eruption eines Vulkans. Hildegard spricht nicht, was sie denkt oder worüber sie reflektiert hat. Ohne Schau und Auftrag Gottes kann sie nicht reden. »Was Es mir nicht sagt, das weiß ich nicht.«[13] In einem Brief an Wibert von Gembloux vermittelt sie einen schmalen Einblick in das Geheimnis ihrer Visionen. »Was ich in dieser Schau sehe oder lerne, behalte ich lange im Gedächtnis. Sobald ich es sehe oder höre, geht es mir ins Bewußtsein ein. Ich sehe, höre und weiß gleichzeitig, und wie in einem Augenblick erfasse ich das, was ich weiß. Was ich nicht sehe, das weiß ich nicht.«[14]

Ihre prophetischen Eruptionen weisen einen grandiosen Reichtum an Bildern und Gleichnissen auf. Sie ist von den Visionen Gottes so in Beschlag genommen, daß es wie ein Lavastrom aus ihr herausbricht, wenn sich der Überschritt von der Schau zur Wirklichkeit, vom Auftrag Gottes zur Realisierung dieser Sendung anbahnt. Hildegard von Bingen ist Mystikerin aber mit einem unverwechselbaren Akzent, Mystikerin mit der Gabe der visionären Sicht und mit der Aufgabe des prophetischen Wortes. Weil sie Prophetin und Visionärin war, mußte sie immer wieder die Klostermauern verlassen und in der Welt, selbst in der Kirchenpolitik ihrer Zeit der Wahrheit und dem Willen Gottes eine Gasse schlagen. Sie scheute und verschonte nicht die Großen und Mächtigen in Kirche und Welt, wenn sie durch ihre Visionen unter der Last eines Gottesauftrages stand. Sie war die aufrechte Frau, die unerschütterlich zu ihrem Gewissen stand, und zwar viele Jahrhunderte vor der Beschwörung des Gewissens, der Grundfreiheiten und der Menschenrechte, von der die Reformation und die Proklamationen der Aufklärungsepoche sprachen. Als man von ihr verlangte, ihre Gewissensüberzeugung zu mißachten, nahm sie unter Berufung auf ihren Gewissensauftrag für sich und ihre Schwesterngemeinschaft sogar das Interdikt auf sich. Hildegard hatte eine feine wie sichere Unterscheidungsgabe zwischen dem kirchenschöpferischen Stiftungswillen Jesu Christi einerseits und ihrer institutionellen »Knechtsgestalt« (Phil 2,7) andererseits, der sie in manchem Kirchenfürsten ihrer Epoche begegnete. Sie konnte ein hartes Nein sagen zu Mißbräuchen, Amtsanmaßungen wie Amtsüberschreitungen in der Kirche und gleichzeitig in kindlicher Anhänglichkeit und ungebrochener Treue zum gegenwärtigen und wirksamen, wenn auch verspotteten und angespienen Christus in dieser Kirche leben.

Mit gleicher Leidenschaft, wie Hildegard damals gegen die satte, auf Macht und Reichtum gierige Klerisei gewettert hat, würde sie gegen heute erhobene Forderungen nach einer totalen Demokratisierung der Kirche reden. Gegen Frauenordination würde sie auf die Barrikaden steigen. Durch diese mutige und immer auch betende Frau, die im hohen Mittelalter auf die Kanzeln der bischöflichen Kathedralen stieg (die Diskussion um Laienpredigtverbot hat sie damals nicht beunruhigt!) und mit seltenem Freimut predigte, ist manche Unruhe wie ein Heilfieber über die Kirche gekommen.

Hildegard von Bingen wollte nichts anderes sein als Zeugin und Prophetin der Wahrheit. Noch in ihrem letzten Lebensjahr wurde die 82jährige mit dem Interdikt bestraft. Hildegard konnte und wollte nie gegen ihre Gewissensüberzeugung handeln. Es war daher nicht verwunderlich, daß im 13. und 14. Jahrhundert verschiedene Versuche, ihre Heiligsprechung zu erreichen, fehlschlugen. Vom 15. Jahrhundert an wird sie im römischen Martyrologium als Heilige aufgeführt, und seitdem stößt sich keine kirchliche Stelle, ihr liturgisches Fest alljährlich am 17. September zu begehen.

Dokument

Im Jahre 1141 der Menschwerdung Jesu Christi, des Gottessohnes, als ich zweiundvierzig Jahre und sieben Monate alt war, kam ein feuriges Licht mit Blitzesleuchten vom offenen Himmel hernieder. Es durchströmte mein Gehirn und durchglühte mir Herz und Brust gleich einer Flamme, die jedoch nicht brannte, sondern wärmte, wie die Sonne den Gegenstand erwärmt, auf den sie ihre Strahlen legt. Nun erschloß sich mir plötzlich der Sinn der Schriften, des Psalters, des Evangeliums und der übrigen katholischen Bücher des Alten und Neuen Testamentes. Doch den Wortsinn ihrer Texte, die Regeln der Silbenteilung und der [grammatischen] Fälle und Zeiten erlernte ich dadurch nicht.

Die Kraft und das Mysterium verborgener, wunderbarer Gesichte erfuhr ich geheimnisvoll in meinem Innern seit meinem Kindesalter, das heißt, seit meinem fünften Lebensjahre, so wie auch heute noch. Doch tat ich es keinem Menschen kund, außer einigen wenigen, die wie ich im Ordensstande lebten. Ich deckte alles mit Schweigen zu bis zu der Zeit, da Gott es durch seine Gnade offenbaren wollte.

Die Gesichte, die ich schaue, empfange ich nicht in traumhaften Zuständen, nicht im Schlafe oder in Geistesgestörtheit, nicht mit den Augen des Körpers oder den Ohren des äußeren Menschen und nicht an abgelegenen Orten, sondern wachend, besonnen und mit klarem Geiste, mit den Augen und Ohren des inneren Menschen, an allgemein zugänglichen Orten, so wie Gott es will. Wie das geschieht, ist für den mit Fleisch umkleideten Menschen schwer zu verstehen.

Als ich die Mädchenjahre überschritten hatte und zu dem erwähnten gereiften Alter gekommen war, hörte ich eine Stimme vom Himmel sagen: Ich bin das lebendige Licht, das alles Dunkel durchleuchtet. Den Menschen, den Ich erwählt und den Ich, wie es Mir gefiel, machtvoll erschüttert habe, stellte Ich in große Wunder hinein, mehr noch als die Menschen der alten Zeiten, die viele Geheimnisse in Mir schauten. Doch warf Ich ihn zur Erde nieder, damit er sich nicht in Geistesaufgeblasenheit erhebe... Die Ritzen seines Herzens habe Ich umzäunt, damit sein Geist sich nicht in Stolz und Ehrsucht erhebe, sondern aus all dem mehr Furcht und Schmerz als Freude und Lust schöpfe.

So sann er denn aus Liebe zu Mir in seiner Seele nach, wo er den fände, der ihm helfend entgegenkomme. Und er fand einen und liebte ihn in der Erkenntnis, daß er ein treuer Mensch sei, der gleich ihm sich um den Auftrag Gottes mühe. Und er hielt ihn fest. Gemeinsam arbeiteten sie im hochstrebenden Eifer, meine verborgenen Wunder kundzutun.

Er aber [der von Mir Erwählte] erhob sich nicht über sich selbst, sondern neigte sich in der Selbsterhöhung der Demut und in der Zielstrebigkeit guten Wollens seufzend dem zu, den er gefunden.

Du also, o Mensch, der du all dies nicht in der Unruhe der Täuschung, sondern in der Reinheit der Einfalt empfängst, hast den Auftrag, das Verborgene zu offenbaren. Schreibe, was du siehst und hörst!

All dieses sah und hörte ich, und dennoch – ich weigerte mich zu schreiben. Nicht aus Hartnäckigkeit, sondern aus dem Empfinden meiner Unfähigkeit, wegen der Zweifelsucht, des Achselzuckens und des mannigfachen Geredes der Menschen, bis Gottes Geißel mich auf das Krankenlager warf. Da endlich legte ich, bezwungen durch die vielen Leiden, Hand ans Schreiben. Ein adeliges Mädchen von guten Sitten und der Mann, den ich, wie oben gesagt, heimlich gesucht und gefunden hatte, waren meine Zeugen. Als ich nun zu schreiben begann und alsbald, wie anfangs berichtet, die Gabe tiefsinnender Schriftauslegung in mir wirksam fühlte, kam ich wieder zu Kräften und stand von meiner Krankheit auf. Nur mit Mühe brachte ich in zehn Jahren dieses Werk zustande und vollendete es.

In der Vorrede, die Hildegard von Bingen ihrem Werk »Scivias – Wisse die Wege. Geschaut von einem einfältigen Menschen« vorangestellt hat, erzählt sie überaus anschaulich von der Gnade der Visionen und Auditionen, die ihr geschenkt wurden, von denen sie geradezu überfallen wurde. Sie vermittelt eine sehr eindringliche und realistische Diagnose ihres Zustandes und dessen verschiedene Phasen. Sie spricht dabei von zwei Zeugen: das »adelige Mädchen« ist Richardis von Stade, eine Mitschwester im gleichen Kloster; der Mann, den sie erwähnt, ist der Mönch Volmar von Disibodenberg.

Der Text ist zitiert aus: Hildegard von Bingen. Wisse die Wege. Scivias. Ins Deutsche übertragen und bearbeitet von Maura Böckeler, Salzburg 1981, 89–90.

Joachim von Fiore
(um 1130–1202)

Es ist nicht leicht auszumachen, welcher Seite Joachim von Fiore (1130–1202)[1] zuzurechnen ist – der Seite der Ketzer oder der Seite der Mystiker. Joachim von Fiore war sich der aufregenden und verwirrenden Botschaft seiner geschichtstheologischen Deutung durchaus bewußt. Um allen Mißverständnissen und Fehldeutungen zuvorzukommen und um gleichzeitig seine ungebrochene Kirchentreue zu beteuern, hat der Abt und Gründer des Florenserordens in seinem Testament verfügt, daß er alle seine Schriften dem Urteil des Päpstlichen Stuhles unterwerfe, weil allein die Römische Kirche Mutter und Lehrmeisterin des rechten Glaubens ist. Trotz dieser Aussage ist fast in jeder Ketzergeschichte der Name des Joachim von Fiore zu finden. Während sein Traktat über die Dreifaltigkeit durch das 4. Laterankonzil (1215) unter Papst Innozenz III. [1198–1216] als häretisch verurteilt wurde, reihte ihn Dante Alighieri (1265–1321) in seiner »Divina Comedia« im Sonnenhimmel des Paradieses unter die großen Denker des christlichen Glaubens ein. Er schreibt über ihn (Paradiso 12, 139): ». . . dort leuchtet mir zur Seite der Kalabreser Abt Joachim, der mit prophetischem Geist Geweihte.«

Joachim von Fiore war mehr als ein fleißiger Schreibtischtheologe, der für seine Geschichtstheologie ein symbolisches Zahlenspiel bemühte. Er selbst bekannte, daß er durch göttliche Erleuchtung hinter der Folie des neutestamentlich-christlichen Dreifaltigkeitsglaubens zur Einsicht in die dreigliedrige Deutung der gesamten Menschheitsgeschichte gekommen sei. Er fühlte sich verpflichtet, diese mystisch empfangene Geschichtsdeutung weiterzugeben, um dem Kommen des Heiligen Geistes die Wege zu bereiten und die Menschheit mit geläutertem Herzen dem Weltende und Weltgericht entgegenzuführen.

Joachim von Fiore lebte in einem Zeitalter, in dem das Stichwort »Weltende« die Theologen ebenso wie das christliche Volk in Unruhe versetzte. Nachdem das Jahr 1000,[2] als der von vielen erwartete und sichere Termin des Weltendes, sich als Fehleinschätzung erwiesen hatte, glaubte man nur noch mit einer kurzen

Verzögerung dieses Termins rechnen zu können. Sicher war für die damalige Christenheit, daß das Weltende unmittelbar bevorstehe und selbst für fromme Insider überraschend kommen werde.

Man erinnerte sich an das Wort in der johanneischen Apokalypse: »(Ein Engel vom Himmel) überwältigte den Drachen, die alte Schlange – das ist der Teufel oder der Satan –, und er fesselte ihn für tausend Jahre« (Offb 20,2). In einem anderen Text des Neuen Testaments stieß man ebenfalls auf das Wort der »tausend Jahre«. Es heißt nämlich im zweiten Petrusbrief (2 Petr 3,8–9): »Beim Herrn sind ein Tag wie tausend Jahre und tausend Jahre wie ein Tag. Der Herr zögert nicht mit der Erfüllung der Verheißung...: er ist nur geduldig, weil er nicht will, daß jemand zugrunde geht, sondern daß alle sich bekehren.«

Auch die Theologen dieser Epoche waren in ihren Reflexionen und schriftlichen Arbeiten vom Weltend-Fieber angesteckt und in ihrer Thematik bestimmt. Die apokalyptische Bedrängnis hat sich niedergeschlagen in dem um 1187/89 in Tegernsee entstandenen, heute noch erhaltenen »Ludus de Antichristo«, in dem die Fürsten der damaligen Zeit bei der Bekämpfung des Antichrist auf die Bühne gestellt wurden. Angesichts der Mißstände der Kirche, vor allem angesichts des Skandals des gespaltenen Papsttums war man von der Frage beunruhigt, ob der Antichrist vielleicht schon in der Welt da ist und ob er als Widersacher Gottes der Kirche Jesu Christi heftig zusetzt. In einzelnen, geschichtlich greifbaren Persönlichkeiten glaubte man die Inkarnation des Antichrist zu sehen – in dem Gegenpapst Anaklet II. [1130–1138], in Peter Abälard (1079–1142), in Kaiser Friedrich I. Barbarossa [1155–1190]. Geschichtstheologie stand hoch im Kurs. Viele Theologen grübelten intensiv über Sinn, Ziel und gegenwärtigen Standort der Geschichte nach, nachdem bereits Aurelius Augustinus (354–430) vom Greisenalter der Weltgeschichte (saeculum senescens) gesprochen hatte.

Deutung der Weltgeschichte

Im ausgehenden 11. und im beginnenden 12. Jahrhundert roch es geradezu nach Weltende. Immer wieder neue Termine des Weltendes und des Weltgerichts wurden ausgegeben: 1100, 1133, 1200,

1233. Das christliche Volk sah sich in höchste Spannung versetzt. Große Theologen dieser Zeit wie Rupert von Deutz (1070–1135), Hugo von St. Viktor († 11. 2. 1141), Anselm von Havelberg († 1158) und Otto von Freising (1112–1158) erblickten ihre Lebensarbeit in der theologischen Deutung wie in der daraus sich ergebenden Periodisierung der Weltgeschichte. Sie verstanden diese wissenschaftliche Tätigkeit immer auch als seelsorgliche Zurüstung der Christenheit.

Joachim von Fiore ließ sich wie auch die zeitgenössischen Geschichtstheologen von offenen oder versteckten, vielfach übersehenen Andeutungen und Prophezeiungen des Alten wie des Neuen Testamentes leiten. Neben den von ihm veröffentlichten Schriften: »Tractatus super IV Evangelia« (unvollendet), »De articulis fidei« und »Adversus Judaeos« sind als seine Hauptwerke zu nennen: »Concordia veteris ac novi testamenti«,[3] »Expositio in Apocalypsim« und »Psalterium decem chordarum«.

Diese drei Hauptwerke sind exegetische Schriften. Die Heilige Schrift wird aber zum Fundament, zum Kriterium wie zur Perspektive seiner Geschichtstheologie. Den entscheidenden Durchbruch zur geschichtstheologischen Sicht erfuhr Joachim von Fiore, wie er selbst berichtet, im Gebet am Pfingstmorgen des Jahres 1184. Er war damals noch Abt des kleinen Zisterzienserklosters Corazzo in Süditalien. Er berief sich für seine geschichtstheologische Deutung auf die Erleuchtung (illuminatio) des Heiligen Geistes und gab dieser damit eine geradezu unfehlbar-göttliche Absegnung und Autorität. Bei der Niederschrift seiner Geschichtstheologie fühlte er sich nur als Schreibgriffel des Heiligen Geistes. Ungewollt und unbewußt geriet dadurch Joachim von Fiore in die Nähe der prophetischen Seherin Hildegard von Bingen, die nach eigenen Aussagen zur Deutung und Kritik der Zeit- und Weltgeschichte ebenfalls nur aussprach, was sie in göttlicher Schau erfahren hatte.

Die Gliederung der gesamten Weltgeschichte nach dem christlichen Dreifaltigkeitsglauben ist gewiß schon bei Aurelius Augustinus wie auch bei Rupert von Deutz zu finden. Joachim von Fiore versuchte die überlieferte Dreiteilung der Weltgeschichte durch Heranziehung neutestamentlicher Texte noch mit genauerem Datenmaterial auszustatten. Er geht von der Auffassung aus, daß nach den drei Zeitaltern des Vaters, des Sohnes und des Heiligen

Geistes die Weltgeschichte gegliedert ist und daß jede dieser weltgeschichtlichen Epochen einen gleichen Zeitumfang aufweist. Die präzise geschichtliche Dauer jedes dieser gleich langen drei Reiche sah er in dem Stammbaum Jesu (Mt 1,1–17) angegeben, wie er im Matthäus-Evangelium überliefert ist. »Im ganzen sind es also von Abraham bis David vierzehn Generationen, von David bis zur Babylonischen Gefangenschaft vierzehn Generationen und von der Babylonischen Gefangenschaft bis zu Christus vierzehn Generationen« (Mt 1,17).

Nachdem für die Zeitspanne zwischen Abraham und Christus 42 Generationen überliefert sind und Joachim von Fiore für diese Epoche (da er eine Generation mit 30 Jahren ansetzte!) 1260 Jahre errechnete, setzte er eine gleichlange Zeit für das Zeitalter des Sohnes ein, so daß der Beginn des Heilig-Geist-Zeitalters von ihm präzis auf das Jahr 1260 n. Chr. errechnet wurde.

Zeitalter des Gott-Vaters, der ersten göttlichen Person	Epoche von Abraham bis Christus (alttestamentliche Geschichte): 1260 Jahre
Zeitalter des Gott-Sohnes, der zweiten göttlichen Person	Epoche von Christus bis zum Jahr 1260 n. Chr. (kirchlich-klerikales Zeitalter)
Zeitalter des Heiligen Geistes, der dritten göttlichen Person	Beginn der letzten Epoche der Heilsgeschichte im Jahr 1260 n. Chr. (mönchisch-kontemplatives Zeitalter der Geistkirche bis zum Weltende)

Bemerkenswert ist, daß Joachim von Fiore die Epoche von Adam bis Abraham, die der Stammbaum Jesu in der lukanischen Fassung (Lk 3,23–38) erwähnt, nicht berücksichtigt und daß er aus Unkenntnis der Zahlensymbolik (die Zahl 14 ist nach jüdischer Auffassung die Davidszahl, die sich ergibt als Summe des Zahlenwertes der einzelnen hebräischen Buchstaben des Wortes David!) realhistorische Werte einsetzt. Die scharfe Abgrenzung des Zeitalters des Sohnes von der dritten Epoche des Heiligen Geistes hat bereits im 13. Jahrhundert die Kritik des Dominikanertheologen

Thomas von Aquin (1225–1274) herausgefordert, der in seiner
»Summa theologica« dazu schrieb: »Es ist völliger Unsinn zu
sagen, das Evangelium Christi sei nicht das Evangelium des
(Gottes-)Reiches.«[5]

Joachim von Fiore. Holzschnitt aus der Schedelschen Weltchronik, 1493

Mißverständnisse und Verfälschungen

Von der Geschichtstheologie des mittelalterlichen Abtes Joachim
von Fiore zum »Dritten Reich« des 20. Jahrhunderts läßt sich nur
eine total umgebogene und völlig verfremdete Linie ziehen. Der
Abt von Kalabrien sprach nicht von einem politischen »Reich«
(imperium bzw. regnum), sondern von einem »Zustand« (status),
einer Phase bzw. Epoche. Sein Konzept lief nicht auf einen Triumph
des Innerweltlich-Politischen über das Religiös-Göttliche hinaus.
Genau das Gegenteil war seine Hoffnung und Intention. Joachim
von Fiore war der Sprecher eines breiten Unbehagens über die
damalige und desolate, dem Reichtum und Machtstreben verfallene
Feudalkirche. In einer neuen Epoche einer gereinigten Geist-Kirche
ersehnte er ein Zeitalter der Orden und der Meditation, eine Epoche
der Wahrheit, der Liebe und des Friedens.

Joachim von Fiore konkretisierte und aktualisierte seine
geschichtstheologische Konzeption dadurch, daß er korrupte
Gestalten der untergangsreifen Zweiten Epoche »zwischen Fleisch
und Geist« wie auf einem Schachbrett auf die schwarzen Felder, die

neuen Erlöser- und Heilsgestalten des Dritten Zeitalters auf die weißen Felder stellte. Wie die jüdische Synagoge des Gott-Vater-Zeitalters durch die Klerikerkirche des Gott-Sohn-Zeitalters abgelöst wurde, so beginnt um das Jahr 1260 ein noch entscheidenderer Geschichtsprozeß sich zu verwirklichen: Die institutionelle Klerikerkirche geht ihrem Ende entgegen, heraufkommt die Mönchs- und Mystikerkirche. Damit hebt das spirituelle Zeitalter des Heiligen Geistes an. Diese Epoche ist die letzte Etappe der Weltgeschichte, die unaufhaltsam ihrem »jüngsten und letzten Tag« entgegenschreitet. Mit der Überschreitung des »Jüngsten Tages« nähert sich die ganze Menschheitsgeschichte ihrem Zielpunkt, dem Weltgericht und dem Geheimnis der Weltverwandlung.

Die Idee des »Dritten Reiches« hat in der europäischen Philosophie und Theologie eine bemerkenswerte Wandlungs- und Verfremdungsgeschichte erlebt – angefangen mit Franz von Assisi über Cola di Rienzo, Thomas Müntzer bis herauf zur Geschichtsphilosophie von Schelling, Hegel, Comte und Dostojewski (um nur die wichtigsten zu nennen). Der deutsch-russische Schriftsteller Arthur Moeller van den Bruck (1876–1925) ist es nachweislich gewesen, der durch sein erstmals 1923 erschienenes Buch »Das Dritte Reich« die Brücke von der christlichen Geschichtstheologie des Mittelalters zur politischen Utopie des 20. Jahrhunderts geschlagen hat. In der Ideologie des Nationalsozialismus vollzog sich die Umstülpung sowohl des joachitischen wie des hegelschen Handschuhs.[5]

Was Wilhelm Weitling (1809–1879) in seinem Buch »Garantien der Harmonie und Freiheit« geschrieben hat, könnte bei Joachim von Fiore zu lesen sein (erweist sich jedoch als eine tragische, säkularisierte Fehlinterpretation und Umdeutung): »Nun stehen wir am Vorabend wichtiger Begebenheiten, der wichtigsten, die je die Erde gesehen. Ein neuer Messias wird kommen, um die Lehre des ersten zu verwirklichen. Er wird den morschen Bau der alten gesellschaftlichen Ordnung zertrümmern, die Tränenquellen in das Meer der Vergessenheit leiten und die Erde in ein Paradies verwandeln. Bereiten wir uns vor, ihn würdig zu empfangen.«[6] War der verheißene, neue Messias Lenin, Mussolini, Hitler?

Immer wieder hat es im kirchlich-theologischen Bereich den Aufbruch pneumatisch-charismatischer Bewegungen gegeben, die gegen die (wie sie sagten) vom institutionellen Wildwuchs überwucherte Amtskirche opponierten und mit einer Leidenschaft ohnegleichen für die Geistkirche der Zukunft, der letzten Tage nach dem Urbild der urchristlichen Gemeinden kämpften. Man sprach der mit einer Hypothek von 2000 Jahren überlasteten Kirche rundweg die Gnade und Führung des Heiligen Geistes ab, während man selbst vom stolzen Elan getragen war, zum klärenden und korrigierenden Werkzeug des Heiligen Geistes berufen worden zu sein.

Das Erbe des mittelalterlichen Abtes und Geschichtstheologen Joachim von Fiore ist heute lebendiger denn je. Explosion und Aktualität vieler religiöser Sekten sind hierfür ein unleugbarer Beweis: Unzufriedenheit mit Institutionen und Traditionen, hochgeschwellte Erwartungen von neuen Strömungen, heimlichunheimliche Sehnsucht nach einem Retter, Heilbringer und Messias. Joachitischer Geist rüttelt immer neu an gedankenlos übernommenen Traditionen. Er stellt in Frage. Mangel an kritischer Einstellung und Wertung ist nicht selten Mangel an realistischer Wahrnehmung. Joachitischer Geist hat aber immer auch Angst, Nervosität und Einengung des Blickwinkels bewirkt.

Wird aber Angst »kollektive« Wirklichkeit,[7] die Gruppierungen, ja ganze Zeitalter infiziert, kann sie aggressiv, zerstörerisch, gemeinschaftsgefährdend werden, gleichzeitig illusionäre Hoffnungen auslösen, die in Kirche und Gesellschaft tragische Konsequenzen und Verunsicherungen haben können. Angesichts eines Joachim von Fiore muß man sich der harten und unbequemen Frage stellen, ob das Christentum, das den Menschen ein mächtiges Schuld- und Sündenbewußtsein eingeprägt hat und vom Kommen des Antichrist spricht, eine Religion ist, die Angst verbreitet und sich für nicht wenige als Religion der Angst erweist?

Man sollte aber auch nicht vergessen, daß die Bibel ein mit Zukunftsverheißungen angefülltes Buch ist. Offenbarungswort ist wesenhaft Verheißungswort. Ohne eschatologische Künder der zukunftsorientierten Geschichte fehlen dem Christentum – auch wenn sie nicht selten unangenehm anecken – die Deuter der Vergangenheit ebenso wie die Mahner der Gegenwart. Biblische »Aussage ist Ansage, seine Verkündigung ist Ankündigung des Kommenden und dadurch Aufkündigung des Bestehenden. Das dominierende Verheißungswort weist Zukunft an«.[8]

JOACHIM VON FIORE

Dokument

Als ich um die Matutin (der Stunde des Frühgebets) aus dem Schlaf erwachte, da nahm ich zur Meditation das Buch (der Offenbarung des Johannes) in die Hand... Da durchfuhr plötzlich zu der Stunde, in der unser Löwe vom Stamme Juda – Jesus Christus – auferstanden ist... eine Helligkeit der Erkenntnis die Augen meines Geistes und es enthüllte sich mir die Erfüllung dieses Buches und die symmetrische innere Bezogenheit des Alten und Neuen Testamentes.

Auf drei Weltordnungen weisen uns die Geheimnisse der Heiligen Schrift: Auf die erste, in der wir unter dem Gesetz waren; auf die zweite, in der wir unter der Gnade sind; auf die dritte, welche wir schon aus der Nähe erwarten, in der wir unter einer reicheren Gnade sein werden... Der erste Status also steht in dem Wissen, der zweite in der teilweise vollendeten Weisheit, der dritte in der Fülle der Erkenntnis. Der erste (Status) steht in der Knechtschaft der Sklaven; der zweite in der Unterordnung der Söhne; der dritte in der Freiheit. Der erste Status steht in der Furcht, der zweite im Glauben, der dritte in der Liebe.

Der erste ist der Status der Knechte, der zweite der Freien, der dritte der Freunde.

Der erste steht im Licht der Gestirne, der zweite im Licht der Morgenröte, der dritte in der Helle des Tages...

Der erste Status gehört zum Vater, der der Schöpfer von allem ist. Der zweite (Status gehört) zum Sohn, der sich gewürdigt hat, unser Fleisch anzunehmen, um so den Zustand des ersten Menschen zu erneuern, der gefallen war, indem er aß. Der dritte (Status) gehört zum Heiligen Geist, von dem der Apostel sagte: »Wo der Geist des Herrn ist, da ist Freiheit« (2 Kor 3,17).

———

Am Pfingstmorgen des Jahres 1184 erfuhr Joachim von Fiore, damals Abt des Zisterzienserklosters Corazzo in Süditalien, durch göttliche Erleuchtung (wie er schreibt), das Grundkonzept seiner geschichtstheologischen Deutung der Menschheitsgeschichte. Er hat diese Vision niedergelegt in seinem Werk »Liber concordiae novi et veteri Testamenti« (erstmals im Druck 1519 in Venedig erschienen). Im 23. Kapitel des 4. Buches dieses Werkes hat Joachim von Fiore den Lauf der Heilsgeschichte in Gestalt dreier Weltepochen beschrieben, die den drei Personen der göttlichen Dreieinigkeit zugeordnet sind: das Zeitalter des Vaters »unter dem Gesetz«, das Zeitalter des Sohnes »unter der Gnade«, das Zeitalter des Heiligen Geistes in der Fülle der Erkenntnis und Liebe.

Katharer und Waldenser

In den Geschichtsbüchern gehören zur Charakteristik des 20. Jahrhunderts auch die Stichworte Konzentrationslager, Judenpogrome, Endlösung. Was mit diesen Worten angedeutet wird, scheint vielen ein erstmaliger Wutausbruch unmenschlicher, antichristlicher Dämonie zu sein. Der französische Schriftsteller Georges Bernanos (1888–1948) konnte diese Verirrungen und Verwirrungen nicht mehr in der menschlichen Bosheit allein ausgedacht und verursacht sehen. Er sprach unverhohlen von der »Sonne Satans«, die damals über den Völkern Europas aufging.

Man sagt es so schnell und meist gedankenlos: So schlimm wie damals war es noch nie! Man sei jedoch überaus vorsichtig, solche Formulierungen nachzuplappern, denn sie stimmen nicht und beweisen dürftiges oder fehlendes Geschichtswissen. Nur mit Scham und Bestürzung kann man in den Geschichtsbüchern nachlesen, welche Massaker in der ersten Hälfte des 13. Jahrhunderts vollbracht wurden, und zwar im Namen der christlichen Religion und mit hohen Ablässen durch Papst Innozenz II. [1198–1216] versehen.

Die Katharer

Im Kampf gegen die Katharer im südfranzösischen Raum präsentierte der Zisterzienserabt Arnold Alméric mit geschwellter Brust Papst Innozenz III. die Siegesnachricht, er habe über etwa 20 000 niedergemetzelten Katharern (andere Quellen sprechen »nur« von 7000) mit dankerfülltem Herzen das Te Deum angestimmt. Vom Kind bis zum Greis wurden alle niedergemacht, indem man sich von der Parole leiten ließ: »Tötet sie alle, Gott wird die Seinen schon herausfinden!«

Der päpstliche Legat meldete in euphorischem Blutrausch nach Rom, Gottes Zorn habe »in wunderbarer Weise« gegen die Stadt Béziers gewütet. Zynischer kann man wohl das angerichtete Blutbad über die Katharer nicht nennen. Über 30 Jahre (von 1209 bis zum Tag der »Endlösung«, dem 12. März 1244) dauerte der mit reichlichen Ablässen ausgestattete »Kreuzzug« gegen die Katharer. Kein Geringerer als Bernhard von Clairvaux (1090–1153) bescheinigt dieser Gruppierung, es gäbe nichts Christlicheres als die Katharer.[1] Hildegard von Bingen (1098–1179) stand den Katharern, wie später auch Bernhard von Clairvaux, entschieden kritischer gegenüber. Wie das Gutachten über die Katharer ausgefallen ist, das von ihr durch das Domkapitel von Mainz erbeten wurde, kann man der 1164 in Köln gehaltenen Predigt gegen die Katharer entnehmen, in der Hildegard von Bingen mit männlicher Energie die Katharer nannte »Heuchler und Verführer..., weil sie durch Scheinheiligkeit das einfache Volk verwirren und aus der Einheit der Kirche herausreißen«.[2]

Wenn die christliche Kirche so massiv gegen die Katharer vorgegangen ist und sie aus der christlichen Glaubensgeschichte ein für allemal »ausradieren« wollte, dann kann der Grund hierfür entweder in der ihre Existenz gefährdenden Lehre der Katharer oder in dem besorgniserregenden, gewaltigen Zulauf gesehen werden, den die Katharer hatten. Viele Sympathisanten, die nicht oder noch nicht überzutreten wagten, waren ein gefährlicher Sprengkörper in der etablierten Kirche.

Die Kirche des 12. und 13. Jahrhunderts war eine reiche, mächtige, skandalumwitterte und in vielen Bereichen und Aktionen unglaubwürdige Kirche. Diese Kirche, die sich auf den armen Jesus berief, verstand es, im Kartenspiel der damaligen Reichspolitik kräftig, geschickt und auf ihren Vorteil bedacht mitzumischen. Diese etablierte Kirche war die werbewirksamste Propaganda für die Gemeinschaft der Katharer. Wer waren die Katharer?[3]

Es läßt sich keine Einzelpersönlichkeit ausfindig machen, die als Gründer dieser Bewegung bezeichnet werden kann. Man hat ihren Mitgliedern recht unterschiedliche Bezeichnungen gegeben: Piphles in Flandern, Arriani in Südfrankreich, Patareni in Italien; auch Manichäer werden sie bisweilen genannt. Manchmal sieht man in ihnen »gute Christen« oder »gute Menschen« (boni homines), was durchaus für die Katharer spricht. Sie selbst verstanden sich als »Katharer« (diese Bezeichnung kommt aus dem Griechischen »hoi katharoi« = die Reinen). Damit sollte zum Ausdruck kommen, daß sie sich von allem, womit sich die Kirche ihre Hände schmutzig gemacht hatte, eindeutig distanzierten.

Die von den Katharern vertretene Lehre taucht lange vor Christus nachweisbar im Ost-Iran auf. Im 10. Jahrhundert ist sie bei den Bogumilen in Bulgarien und auch in Jugoslawien nachweisbar. Im Laufe des 11. und 12. Jahrhunderts ist diese leibfeindliche, gnostische Weltanschauung vermutlich durch Kaufleute und Kreuzfahrer nach Westeuropa gekommen.

Die Katharer, die als »Reine« und »Vollkommene« sich der sündhaften Berührung und Befleckung durch die Materie grundsätzlich enthalten, verweigern den Geschlechtsverkehr, verneinen Ehe, Familie und Eigentum. Sie lehnen die Todesstrafe, den Eid, den Militär- und Kriegsdienst, die Tötung von Tieren radikal ab. Sie wehren sich aus allkosmischer Solidarität gegen jeden Tierversuch (den es schon damals gab) und sind aus weltanschaulich-religiösem Prinzip Vegetarier. Sie plädieren aus religiösen Gründen für den Freitod, für die Selbstverbrennung.

In der etablierten Kirche lehnen sie, wie sie meinen, alle Verfälschungen der Intentionen Jesu Christi ab: die Sakramente, kirchliche Hierarchie als Machtinstrument, Heiligen- und Bilderverehrung. Sie stellen in unvereinbarem Gegensatz den armen und verfolgten Jesus der reichen, mächtigen Institution Kirche, der verfilzten Amtskirche gegenüber. Wer Ja sagt zum armen Jesus, kann zu dieser Kirche, wie sie sich im Laufe der Jahrhunderte entwickelt hat, nach Ansicht der Katharer nur ein hartes Nein sagen. Die Katharer halten es für unmöglich, der herkömmlichen, etablierten Kirche durch Reformen zu einem neuen Leben, zu einer neuen Glaubwürdigkeit zu verhelfen. Dieser Kirche wie diesem Staat kann nicht mehr geholfen werden. Die Katharer wollen eine »andere« Kirche. Sie wollen einen »anderen« Staat. Bei vielen dieser Forderungen der Katharer des 13. Jahrhunderts glaubt man, man hätte ähnliches erst gestern von weltanschaulich-politischen Gruppierungen unserer Tage gehört.

Es muß in breiten Bevölkerungsschichten der damaligen Zeit einen aufgehäuften Zündstoff des Unbehagens und des fast unerträglichen Leidens an der Kirche gegeben haben, der durch den Funken der Katharer-Bewegung zum mächtig lodernden Feuer entflammt wurde. Die Katharer waren alles andere als eine scheue Gruppierung, die nur ein stilles Katakombendasein fristete. Sie waren eine »Bewegung« im wahrsten und ursprünglichsten Sinne des Wortes, die die Herzen der Menschen aufwühlte und wie ein reißender Strom Menschenmassen mitriß. Ihren Hauptsitz hatte die Katharer-Bewegung in Albi, einer Stadt in Südfrankreich; daher werden die Katharer auch Albigenser genannt. In wenigen Jahrzehnten gab es Katharer-Gemeinden den Rhein entlang bis nach Flandern, die Donau hinunter bis nach Passau und Wien, denen Priester vorstanden und in Diözesen mit bischöflicher Leitung organisiert waren. Die Priester und Bischöfe der Katharer waren ohne Besitz, ohne einträgliche Pfründen, die ihnen ein sorgenfreies Einkommen und Auskommen sicherten. Katharerpriester und Katharerbischöfe waren »arm wie eine Kirchenmaus«, arm wie Jesus, der nichts hatte, wohin er sein Haupt legen und wo er nach seinem Tod bestattet werden konnte.

Wie sehr die Katharerbewegung wuchs, geht allein daraus hervor, daß bereits 1167 durch den in Bulgarien wirkenden Katharerbischof Niketas in Saint-Félix-de-Caraman bei Toulouse ein Konzil abgehalten werden konnte, an dem vier Katharerbischöfe teilnahmen. Allein in Südfrankreich (Languedoc) gab es sechs Katharerbistümer. Ein wahrhaft heiliger Sturm ging damals durch die Christenheit. Geistkirche stand gegen Amtskirche. Nicht eine »neue« Kirche wollten die Katharer. Die etablierte Kirche lehnten sie als nicht mehr reformfähig und als von Gottes Gnade verlassen ab. Die Katharer wollten die Gemeinde Jesu in ihrer ursprünglichen Schlichtheit und Reinheit, in ihrem ursprünglichen Glaubenselan, in ihrer ungebrochenen Bruderliebe, in ihrer ursprünglichen Kühnheit zur Kreuzesnachfolge und zum fröhlichen Martyrium, im täglichen Brotbrechen und in der Handauflegung wiederherstellen.

Am 12. März 1244 endete die blutige Tragödie[4], die von Päpsten als »Kreuzzug« gegen die Katharer ausgerufen worden war, mit dem Martyrium der letzten 215 Katharer, die zusammen mit ihrem greisen Bischof Bertrand Marty auf dem Champ des Crémats, dem Feld der Verbrannten, neben der Burg Montségur (in der Provinz Foix) den Flammentod starben. Damit hat die Amtskirche mit allen ihr zur Verfügung stehenden Machtmitteln gesiegt. Mit dieser blutigen »Endlösung« hat sie das Kapitel der Katharerbewegung, die in ihren Augen eine Katharerbeunruhigung und Katharerverunsicherung war, beendet. Zu ungestüm und zu radikal war die Katharerbewegung, um an Reformkräfte der alten Kirche zu glauben. Zu hoch und kaum übersteigbar waren aber auch die Mauern der reichen und mächtigen Kirche, um in der Botschaft der Katharer einen vielleicht doch gottgewollten Ruf zur Besinnung und Umkehr zu erkennen.

Das Märtyrerblut der niedergemetzelten Katharer ist dennoch zum Segen der Christenheit geworden: Sanquis martyrum – semen christianorum (Tertullian). Die Impulsbewegung der Katharer wirkte weiter im Leben, im Kirchenverständnis und im Armutsideal des Franz von Assisi (1181–1226). Er war Zeitgenosse der Katharerbewegung und der Albigenserkriege. Durch Franz von Assisi, den man anfangs als Katharer verdächtigte, ist das katharische Anliegen kirchlich domestiziert worden, weil »er an die Möglichkeit der Verwandlung in der Kirche glaubte und darum in der Kirche blieb, die Katharer aber nicht«.[5]

Die Laienbewegung der Waldenser

Gleichzeitig, jedoch unabhängig von der Katharer-Bewegung entstand die Laienbewegung der Waldenser, übrigens die einzige sektiererische Gruppierung des Mittelalters, die heute noch als Glaubensgemeinschaft[6] besteht. Ihr Gründer ist eine geschichtlich nachweisbare und greifbare Gestalt: Peter Waldes, ein reicher, verheirateter Stoffhändler aus Lyon († vor 1218), der sich in einem erhaltenen Glaubensbekenntnis[7] nennt: »Ego Valdesius«. Die Waldenser standen im Kampf gegen die Katharer auf der Seite der Kirche, wie es Peter Waldes auf der Synode in Lyon (wohl im März 1180) ausdrücklich aussprach.[8]

Seine »Bekehrung« dürfte um das Jahr 1173 anzusetzen sein, als er nach dem Hören eines damals viel gesungenen Alexiusliedes auf das Jesuswort stieß: »Wenn du vollkommen sein willst, geh, verkauf deinen Besitz und gib das Geld den Armen; so wirst du einen bleibenden Schatz im Himmel haben; dann komm und folge mir nach« (Mt 19,21). Obwohl Peter Waldes mit der Kirche in einer gemeinsamen Front gegen die Katharer stand, verfocht er ein völlig anderes Kirchenverständnis als die etablierte Papstkirche seiner Zeit.

Sehr bald geriet er mit seinen Anhängern in einen zermürbenden

Zweifrontenkrieg: gegen die Katharer mit Rom, aber von Rom wegen der häretischen Lehren einer »Laienkirche« aufs schärfste bekämpft. Während auf dem 3. Laterankonzil in Rom (1179) Papst Alexander III. [1159–1181] das Armutsideal der Waldenser noch lobte, wurden auf der Synode von Verona (1184) durch seinen Nachfolger, Papst Lucius III. [1181–1185], die Waldenser, die auch die »Armen von Lyon« genannt wurden, verurteilt und über die Anhänger dieser häretischen Sekte die Exkommunikation verhängt.

Gewiß gibt es zwischen den Katharern und den Waldensern Übereinstimmungen etwa in der Ablehnung der Heiligenverehrung, des Reliquienkultes, der Autorität des Papstes und der Konzilien. Der Ausgangspunkt ihrer Theologie und Frömmigkeit ist jedoch grundverschieden und weist daher auch unterschiedliche Folgerungen auf. Für Peter Waldes gibt es ein einziges Fundament und Kriterium des christlichen Glaubens – die Bibel (sola scriptura). Nicht nur dem studierten Priester und den Doctores der Theologie, sondern jedem Christen, der mit reinen Händen und mit einem hörbereiten Herzen die Bibel liest, erschließt Gott sein Wort. Jeder christliche Laie kann daher gotterwähltes und gnadenerfülltes Werkzeug des rechten Verständnisses und der rechten Verkündigung des Gotteswortes sein.

Damit waren Tür und Tor für die Laienpredigt weit geöffnet, an der sich auch Frauen[9] beteiligten. Hat nicht (so sagten sich damals viele) auch in jüngst vergangener Zeit eine Frau Hildegard von Bingen von den Kanzeln der bischöflichen Kathedralen machtvoll gepredigt, ohne daß die hierarchische Kirche eingegriffen hat? Entscheidend ist nach der Auffassung der Waldenser für die orthodoxe Verkündigung nicht die Delegation und Missio canonica durch die kirchliche Hierarchie, sondern allein die Sendung und Erleuchtung durch den Geist Gottes: »Das alles bewirkt ein und derselbe Geist; einem jeden teilt er seine Gabe zu, wie er will« (1 Kor 12,11).

Ausdrücke wie »Volk Gottes« und »Gemeinde« erhalten durch die Waldenser einen ganz neuen Stellenwert. An Stelle des hierarchischen Prinzips treten im Kirchenverständnis der Waldenser Pluralität und Demokratie. Es ist der Geist Gottes selbst, der seine Gemeinde in der Wahrheit und Einheit hält und erhält (Joh 15,26;

16,12–15). Den Waldensern, die ihr Gemeindeverständnis dem Neuen Testament entnommen haben, ist eine mächtige und fruchtbare Bibelbewegung des Mittelalters zu verdanken, die eine intensive Lesung der Heiligen Schrift in der jeweiligen Landessprache und eine Erneuerung der Gemeinde aus dem Geiste des armen Jesus auslöste. Die Laienkirche der Waldenser lebt von dem bergeversetzenden Vertrauen auf die Führung und Erleuchtung des Heiligen Geistes.

Der würdige Laie wird – auch ohne Priesterweihe – als vom Geist Gottes berufener und ermächtigter Spender der Taufe, des Bußsakramentes, der Eucharistiefeier angesehen. Von der Entscheidung der Laien hängen auch Auswahl und Weihe der Waldenserbischöfe ab. Frömmigkeit und Glaubwürdigkeit werden höher bewertet als nachweisbare kirchliche Weihe und Beauftragung durch Vertreter der Hierarchie. Christliche Mündigkeit und Beauftragung durch den Geist Gottes (»pneumatische Ordination«!) stellen das kühne Wagnis der Waldensergemeinde dar. Der Unsicherheitsfaktor menschlicher Anmaßung und Eitelkeit, menschlicher Selbstberufung und Selbstbeauftragung kann dabei einen gefährlichen und zerstörerischen Part spielen. Die Anfrage wurde damals gestellt, wie hierarchische Verfaßtheit und lebendige Gemeinde unter der Führung des einen Gottesgeistes in fruchtbarer Spannung leben und sich entwickeln können.

Die beiden großen häretischen Bewegungen des Mittelalters, die Katharer wie die Waldenser, haben gewiß beträchtliche Unruhe im christlichen Volk und Besorgnis in der kirchlichen Führung ausgelöst. Wo ihre Anliegen ernstgenommen worden sind, war es zum Heil und Segen des ganzen Kirchenvolkes. Wo ihre Anliegen liegengeblieben sind, erhielten sie je länger, desto schmerzlicher eine gefährliche Virulenz.»Die Ketzer sind der Stachel im Fleisch der Kirche; es genügt nicht, ihn herauszureißen und fortzuwerfen. Die Wunde muß von innen her heilen.«[10]

Franz von Assisi
(1181/82–1226)

Franz von Assisi, dessen Ansehen die Grenzen der christlichen Konfessionen überschreitet und der auch in einer achristlichen und postchristlichen Geisteswelt respektvoll genannt wird, hat in seiner Zeit und gewiß auch in unserer Zeit gerade durch sanfte Güte und charmant mitreißende Menschenfreundlichkeit mehr bewegt als mancher Machthaber in Kirche und Gesellschaft. Was erst gegen Ende seines Lebens (am 14. September 1224) in seiner Stigmatisation sichtbar wurde, ist Gipfelhöhe mystischer Christusbegegnung, die in einem langen und wachsenden Prozeß zunächst nur in seinem Glauben und Beten erfahren wurde und schließlich als göttliches Charisma aus seinem Innern in die äußere Sichtbarkeit und Leiblichkeit durchgebrochen ist. Franz von Assisi ist ein durch Gottes Gnade Auserwählter, ein von Gottes Gnade gezeichneter und ausgezeichneter Mystiker.

Die verunsicherte Kirche

In keiner anderen Epoche der Kirchengeschichte hat es eine kontrastreichere Gegenüberstellung und ein liebloseres Gespräch gegeben als im Jahre 1210, als sich Papst Innozenz III. [1198–1216] und Francesco Bernardone (1182–1226) erstmals im Lateranpalast in Rom gegenüberstanden: der »Herr Papst« in Prachtgewänder gekleidet – der Bußprediger aus Assisi, angetan mit einem Rupfengewand. Als Franz von Assisi seine Bitte vortrug, er wolle das Evangelium des armen Jesus verkünden und die Christenheit durch Buße zur Erneuerung des Glaubens und der Kirche aufrufen, antwortete der Papst, wohl in der Befürchtung, einen kühnen Repräsentanten der Albigenser vor sich zu haben: »Gehe hin, mein Bruder, und suche die Schweine, denn mit diesen scheinst du mehr gemein zu haben als mit Menschen. Wälze dich mit ihnen im Morast, übergib ihnen deine Regel und übe an ihnen dein Predigtamt!«[1]

Franz von Assisi verneigte sich, ging zu den Schweinen und

wälzte sich in ihrem Schmutz. Dann kehrte er mit seinem dreckverschmierten und stinkenden Rupfengewand zum Papst zurück und sprach in überzeugender Einfalt:»Herr, ich habe getan, was du mir geboten hast. Erfülle du nun mein Flehen.«
Um der schroffen und verletzenden Antwort des Papstes Innozenz III. Gerechtigkeit widerfahren zu lassen, ist es notwendig, sich in die besonders gelagerte Situation der damaligen Christenheit zu versetzen.

Seit dem Auftreten der Katharer und Waldenser fühlte sich die Kirche von einer wachsenden Sturmflut umbrandet. Eben erst hatte Papst Innozenz III. (1209) zu den Massakern an den Albigensern in Südfrankreich aufgerufen, die erst 1229 beendet wurden. Nur mit Waffengewalt glaubte man, dem ketzerischen Steppenbrand, der die Kirche in Europa zu vernichten drohte, Einhalt gebieten zu können. Wer damals Thesen vertrat, die den Forderungen der Albigenser oder Waldenser auch nur ähnlich waren, stieß auf eine Wand des Mißtrauens, der Skepsis, der Verdächtigungen und anonymer Denunziationen. Viel zu wenig ist bekannt, daß die Bürger von Assisi 1203 den Katharer Giraldo zum Bürgermeister wählten und daß in Spoleto, etwa 30 km südlich von Assisi, eine sehr aktive Diözese der Katharer blühte und als gefährliche Konkurrenz zur römischen Amtskirche empfunden wurde. Wer daher aus Assisi kam, geriet in Rom allein schon wegen seiner Herkunft allzu leicht in den Verdacht der Ketzerei. Es kann nicht geleugnet werden:»Aus der Welt der Ketzer, der Stadtgemeinden, des einfachen Volkes steigt die franziskanische Bewegung empor... An der Wiege aller Revolutionen bis zur Französischen werden Franziskaner und franziskanische Seelen stehen.«[2]

In Franz von Assisi konnte man auch deshalb einen gefährlichen Kirchenrebellen wittern, weil seine Mutter Pica aus Südfrankreich, der reichen und widerspenstigen Provence, stammte. Sein Name »Francesco« (Französlein), den ihm der Vater wegen seiner einträglichen Geschäfte mit französischen Stoffen und wegen seiner Vorliebe für die Lieder und Lebensweise der französischen Troubadoure gegeben hatte, konnte ihn ebenfalls verdächtig machen. Außerdem sprach Francesco französisch, oder genauer: provenzalisch, das er von seiner französischen Mutter gelernt hatte. Ein Grund mehr, in ihm einen Katharer zu vermuten, die vor allem in

Südfrankreich eine antikirchliche Formation mit unerwartetem Zulauf bildeten.

Hat die rebellierende und ketzerische Armutsbewegung der Albigenser und der Waldenser in ihm einen kühnen Repräsentanten gefunden, dem der Weg zum römischen Papst offenstand und der schonungslos der reichen und unglaubwürdig gewordenen Kirche das Schuldkapitel vortrug? Franz von Assisi kannte aus dem Geschäft seines Vaters wie auch aus dem Reichtum seiner Stadtgemeinde Assisi die Auswüchse und Ungerechtigkeiten des Frühkapitalismus. Gewiß erscheint er als »reiner Tor«, als seltsamer Harlekin. In Wirklichkeit war er ein sanfter Rebell, der gegen den politischen wie gegen den kirchlichen Feudalismus zielbewußt, wenn auch äußerst geschmeidig ausschließlich mit biblischen Zitaten und Argumenten anging.

Franz von Assisi hat Papst Innozenz III. trotz der ersten, sehr lieblosen Konfrontation tief beeindruckt, denn bei der zweiten Begegnung noch im gleichen Jahr 1210 sprach der gleiche Papst eine verheißungsvolle Ermutigung aus: »Mein Sohn, gehe und bete zu Christus, daß er seine Absichten kundtue. Wenn wir dann seinen Willen klarer erkannt haben, wollen wir deine fromme Bitte mit großer Zuversicht gutheißen.« Diesen Papstworten kann ein zweifaches entnommen werden: Erstens war Franz von Assisi mit einem imponierenden Impuls des Herzens, aber ohne klares Organisationskonzept für seine Brüderschar zum Papst gekommen. Zweitens erschien dem im politischen Kräftespiel seiner Epoche durchaus versierten Papst dieser Arme aus Assisi ein gänzlich unpolitischer, harmloser und seiner Regierung völlig ungefährlicher Mann ohne jegliche kirchenkämpferischen Erfahrungen und Ambitionen zu sein.

Dieser Idealist im Erscheinungsbild eines Hippie war von einer so überzeugenden Christusliebe und von einer so ungebrochenen Kirchentreue erfüllt, daß von ihm wahrhaftig keine Gefahr für die Kirche ausgehen konnte. Sein Leben und seine Intentionen konnten auf den langen Regalen der christlichen Glaubensgeschichte ohne Schwierigkeiten archiviert und institutionalisiert werden, so daß sehr bald der verhüllende Aktenstaub sich darüber legen konnte. Die ursprüngliche Explosionskraft der Armutspredigt der Waldenser und Albigenser hatte man – so glaubte man – in den

Griff bekommen und in ein kirchlich erträgliches und erlaubtes Bett eingeengt. Dies mag sicherlich die Taktik mancher kirchlicher Entscheidungsinstanzen der damaligen Zeit gewesen sein. Auf Dauer jedoch hat die Überzeugungskraft des Franz von Assisi und seines Armutsideals die offene Wunde einer unglaubwürdig gewordenen Kirche von innen her zu heilen vermocht.

Lebensabriß

Leben und Wirken des Franz von Assisi sind in vielfältigen, literarischen Brechungen überliefert. Zu den ältesten, authentischen Texten zählen jene Dokumente, die von ihm selbst stammen: Gebete, Briefe, Regeln, Sonnengesang (1223 niedergeschrieben) und sein Testament (1226).[3] Nicht in allen Details läßt sich die Überlieferung seiner Regel aufhellen.

Die Erste Regel (sogenannte »Ur-Regel«), von Franz von Assisi verfaßt, wurde 1210 durch Papst Innozenz III. bestätigt. Die Zweite Regel mit 24 Kapiteln wurde auf dem sogenannten »Mattenkapitel« in Assisi 1221 beschlossen. Die Dritte Regel (1221) ging (aus Nachlässigkeit oder Absicht?) verloren. Die Vierte Regel (auch »Honorius-Regel« genannt, weil sie unter Papst Honorius III. 1223 veröffentlicht wurde) hat Franz von Assisi niedergeschrieben und wurde auf Rat des Kardinalprotektors Hugolin von Ostia auf 12 Kapitel verkürzt. Hinter dieser »Geschichte« der Regel wird etwas von jener stürmischen Anfangsphase erkennbar, die Franz und seine Gründung durchzustehen hatte.

Eine »Erste Lebensbeschreibung«[4] wurde durch Thomas von Celano († um 1260), seit 1215 engster Vertrauter und Gefährte des Franz von Assisi, niedergeschrieben. 20 Jahre nach dem Tod des Franz von Assisi wurden Berichte der Brüder Leo, Rufin und Angelus in der sogenannten »Dreigefährtenlegende des heiligen Franziskus«[5] zusammengefaßt. Ein großes Franziskusleben[6] schrieb 1261/63 der achte Ordensgeneral (1257/74) und Kardinalbischof Bonaventura. Erst 100 nach dem Tod des Franz von Assisi wurden die »Fioretto di San Francesco«, die vielzitierten »Blümlein (Blütengärtlein) des heiligen Franziskus«, herausgegeben.

Sehr früh schon wurde die Biographie des Franz von Assisi mit anmutigen Legenden angereichert. Bis in unsere Zeit herein ist er eine Gestalt geblieben, die immer neu »reizt«, ihn bald für diese, bald für jene weltanschauliche Richtung in Beschlag zu nehmen.[7]

Giovanni-Francesco Bernardone wurde 1181/82 in Assisi als Sohn des mit sattem Reichtum begüterten Kaufmanns Pietro Bernardone und seiner aus Südfrankreich stammenden Frau Pica geboren.[8] Er wurde im Dom San Rufino, der damals noch im Bau war, auf den Namen Giovanni getauft; im gleichen Dom und über dem gleichen Taufbecken wurden die heilige Klara wie auch der spätere Kaiser Friedrich II. (geboren am 26. Dezember 1194 in Jesi/ Mark Ancona) getauft. Als der Vater von Handelsgeschäften aus Frankreich zurückkehrte, gab er ihm den Namen »Francesco«. Unter diesem Namen ist der Mann aus Assisi weltberühmt geworden.

Franz, der Sohn eines Neureichen, genoß das schöne Leben und die Genüsse an reich gedeckten Tischen mit vollen Zügen. Er war ein flotter, verschwenderischer Junge, der gerne zeigte, daß er aus einem reichen Elternhaus stammte und stets einen gefüllten

Franz von Assisi. Holzschnitt aus der Schedelschen Weltchronik, 1493

Geldbeutel bei sich hatte. Im Stil der damaligen Troubadours lebte er. Er fühlte sich am wohlsten, wenn er eine große Zahl von Zechfreunden um sich scharen konnte.

Assisi, die reiche und freiheitsliebende Stadt Umbriens, hatte mit wachsendem Unbehagen die Herrschaft der Stauferkaiser ertragen, in deren Burg Rocca Maggiore der spätere Kaiser Friedrich II. erzogen wurde. 1200 nutzten die Bewohner die Gunst der Stunde, eroberten die Zwingburg der Staufer und machten die Stadt zur Republik, an deren Spitze zwei Konsuln standen. In einem Freiheits- und Machtrausch begann die Republik Assisi mit der mächtigen Ghibellinenstadt Perugia 1202 einen Krieg, an dem auch der knapp zwanzigjährige Francesco mit Begeisterung teilnahm. Er geriet in Gefangenschaft. Erst nach einem Jahr kehrte er krank, innerlich unsicher und nach neuen Ufern ausschauend in seine Heimatstadt Assisi zurück.

In dieser Phase des inneren Umbruchs begegnete Franz von Assisi einem Aussätzigen, für den er nur tiefe Abscheu empfand. Kurze Zeit später begegnete er wieder einem Leprosen. Und da geschah das Unerwartete, das Umwerfende: Er stieg vom Pferd (im übertragenen Sinne kann man hinzufügen:»Er stieg vom hohen Roß« seiner bisherigen Lebensanschauungen), umarmte und küßte den unheilbar Kranken. Franz von Assisi hat sich damit selbst überwunden.[9] Die Grenze von Reich und Arm, von Gesund und Krank verlor ihre Bedeutung, weil er im Kranken Christus zu sehen und zu lieben vermochte.

Plötzlich war ein Leben in Saus und Braus im Stil der Troubadours sinnlos geworden. Dem armen Jesus in jedem Mitmenschen zu begegnen, bestimmte von jetzt an sein Leben, sein Denken, sein Glauben. Er wollte nicht nur den armen Jesus bewundern, nicht nur von der Armut reden. Indem er sich 1206 aus der bequemen Geborgenheit des Elternhauses distanzierte, war er zeitlebens ein radikal Armer, der sich vollständig und für immer der Sorge Gottes auslieferte.[10] Wenige Jahre später erfuhr er seine endgültige Berufung in die Kreuzesnachfolge Jesu, als er in der Portiunkulakirche am 24. Februar 1209 das Evangelium (Mt 10,7–20) hörte. Über dieses Portiunkulakirchlein wurde später die mächtige Basilika Maria degli Angeli (in der Nähe des Bahnhofs Assisi) errichtet.

Franz von Assisi hatte kein klares Ordenskonzept vor sich. Nur langsam kristallisierte sich eine Lebensgemeinschaft mit 12 Gefährten heraus, deren Bitte, arm wie Christus zu leben, zu beten und zu predigen, Papst Innozenz III. 1210 mündlich bestätigte. Franz von Assisi verspürte einen weltweiten Missionsauftrag: 1212 führte ihn eine Predigtmission nach Dalmatien, 1213/15 wollte er nach Marokko, mußte aber wegen schwerer Erkrankung seine Missionsreise schon in Spanien beenden. 1219/20 unternahm er eine ergebnislose Reise nach Ägypten, um Sultan El-Kamil zu bekehren. Aus dieser Zeit dürfte die Franziskus-Beschreibung stammen, die Thomas von Celano, der seit 1215 dessen engster Vertrauter und Gefährte war, in seiner Vita I (verfaßt 1228/29) überliefert hat. »Franziskus war ein außerordentlich redegewandter Mann mit fröhlichem Antlitz und heiterem Gesichtsausdruck. Er war frei von Feigheit und ohne jede Überheblichkeit. Er war mittelgroß, eher klein als groß, hatte einen mittelgroßen, runden Kopf, ein etwas längliches, regelmäßig gebildetes Gesicht und eine ebene, niedrige Stirn. Seine schwarzen Augen waren nicht besonders groß. Er hatte schwarzes Haar, gerade Augenbrauen, eine gleichmäßige, feine, gerade Nase. Auffallend die aufwärts gerichteten, aber kleinen Ohren und die flachen Schläfen. Seine Sprechweise war gewinnend, feurig und treffsicher. Er hatte dichtstehende, gleichmäßige und weiße Zähne, schmale und zarte Lippen und trug einen dunklen, aber nicht vollen Bart. Er hatte einen schlanken Hals, gerade Schultern, kurze Arme und feine Hände mit langen Fingern und etwas vorstehenden Nägeln. Er hatte sehr kleine Füße, dünne Beine und zarte Haut. Von Gestalt war er sehr mager, trug ein rauhes Gewand, gönnte sich nur einen sehr kurzen Schlaf und besaß eine überaus freigebige Hand.«[11] Nach dieser sehr detaillierten Beschreibung kann man sich den Poverelle von Assisi, fröhlich lachend und anspruchslos, lebhaft vorstellen.

Kaum zu fassen ist der gewaltige Zustrom, den Franz von Assisi, der monastische Improvisator und organisatorische Dilettant, hatte. Allein zum sogenannten »Mattenkapitel« (1221) in Assisi, auf dem die in 24 Kapitel neugefaßte Zweite Regel (regula non bullata) veröffentlicht wurde, erschienen aus den fernsten Gegenden Brüder in solchen Scharen, daß die vorbereiteten Unterkünfte nicht ausreichten. Die meisten Brüder mußten sich auf Strohmatten lagern (daher der Name »Mattenkapitel«). Franz von Assisi, der Gutmütige und Gutgläubige, hatte keineswegs über den gewaltigen Zulauf helle Freude. Waren alle wirklich von seinem Geist und von seinem radikalen Armutsideal erfüllt? Waren darunter auch Mitläufer und gesellschaftliche Ausflipper, die Sensationen nachjagten und nur »dabei sein« wollten?

Franz von Assisi blieb innerhalb seiner Bewegung gewiß die spirituelle Mitte, die (wenn man es modern ausdrücken will) allseits anerkannte »Respektsperson«. Ihm bedeutete jedoch Innerlichkeit mehr als der Aufbau einer gutgegliederten Organisation. Zu meditieren und den Tieren zu predigen lag ihm mehr, als Autorität und Führungsinstanz in der immer größer werdenden Gemeinschaft zu sein. Bei nicht wenigen war das Feuer der ersten Begeisterung nach kurzer Zeit schon Asche geworden. Franz von Assisi sah sich daher zu den offenen Worten genötigt: »Wer die Regel nicht halten will, soll den Orden verlassen.«

In vielen Darstellungen der franziskanischen Gemeinschaft heißt es: 1221 übergab der fast erblindete[12] Franz von Assisi die Ordensleitung an Elias von Cortona.[13] Die geschichtlichen Dokumente bezeugen jedoch, daß Franz 1220 Petrus Cathanii († 1221) zu seinem Stellvertreter ernannte. Nach dessen Tod übernahm 1221 Elias von Cortona (geboren um 1180, gestorben am 22. April 1253 in Cortona) die Ordensleitung. Was sich wirklich damals zugetragen hat, ist in einer ganz anderen Version den Worten des Franz von Assisi zu entnehmen: »Wer sind die, die mir den Orden und meine Brüder aus den Händen gerissen haben?« Mußte man Franz den immer größer werdenden Orden aus der Hand nehmen, um den Orden zu retten und um ihn selbst vor einem Fiasko zu bewahren?

Am 14. September 1224 empfing Franz von Assisi in einer Vision auf dem Berg Alverna in Tuscien die Wundmale (Stigmata) Christi[14] – als erster, geschichtlich bezeugter Stigmatisierter der christlichen Glaubensgeschichte: ein lebendiges Zeichen des gekreuzigten und auferstandenen Christus. Zwei Jahre später, am 3. Oktober 1226, starb er nackt auf dem Erdboden liegend in unmittelbarer Nähe der Portiunkulakirche. Wiederum zwei Jahre später wurde der einst als Ketzer verdächtigte Franz von Assisi am 16. Juli 1228 durch Papst Gregor IX. [1227–1241] heiliggesprochen. Elias von Cortona ließ die Gebeine des Franz von Assisi in der Kirche San Francesco, der ältesten gotischen Kirche Italiens, aus Angst vor Reliquienraub heimlich beisetzen. Erst 1818 wurde das Grab des Franz von Assisi wieder entdeckt.

Das religiöse Phänomen

In einer Vision, die Franz von Assisi in dem verfallenen Kirchlein San Damiano vor jenem Kreuz hatte, das heute in Santa Chiara in Assisi hängt, hörte er die Worte: »Francesco, gehe hin, baue mein Haus auf, denn du siehst, es ist ganz verfallen.«[15] Franz von Assisi hat zunächst diesen Aufruf wörtlich genommen und mit eigenen Händen das zerfallene Kirchlein wieder aufgebaut. Dieses äußere Tun wurde zu einer weittragenden Initialzündung: Durch sein Armutsideal, durch seinen ansteckenden und mitreißenden Charme und seine entschiedene Christusnachfolge hat er die Erneuerung der Kirche in Gang gesetzt.

Eine Tatsache ist heute selbstverständlich und wird in ihrer Seltsamkeit kaum bedacht: Franz von Assisi hat über die Grenzen der christlichen Konfessionen, ja über die Grenzen der Weltreligionen hinweg eine bleibende Aktualität. Er ist geradezu eine ökumenische Galionsfigur. An ihm stört nicht das Katholische. Man übersieht es. Er ist zu einer ökumenischen Bezugsperson geworden, in der man das Konfessionell-Trennende nicht mehr wahrnimmt. Es hat sich daher geradezu angeboten, das Gebetstreffen der christlichen Konfessionen und der Weltreligionen am 27. Oktober 1986 nach Assisi zu legen. Ein Hauch aufklärerischer und nivellierender Religionsauffassung weht um seine Gestalt.

Und doch, Franz von Assisi ist mit solchen Auffassungen und Deutungen, in denen das konturiert Kirchlich-Katholische kaum noch aufscheint, radikal mißverstanden. In seiner Stigmatisation (1224) vollzog sich der gnadenhafte Durchbruch des innerlichen Durchwohntseins von Christus in seine körperliche und nachweisbare Sichtbarkeit. Erneuerung der Kirche und Stigmatisation[16] stehen scheinbar beziehungslos nebeneinander. Sie sind aber kräftige Kontur einer einzigen, christlichen Erfahrung: Christus kann – nach der Intention des Franz von Assisi – nicht ohne die Kirche gefunden und geliebt werden. Aber auch Kirche kann in ihrem letzten Geheimnis ohne die Gegenwart und Wirksamkeit Christi nicht verstanden, nicht verwirklicht werden.[17]

Im stigmatisierten Franz von Assisi ist die mystische Einigung mit dem gekreuzigten Christus aus der unsichtbaren Herzenstiefe in die greifbare Leiblichkeit durchgebrochen. Er ist zum »zweiten Christus« geworden, der, wie es der Apostel Paulus in seinen Briefen immer wieder ausspricht, auserwählt war, mitzuleiden, mitzuopfern, mitzusühnen mit Christus. Franz von Assisi ließ sich in freier Hingabe hineinnehmen in das Geheimnis des »Ergänzens, was den Leiden Christi noch fehlt« (Kol 1,24). Als stigmatisierter Mystiker war er ein Zeichen, in dem Jesus Christus sein Heils- und Erlösungswerk demonstrativ in Erinnerung brachte – eine Erinnerung, die ebenso verlockend wie gefährlich ist, denn sie möchte den Menschen in eine Zone der Krise, der Scheidung und Entscheidung führen.

Franz von Assisi hat vom höchsten Repräsentanten der damaligen Kirche, dem Papst Innozenz III., gewiß Spott und Hohn hinnehmen müssen. Diese Schmähung hat aber weder seine Treue zu Christus noch seine Treue zur Kirche belastet. Man mag Franz von Assisi einen hoffnungslosen Träumer, einen christlichen Romantiker bezeichnen, der unerschütterlich am Geheimnis Christi in der Kirche festhielt. Er litt an seiner Kirche, aber er zerbrach nicht an der unglaubwürdig gewordenen Kirche. Er distanzierte sich nicht von dieser erbärmlichen Kirche. Als »Ver-Rückter« blieb er in dieser Kirche und erneuerte sie mit den einfachsten Mitteln, nämlich mit dem Ernstnehmen des Gotteswortes. Sein Glaube war nicht angekränkelt von Melancholie und Resignation. Die Kirche braucht immer wieder solche »Ver-Rückte«, die an einem winzig kleinen Punkt mit der Reform beginnen, denn Gott hat seine Geheimnisse und Ratschlüsse »den Weisen und Klugen verborgen, den Unmündigen aber geoffenbart« (Mt 11,25).

Franz von Assisi gehört zu jenen charismatischen »Ver-Rückten«, die die Kirche als Gemeinschaft der Glaubenden in jene Position zurechtrücken, die ihr der arme Jesus von Nazareth für alle Epochen der Geschichte gegeben hat.

Aus dem unbequemen Rebellen, hinter dem man einen ketzerischen Katharer oder Waldenser witterte, ist Franz von Assisi als stigmatisierter Mystiker – weit über seine Zeit und auch über die Grenzen der Konfessionen hinaus – zum Erinnerungszeichen des gekreuzigten Christus geworden.

Dokument

Zwei Jahre bevor Franziskus seine Seele dem Himmel zurückgab, weilte er in der Einsiedelei Alverna. Nach seiner Gewohnheit begann er hier eine vierzigtägige Fastenzeit.

Als er nun eines Morgens um das Fest der Kreuzerhöhung am Bergeshang betete, da sah er in einem Gesicht einen Mann über sich schweben, einem Seraph ähnlich, der sechs Flügel hatte und mit ausgespannten Händen und aneinandergelegten Füßen ans Kreuz geheftet war. Zwei Flügel erhoben sich über seinem Haupt, zwei waren zum Flug ausgestreckt und zwei endlich verhüllten den ganzen Körper.

Als Franziskus dies schaute, wurde er von Staunen erfüllt, große Wonne durchdrang ihn, und noch tiefere Freude erfaßte ihn über den gütigen und gnadenvollen Blick, mit dem er sich von dem Seraph betrachtet sah, dessen Schönheit unbeschreiblich war. Doch das Hängen am Kreuz und die Bitterkeit seines Leidens erfüllten Franziskus mit Entsetzen. Und so erhob er sich, sozusagen traurig und freudig zugleich, und Wonne und Betrübnis wechselten in ihm miteinander. Während sich Franziskus verstandesmäßig über dieses Gottesgesicht nicht klar werden konnte, und das Neuartige an ihm stark sein Herz beschäftigte, begannen an seinen Händen und Füßen die Male der Nägel sichtbar zu werden in derselben Weise, wie er es kurz zuvor an dem gekreuzigten Mann über sich gesehen hatte. Ferner war die rechte Seite wie mit einer Lanze durchbohrt und zeigte eine vernarbte Wunde, aus der häufig Blut floß.

Thomas von Celano († um 1260), seit 1215 einer der engsten Vertrauten und Gefährten des Franz von Assisi, hat in seiner Vita Sancti Francisci (2. Buch, III, 94–95) Entstehung und Aussehen der Wundmale (Stigmata) beschrieben, die Franziskus am 4. September 1224, »zwei Jahre, bevor Franziskus seine Seele dem Himmel zurückgab«, auf dem Berg Alverna/Tuscien empfangen hat. Dieser Bericht ist deshalb so wertvoll, weil Thomas von Celano mit eigenen Augen diese Wundmale gesehen hatte. Seine Vita hat er 1228/29 im Auftrag des Papstes Gregor IX. [1227–1241] verfaßt. Die deutsche Übersetzung des lateinischen Originals ist entnommen: Der Mann aus Assisi. Franziskus und seine Welt. Text: W. Nigg. Bilder: T. Schneider, Freiburg-Basel-Wien 1976, 117.

Mechthild von Magdeburg
(1208–1282)

Im 13. Jahrhundert gab es eine Explosion der Frauenmystik (hingewiesen sei allein auf das Zisterzienserinnenkloster Helfta): Mechthild von Magdeburg (1208–1282), Gertrud von Hackeborn (1232–1302), Mechthild von Hackeborn (1241–1299) und Gertrud von Helfta, die Große (1256–1302). Mit guten Gründen hat man den damaligen Aufbruch der Frauenmystik im Zusammenhang mit Tendenzen der damaligen »Vermännlichung« in Kirche und Theologie gesehen.

Lebensabriß

Nur wenige Daten sind aus dem Leben der Mystikerin Mechthild von Magdeburg überliefert. Geboren wurde sie um 1208 im Erzbistum Magdeburg, und zwar, wie aus der Biographie ihres Bruders Balduin erschlossen werden kann, der Subprior eines Dominikanerklosters war, in einem begüterten, wohl adeligen Haus. Sie selbst bezeichnete sich zwar als »ungelehrt«, was in der damaligen Zeit nur bedeutete, daß sie selbst weder der lateinischen Sprache mächtig war noch Theologie studiert hatte. Man kann dieses doppelte »Defizit« durchaus als Glücksfall bezeichnen, denn einerseits sprach und schrieb Mechthild, wie ihr der Schnabel gewachsen war und deshalb ohne theologische Begrifflichkeit, andererseits war sie genötigt, ihre mystischen Erfahrungen nicht in lateinischer (wie etwa Mechthild von Hackeborn bei der Niederschrift ihrer Eingebungen im »Liber specialis gratiae«), sondern in deutscher, genauer gesagt, in niederdeutscher Sprache abzufassen.

Mit etwa 20 Jahren verließ sie ihr Elternhaus und fand Aufnahme bei den Beginen in Magdeburg; es handelte sich um eine Frauengemeinschaft, die keinem Orden unterstellt war. Auf Drängen ihres Beichtvaters, des Dominikaners Heinrich von Halle, der Lektor im Dominikanerkloster von Magdeburg war, begann Mechthild mit etwa 40 Jahren ihre mystischen Erfahrungen und Erlebnisse aufzuzeichnen. Heinrich von Halle hat diese Nieder-

schriften während der nächsten zwanzig Jahre gesammelt, in sechs
Bücher eingeteilt und mit dem Titel »Das fließende Licht der
Gottheit«[1] versehen. Um 1270 fand die etwa 60jährige Mechthild
Aufnahme im Zisterzienserinnenkloster Helfta. In der Klosterstille
hat sie als Seniorin noch ein siebentes Buch ihrem großen mystischen Werk hinzugefügt. Hinter den Mauern des Zisterzienserinnenklosters Helfta legte sich über die als »Ketzerin« verdächtigte
Mechthild der schützende Mantel der Kirchlichkeit und der Rechtgläubigkeit. Während ihre erblindenden Augen die irdische Wirklichkeit nicht mehr wahrnehmen konnten, schritt sie um 1282 in
jene Welt endgültig hinüber, der sie hier auf Erden so oft schon
begegnen durfte.

Niederschrift ihrer Visionen

Im Alter von zwölf Jahren wurde Mechthild, wie sie selbst es
formulierte, erstmals, damals noch in ihrem Elternhaus wohnend,
»vom Heiligen Geist gegrüßt«. Erst 28 Jahre später begann sie, auf
Drängen ihres Beichtvaters, dem sie von ihren Erlebnissen mitgeteilt hatte, ihre mystischen Erfahrungen schriftlich niederzulegen.
Zu Beginn des ersten Buches des Gesamtwerkes »Das fließende
Licht der Gottheit« erzählt sie von diesem ersten Gruß des Heiligen
Geistes, der sie mit zwölf Jahren für immer unvergeßlich getroffen
hatte.

Angesichts der großen Zeitdifferenz zwischen dem mystischen
Ersterlebnis und dessen Niederschrift darf durchaus mit Recht
gefragt werden, ob durch das lange, zeitliche Intermezzo das kleine
Anfangserlebnis der Zwölfjährigen nachträglich hochstilisiert und
die Erinnerung in der verklärenden Retrospektive der fast vierzigjährigen Begine »geformt« wurde. Für die spätere Niederschrift
lagen keine schriftlichen Notizen vor, so daß das tatsächlich Erlebte
und Geschaute ebenso in der Erinnerung wie vor allem in der
sprachlichen Wiedergabe ohne Zweifel einen »Durchlaufprozeß«
gemacht hat.

Keineswegs soll unterstellt werden, daß Mechthild von Magdeburg, wahrhaftig eine anima candida, aus ihren Visionen nachträglich »etwas machen« wollte. Sicherlich hat ihr Beichtvater, der

Dominikaner Heinrich von Halle, bei der Retrospektive und der Niederschrift der vergangenen Visionen als behutsamer Moderator mitgewirkt. Sowohl in der geschichtlichen Reihenfolge wie bei der Formulierung der schwer faßbaren und formulierbaren mystischen Erlebnisse dürfte er sprachliche Hilfestellung geboten haben. Trotz dieser »Hilfen« von außen spürt aber jeder Leser, daß der Originalton Mechthilds ungebrochen vorliegt.

Dieses Buch ist sicherlich rein äußerlich durch das Drängen des Beichtvaters entstanden, letztlich war es aber doch »das fließende Licht der Gottheit« selbst, das sie zur Aufzeichnung der Visionen nötigte. »Liebe Leute, was kann ich dafür, daß mir dies geschieht und oft geschehen ist?«[2] Mechthild steht unter einem inneren Druck. Sie weiß zu genau, daß sie sich selbst und ihre mystischen Geheimnisse entblößt und dadurch vielfachen Mißverständnissen aussetzt. »Ich wurde vor diesem Buch gewarnt.«[3] Sie selbst hatte Angst vor der Veröffentlichung und schrieb von ihrem Werk: »Wer es verstehen will, der muß es neunmal lesen.«[4]

Mechthild möchte ihr mystisches Geheimnis für sich bewahren, denn nur den Kleinen und Unmündigen erschließt Gott seine letzte Tiefe. Das Laute und Marktschreierische ist von Übel. Bei jedem Reklamerummel besteht die Gefahr der falschen Heiligkeit, der mystischen Heuchelei, der alles zerstörenden Lüge. »Bist du laut, so ist sehr zu befürchten, daß dich der Teufel gesalbt hat.«[5]

Der Literaturgattung[6] nach ist das Werk der im 13. Jahrhundert beliebten Mischform der Offenbarungsschriften (Revelationes) mit biographischen Elementen (vita) zuzuordnen, die im volkssprachlichen Schrifttum mit zunehmender Häufigkeit anzutreffen ist. Die biographischen Hinweise liegen gewiß nur wie in Nebensätzen vor. Sie lassen aber doch den geschichtlichen Raster aufscheinen, in den die Visionen in ihrer zeitlichen Reihenfolge eingeordnet werden können.

»Zunichte und versunken in der wunderbaren Dreifaltigkeit«

Die Erforschung der mittelalterlichen Frauenmystik hat erkennen lassen, daß Frauengemeinschaften ohne Bindung an einen Orden (sogenannte Beginen) häufig Beichtväter aus der Ordensgemeinschaft der Dominikaner wählten. Auch die Beginen in Magdeburg hatten einen Dominikaner als Beichtvater. Damit sollte ein Zweifaches erreicht werden: Einerseits sollte die Verdächtigung der religiösen Bindungslosigkeit und Ketzerei abgewehrt werden, anderseits war damit auch die Absicht verbunden, durch eine klare geistliche Seelenführung die treue Verbundenheit mit der hierarchischen Kirche zu bezeugen und gewiß auch in der Meditation und Spiritualität gefördert zu werden. Die breite Bewegung der Beginen wurde dadurch kirchlich eingebunden und sanktioniert.

Das religiöse Flair der Mechthild-Mystik weist unverkennbar eine dialektische Spannung zwischen Typischem und Atypischem auf. Als typisch gemäß der deutschen Geistesart kann »das Fließende«, das Bewegt-Dynamische bezeichnet werden, wenn sie schreibt: »(Ich) sehe und koste, wie die Gottheit fließt«.[7] Gott wird nicht statisch, nicht als objektiv-ruhendes Sein, nicht als höchstes Gut (summum bonum) erfahren und dargestellt. Mechthild von Magdeburg weiß sich vielmehr einbezogen in einen strömenden, von starken Emotionen getragenen Prozeß der Begegnung und der Einswerdung mit Gott.

»Mich freut, daß ich lieben muß den, der mich liebt! Ich sehne mich, tödlich zu lieben, ohne Unterlaß, maßlos.«[8] An einer anderen Stelle schreibt sie, Gott sehnt sich nicht nur danach, daß die Menschen ihn lieben. Mehr noch, Gott ist »liebeskrank« nach den Menschen. Muß man die Sensibilität einer Frau besitzen, um solches erleben und aufzeichnen zu können? Gibt es eine frauenspezifische Form der Mystik? Bei der mystischen Begegnung und Einswerdung mit Gott ist ihre Persönlichkeit so hingegeben, daß sie geradezu aufgegeben, »zunichte« ist.

Während in der gotischen Kunst und Gebetsliteratur ihrer Epoche eine ausgeprägte Christozentrik vorhanden ist, erweist sich die Dreifaltigkeitsmystik Mechthilds als durchaus atypisches Element, wobei aber auch eine starke Christusfrömmigkeit durchbricht. Im Stil des alttestamentlichen Hohenliedes preist sich Mechthild von Magdeburg als »Tochter des Vaters, Schwester des Sohnes, Freundin des Heiligen Geistes und wahrhaft Braut der Dreifaltigkeit«.[9] Mit umwerfender Sicherheit schreibt sie, keinem Engel sei je zuteil geworden, was ihr gnadenhaft geschenkt wurde. »Jesus Christus, den ungeteilten Gott mit dem Vater, hoch über den

Seraphim, nehme ich in meine Arme, wie gering ich auch bin...
und tue mit ihm, was ich will.«[10] Mechthild spricht vom »heiligen
Spiel« mit Christus und ergänzt: »Wenn das Spiel am allerschönsten ist, muß man es verlassen.«[11] Es fällt sicherlich manchem
modernen Leser solcher Texte nicht leicht, Anklänge an sublimierte, frauliche Erotik gänzlich zu unterdrücken. Hier äußert sich
eine geistig-geistliche »Sinnlichkeit«, die mit allen körperlichen,
geistigen und geistlichen Sinnen Gott verkostet, berührt und in
einem unbeschreiblichen Um- und Einschmelzungsprozeß »erfahren« wird.

Wer wie Mechthild von Magdeburg durch seine mystischen
Erfahrungen so aus der Welt heraus-gerückt wurde, geriet immer
wieder in Grenzsituationen, die strapaziöse Belastungen und Zerrüttungen des Leibes wie der Seele auslösten: »... mein Fleisch
verfällt mir, mein Blut vertrocknet, mein Gebein erfriert.«[12] So
manche ihrer »lieben« Mitschwestern begegneten ihr mit kaum
zurückgehaltener Skepsis: »... verraten in Mißgunst, heimgesucht in Falschheit, gefangen in Haß.«[13]

Wer Nähe und »Süßigkeit« Gottes so einzigartig erleben durfte,
konnte sich nur schwer in der Wirklichkeit eines klösterlichen
Konvents wie der konkreten Kirche zurechtfinden. Sicherlich hat
Mechthild von Magdeburg während ihres Lebens nur eine äußerst
geringe Ausstrahlung gehabt. Was sie tatsächlich der christlichen
Glaubensgemeinschaft gewesen ist, wird jenen unverständlich
bleiben, die nur äußerlich meßbare und vorzeigbare »Erfolge«
werten.[14] Viele Menschen, darunter gewiß nicht wenige Christen,
haben ihre liebe Not, solche mystischen Erlebnisse einer mittelalterlichen Nonne ernstzunehmen. Von der modernen Mutation des
Bewußtseins und dem Verblassen der göttlichen Wirklichkeit ist
zwangsläufig auch das Verständnis mystischer Erfahrungen betroffen. Sie werden allzu häufig nicht mehr mit dem jenseitigen Gott in
Beziehung gebracht, sondern als innerweltlich-psychologische
Bewußtseinszustände gedeutet und interpretiert. In einem solchen
Deutungshorizont werden Mystiker in die Wartezimmer der
Psychiater verwiesen. Sie würden dort aber niemals »geheilt«, weil
die göttliche Wirklichkeit und die von ihr gnadenhaft geschenkte
Einswerdung sich allen psychologischen Behandlungsmethoden
grundsätzlich entzieht.[15]

MECHTHILD VON MAGDEBURG

Dokument

Ich ward vor diesem Buche gewarnet,
Und ward von Menschen mir also gesaget:
Wollte man es nit bewahren,
Da möchte ein Brand darüberfahren.
Da tat ich, wie ich von Kinde an getan:
Wenn ich betrübt war, so fing ich zu beten an.
Da neigte ich mich zu meinem Lieb
Und sprach: Eia, Herre, nu bin ich betrübt,
Um deiner Ehre willen soll ich nu ungetröstet von dir bleiben.

Du hast mich verleitet,
Denn du hießest mich selbst, es zu schreiben.
Da offenbarte sich Gott alsbald meiner traurigen Seele
Und hielt dies Buch in seiner rechten Hand
Und sprach: »Meine Liebe, betrübe dich nicht zu sehr;
Die Wahrheit kann niemand verbrennen.
Der es mir aus meiner Hand nähme,
Der soll stärker sein denn ich.
Das Buch ist dreifaltig.
Und bezeichnet alleine mich.

Mechthild von Magdeburg hat in einer knappen Einführung festgehalten, wie es zur Aufzeichnung ihres Buches »Das fließende Licht der Gottheit« gekommen ist. Dieses Werk war ursprünglich in Niederdeutsch geschrieben. 1334 wurde es von Heinrich von Nördlingen in Basel ins Oberdeutsche übertragen. Die an den ursprünglichen Text erinnernde Übersetzung ist entnommen: G. Morell (Hg.), Offenbarungen der Schwester Mechthild von Magdeburg, Regensburg 1968 (II, 26).

Meister Eckhart
(um 1260–1328)

Zu den wenigen Christen, die ebenso Ketzer wie Mystiker schon während ihres Lebens genannt worden sind, gehört der Dominikanertheologe Meister Eckhart (1260–1328). Gegenüber dem intellektuellen, aristotelisch orientierten Pol des Dominikanerordens, wie er sich in Albertus Magnus (1206–1280) und Thomas von Aquin (1225–1274) repräsentiert, stellt er den kontemplativen, neuplatonisch ausgerichteten Gegenpol dar und läßt die erstaunliche theologische Pluralität innerhalb des mittelalterlichen Ordens und Geisteslebens erkennen.

Das religiöse Problem, das ihn auf mystische Höhen wie zur ketzerischen Verdächtigung und Verurteilung führte, war ein zweifaches: Einerseits seine Berühmtheit als Prediger und Theologe, die die invidia clericalis, den Neid der geistlichen Mitbrüder und Vorgesetzten erregte, andererseits ein Sprachproblem, nämlich mystische Erfahrungen vor dem einfachen Christenvolk wie in klösterlichen Frauengemeinschaften (in Thüringen, im Rheinland, in Westfalen, in den Niederlanden wie auch in Süddeutschland) in deutscher Sprache schlicht und leicht verständlich »einzukörpern«. Ohne Zweifel war sich Meister Eckhart des Neuartigen und Schwierigen durchaus bewußt, wie er im Prolog zu seinem Gesamtwerk offen eingesteht.

Nach Meister Eckhart kann Gottes Wahrheit wie auch die mystische Rede ohne ein geläutertes, gottliebendes Herz nicht verstanden werden: »Wer diese Rede nicht versteht, der bekümmere sein Herz nicht damit. Denn solange der Mensch dieser Wahrheit nicht gleicht, solange wird er diese Wahrheit nicht verstehen. Denn es ist eine unverhüllte Wahrheit, die da gekommen ist aus dem Herzen Gottes unmittelbar.«[1]

Wer aus seelsorglich-pastoraler Verantwortung eine solche linguistische Gratwanderung als theologischer Pionier wagt, setzt sich vielen Mißverständnissen aus. Eckhart wurde vor die Inquisition in Köln (durch Erzbischof Heinrich II. von Virneburg) und schließlich in Avignon, dem damaligen Sitz der Päpste, geladen; 28 aus dem Kontext gerissene Sätze wurden als häretisch bzw. als übelklingend verworfen. In unserem 20. Jahrhundert war es eine tragische Ironie, daß ein Satz (aus Predigt 26 über Mt 10,28) Eckharts: »Das Edelste, das im Menschen ist, das ist Blut«, genügte, um ihn durch Alfred Rosenberg (in seinem Werk »Der Mythos des 20. Jahrhunderts«) als Bannerträger des nationalsozialistischen Mythos von Blut und Boden und als Ausdruck des Bewußtseins der nordischgermanischen Seele zu vereinnahmen.[2] Selbst der Marxismus erkühnte sich, Meister Eckhart als Kirchenvater und Parteigänger in Beschlag zu nehmen.

Lebensabriß

Thüringer sind beide – Meister Eckhart und der etwa 200 Jahre später geborene Martin Luther. Für Martin Luther ist jedoch klärend zu vermerken, daß er zwar im sächsischen Eisleben geboren wurde und auch sächsisch sprach, aber seine Eltern waren beiderseits Thüringer und sind erst im Geburtsjahr ihres zweiten Sohnes Martin (1483) nach Eisleben gezogen. Für beide, Eckhart wie Luther, ist Erfurt eine Stätte der wichtigsten und weittragendsten Lebensentscheidung gewesen. In Erfurt trat der aus adeligem Geschlecht um 1260 zu Hohenheim bei Gotha geborene Eckhart in den Dominikanerorden, ebenfalls in Erfurt trat Martin Luther am 17. Juli 1505 in den Orden der Augustiner-Eremiten ein. Eckhart wurde 1290 Prior des Dominikanerklosters in Erfurt und Vikar von Thüringen; Martin Luther wurde zusätzlich zu seiner Vorlesungstätigkeit an der Universität in Wittenberg und zu seinem Amt als Subprior des Wittenberger Augustinerklosters durch Beschluß des Kongregationskapitels vom 29. April 1515 zum Distriktsvikar von Meißen und Thüringen (1515/18) bestellt.

Es wäre durchaus verlockend, den Ähnlichkeiten wie den Unterschieden der beiden Landsleute aus Thüringen, Meister Eckhart und Martin Luther, nachzugehen. Die große und schwierige Herausforderung für Eckhart war das reichspolitisch wie glaubensgeschichtlich äußerst brisante Umfeld seines Lebens und Wirkens. Erfurt, Köln, Paris, Straßburg, Avignon stellen nur die wichtigsten Etappen mit unterschiedlichen Einsätzen dar – als Magister der Theologie in Paris (1302/03 und 1311/13) und in Köln (1323), als erster Provinzial in Erfurt (1303/11) über die Provinz Saxonia (des ganzen Gebietes zwischen den Niederlanden und der Ostgrenze des Deutschen Reiches), als Prediger in Straßburg, als Seelsorger vieler süddeutscher Schwesternkonvente (1313/22) und schließlich als der Ketzerei Angeklagter in Avignon (1327/28).

Es gab an den damaligen Lehrstühlen der Theologie heftigste Auseinandersetzungen zwischen den Dominikanern, die den aristotelisch orientierten Thomismus verfochten, und den Franziskanern, die Anhänger des traditionellen Augustinismus waren. Dazu gab es, vor allem in klösterlichen Konventen, den von vielen bevorzugten, alternativen Weg der Mystik. Die reichspolitische Atmosphäre Gesamteuropas war damals vergiftet durch die vielfach abgelehnte Übersiedlung der Päpste von Rom nach Avignon (sogenannte »Babylonische Gefangenschaft der Kirche« 1309/ 1377), so daß von vielen Herrschern und auch von einfachen Christen die Päpste nur noch als Werkzeuge der französischen Politik angesehen wurden. Dieser Vertrauensschwund fand seinen sichtbaren Ausdruck in der Ernennung von Gegenpäpsten und von Gegenkönigen.

In diese Wirren ist Meister Eckhart hineingeraten. Als nämlich 1326 der Kölner Erzbischof Heinrich II. von Virneburg ihn der Ketzerei beschuldigte (wobei an diesem Kesseltreiben gegen Eckhart neben Mitgliedern aus dem Franziskanerorden auch zwei Denunzianten aus dem eigenen Orden kräftig mitwirkten) und der Prozeß vor der Inquisition in Köln immer wieder verschoben und verzögert wurde, appellierte Meister Eckhart an den damaligen, in Avignon residierenden Papst Johannes XXII. [1316–1334]. Trotz der allgemeinen Hemmschwelle in deutschen Landen gegen diesen Avignon-Papst, gegen den vor allem Kaiser Ludwig IV., der Bayer, unterstützt von nicht wenigen Franziskanern (siehe dazu das nächste Kapitel über William Ockham), opponierte, bekundete Eckhart gerade mit seiner Appellation seine Treue zum rechtmäßigen Petrusnachfolger.

Vor seiner Reise nach Avignon hatte Meister Eckhart noch in Köln in einer Erklärung in lateinischer und deutscher Sprache vor dem Kirchenvolk am 13. Februar 1327 ausdrücklich beteuert: ». . . Sollte ich öffentlich oder privat, irgendwo und irgendwann, mittelbar oder unmittelbar in minder richtiger und verkehrter

Meinung etwas Falsches in der Glaubens- und Sittenlehre geschrieben, gesprochen oder gepredigt haben, so widerrufe ich dies ausdrücklich und öffentlich vor allen und jedem einzelnen. Derartiges wünsche ich als nicht gesprochen und geschrieben zu betrachten.«[3] Daß man ihn überhaupt der Ketzerei verdächtigte und daß es ihm weder in Köln noch in Avignon gelang, diese Anschuldigungen auszuräumen, hat ihm das Herz gebrochen. Noch in Avignon oder schon auf der Heimreise ist er – wohl vor dem April 1328 – gestorben.

Meister Eckhart. Zeitgenössischer Holzschnitt

Papst Johannes XXII. hat am 27. März 1329 in der Verwerfungsbulle »In agro dominico«[4] 28 Sätze Eckharts (17 als häretisch, 11 als häresieverdächtig) verurteilt. Über einen treuen Sohn der Kirche wurde ein Urteil mit langfristiger Wirkung gefällt, denn seither steht der Mystiker Eckhart in der Dunkelwolke der Ketzerei, und seither wurde sein Schrifttum nicht in mustergültigen Editionen, sondern als verstreutes, schwer zu sichtendes Dokumentenmaterial der Nachwelt überliefert.

Werk und Theologie in Fragmenten

Wer wie Meister Eckhart neben seiner Tätigkeit als wissenschaftlicher Theologe mit einem Übermaß an seelsorglichen, nicht zuletzt an organisatorischen Aufgaben in weit verstreuten Städten und Landschaften belastet war, hatte keineswegs die wünschenswerte Muße, seine Gedanken in einem notwendigen Prozeß reifen zu lassen und sie schließlich in einem umfassenden und ausgewogenen Opus aufzuzeichnen und der Nachwelt zu überliefern. Sein lateinisches Hauptwerk, das sogenannte Opus tripartitum, ist lediglich ein gigantischer Entwurf, von dessen drei Teilen nur der letzte und dritte Abschnitt einige Konturen erhalten hat. Das geplante Opus tripartitum sollte ein Opus propositionum (Werk der Lehrsätze), ein Opus quaestionum (Werk der Probleme und Anfragen) und ein Opus expositionum (Werk der Auslegungen) umfassen.

Von den deutschen Schriften sind nur echt die »Reden der Unterweisung«, die Eckhart als Prior von Erfurt seinen Mitbrüdern anläßlich der abendlichen Tagesbesinnung gehalten hat, und das »Buch der göttlichen Tröstung« (und die damit zusammenhängende Predigt »Von dem edeln Menschen«), das er um 1313 für die Königin Agnes von Ungarn (1281–1364) geschrieben hat. Dem deutschen Schrifttum Eckharts sind zuzuordnen die Predigten, die Eckhart meist nur als knappe Predigtvorlage skizziert hatte und die erst später von anderen schriftlich aufgezeichnet wurden. Eckhart muß ein Prediger gewesen sein, der sich während seiner Predigt von seinen religiösen Impulsen tragen ließ, gerade dadurch seine Zuhörer ungeheuer faszinierte und bei der Darlegung seiner spontanen Erlebnisse nicht selten bis an die Grenze der menschlichen Ausformulierung göttlicher Geheimnisse ging.[5] Selbst wenn die Echtheit einer von anderen nachträglich aus dem Gedächtnis aufgezeichneten Eckhart-Predigt nachgewiesen ist, »so kann man noch lange nicht den Wortlaut für den Meister in Anspruch nehmen, weil der Nachschreibende manches verhört oder mißverstanden haben kann. Und so nimmt uns nicht wunder, daß Eckhart sich während des Prozesses über die Mangelhaftigkeit mancher Niederschriften bitter beschwert hat.«[6] Eine Auffindung und Bestandsaufnahme aller seiner Werke scheint wegen der fragmentarischen Überlieferung der Dokumente des von der Kirche mit dem Brandmal eines Ketzers versehenen Mystikers kaum möglich. Vieles bleibt verschollen. Bei wiederentdeckten Handschriften ist stets der Prozeß der historischen Echtheit durchzuführen. In der fast vier Jahrhunderte umspannenden Epoche zwischen Nikolaus von Cues (1401–1464), der die Schriften Eckharts sammelte und eifrig las, und dem deutschen Philosophen Franz von Baader (1765–1841), der den Mystiker des Hochmittelalters neu entdeckte, ist Meister Eckhart vergessen und verschwiegen worden.

Von der Mitte des 19. Jahrhunderts an ist Meister Eckhart und sein Werk zu einem interessanten Thema geworden. Je nach Standort wurde er von Pantheisten ebenso vereinnahmt wie von Nationalsozialisten und Marxisten, ohne daß geklärt wurde, ob die Texte, auf die man sich berief, echt oder unecht sind. Die Mißverständnisse, denen Persönlichkeit und Werk Eckharts ausgesetzt sind, beruhen nur zum allergeringsten Teil in der tatsächlich schwierigen Überlieferungs- und Echtheitsfrage. Es ist zutiefst das Thema selbst, von dem Eckhart betroffen war und das die ganze Not der menschlichen Sprache aufdeckt: Gott und die Seele (die Wiedergeburt Gottes in der Seele).[7] Man hat gemeint, Meister Eckhart verkünde mit der Gottunmittelbarkeit der Seele einen kapellenlosen und dogmenfreien Glauben. Ganz anders als Aurelius Augustinus (354–430) stand und litt Eckhart unter der Thematik: Deus et anima. Vor allem in seinen Predigten, die vorher keineswegs theologisch und sprachlich restlos ausgefeilt waren, ließ sich Meister Eckhart vom mystischen Erlebnis treiben und zu Formulierungen »in großartiger Einseitigkeit«[8] hinreißen. Angeführt sei ein Ausschnitt aus der viel zitierten und noch häufiger fehlinterpretierten Predigt 32: »... In meiner Geburt wurden alle Dinge geboren, und ich war Ursache meiner selbst und aller Dinge. Und hätte ich gewollt, so wäre weder ich noch wären alle Dinge; wäre aber ich nicht, so wäre auch Gott nicht; daß Gott Gott ist, dafür bin ich die Ursache. Wäre ich nicht, wäre Gott nicht Gott. Dies zu wissen, ist nicht nötig.«[9] Wer sich wie Meister Eckhart in theologischen Grenzsituationen bewegt und seine mystischen Erfahrungen in menschlich-unzulänglichen Worten wiedergibt, hat als Extremist des Glaubens keinen leichten Stand in einer organisatorisch und theologisch klar verfaßten und überschaubaren Kirche. Neben der bereits erwähnten »großartigen Einseitigkeit« ist es »die geniale Naivität, mit der er letztlich Unsagbares aus innerer Erfahrung ausspricht.«[10] Theologen aller Jahrhunderte, die ein begriffliches Konzept und eine klare Systematik bevorzugen, haben sich mit seinen Thesen und Formulierungen schwergetan. Eckhart ist ihnen in seinen Aussagen zu verschwommen, zu unklar, absurd und fantastisch, wie es William Ockham[11] ausgesprochen hat, der als Franziskaner zur gleichen Zeit wie Eckhart sich in Avignon vor dem Inquisitionstribunal zu verantworten hatte.

Man muß wohl selbst ein Mystiker sein oder wenigstens eine Aufgeschlossenheit und Sensibilität für alternativ-mystische Wege der Gottbegegnung als Naturanlage besitzen, um unter den vielen Grenzgängern des Glaubens auch Meister Eckhart »verstehen« zu können. Der Dominikaner-Mystiker und geistige Schüler Eckharts, Johannes Tauler (1300–1361), hat in einer seiner Predigten den Weg des Verständnisses wie auch die Irrwege der Mißverständnisse bei der Eckhart-Lektüre überaus klar ausgesprochen: »Er sprach aus der Ewigkeit und ihr vernahmt es nach der Zeit.«[12]

Dokument

Die Seligkeit tat ihren Mund der Weisheit auf und sprach: »Selig, die arm sind vor Gott, denn ihnen gehört das Himmelreich« (Mt 5,3).

Alle Engel und alle Heiligen und alles, was je geboren ward, das muß schweigen, wenn diese ewige Weisheit des Vaters spricht; denn alle Weisheit der Engel und aller Kreaturen, das ist ein reines Nichts vor der grundlosen Weisheit Gottes. Diese Weisheit hat gesprochen, daß die Armen selig sein.

Nun gibt es zweierlei Armut. Die eine ist eine äußere Armut, und die ist gut und sehr zu loben an dem Menschen, der sie mit Willen auf sich nimmt

Meister Eckhart

aus Liebe zu unserm Herrn Jesus Christus, weil der sie selbst auf Erden gehabt hat. Von dieser Armut will ich nicht weiter sprechen. Indessen, es gibt noch eine andere Armut, eine innere Armut, die unter jenem Wort unseres Herrn zu verstehen ist, wenn er sagt: »Selig, die arm sind vor Gott.«

... ich sage euch bei der ewigen Wahrheit: Solange ihr den Willen habt, den Willen Gottes zu erfüllen, und Verlangen habt nach der Ewigkeit und nach Gott, solange seid ihr nicht richtig arm. Denn nur das ist ein armer Mensch, der nichts will und nichts begehrt...

Als ich aus freiem Willensentschluß ausging und mein geschaffenes Sein empfing, da hatte ich einen Gott; denn ehe die Kreaturen waren, war Gott (noch) nicht »Gott«: er war vielmehr, was er war. Als die Kreaturen wurden und sie ihr geschaffenes Sein empfingen, da war Gott nicht in sich selber Gott, sondern in den Kreaturen war er Gott...

Ich habe vorhin gesagt, das sei ein armer Mensch, der nicht (einmal) den Willen Gottes erfüllen will, der vielmehr so lebe, daß er seines eigenen Willens und des Willens Gottes so ledig sei, wie er's war, als er (noch) nicht war. Von dieser Armut sagen wir, daß sie die höchste Armut ist. – Zum zweiten haben wir gesagt, das sei ein armer Mensch, der (selbst) vom Wirken Gottes in sich nichts weiß. Wenn einer des Wissens und Erkennens so ledig steht, so ist das die reinste Armut. – Die dritte Armut aber, von der ich nun reden will, die ist die äußerste: es ist die, daß der Mensch nichts hat.

Nun gebt hier genau acht! Ich habe es (schon) oft gesagt, und große Meister sagen es auch: der Mensch solle aller Dinge und aller Werke, innerer wie äußerer, so ledig sein, daß er eine eigene Stätte Gottes sein könne, darin Gott wirken könne...

Nach der Weise meiner Ungeborenheit bin ich ewig gewesen und bin ich jetzt und werde ich ewiglich bleiben. Was ich meiner Geborenheit nach bin, das wird sterben und zunichte werden, denn es ist sterblich; darum muß es mit der Zeit verderben. In meiner (ewigen) Geburt wurden alle Dinge geboren, und ich war Ursache meiner selbst und aller Dinge; und hätte ich gewollt, so wäre weder ich noch wären alle Dinge; wäre aber ich nicht, so wäre auch »Gott« nicht: daß Gott »Gott« ist, dafür bin ich die Ursache; wäre ich nicht, so wäre Gott nicht »Gott«. Dies zu wissen ist nicht nötig...

Allhier findet Gott keine Stätte (mehr) in dem Menschen, denn der Mensch erringt mit dieser Armut, was er ewig gewesen ist und immerfort bleiben wird. Allhier ist Gott eins mit dem Geiste, und das ist die eigentlichste Armut, die man finden kann.

Wer diese Rede nicht versteht, der bekümmere sein Herz nicht damit. Denn solange der Mensch dieser Wahrheit nicht gleicht, solange wird er diese Rede nicht verstehen. Denn es ist eine unverhüllte Wahrheit, die da gekommen ist aus dem Herzen Gottes unmittelbar. Daß wir so leben mögen, daß wir es ewig erfahren, dazu helfe uns Gott. Amen.

Die Echtheit dieser in deutscher Sprache gehaltenen Predigt über die Seligpreisung der Bergpredigt: »Selig, die arm sind vor Gott, denn ihnen gehört das Himmelreich« (Mt 5,3), gilt in der heutigen Forschung als gesichert. Sie wird als Predigt Nr. 32 in den Textausgaben aufgeführt. In ihr zeigt Meister Eckhart auf, daß in Gottes Denken alles später Geschaffene bereits als Entwurf vorhanden war. Diesen ewigen Entwurf auch des Menschen bezeichnet Eckhart als »Ungeborenheit«, der er die geschaffene, irdische Existenz des Menschen (wie des ganzen Kosmos) als »Geborenheit« entgegenstellt. Erst durch die Erschaffung ist Gott für den denkenden und betenden Menschen zum »Schöpfer und Herrn der Welt« geworden. Gott wird erfahren als Beziehungswirklichkeit unter dem Gesichtspunkt: Schöpfung – Schöpfer.

Typisch für die Denk- und Sprechweise Eckharts ist diese Predigt; sie erschließt ebenso die Dialektik wie die Kühnheit seiner Aussagen. Sicherlich spürten die Zuhörer: Dieser Prediger hat etwas zu sagen, und was er sagt, kommt aus einer tiefen und langen Betrachtung. Die Predigten waren für die Zuhörer Zumutung und Ermutigung zugleich. Angesichts dieses Textes, der nur einen Ausschnitt bietet, wird verständlich, daß man Meister Eckhart, den kirchen- und ordenstreuen Mystiker, dadurch in den Verdacht eines Ketzers bringen konnte, wenn man einen einzelnen Satz aus dem Kontext einer Predigt oder eines theologischen Traktats herausgerissen hat.

Der Text ist zitiert aus: Meister Eckehart, Deutsche Predigten und Traktate. Herausgegeben und übersetzt von Josef Quint, München 1979, 303–309.

William Ockham
(um 1285–1349)

Im Künstler- und Vergnügungsviertel München-Schwabing gehen alljährlich Tausende durch die Occamstraße. Daß ein aus England stammender Franziskanermönch dieser Straße den Namen gegeben hat, wissen kaum die Einheimischen. Auch den meisten Opern- und Theaterfans, die in der Tiefgarage unter dem Max-Josephs-Platz Münchens ihre Autos parken, um dann ins National- bzw. Residenztheater zu gehen, ist kaum bewußt, daß in dieser Tiefgarage ursprünglich das Grab Ockhams sich befand, das jedoch beim Ausbaggern im Bauschutt versank. Der als Philosoph und als Theologe hochgeschätzte Franziskaner William Ockham hat im München des 14. Jahrhunderts, das unter dem Kaiser Ludwig IV. dem Bayer (um 1283–1347) Bollwerk gegen die Päpste in Avignon war, auf philosophischem und theologischem Gebiet, vor allem auf dem kirchenpolitischen Parkett eine exzellente Rolle gespielt. Neben der Occamstraße in München-Schwabing und der zerstörten Grabstätte in der heutigen Tiefgarage vor dem Nationaltheater gehört daher auch das Grabdenkmal des Kaisers Ludwig des Bayern in der Münchener Frauenkirche zu den Erinnerungsstätten der Ockham-Biographie.[1]

Wie kam aber der englische Minorit William Ockham ausgerechnet nach München, wo er, im Antoniuskloster der Franziskaner wohnend, fast zwanzig Jahre seines Lebens verbrachte und als 65jähriger im großen Jahr des »Schwarzen Todes« am 9. April 1349 an der Pest starb?

Lebensabriß

In dem Dorf Ockham südwestlich von London (in der Grafschaft Surrey) wurde William um 1285 geboren.[2] Sehr früh trat er der franziskanischen Gemeinschaft der Minderbrüder bei (Ordo Fratrum Minorum; Abkürzung: OFM). Am 26. Februar 1306 empfing er in der Kirche St. Saviour der Gemeinde Southwark (heute ein Stadtteil von London) die Weihe zum Subdiakon. Etwa drei

Jahre später begann er seine philosophischen und theologischen Studien in Oxford (1309/15). Zwischen 1317 und 1319, also noch vor seiner Promotion, hielt er als Magister der Theologie in Oxford die vorgeschriebenen Vorlesungen über die Sentenzen des Petrus Lombardus, das obligate Dogmatikwerk der damaligen Zeit.

Von 1321 bis 1324 ist William of Ockham beauftragt, an der franziskanischen Abteilung der Londoner Universität Vorlesungen über Aristoteles zu halten. Damals vollendete er den viel gelesenen Bestseller, sein Logiklehrbuch »Summa Logicae«. Es war nicht zu verwundern, wenn es Neider und Intriganten unter den Kollegen und Vorgesetzten William Ockhams gab. Es waren keineswegs wissenschaftliche Argumente, sondern persönliche Animositäten und Neidkomplexe, die den Kanzler der Universität Oxford, John Lutterell, bestimmten, William Ockham die Zulassung zur Promotion zu verweigern und ihm damit die wissenschaftliche Laufbahn zu versperren.

John Lutterell muß in William Ockham, dem wissenschaftlichen Aufsteiger, einen Feind erster Klasse gesehen haben, dem man schaden muß, wo immer man es kann. Er ruhte nicht, Ockham nur an der Universität mundtot zu machen. Er verklagte Ockham beim Erzbischof von Canterbury wegen Ketzerei, so daß er von seinem Universitätsamt suspendiert und ihm die venia legendi, die Vorlesungserlaubnis, entzogen wurde. Worin bestand aber die Ketzerei Ockhams? Er betonte zu stark den Willen Gottes, so daß das Sittengesetz nur freie Setzung Gottes ist; auch die Gnadenzuweisung Gottes ist – nach Ockham – von menschlichen Verdiensten völlig unabhängig. Überspitzte Ausdeutungen des Willens Gottes führten zu Radikalisierungen bis hin zur Willkür und Prädestination Gottes. Bezeichnend ist eine These, die sich in Ockhams (zwischen 1317 und 1319 abgefaßten) Sentenzenkommentar findet: »Gut ist einzig das, was Gottes Gebot verfügt.« Aber John Lutterell war auch mit dieser Bestrafung Ockhams noch nicht zufrieden. Er wandte sich an den päpstlichen Hof in Avignon, wo man in der damaligen Zeit für Intriganten und Denunzianten ein allzu offenes Ohr hatte.

Ockham, der Häresie verdächtigt, wurde 1324 nach Avignon zitiert. Der vierjährige Prozeß verlief jedoch im Sand (in der gleichen Zeit stand auch Meister Eckhart vor dem Inquisitionstribunal in Avignon). Am 26. Mai 1328 gelang es Ockham zusammen mit seinem Ordensgeneral Michael von Cesena († 1342 in München), dem Prokurator des Franziskanerordens Bonagratia von Bergamo († 1343 in München) und Franz von Marchia aus Avignon zu fliehen. Über Pisa, wo die Flüchtenden am 9. Juli 1328 eintrafen, zogen sie zusammen mit Kaiser Ludwig dem Bayern nach München. Nach der geglückten Alpenüberquerung stiftete im Frühjahr 1330 Kaiser Ludwig der Bayer das Kloster »ze unser frawen Etal« und schenkte ihm das aus Pisa mitgebrachte, heute noch verehrte Gnadenbild der Muttergottes aus Alabaster des Künstlers Giovanni Pisano.

In München angekommen, wohnte William Ockham mit der Franziskaner-Equipe im 1284 errichteten Franziskanerkloster St. Anton[3], das in der unmittelbaren Nachbarschaft der kaiserlichen Residenz lag und durch einen eigenen Verbindungsgang mit ihr (heute der »Alte Hof«) verbunden war. Zusammen mit dem Arzt und kirchenpolitischen Schriftsteller Marsilius von Padua, seit 1326 in München, wo er 1341/42 die Schrift »Defensor fidei« niedergeschrieben hat († um 1342), und Johann von Jandun († 1328 in Todi), unterstützte die gesamte franziskanische Ordensfamilie im Münchener Antoniuskloster Kaiser Ludwig den Bayern, dessen Kaiserkrönung in Rom (1328) durch Papst Johannes XXII. [1316–1334] abgelehnt, über den Kaiser der Kirchenbann und über Bayern das Interdikt verhängt wurde (d. h. Exkommunizierte durften nicht an Gottesdiensten und an den Sakramenten der Kirche teilnehmen, für das gesamte Gottesvolk waren nur an Hochfesten einfache Messen erlaubt, verboten war jedes Läuten von Kirchenglocken). Im Münchener Franziskanerkloster St. Anton (das 1802 dem Neubau des Nationaltheaters und dem vorgelagerten Max-Josephs-Platz weichen mußte) ist William Ockham am 9. April 1349 an der Pest gestorben und im Franziskanerfriedhof bestattet worden. Nach einer Zählung, die Papst Klemens VI. [1342–1352] damals durchführen ließ, forderte die »Große Pest« (bei einer geschätzten Gesamtbevölkerung Europas von 160 Millionen) 43 Millionen Opfer; unter ihnen auch William Ockham.

Die vier Jahre in Avignon (1324/28) haben den kirchentreuen, bisher allein der Wissenschaft hingegebenen Franziskaner William Ockham zutiefst erschüttert. Sie haben ihn zu einer Kurskorrektur seiner Treue zu den Päpsten in Avignon genötigt, die zu einer schmerzlichen Aversion und Konfrontation wurde. Im Jahr 1334, bereits im Münchener Franziskanerkloster wohnend und des Schutzes seines kaiserlichen Gönners gewiß, schrieb Ockham an jene Mitbrüder seines Franziskanerordens, die dem Avignon-Papst die Treue hielten: »Ich habe beinahe vier volle Jahre in Avignon gelebt, bis ich erkannte, daß der dortige Vorsitzende häretischen Verirrungen verfallen ist. Da ich nicht leichtfertig glauben wollte, daß die Person, die in ein so hohes Amt eingesetzt ist, die Befolgung von Häresien verordnen könnte, habe ich mir nie die Mühe gemacht, diese Erlasse zu lesen. Das habe ich nun eingehend nachgeholt und mehr als genug Häretisches, Irrtümliches, Dummes, Lächerliches gefunden und solches, was gegen den wahren Glauben, die guten Sitten, die natürliche Vernunft, die sichere Erfahrung und die brüderliche Liebe verstößt.«[4]

William Ockham. Einzige Darstellung Ockhams aus einer Handschrift von 1341. Gonville and Caius College, Oxford

Die Avignon-Erfahrung wurde für Ockham zum fundamentalen Umschlagserlebnis, das seine Christus- und Ordenstreue zu keiner Zeit erschütterte, wohl aber seine Treue zu den Avignon-Päpsten zerbrechen und zur unerbittlichen Konfrontation ausarten ließ. Es fällt auf, daß in der Münchener Zeit (von 1330 bis 1349) nur zwei philosophische Hauptwerke aus seiner Hand erschienen: nach 1330 das »Compendium Logicae« (oder Tractatus Logicae minor) und das 1348 geschriebene »Elementarium Logicae«. Die kirchenpolitisch gespannte und sich verschärfende Situation zwischen den Avignon-Päpsten und Kaiser Ludwig dem Bayer zwang William Ockham, weil er intimster Berater des Kaisers war, zu einer Vielzahl kirchenpolitischer Veröffentlichungen.[5] Es war die typisch franziskanische Radikalität,[6] die bereits in dem utopischen Entwurf der franziskanischen Gemeinschaft durch seinen Gründer, Franz von Assisi, begründet ist, die William Ockham in seiner monastischen Grundhaltung in immer größeren Gegensatz zu den Päpsten in Avignon, vor allem zu Papst Johannes XXII., brachte. Ockham vertrat mit den aus Avignon geflohenen und vielen anderen Franziskanern, die insgesamt jedoch nur eine Minderheit im Orden darstellten, die radikale Armut Christi und der Apostel. Daraus folgerte er die radikale Armut[7] aller Mitglieder der franziskanischen Gemeinschaft. Es genügte ihm nicht, nur »im Geiste« dem armen Jesus nachzufolgen und im Franziskanerhabit an den Luxustischen der Päpste und Fürsten zu schmausen.

In einer wahren Explosion schleuderte der Franziskaner Ockham, der durch die Irritationen seiner Epoche zum kirchenpolitischen Antagonisten wurde, eine Schrift nach der anderen heraus: 1331 Opus nonaginta dierum, 1334 Dialogus, 1342 Super potestate summi pontifici octo quaestionum decisiones, 1342 Breviloquium de potestate tyrannica.[8] Man würde Ockham radikal mißverstehen, wollte man in diesen Schriften nur Verteidigungstraktate für seinen Beschützer, den Wittelsbacher Kaiser Ludwig den Bayern, erblicken. Es ging ihm um die grundsätzliche Frage, ob die Machtkirche seiner Zeit noch Stiftung Jesu Christi oder nur deren klägliche Karikatur ist.

In der kleinen Schrift »Defensorium« (1334) taucht die wohlüberlegte Differenzierung zwischen der irrtumslosen, vom Heiligen Geist geführten ecclesia universalis und der irrenden, konkreten Papstkirche auf. Für den exkommunizierten und im Kirchenbann gestorbenen Franziskaner William Ockham ist weder Papst noch Konzil, sondern allein die Heilige Schrift oberste Autorität. Christus- und Schrifttreue ist für Ockham nicht blinde und kritiklose Kirchentreue. Kirchentreue wiederum kann für ihn durchaus mit kurienkritischer, sogar mit kurienfeindlicher Haltung verbunden sein.

Ohne mit den einzelnen theologischen und kirchenpolitischen Fragen seiner Epoche genauestens vertraut zu sein, kann man sagen: William von Ockham hätte es in seinem Leben leichter gehabt, und er wäre nicht zwischen die Mühlsteine der kirchenpolitischen Fehden geraten, wenn er in falscher Demut geschwiegen und nur ins Gebet sich geflüchtet hätte. Durch Reden kann man ins Messer irdischer Kritik geraten. Durch Schweigen kann man aber schuldig werden an seiner Zeit und muß sich letztlich im Gericht Gottes verantworten.

Neue Horizonte des Denkens und Glaubens

Die von Paul Ludwig Landsberg getroffene und vielzitierte Feststellung: In William Ockham »stellte der mittelalterliche Mensch sich selbst als mittelalterlichen Menschen in Frage«,[9] darf (bei aller Unschärfe des Ausdrucks »mittelalterlicher Mensch«) keineswegs so (miß-)verstanden werden, als habe der englische Franziskaner des 14. Jahrhunderts alles abgestreift, was zur Geisteshaltung und zur Frömmigkeitsgeschichte des Mittelalters gehöre. Ockham war trotz der Vehemenz seiner Kritik an der unzulänglichen und skandalösen Kirche seiner Epoche strenggläubiger Katholik, der an und mit seiner Kirche litt. Auf allen Wegen und in allen Entscheidungen seines stürmischen Lebens war und blieb er ein treuer und glaubwürdiger Sohn des heiligen Franz von Assisi.

»Man muß sich hüten, Ockham mit den Kategorien des 19./ 20. Jahrhunderts oder auch des Reformationsjahrhunderts zu sehen. Beides würde seine Haltung ebenso verzeichnen wie sein ganzes saeculum des Überganges. Er ist weder Vorläufer der Reformation noch Irrlehrer, noch eine Art rationalistischer Aufklärungsphilosoph gewesen... Zersetzend hat seine Theologie dadurch gewirkt, daß sie offen war und Wege der Entscheidung freiließ.«[10]

Zwei Themen sind durch ihn aufgegriffen und als bisweilen irritierende Hypothek dem abendländischen Denken übergeben worden. William Ockham, »der einzige, wirklich originelle Geist unter den Philosophen der Spätscholastik«,[11] ist in seinen theologischen, erkenntnistheoretischen und sprachphilosophischen Denkansätzen bestimmt durch die Faszination des Individuell-Konkreten. Die englische Universität Oxford, vor allem das 1263 gegründete Merton College, war eine Hochburg mathematischer und astronomischer Forschung, die den Blick für das Meßbare, für das Nachweisbare, für die Empirie außerordentlich schärfte. Anregend und stimulierend war für den jugendlichen William Ockham mit dem Magisterbirett sicherlich auch die starke Betonung des Individuell-Besonderen (haecceitas) durch den Franziskaner Johannes Duns Scotus (1226–1308), der ebenfalls die Oxforder Schule durchlaufen hatte.

Ockham lehnte abstrakte Allgemeinbegriffe als irreal, als Wortgeklingel, als »Schall und Rauch« (Goethe) ab. Er machte sich lustig über das »Ballett blutloser Kategorien«,[12] das von den Vertretern eines übersteigerten philosophischen Realismus aufgeführt wurde. Sicherlich hat sich William Ockham deshalb für die franziskanische Frömmigkeit und für den Eintritt in den Franziskanerorden entschieden, weil Franz von Assisi (erinnert sei an dessen »Sonnengesang«) bei der Begegnung mit der Schöpfung Gottes der konkreten Vielfalt und Einmaligkeit sein Herz und seine gläubige Weltverantwortung öffnete.[13]

In der Lehre Ockhams von der bloßen Wortnatur der Allgemeinbegriffe und in seiner Revolte des Besonderen gegen das Allgemeine sind Elemente der modernen Sprachphilosophie (Semantik, Hermeneutik) vorweggenommen. Bei Ludwig Wittgenstein (1889 bis 1951) scheint mancher Gedanke Ockhams weitergeführt, wenn er feststellt, daß sehr häufig von Mensch zu Mensch nicht »gesprochen« werde, sondern es werden lediglich mit linguistischen Bauklötzchen »Sprachspiele« betrieben.[14]

Der zweite Impuls, der von William Ockham ausging, ist seine Akzentuierung des Gottesverständnisses. Der Gedanke der ungebrochenen Freiheit war vor fast tausend Jahren schon einmal von der britischen Insel ausgegangen – durch den Asketen und Laienmönch Pelagius († um 422), der dieses Thema wie einen Feuerbrand in die Diskussionen der christlichen Theologie geworfen hatte.

Ockham sah Größe und Würde Gottes in dessen souveräner Freiheit begründet, realisiert durch dessen allmächtigen Willensentscheid. Wie kurz ist aber der Weg vom Willen Gottes zum Willkür-Gott, zum voluntaristischen Gottesbegriff! Christsein heißt im Verständnis Ockhams Ausgeliefertsein an den Willen, an die Willkür, an die Gnade Gottes, an seine Liebe oder auch an seine Furchtbarkeit. »Das Risiko modernen Denkens hat also mit dem Gedanken an die Freiheit Gottes begonnen und war das persönliche, religiöse Risiko des Gläubigen; im Laufe des Säkularisierungsprozesses der Neuzeit ist es zum allgemeinen existentiellen Risiko des modernen Menschen geworden. Das aus den ewigen Gesetzen befreite Individuum hat bald den gefährlichen Trapezakt des Denkens ohne das Netz des Glaubens versucht. Seit die säkularisierte Vernunft selbstherrlich und absolut die freigewordene Stelle Gottes einnahm, hat sie – sowohl als Vernunft des totalen Systems als auch als Vernunft der Revolution – die Machbarkeit und Zerstörbarkeit der Welt ihrer freien Entscheidung unterworfen, hat sie Veränderung und Fortschritt in ihre Hand genommen.«[15]

William Ockham kann man nicht für alle Folgerungen verantwortlich machen, die berechtigt oder unberechtigt aus seinen Thesen gezogen worden sind. Er steht im »Herbst des Mittelalters«.[16] Er hat weiter und kühner, als er selbst es ahnen konnte, Tore in die Zukunft geöffnet und nachdenkenswerte Anstöße für eine Pluralität philosophischer, theologischer und auch politischer Entscheidungsmöglichkeiten gegeben.

Dokument

Ein Glaubenssatz kann nicht evident bewiesen werden. Die Wahrheit, daß nur ein Gott ist, ist ein Glaubenssatz. Also kann sie nicht evident bewiesen werden.

Über den Namen »Gott« bestehen verschiedene Beschreibungen. Die eine lautet: Gott ist etwas Edleres und Besseres als alles andere außer ihm. Die zweite: Gott ist identisch mit dem, worüber hinaus nichts besser, früher oder vollkommener ist.

Nimmt man den Begriff »Gott« in der ersten Art, dann kann durch ein Beweisverfahren nicht dargelegt werden, daß nur ein Gott existiert. Der Grund dafür ist, weil man nicht evident wissen kann, daß Gott existiert. Also kann man auch nicht überzeugend nachweisen, daß nur ein Gott existiert.

Der Vordersatz wird so bewiesen: Dieser Satz, Gott existiert, leuchtet nicht von selbst ein, denn viele bezweifeln ihn; noch kann er aus von selbst

Bekanntem bewiesen werden, weil in all diesen Gründen etwas Zweifelhaftes oder nur zu Glaubendes angenommen wird. Auch auf experimentellem Wege ist er nicht bekannt, wie selbstverständlich ist... Die Einzigartigkeit Gottes kann auch dann nicht evident bewiesen werden, wenn man den Begriff »Gott« in der zweiten Art nimmt. Denn die negative Einheit Gottes kann deswegen nicht evident bewiesen werden, weil man nicht beweisen kann, daß die Einheit Gottes nicht evident bewiesen werden kann, wenn man nicht die Gegengründe entkräftet. So kann man auch nicht demonstrativ beweisen, daß die Gestirne eine gerade Zahl haben...
Jedoch muß man wissen, daß das Dasein Gottes, wenn man nicht nachweisen kann, daß die Zahl der Gestirne nicht eine gerade ist...
Jedoch muß man wissen, daß das Dasein Gottes, wenn man Gott in der zweiten oben angegebenen Art nimmt, bewiesen werden kann. Es ergäbe sich sonst ein Fortschreiten ins Unendliche, wenn in der Reihe der Seienden nicht eins wäre, worüber hinaus nichts früher oder vollkommener wäre. Doch daraus folgt nicht, daß man nachweisen kann, daß nur einer dieser Art existiere. Diesem Satz stimmen wir nur durch den Glauben zu. (I, 10)

Der Text aus der »Quodlibeta septem« (Erstveröffentlichung: Straßburg 1491) kennzeichnet die philosophische und theologische Grundhaltung Ockhams. Er räumt dem Willen die Vorherrschaft ein, so daß dadurch die Entwicklung des Voluntarismus gefördert wurde, während er gleichzeitig die Kraft der Vernunfterkenntnis erheblich einschränkte. Dadurch vernichtete er jede rationale Durchdringung der Glaubensinhalte und entzieht der Ethik weithin eine vernünftige Begründung.

Wegen seiner dialektischen Gewandtheit wurde William Ockham »doctor invincibilis« (unbesiegbarer Lehrer) genannt. Unter »Quodlibeta« (quod libet = was beliebt) wurden in der mittelalterlichen Scholastik Schriften bezeichnet, in denen verschiedene Probleme in Frage und Antwort erörtert wurden.

Jan Hus
(1369–1415)

Kein Tscheche ist ein Häretiker[1]« – unverkennbar ein selbstbewußtes Wort, in dem tschechischer Nationalstolz und christliche Glaubenstreue zusammenklingen – zu seiner Verteidigung gesprochen von einem tschechischen Priester auf dem Konzil zu Konstanz (1414–1418), der am 6. Juli 1415 als Ketzer auf dem Scheiterhaufen verbrannt wurde: Jan Hus. Seine Asche wurde, um jede Möglichkeit einer späteren Verehrung auszuschließen, in den Rhein verstreut.

Jan Hus. Zeichnung von Hans Holbein

Gewiß hat es nationale Akzentuierungen in der bisherigen Glaubens- und Ketzergeschichte gegeben; sie waren aber nur verhaltene Unter- und Nebentöne. So scharf und mit einer geradezu nationalistischen Konturierung hat jedoch erstmals der Tscheche Jan Hus gesprochen. Mit spürbarem Stolz hat er vor dem

JAN HUS

Forum des Konstanzer Konzils auf die ungebrochene Glaubenstreue seines tschechischen Volkes aufmerksam gemacht, als dessen Repräsentant er sich fühlte. Es ist wahrlich nicht mehr die Atmosphäre des Mittelalters, die hier sichtbar wird. Eine neue Zeit beginnt, in der nationale Sehnsüchte und Profilierungen sich deutlich anmelden. Um daher Jan Hus in seiner Geistesart und Gläubigkeit verstehen und würdigen zu können, ist es notwendig, das tschechische Volk der damaligen Epoche und den Aufstieg Prags zu kennen: Durch starke Intervention Karls IV. wurde das 973 errichtete Bistum Prag am 30. April 1344 zum Erzbistum erhoben und dadurch die böhmische Kirche vom Mainzer Erzbistum unabhängig, außerdem wurde am 25. April 1348 ebenfalls durch Kaiser Karl IV. die erste deutschsprachige Universität in Prag gegründet.

Die goldene Stadt Prag

Karl IV. von Luxemburg [1346–1378] hatte seine Hausmacht in Böhmen, das sein Großvater Heinrich VII. von Luxemberg [1308–1313] 1310 erworben hatte. Er war gewiß ein europäisch denkender Monarch, der deutsch und lateinisch, französisch und italienisch sprach. Vor allem wollte er aber Tscheche sein, und er sprach mit Vorliebe tschechisch. In Prag wurde er 1316 geboren, in Prag ist er 1378 gestorben. Die Tatsache, daß dieser Regent nicht seinen Taufnamen Wenzel, sondern seinen Firmnamen Karl trug, kennzeichnet sein sakrales Herrschertum, das bewußt an Karl dem Großen anknüpfte.

Prag sollte nach dem Willen des Kaisers Karl IV. Zentrum der politischen Macht und gleichzeitig sichtbares Zeichen des Reiches Gottes in Böhmen sein. Zwischen dem goldenen Rom und dem goldenen Kiew hat er aus Prag eine »goldene Stadt« eigener Prägung gemacht. Der Veitsdom, der Hradschin, die Karlsbrücke Peter Parlers, wie die Burg Karlstein, der böhmische Escorial in der Nähe Prags sind heute noch steinerne Zeugen des damals aufgebrochenen tschechisch-national-christlichen Selbstbewußtseins.[2]

Tschechisch-nationale Gläubigkeit steht im Hintergrund der 1391 eingeweihten Bethlehemskirche (der genaue Name lautet: Kirchen »von den unschuldigen Kindern von Bethlehem«), eines großräumigen Bauwerkes in Prag. Der Stifter, ein tschechischer Kaufmann, hatte die Stiftungsauflage gemacht, in dieser neuen Kirche sind die Predigten in tschechischer Sprache zu halten. Am 14. März 1402 hat Jan Hus hier zum ersten Mal in tschechischer Sprache gepredigt.

Auch an der neugegründeten Prager Universität kämpften die Tschechen um ihre Majorität. König Wenzel IV., beraten von Jan Hus, hat in dem sogenanten »Kuttenberger Dekret«[3] (benannt nach Kuttenberg = Kutná Hora, östlich von Prag) vom 18. Januar 1409 entschieden, daß die bisherige Prager Universitätsordnung, wonach »vier Nationen« (= landsmannschaftliche Gruppierungen) stimmberechtigt sind, darunter die Tschechen mit einer Stimme, radikal, und zwar im Sinne einer stets sicheren tschechischen Mehrheit, abzuändern sei. Es sollen den Tschechen künftig drei Stimmen zustehen, und zwar nicht nur im Universitätsbereich, sondern auch bei allen Beratungen, Gerichten, Prüfungen, Wahlen und Entscheidungen außerhalb universitärer Gremien.

Diese tschechischen Profilierungsbestrebungen sind an den Konzepten führender Theologen des damaligen Böhmen nicht spurlos vorübergegangen. Es war keineswegs verwunderlich, wenn angesichts der »Babylonischen Gefangenschaft der Kirche« in Avignon (1309–1377) und des sich anschließenden vierzigjährigen Papstschismas (1378–1417) das tschechische, in seinem Glauben fest stehende Volk als von Gott auserwählter Heilsträger in Predigten und Schriften gepriesen wurde. Von Böhmen werde eine Erneuerung der Kirche ausgehen. Die Tschechen sind das auserwählte Gottesvolk, dem eine entscheidende Zukunftsaufgabe für die Rettung und Erneuerung der gesamten Kirche zukomme.

Ungehorsam aus Gehorsam

Johannes de Hussynecz (Jan Hus), Ketzer, Märtyrer, Nationalheld, wurde um 1369 in dem südböhmischen Marktflecken Hussinetz (übersetzt »Gänsestadt«) geboren. Seine tschechischen Eltern lebten ärmlich von ihrer Hände Arbeit. Jan mußte sehr früh schon als Sängerknabe und Ministrant für den kärglichen Haushalt noch zusätzlich verdienen. Es ist verwunderlich, daß Jan, aus so bescheidenen Verhältnissen kommend, überhaupt die Lateinschule im benachbarten Prachatice (Prachatitz) besuchen konnte. Sicherlich hat ihm dies ein gutgesinnter Pfarrer ermöglicht, der sehr früh schon die Begabung des kleinen Jan erkannte und im stillen wohl hoffte, in ihm einen guten Priester der römischen Kirche heranbilden zu helfen.

Um 1386 begann Jan Hus sein Theologiestudium an der Karlsuniversität, der berühmten »Carolina«, in Prag. Zum geistlichen Leben eines damaligen Theologiestudenten gehörten der tägliche Besuch der heiligen Messe, die regelmäßige Beichte und eine Vielzahl von Wallfahrten und Bußübungen, die meist mit der Gewinnung von Ablässen verbunden waren. Er war bei aller Freude an der Musik und auch am Schachspiel ein äußerst gewissenhafter und zuverlässiger Student, der keine Vorlesung schwänzte, kein Semester verbummelte. Mit großem Ernst und an sich arbeitend strebte er seinem Lebensziel, dem Priesterberuf, zu. 1393 wurde er Bakkalaureus, 1396 Magister und erhielt als solcher einen Lehrauftrag an der sogenannten Artistenfakultät (der heutigen philosophischen Fakultät).

Als junger Dozent dürfte Jan Hus um 1398 erstmals den Schriften des englischen Vorreformators John Wiclif (1324–1384) begegnet sein. 1400 wurde er zum Priester der römisch-katholischen Kirche geweiht. Überraschend wird er, der niemals die Doktorwürde erlangte, im folgenden Jahr 1401 Dekan der philosophischen Fakultät und steht vom Oktober 1402 bis zum April 1403 als Rektor an der Spitze der Prager Universität. 1402 wurde ihm das Amt eines Predigers an der Bethlehemskirche in Prag (zusätzlich zu seinen universitären Verpflichtungen) anvertraut, wo er – gemäß der Stiftungsintention – an Sonn- und Feiertagen in tschechischer Sprache das Wort Gottes zu verkünden hatte. Dem Prediger Hus merkte man es an, daß er nicht mehr ein Lernender und Suchender war. Bei der Begegnung mit den Gedanken Wiclifs hat er sich zu einem klaren, eigenständigen Standort und zu einem kompromißlosen theologischen Standpunkt durchgerungen, den er seither nie mehr verlassen hat. »Die Bethlehemskapelle wurde Hus zum Schicksal. Als er sie am 14. März 1402 zum ersten Mal betrat, hatte er den Weg eingeschlagen, an dessen Ende der Scheiterhaufen von Konstanz stehen sollte. Aus der Bethlehemskapelle ertönte die Stimme eines neuen Predigers, und in Prag sprach man bald nicht mehr von der geheimnisvollen Erscheinung am Himmel – ein Komet hatte die Gemüter beunruhigt –, man sprach von Hus.«[4]

In gebotener Kürze ist an dieser Stelle auf die Kenntnis der Gedanken und Schriften Wiclifs an der Prager Universität einzugehen. 1382 vermählte der deutsche Kaiser Karl IV. seine Tochter Anna mit dem englischen König Richard II. (1367–1400; an ihn erinnert das gleichnamige Drama von William Shakespeare). Seit dieser Zeit gab es einen regen Studentenaustausch zwischen Böhmen und England, zwischen den Universitäten Prag und Oxford. Gleichzeitig überfluteten englische Werke, darunter die Schriften von John Wiclif, die geistige Arena der Prager Universität.

Die geistig-religiöse Atmosphäre erhielt noch zusätzliche Verschärfung durch die mystisch-esoterische Frömmigkeit[5] des in der Burg Karlstein wie ein Mönch lebenden Kaisers Karl IV., durch eine Angst und Furcht einjagende Weltuntergangsstimmung, durch eine Vielzahl von Bußpredigern, die der Kaiser nach Prag gerufen hatte und die in aufrüttelnden Predigten auf die Entartungserscheinungen der Kirche und Klöster hinwiesen. Ein geradezu prickelnd-kirchenkritisches Klima war auf dem engsten Raum der Stadt Prag entstanden und ließ immer lauter werdende Aversionen gegen die skandalöse Institution Kirche entstehen.

Jan Hus erkannte seine Stunde. Er wußte sich unter dem Gewissensauftrag, einer verlotterten und unglaubwürdig gewordenen Kirche die Maske vom Gesicht zu reißen und den Weg zu einer im Geiste Christi erneuerten Kirche zu eröffnen. Wäre Jan Hus ein einsamer Prediger geblieben, hätte man ihn reden lassen. Weil aber immer größere Volksmassen sich um seine Kanzel drängten und selbst die großräumige Bethlehemskirche in Prag die Hörer seiner Predigten, die aus allen Bevölkerungsschichten kamen, nicht fassen konnte, wurde Hus zum ärgerniserregenden Zeitgenossen, gegen den die angegriffene Kirche mit allen ihr zur Verfügung stehenden Mitteln ankämpfte. 1408 wurde Hus durch den Prager Erzbischof Zbynek Zajic von Hasenburg, der ihn zunächst geschätzt und gefördert hatte, seiner Stelle als Synodalprediger enthoben. Im Anschluß an die Verbrennung der Werke von John Wiclif am 16. Juli 1410 wurde durch den Prager Erzbischof über Hus, der weithin die Lehren Wiclifs verteidigte, und über seine Anhänger der Kirchenbann und, um den Volkstumult zu brechen, über die Stadt Prag das Interdikt verhängt: Es durften keine Kirchenglocken geläutet, keine Gottesdienste gehalten, keine Sakramente gespendet werden.

Zu allem Überfluß brach in Prag 1412 noch ein recht erbärmlicher Ablaßstreit aus. In einer öffentlichen Diskussion über den Ablaß im großen Saal des »Carolinums« am 7. Juni 1412 erhob Hus, sich vor allem stützend auf Aussagen Wiclifs, seine kritische Stimme: »Vergebung der Sünden erlangt der Mensch durch wirkliche Reue und Buße, nicht aber um Geld.« Man hört in der Anklage von Hus die hundert Jahre später erhobenen Anklagen Martin Luthers heraus! Wenige Tage später wurden die päpstlichen Ablaßschreiben vom erregten Volk, das sich hinter Hus stellte, öffentlich verbrannt. Wie ein Lauffeuer verbreitete sich in ganz Böhmen die Kunde von den Prager Tumulten.

Ein wahres Kesseltreiben entfachten die kirchlichen Instanzen gegen Hus, in dem man einen äußerst gefährlichen Rebellen gegen Kirche und Reich erblickte. Am 2. Oktober 1412 wurde Jan Hus während seiner Predigt von der Kanzel gerissen und verhaftet. Um seine Anhänger nicht zu gefährden, verließ er Ende 1412 Prag. Er tauchte später bei Freunden in Südböhmen auf der Burg Kozi hrádek bei Tabor unter; später verlegte er seinen Unterschlupf auf die Burg Krakovec, in der Nähe von Prag, um heimlich mit seiner getreuen Gemeinde Verbindung aufnehmen zu können.

Wie sehr es Jan Hus in erster Linie um die unverkürzte Verkündigung des Gotteswortes und nicht um die Rettung seiner Person ging, zeigt sich daran, daß er in dem prekären Herbst 1412 eine Auslegung des Glaubensbekenntnisses, der Zehn Gebote und des Vaterunsers in tschechischer Sprache vollendete – einen dreigliedrigen Katechismus, der den Grundkurs des christlichen Glaubens, Lebens und Betens markiert, wie er vor Hus in ähnlicher Reihenfolge durch den Dominikanertheologen Thomas von Aquin (1225–1274) und nach Hus durch den Jesuiten Petrus Canisius (1521–1597) vorgelegt worden ist. Hus wollte die fundamentalen Orientierungsdaten seinen Anhängern klar und leicht einprägsam vor Augen stellen: Was wir zu glauben haben, finden wir im Glaubensbekenntnis – wie wir leben sollen, finden wir in den Zehn

Geboten – wofür wir zu beten haben, finden wir im Vaterunser. Nicht unerwähnt bleiben dürfen zwei weitere Werke: das in tschechischer Sprache verfaßte Werk »Postille« (Auslegung der heiligen Lesungen zum Sonntag) und das in lateinischer Sprache 1413 niedergeschriebene Werk »De ecclesia« (Von der Kirche).

Gerade in diesem letzten Werk hat Jan Hus Einblick in seine Einstellung und seine Reaktionen gegeben und seinen Gehorsam gegen Christus Jesus und seinen gleichzeitigen Ungehorsam gegen Kirche und Papst begründet: »Wenn (der treue Jünger Christi) in Wahrheit erkennt, daß das Gebot des Papstes dem Gebot oder Rat Christi zuwiderläuft oder der Kirche Schaden bringt, dann muß er mannhaft Widerstand leisten, damit er nicht durch seine Übereinstimmung an dem Verbrechen mitschuldig wird. Darum habe ich im Vertrauen auf den Herrn und Christus Jesus, der in seiner Macht und Weisheit die Bekenner seiner Wahrheit beschützt und mit dem Lohn der ewigen Herrlichkeit belohnt, der Bulle Papst Alexanders V. [1409/10] Widerstand geleistet.«[6]

Weil König Sigismund (Sohn Kaiser Karls IV.), dem Erben der böhmischen Krone, daranlag, von Böhmen und dem tschechischen Volk die Schmach der Häresie zu nehmen und auch Jan Hus der festen Überzeugung war, kein Tscheche sei ein Häretiker, folgte er der Aufforderung, auf dem Ökumenischen Konzil in Konstanz seine Rechtgläubigkeit zu verteidigen. Am 11. Oktober 1414 reiste er von Prag ab, am 3. November 1414 kam er in Konstanz an. Erst am 5. Juni 1415 wurde Hus zum ersten Mal im Franziskanerkloster in Konstanz verhört. Als man ihm die Bitte um einen Anwalt abschlug, sagte Hus ruhig: »So sei denn der Herr Jesus mein Verteidiger und Sachwalter, der euch alle in kurzem richten wird.«[7] Nach dem letzten Verhör am 8. Juni 1415 erfolgte am Samstag, 6. Juli 1415, im Dom zu Konstanz die Verurteilung. Es war wahrhaftig ein makabres Schauspiel, daß die bischöflichen Konzilsväter über Jan Hus keine anderen Worte zu sprechen hatten als: »Wir übergeben deine Seele dem Teufel.« Gelassen antwortete Jan Hus: »Ich befehle sie dem frommen Herrn Jesus Christus.«

Dann erfolgte die entwürdigende Zeremonie der Degradation: Die priesterlichen Gewänder, mit denen man Jan Hus eigens noch wie zur Feier der heiligen Messe bekleidet hatte, wurden ihm unter Verwünschungen heruntergerissen, alle kirchlichen Rechte ent-

JAN HUS

zogen und als Ketzer der weltlichen Gewalt übergeben. Mit einer langen, aus Papier gefertigten Ketzermütze mit der Aufschrift »Haeresiarcha« (Ketzer) auf dem Kopf wurde er zur Hinrichtungsstätte auf dem »Brühl« zwischen Stadtmauer und Graben abgeführt.

Einer letzten Aufforderung, sein Leben durch Widerruf doch noch zu retten, antwortete er: »Ich rufe Gott zum Zeugen an, daß ich das, was falsche Zeugen gegen mich behaupteten, weder gelehrt noch gepredigt habe! Ich wollte die Menschen von ihren Sünden abbringen! Was immer ich sagte und schrieb, war stets für die Wahrheit, für die Wahrheit!«[8] Aus dem brennenden Holzstoß, der ihm bis zum Hals reichte, waren als letzte Worte das Sterbegebet von Jan Hus zu hören: »Christus, Sohn des lebendigen Gottes, erbarme dich unser! ... der du geboren bist aus Maria, der Jungfrau...«

Ein erschütterndes Kontrastbild: hier die Konzilsstadt Konstanz, überlaufen von Bischöfen und Theologen, von Heuchlern und Intriganten, von Geschäftsleuten und (wie zeitgenössische Dokumente vermelden) von fast 700 Dirnen – dort der Scheiterhaufen auf dem »Brühl« mit einem »Märtyrer seiner Überzeugung«,[9] der in reiner Ehelosigkeit lebte und nur eine einzige Liebe kannte: Christus und dessen Wort. Jan Hus ist nicht gestorben aus Lust am Untergang, sondern weil er in seiner konkreten Kirche nicht mehr atmen, nicht mehr frei ein- und ausatmen konnte.

Dokument

»*...Von der Degradierung und Entweihung Hussens, wie er seines Kirchenschmucks beraubt, mit einer papiernen Krone, ungefähr einen Ellenbogen hoch, mit drei grausamen Teufeln bemalt, fast einer Bischofsmütze ähnlich und mit der Aufschrift Haeresiarcha (Erzketzer) geschmückt wurde. Wie der Kaiser von den sieben Bischöfen, die den Hus entweihten, gebeten worden, Hus nicht zu töten, sondern in lebenslänglichem Gefängnis zu halten. Sigismund ihn aber dem Pfalzgraf Ludwig, dem Beschirmer des Konzils, als einen Ketzer zur Bestrafung überantwortete, welcher ihn wieder dem Reichsvogt oder Stadtvogt, und diese den Stadt-*

knechten und dem Scharfrichter mit den Worten übergeben: ›Nehmt hin M. Joh. Hus und verbrennt ihn als einen Ketzer‹, *mit dem Beisatz, daß sie ihm seine Kleider nicht ausziehen, weder Gürtel, Messer, Säckel, Geld noch sonst etwas, das er an sich trüge, abnehmen sollten, sondern alles mit ihm verbrennen...*

Das Gedränge war so stark, daß die Tore geschlossen und die Menge nur teilweise herausgelassen wurde, weil man den Einsturz der Brücke befürchtete.

Er wurde vor die Stadt auf das innere Feld, nach Gottlieben zu, geführt, wobei er fleißig betete, und als er den Holzstoß sah, auf seine Knie fiel und etliche Psalmen sprach, besonders: Herr, in deine Hand befehle ich meinen Geist...

Die Umstehenden, besonders die Gewappneten, bewunderten seine Frömmigkeit und wollten einen Priester, der als Zuschauer zugegen war, überreden, dem Hus die Beichte abzunehmen, welcher es ihm aber als einem Ketzer verweigerte, worauf Hus erwiderte: ›Es ist nicht vonnöten.‹

Hus wollte in deutscher Sprache zu dem Volk reden, das wurde aber von dem Pfalzgrafen verboten, worauf Hus die Augen zum Himmel hob und Gott anrief, wobei ihm seine Mütze entfiel, die ihm aber sogleich wieder aufgesetzt wurde. Die Henker ergriffen ihn, stellten ihn auf den Holzstoß und banden seine Hände mit nassen Stricken nach hinten an den Pfahl, den Hals schmiedeten sie mit einer rußigen großen Kette an und kehrten sein Gesicht nach Sonnenuntergang, weil ein Ketzer nicht gen Aufgang sehen darf. Danach wurde Hus mit Holz umlegt, von den Füßen bis zum Kopf. Währenddessen sprach er aber doch zu dem Volk von der Ursache seines Leidens.

Ehe das Feuer angezündet wurde, kam des Pfalzgrafen Marschall und noch einer, um Hus zum Widerruf seiner Irrtümer zu mahnen, Hus aber sagte: ›Was soll ich widerrufen? Ich habe mich keines Irrtums schuldig gemacht.‹ *Da gingen die zwei hinweg und schlugen die Hände zusammen mit kläglicher Gebärde.*

Als aber der Scharfrichter das Feuer angezündet hatte, fing Hus mit lauter Stimme an zu singen: Jesu Christe fili dei vivi qui passus es pro nobis misere mei..., und als er das zum drittenmal sang, hat ihm der Wind die Flamme und den Rauch in sein Angesicht getrieben, die ihn erstickten. Doch regte und bewegte er sich noch so lange, bis einer zum drittenmal etwa hätte das Pater noster sprechen mögen. So endete er durch diese Marter des Feuers sein Leben.

JAN HUS

Die Asche des verbrannten Hus haben sie sorgsam gesammelt und in den Rhein geschüttet, damit auch nicht ein Stäublein übrig bliebe von diesem Mann. Manche meinen, es sei deshalb geschehen, damit die Vögel die Asche nicht als eine Reliquie nach Böhmen führten. Dieses ist geschehen am Samstag, den 6. Juli 1415. Am folgenden Tag wurde eine feierliche Prozession gehalten, bei der 2 Patriarchen, 18 Kardinäle, 9 Erzbischöfe, 64 Bischöfe, viele Weihbischöfe (alle in weißem Gewand), ferner Doktoren, Pfarrer, Ordensmönche, das heißt: der ganze geistliche Stand mitgingen. Auch der römische König samt allen Fürsten und Herren. Dieser Kreuzgang zog von einer Kirche zur andern, Gott um Gnade betend, daß er seinen christlichen Glauben wiederum wolle aufrichten.«

Bericht über die Verbrennung von Jan Hus am 6. Juli 1415 in Konstanz aus der zeitgenössischen Dokumentation von Johann Stumpf, Beschreibung des Konzils (von Konstanz). Zitiert nach H. Thiele, Leben in der Gotik, München 1948, 367–370. Auf dem Bruel in Konstanz erinnert heute ein Denkmalstein an dieses Ereignis.

Jeanne d'Arc
(1412–1431)

Am 28. Mai 1431 erließ das Inquisitionstribunal in Rouen das Urteil: »... schuldig erklärt ... als Hexe und Zauberin, Wahrsagerin und falsche Prophetin, die böse Geister beschwört ... als abergläubisch, die Schwarze Kunst betreibend, in Sachen unserer katholischen Kirche falsch denkend, als Lästerin Gottes und seiner Heiligen Ärgernis erregend, den Frieden störend und ihn verhindernd, als Kriegshetzerin, die grausam nach Menschenblut dürstet ... die Ehrbarkeit und Schicklichkeit ihres Geschlechts verletzend ...«[1] Am 30. Mai 1431 wurde die Verurteilte, Jeanne d'Arc (in Deutschland vor allem durch Friedrich Schillers romantische Tragödie »Die Jungfrau von Orleans« [1801] bekannt), auf dem Marktplatz in Rouen als Ketzerin verbrannt. Etwa 500 Jahre später wurde die als Ketzerin Verurteilte am 16. Mai 1920 durch Papst Benedikt XV. [1914–1922] in Rom heiliggesprochen.

Auf dem ehemaligen Marktplatz von Rouen, dem heutigen Place du Vieux-Marché, wurde nach dem Zweiten Weltkrieg eine moderne Kirche für die »patronne de la france« errichtet. Ein seltsamer Lebensweg: Ketzerin – Heilige – Nationalheldin. Beachtlich auch der Entscheidungsweg der Kirche, die im 15. Jahrhundert Jeanne d'Arc als exkommunizierte Ketzerin verbrennen ließ und im 20. Jahrhundert nach einem gewissenhaften Selig- und Heiligsprechungsprozeß die Ketzerin von damals als nachahmenswerte Heilige mutiger Gewissensüberzeugung zur Ehre der Altäre erhob.

Die politische Szene

Da das Leben der Jeanne d'Arc wie ein deutlicher Faden in den Teppich der europäischen Geschichte eingewoben ist, kann ihr Leben, vor allem aber ihre Verurteilung als Ketzerin, nur im Spannungsfeld zwischen der französischen und der englischen Machtposition im damaligen Frankreich verstanden werden. Bis hinein in das Urteil des Inquisitionstribunals spiegeln sich die damaligen politisch-militärischen Machtverhältnisse wider, denn die Französin Jeanne d'Arc wurde auf Ansuchen der englischen Aggressoren durch ein kirchliches Inquisitionstribunal verurteilt. Nach dem Tod des kinderlos verstorbenen französischen Königs aus dem Haus Kapetinger, Karl IV. [1322–1328], war der englische König erbberechtigter Nachfolger, den jedoch die Franzosen ablehnten. Der englische König Eduard III. [1327–1377] versuchte mit Waffengewalt und mit Unterstützung französischer Fürsten und Stämme, etwa der Burgunder, sein Recht auf die französische Krone durchzusetzen. Diese Auseinandersetzung hat den Hundertjährigen Krieg (1339–1453) zwischen England und Frankreich heraufbeschworen.

In diesem hundertjährigen Konflikt zwischen Frankreich und England spielte eine innerfranzösisch-dynastische Frage eine nicht unerhebliche Rolle, ob nämlich Karl VII. [1422–1461] wirklich legitimer Sohn und damit Nachfolger Karls VI. oder ein Bastard sei, wie seine eigene Mutter, Königin Isabeau (von Bayern), in ihren Wutausbrüchen wiederholt behauptete und ihn mit dem Vorwurf der illegitimen Geburt öffentlich brandmarkte.[2] Diesen Vorwurf aus dem Munde der Königinmutter haben selbstverständlich die Engländer propagandistisch reichlich ausgeschlachtet und ihr legitimes Anrecht auf Frankreich damit untermauert.

Wer immer in Karl VII. den rechtmäßigen König von Frankreich sah, war in den Augen der Engländer ihr erklärter Feind. Die englische Eroberungstruppe hatte sicherlich ein leichtes Spiel, das sie propandistisch geschickt ausnützte, Jeanne d'Arc als bigotte »Spinnerin«, als glaubens- und kirchenfeindliche Ketzerin und Hexe hinzustellen. Der Herzog von Burgund hat die Fäden gezogen, um Jeanne d'Arc am 23. Mai 1430 gefangenzunehmen und sie den Engländern auszuliefern. Er wiegte sich in der Hoffnung, durch die Gunst der Engländer seine Besitzungen und damit seine Hausmacht vergrößern zu können.

Auch dem französischen Bischof von Beauvais, Pierre Cauchon, ging es um Macht und Karriere, weshalb er für die Engländer arbeitete. Die Engländer, in deren Händen schließlich Jeanne d'Arc durch den Judasdienst der Franzosen sich befand, haben außerordentlich »fromm« gehandelt, indem sie Jeanne d'Arc der Kirche und deren Inquisitionstribunal überantworteten. Nach einem schamlosen Schauprozeß[3] vom 21. Februar bis zum 24. Mai 1431 wurde Jeanne d'Arc dem weltlichen Gericht der Engländer ausgeliefert, die sich vor aller Öffentlichkeit ihre Hände in Unschuld waschen konnten. Sie selbst hatten ja nicht das Urteil gefällt, sondern lediglich das von einem kirchlichen Inquisitionstribunal gefällte Urteil vollstreckt. Man hüte sich, das ganze Verfahren auf den beiden Ebenen der Kirche und des Staates als Gottesgericht anzusehen. Es waren politische Intrigen und herrschsüchtige Eroberungspolitik, die sich unter dem frommen Mantel eines kirchlichen Gerichts geschickt getarnt hatten.

Ohne Kenntnis des zeitgeschichtlichen Hintergrunds des Hundertjährigen Krieges zwischen Frankreich und England ist weder der politisch-militärische Einsatz noch das Ende der neunzehnjährigen Jeanne d'Arc auf dem Scheiterhaufen zu verstehen und gerecht zu werten. Religiöse wie politische Impulse lassen sich in dieser Epoche nicht scharf trennen. Sie gehen konturlos ineinander über, ohne daß damals auch nur eine Ahnung jener »Theologie der Befreiung« oder der »politischen Theologie« vorlag, die heute manche Gemüter so sehr erregt.

Ungewöhnlicher Lebensauftrag

Leben und Wirken von Jeanne d'Arc haben immer wieder, verstärkt in unserem 20. Jahrhundert, Historiker, Politiker, Theologen, Psychologen, Dichter und auch Filmregisseure beschäftigt. Nicht minder bedeutsam und unerledigt ist die geschichtstheologische Frage, warum Gott durch dieses Mädchen so unerhört drastisch in das politische Geschehen eingegriffen und einem Mann zur Königskrone verholfen hat, der keineswegs jener Mann war, dem Gottes Gnade so sichtbar und erfolgreich (nach menschlichem Ermessen) hätte helfen sollen!

In einer einfachen Bauernfamilie – der Vater hieß Jacques Darc, 1375 in Ceffonds in der Champagne geboren; die Mutter Isabella Romée stammte aus dem benachbarten Vouthon – wurde Jeanne Darc (erst nach der Erhebung in den Adelsstand d'Arc geschrieben!) als viertes Kind und als zweite Tochter am 6. Januar 1412 im lothringischen Dörfchen Domrémy im Maas-Tal geboren. Sie konnte weder lesen noch schreiben. Im Elternhaus, in dem Jeanne vor allem für die Hausarbeiten herangezogen wurde, herrschte ein einfaches, hartes und doch zufriedenes Leben, das im Glauben an den gütigen Gott Halt und Geborgenheit erfuhr. Von Liebeleien oder Freundschaften sowohl im Heimatdorf Domrémy wie auch später unter den Landsern ist nichts überliefert. Jeanne imponierte und überzeugte durch die Geradlinigkeit und zugleich Nüchternheit, mit denen sie ihren Lebensauftrag, ihren »Befehl von oben«, verfolgte.

Sicherlich horchte man während der Sommerzeit 1424 im Elternhaus auf, als die dreizehnjährige Jeanne erzählte, sie habe im Garten des Elternhauses ganz unerwartet eine helle Stimme aus einem strahlenden Lichtschein gehört – es war der Erzengel Michael –, die ihr eröffnete, es würden ihr in Kürze die heilige Katharina und auch die heilige Margaretha erscheinen. Diese beiden Heiligen sind Märtyrerinnen der frühchristlichen Epoche. Sie wurden den Vierzehn Nothelfern beigezählt und in der damaligen Zeit hoch verehrt. In dem Dorf Fierbois (etwa 30 km südlich von Tours, auf halber Strecke zwischen Loches und Chinon) wurde der Reliquienschrein der heiligen Katharina aufbewahrt, vor dem Jeanne d'Arc auf ihrer Reise zum Dauphin betete. Hier diktierte sie auch einen Brief an den Dauphin, in dem sie mitteilte, sie habe bereits 560 km Strecke zurückgelegt, um ihm und ganz Frankreich Hilfe zu bringen.

Rätsel wie Erfolg der Jeanne d'Arc lassen sich nur über das Geheimnis, über die Realität der »Stimmen« erschließen, von denen Jeanne ihren Lebensauftrag erhalten hat. Inmitten vieler Irritationen, die von der Königinmutter Isabeau selbst ausgestreut wurden, erblickte Jeanne in Karl VII. den »gentil dauphin«, den sie gelegentlich auch »oriflamme«[4] nannte. Um den 9. März 1429 wurde Jeanne von Karl VII. im Schloß von Chinon empfangen. Ihr erstes Begrüßungswort, das auch überliefert ist, lautete: »Gentil Dauphin, j'ai nom Jehanne la Pucelle.«[5] Klar und eindeutig nannte sie sich Johanna, die Jungfrau. Das Wort »Pucelle« ist übrigens das einzige Wort des mittelalterlichen Französisch, das sich im heutigen Sprachgebrauch, und zwar ausschließlich im Zusammenhang mit Johanna, erhalten hat. Bemerkenswert ist die präzise Sprechweise, mit der Jeanne Karl VII. vor der Königskrönung stets mit »dauphin«, jedoch nach der Krönung mit König ansprach.

Das erste Gespräch hinterließ beim Dauphin einen tiefen Eindruck, denn Jeanne teilte ihm als Gotteswort mit, er sei (trotz des Vertrags von Troyes im Mai 1420) der legitime Sohn und Nachfolger Karls VI. [1380–1422]. Nach triumphalen Kriegserfolgen und den Eroberungen von Orleans, Jargeau, Beaugency, Patay und Troyes kam es am 17. Juli 1429 zur Krönung Karls VII. in der Kathedrale von Reims (ihr Grundstein wurde 1212 gelegt; nach langen Unterbrechungen ging dieses Gotteshaus gerade zur Krönungszeit seiner Vollendung entgegen).
Reims war dreizehn Jahrhunderte lang die Krönungsstadt der französischen Könige. Wer in Reims zum König gesalbt und gekrönt wurde, war nach damaligem Verständnis der von Gottes Gnaden bestimmte und gesegnete König von Frankreich. Von besonderer Bedeutung war bei der Königskrönung die Salbung mit dem geweihten Öl, das in einer Phiole (Saint Ampoule), deren Hals mit einem Pfropfen aus roter Seide verschlossen war, aufbewahrt wurde.[6] Nach einer alten Überlieferung habe eine weiße Taube vom Himmel her diese Phiole mit dem Salböl gebracht, als Bischof Remigius von Reims (440–533) 496 den Frankenkönig Chlodwig (aus dem Geschlecht der salischen Merowinger; seine Gemahlin war die katholische Prinzessin Chlothilde von Burgund) taufte und später zum König gesalbt hatte.

Die Krönung des Dauphin zum König Karl VII. von Frankreich vollzog der Erzbischof von Reims, Regnault de Chartres, eine recht zwiespältige und keineswegs vertrauenswürdige Person, der vor diesem Ereignis noch nie (zwanzig Jahre lang) seine Bischofsstadt betreten hatte. Eine einzige Gestalt lenkte während der Krönungszeremonie alle Augen auf sich: Jeanne d'Arc, die in voller Rüstung, ihre Standarte mit der Aufschrift »Jesus, Maria« in Händen haltend, neben dem König stand (im Dezember 1429 wurde Jeanne, ihren Eltern, Brüdern und der gesamten Nachkommenschaft der Adelsbrief verliehen).

Diesem Höhepunkt folgte bald das tragische Ende. Am Mittwoch, 23. Mai 1430 (dem Tag vor dem Fest Christi Himmelfahrt), wurde Jeanne nach einer militärischen Auseinandersetzung am Brückenkopf in Margny vor der Stadt Compiegne gefangengenommen und den Feinden Frankreichs, den Engländern, ausgeliefert. Was dann in Rouen folgte, war ein präzis ablaufendes Gerichtsverfahren, das – wie man heute sagen würde – hochkarätig besetzt war: ein Kardinal, sechs Bischöfe, zweiunddreißig Doktoren der Theologie, sechzehn Bakkalaureaten der Theologie, sieben Doktoren der Medizin und hundertdrei andere Verbündete.[7] Wer mit einer solchen Truppe theologisch, medizinisch und juristisch beschlagener Fachleute anrückt, bekundet ungewollt seinen Respekt vor der Angeklagten. Er weiß sich gleichzeitig unter dem Druck der französischen Öffentlichkeit, die Prozeßverlauf wie Prozeßergebnis genauestens verfolgte.

Jeanne d'Arc. Miniatur aus dem 15. Jahrhundert.
Städtische Bibliothek, Grenoble

Die hochkarätige Besetzung des Gerichtsforums sollte die Objektivität des Gerichtsverfahrens – wenigstens nach außen – belegen. In Wirklichkeit ging es den Engländern darum, ein neunzehnjähriges Mädchen, das ihnen politisch und militärisch die Machtpositionen streitig machte, schnellstens aus dem Weg zu räumen. Ein militärisch unausgebildetes Mädchen hatte die geschulten Kommandeure der englischen Truppen als unfähig hinstellen können. Die Prozeßvorbereitungen dauerten fast sechs Wochen (vom

9. Januar bis zum 20. Februar 1431). Am 21. Februar 1431 wurde Jeanne erstmals zum öffentlichen Verhör vorgeführt. Die Frage nach dem Auftrag der »Stimmen« des Erzengels Michael wie der heiligen Katharina und Margaretha spielte eine zentrale, immer wieder aufgegriffene Thematik. Präzis und schlagfertig antwortete Jeanne und setzte wiederholt das Hohe Gericht in Staunen. Ihre letzte Aussage vor dem Gericht am 24. Mai 1431 lautete: »Alles, was ich getan habe, habe ich auf Befehl der Stimmen getan... Ich liebe die Kirche und würde sie mit meiner ganzen Kraft um des christlichen Glaubens willen unterstützen... Ich berufe mich auf Gott, der mich gesandt hat, auf unsere Liebe Frau und auf alle seligen Heiligen im Paradies. So wie ich es sehe, sind Gott und die Kirche ein und dasselbe, und Ihr solltet darin keinerlei Schwierigkeiten erfinden... Bringt mich vor den Papst, und ich will auf alles, was ich beantworten muß, Antwort geben.«[8]

Von dem kirchlichen Inquisitionstribunal wurde Jeanne als »Lügnerin, Verruchte, Volksverderberin, Hexe, Abergläubische, Gotteslästerin, Vermessene, Abtrünnige des Glaubens unseres Herrn Jesus Christus, Überhebliche, Götzendienerin, Grausame, Liederliche, Teufelsbannerin, Apostatin, Schismatikerin und Häretikerin«[9] verurteilt. Da aber die Kirche selbst nach dem damaligen Reichs- und Rechtsverständnis weder Blut vergießen noch hinrichten durfte (und sich damit auf eine recht fromm klingende Weise ihre Hände in Unschuld waschen konnte), übergab das kirchliche Gericht am 29. Mai 1431 die verurteilte Jeanne der weltlichen Gerichtsbarkeit, d. h. dem Gericht der Engländer, mit den damals stereotypen (heute geradezu zynisch klingenden) Worten: »Johanna soll der weltlichen Justiz übergeben werden mit dem Ansuchen, diese möge gnädig mit ihr verfahren.«[10] Was im Klartext hieß, Johanna soll möglichst bald auf dem Scheiterhaufen verbrannt werden.

Nachdem Jeanne an ihrem Todestag noch im Gefängnis gebeichtet und die heilige Kommunion empfangen hatte, wurde sie am 30. Mai 1431 auf dem Marktplatz von Rouen, der mit etwa zehntausend Menschen dicht gedrängt war, als Ketzerin verbrannt. Ihre Asche und ihre Eingeweide wie ihr Herz, die nicht zu Asche verbrennen konnten, wurden in die Seine geworfen. Rouen hat damals die erschütterndste Szene seiner Stadtgeschichte erlebt.

JEANNE D'ARC

Die vielen Menschen auf dem Marktplatz von Rouen waren keineswegs nur Schaulustige. Mit Erschütterung und mit Tränen in den Augen verfolgten sie das grausame Geschehen. Dumpf ahnten die meisten, daß Unrecht geschah. Nicht wenige warteten in allerletzter Stunde auf ein Eingreifen Gottes, um Unschuld und Rechtgläubigkeit der Jeanne d'Arc zu bestätigen. John Tressart, der Sekretär des Königs von England und gewiß kein Freund der Franzosen, der die Verbrennung der Jeanne d'Arc miterlebte, sprach innerlich betroffen und beunruhigt: »Wir sind verloren. Wir haben eine Heilige verbrannt.«[11]

Die von einem kirchlichen Gericht verurteilte Ketzerin Jeanne d'Arc wurde am 11. April 1909 in Rom durch Papst Pius X. selig-, am 16. Mai 1920 durch Papst Benedikt XV. in Rom heiliggesprochen. Ihr Todestag (30. Mai) ist zum Festtag im liturgischen Kalender geworden.

Dokument

Richter: »*Wollt Ihr alle Eure Taten, sie seien gut oder böse, der Entscheidung unserer Heiligen Mutter, der Kirche, unterwerfen?*«

Jeanne d'Arc: »*Ich liebe die Kirche und möchte sie mit all meiner Kraft für unseren christlichen Glauben unterstützen. Mich könnte man nicht davon abbringen, in die Kirche zu gehen und die Messe zu hören. Was meine guten Werke und meine Sendung betrifft, so berufe ich mich auf den König des Himmels, der mich zu Karl, Sohn König Karls von Frankreich, geschickt hat, welcher der wahre König von Frankreich ist. Und Ihr werdet sehen, daß die Franzosen bald eine große, von Gott gesandte Aufgabe erfüllen werden, so sehr auch das ganze Königreich Frankreich davon erbeben wird. Ich sage das, damit Ihr, wenn es eintritt, Euch erinnert, daß ich es vorausgesagt habe.*«

Richter: »*Und wann wird das eintreten?*«

Jeanne d'Arc: »*Ich verlasse mich auf Unseren Herrn.*«

Richter: »*Unterwerft Ihr Eure Worte und Taten dem Entscheid der Kirche?*«

Jeanne d'Arc: »*Ich unterwerfe mich Gott, der mich gesandt hat, der Heiligen Jungfrau und allen Heiligen des Paradieses. Und ich bin überzeugt, daß Gott und die Kirche ein und dasselbe ist, und daß man dieserhalb keine Schwierigkeiten machen darf...*«

Richter: »Wollt Ihr Euch dem Urteil der Kirche auf Erden unterwerfen in allem, was Ihr gesagt und getan habt, es sei gut oder böse, besonders für die Verbrechen und Vergehen, deren man Euch angeklagt hat, und in allem, was den Prozeß betrifft?«

Jeanne d'Arc: »Ich unterwerfe mich der streitenden Kirche, vorausgesetzt, daß sie nicht Unmögliches zu tun von mir verlangt. Unmöglich nenne ich, daß ich widerrufe, was ich getan und gesagt habe und was ich in diesem Prozeß über die Erscheinungen und Offenbarungen, die mir durch Gott zuteil geworden sind, erklärt habe. Nicht um alles in der Welt werde ich sie widerrufen. Das, was Unser Herr mir zu tun befohlen hat und befehlen wird, kann ich um keines lebenden Menschen willen unterlassen. Im Falle, daß die Kirche etwas von mir verlangen sollte, was dem Auftrag, der mir von Gott geworden, widerspricht, würde ich es um nichts in der Welt tun.«

Richter: »Wenn die streitende Kirche Euch sagt, daß Eure Offenbarungen Trugbilder und Teufeleien sind, unterwerft Ihr Euch dann der Kirche?«

Jeanne d'Arc: »Ich werde mich immer auf Gott berufen, dessen Befehl ich stets befolgt habe. Ich weiß wohl, daß alles, was in meinem Prozeß enthalten ist, in Gottes Auftrag geschehen ist. Und ich kann unmöglich das Gegenteil von dem tun, was ich in dem Prozeß auf Befehl Gottes zu tun bekannt habe. Falls die streitende Kirche das von mir verlangte, würde ich mich auf keinen Menschen in der Welt, sondern allein auf Unseren Herrn verlassen, dessen Willen ich immer gefolgt bin.«

Richter: »Glaubt Ihr nicht, der Kirche Gottes auf Erden unterworfen zu sein, das heißt dem Herrn Papst, den Kardinälen, Erzbischöfen, Bischöfen und anderen Prälaten der Kirche?«

Jeanne d'Arc: »Ja, doch zuerst muß ich dem Herrn dienen.«

Protokoll des Ketzerprozesses gegen Jeanne d'Arc in Rouen 1431. Das Gerichtsverfahren wurde in französischer Sprache protokolliert. Am Rand des Protokolls finden sich wiederholt lateinische Anmerkungen.

Die deutsche Übersetzung hat die indirekte Rede des Protokolls, die damals bei der Niederschrift üblich war, in direkter Rede wiedergegeben. Eine überaus anschauliche Darstellung des Prozesses, der zur Verurteilung der Jeanne d'Arc als Ketzerin und zu ihrer Verbrennung am 30. Mai 1431 auf dem Marktplatz von Rouen führte, findet sich bei V. Sackville-West, Jeanne d'Arc. Die Jungfrau von Orleans, Hamburg 1937, 338–404. Das gleiche Werk enthält auch eine Zusammenstellung der Prozeßakten (S. 447) und das Faksimile einer Seite aus den originalen Prozeßakten (gegenüber von S. 400).

Girolamo Savonarola
(1452–1498)

Als der Dominikanerprior des Klosters San Marco, Girolamo (Hieronymus) Savonarola, am 23. Mai 1498 auf der Piazza della Signoria in Florenz als Ketzer hingerichtet wurde und der berühmt-berüchtigte Borgia-Papst Alexander VI. endlich seinen unerbittlichsten Gegner aus dem Weg geräumt hatte, stand Martin Luther (1483–1546) im 15. Lebensjahr.[1] Mit guten Gründen hat man die Frage gestellt, was geschehen wäre, wenn die Kirche auf den Mahn- und Bußprediger Savonarola gehört und die schon längst überfällige Reform an Haupt und Gliedern (reformatio in capite et in membris) durchgeführt hätte?

Joseph Schnitzer, dessen zweibändiges Savonarola-Werk bis zum heutigen Tag nicht überholt und hochaktuell geblieben ist, schreibt dazu: »Es war die verhängnisvollste Schicksalsstunde der römischen Kirche, als sie den florentinischen Propheten aus ihrer Gemeinschaft verstieß; damals verriet sie ihr besseres Selbst. Hätte sie es über sich gebracht, auf ihn zu horchen und seiner Mahnung zu folgen, so hätte sie die Reformation vereitelt und der Weltgeschichte andere Bahnen gewiesen.«[2] Erstmals erwähnt Luther den Florentiner Dominikaner Savonarola 1520 und zählt ihn zu den »Heiligen Christi.«[3] In seiner lateinischen Vorrede, die Martin Luther zur 1523 erfolgten Neuauflage der Gefängnismeditationen Savonarolas über Psalm 90 schrieb, nennt er den Dominikanerprior von San Marco ein »lauteres und schönes Beispiel der evangelischen Lehre und der christlichen Frömmigkeit.«[4]

Der düstere Hintergrund der Kirchengeschichte

Savonarola erlebte und erlitt das Zeitalter der Renaissance-Päpste (1447–1534). Neben dem tieffrommen Papst Nikolaus V. [1447–1455] und dem vornehmlich an der Antike literarisch und künstlerisch interessierten Papst Pius II. [1458–1464] gab es korrupte Gestalten wie Papst Sixtus IV. [1471–1484], der sich durch seine Bauleidenschaft in ständigen Geldnöten befand. Mit einem »klassisch-zynischen« Ausweg gelang es ihm, seine Bauvorhaben (z. B. die berühmte Sixtinische Kapelle im Vatikan) zu finanzieren: Er richtete in Rom Bordelle ein und hatte nun aus der dort erhobenen »Vergnügungssteuer« Geld in seiner Schatulle. Andere wiederum wie die Päpste Innozenz VIII. [1484–1492] und Alexander VI. [1492–1503] haben tief in die kirchlichen Geldtruhen gegriffen, um für das standesgemäße Einkommen und Auskommen ihrer sakrilegischen Kinder Sorge zu tragen. Der große und skandalöse Kontrahent Savonarolas war Papst Alexander VI. Von mehreren Mätressen, unter denen die dreimal verheiratete Römerin Vanozza de Cataneis ihm vier Kinder (Cesare, Juan, Jofré und Lukrezia) schenkte, hatte er neun Kinder. Mit Schmiergeldern verstand er es, sich die Papstwahl zu erkaufen und sogar einstimmig gewählt zu werden. Es war »der oberste Senat der Kirche selbst, das Kardinalskollegium, das zum Oberhaupt der Kirche eine Persönlichkeit erhob, wie sie unwürdiger nicht gedacht werden kann.«[5] Hans Kühner schrieb über Alexander VI.: »Die Religion spielte in seinem Leben nur die Rolle einer Phrase, die Kirche bedeutete ihm nur eine Kostümfrage.«[6]

Wer im lebenslustigen Florenz, der Stadt der Mediceer, wie Savonarola lebte, hatte zu den römischen Skandalberichten fast alltäglich einen erschütternden Anschauungsunterricht über den Verfall der Kirche, über Maskentreiben, Weingelage und Karnevalstänze der hohen Geistlichkeit, über die Glaubensgleichgültigkeit und Sittenlosigkeit der breiten Öffentlichkeit. Papst Alexander VI. hat allzu genau gewußt, daß er in Florenz und weit darüber hinaus keinen größeren Gegner hatte als den Dominikanerprior Girolamo Savonarola. Um Savonarola an einer möglichen Schwachstelle zu ertappen und ihn gefügig und mundtot zu machen, ließ er ihm durch seinen Lieblingssohn Cesare Borgia 1496 das Angebot unterbreiten, ihn zum Kardinal zu erheben. Savonarola hat am 20. August 1496 dazu eine klare Antwort in einer Predigt gegeben, in der er sagte: »Ich will keinen roten Hut, keine großen oder kleinen Mitren ... Einen roten Hut, den blutigen Hut, den begehre ich.«[7]

Savonarola warnte in seinen Predigten vor einem magischen Verständnis der Sakramente, der Heiligen- und Reliquienverehrung und des Ablasses. Er selbst war von der Frage zutiefst beunruhigt, warum Gott es zugelassen habe, daß ein Alexander VI. Oberhaupt der Kirche und Stellvertreter Christi sei. Weil er wußte, daß Alexander VI. nur durch massive Bestechungsgelder seine Papstwahl durchsetzen konnte, wurde in Savonarola die Frage immer unausweichlicher, ob Alexander VI. überhaupt rechtmäßiges Oberhaupt der Kirche sei und ob – je eher, desto besser – ein allgemeines Konzil diesen Skandal-Papst absetzen müsse.

Gewissensgehorsam und Kirchenkonflikt

Girolamo Savonarola wurde am 21. September 1452 in Ferrara geboren als Drittältester von fünf Söhnen und zwei Töchtern der Eheleute Nikolaus Savonarola und seiner Gattin Helena de' Bonacossi. Erstaunlich spät für die damalige Zeit wurde er am 4. Oktober 1452 an seinem Geburtsort Ferrara getauft. Die geistig und religiös prägende Gestalt der Großfamilie war der Großvater väterlicherseits, Michael Savonarola[8] – ein gefeierter medizinischer Schriftsteller und Universitätsprofessor an der Universität seiner Vaterstadt Padua, der 1440 vom Markgrafen Nikolaus d'Este von Ferrara zu seinem Leib- und Hofarzt berufen wurde.

Dieser ebenso fromme wie humanistisch aufgeschlossene Großvater war ein echter Sohn des Renaissance-Zeitalters. Er war in den Schriften eines Cicero und Seneca, Virgil, Ovid und Terenz ebenso belesen wie in den Werken der griechischen Philosophen Platon und Aristoteles. Michael Savonarola erkannte bald die breite Veranlagung seines aufgeweckten Enkels und leitete ihn sehr früh schon an, sich mit philosophischen, naturwissenschaftlichen, vor allem mit medizinischen Fragen zu befassen. Zu diesem gelehrten wie kirchentreuen Großvater schaute der Enkel Girolamo mit stolzer Freude auf.

Als der Großvater Michael Savonarola 1468 starb, war der sechzehnjährige Enkel Girolamo religiös und geistig schon so gefestigt, daß er auf eigenen Füßen stehen konnte. Girolamo fand im Glauben seines Elternhauses Heimat und Geborgenheit, wobei man keineswegs blind war gegenüber den Skandalen im hohen und niederen Klerus wie in nicht wenigen Klöstern. Die Heilige Schrift gehörte zur täglichen Lektüre der Familie Savonarola. Durch seinen Großvater hatte Girolamo die Werke des Dominikanertheologen Thomas von Aquin (1225–1274) kennen- und schätzengelernt. In einer seiner Predigten gestand Savonarola über Thomas von Aquin: »Stets hatte ich eine besondere Vorliebe für ihn, und schon als ich in der Welt lebte, hegte ich Verehrung für ihn.«[9] Man vermißt im Leben und Glauben Savonarolas so manches Gequälte, das den jugendlichen Luther so schmerzlich belastete. Seine Frömmigkeit und Theologie nährte sich – im deutlichen Unterschied zu Martin Luther – nicht von der mageren Bettelsuppe der spätmittelalterlich-nominalistischen Theologie. Es gibt bei Savonarola kein »Bekehrungserlebnis«, keinen »Umbruch«, keine Kurskorrektur seines Denkens und Glaubens. Sein Weg in der Kirche und im Glauben mit der Kirche war unbelastet, geradlinig. Es war dem 16jährigen ein schweres Ärgernis, als er von dem tollen Treiben und Leben nicht weniger Priester und Bischöfe seiner Zeit hörte.

Schon vor seinem Ordenseintritt sprach er offen und kritisch mit 20 Jahren (1472) in einem Gedicht »Vom Ruin der Welt« (De ruina mundi), dem 1473 eine noch schärfere Anklage in dem Gedicht »Vom Verderben der Kirche« (De ruina ecclesiae) folgte. Girolamo Savonarola fühlte sich vor allem vom Leben und Wirken der alttestamentlichen Propheten angezogen, über die er später umfangreiche Predigtzyklen hielt. Den letzten, äußeren Anstoß seiner Lebensentscheidung, in einem Orden Gott und der Kirche zu dienen, gab die Predigt eines (nicht bekannten) Augustiners in Faenza.

Am 25. April 1475 floh Girolamo aus dem Elternhaus und trat als Novize in das Dominikanerkloster in Bologna ein, in deren Kirche das Grab des Ordensgründers, des heiligen Dominikus († 6. August 1221, heiliggesprochen am 3. Juli 1234), sich befand. Im Mittelpunkt des Noviziats stand die strenge Förderung der monastisch-dominikanischen Spiritualität, während die gleichzeitig durchgeführten theologischen Studien von der Auslegung der Heiligen Schrift und von der Theologie des Dominikanertheologen Thomas von Aquin geprägt waren.

Nach dem Empfang der Priesterweihe kam Pater Girolamo im Auftrag der Ordensobern nach San Marco in Florenz (einem von den Medici gegründeten, mit ergiebigen Pfründen und vor allem mit einer hervorragenden Bibliothek ausgestatteten Kloster), um dort biblische Vorlesungen für die jüngeren Mitbrüder zu halten. Er mußte aber bei aller Anerkennung seiner Vorlesungen erfahren, daß er als Prediger bei einem so anspruchsvollen Publikum wie in Florenz nicht ankam. Am Ende seiner ersten Fastenpredigten 1482 waren knapp 25 Zuhörer in der weiträumigen Kirche San Lorenzo – mehr aus Mitleid mit dem redlich sich mühenden Prediger als aus Begeisterung für den Inhalt seiner Predigten.

Nach mehrjährigen Seelsorgs- und Predigteinsätzen in der Provinz (in der Lombardei) wie auch in Brescia, Pavia und Genua hatte sich seine rhetorische Fähigkeit so brillant verbessert, daß Pater Girolamo 1489 nach Florenz zurückberufen wurde. Weil die Klosterkirche San Marco sich alsbald als zu klein erwies, bot Lorenzo de Medici, genannt »il Magnifico« (der Prächtige), ihm die Domkanzel an. Nur mit Staunen kann man zeitgenössischen Berichten entnehmen, daß selbst an Wochentagen 14 000 bis 15 000 Florentiner unter der Kanzel des Dominikanerpredigers Savonarola standen.

Savonarola war ein leidenschaftlicher, wortgewandter Sohn des Dominikanerordens. Dominikaner zu sein hieß für ihn, Prediger der unverkürzten Wahrheit Gottes, Verteidiger des Glaubens und des Lehramts der Kirche, Bekämpfer und Entlarver jeder Form der Ketzerei zu sein. Savonarola war ein Wortbesessener, ein von Gottes Wort Betroffener und zur Verkündigung des Gotteswortes Genötigter: »Wenn ich nicht predige, so kann ich nicht leben... Das Wort Gottes brennt mir wie Feuer im Herzen, und wenn ich ihm nicht Luft mache, so verbrennt es mir Mark und Bein im Innern.«[10]

Der berühmte Prediger wurde im Juli 1491 von seinen Mitbrüdern einstimmig zum Prior des Dominikanerkonvents San Marco gewählt. Während seines auf Frömmigkeit und Ordensdisziplin bedachten Priorats wuchs die klösterliche Gemeinschaft von 50 auf 238 Mitglieder. Wer mit solcher Leidenschaft lebt, predigt und seine Ordensgemeinschaft erneuert, hat aber nicht nur Freunde. Im eigenen Konvent von San Marco gab es hinter seinem Rücken Gruppierungen, die den strengen Kurs ihres Priors ablehnten.[11] Von den etwa 5000 Geistlichen, die damals in Florenz lebten (oder richtiger gesagt, sich herumtrieben), haben immer mehr Savonarola als ihren Ankläger gehaßt, der öffentlich sie entlarvte und ihr Luderleben bloßstellte.

In einer Fastenpredigt, gehalten am 28. Februar 1496 im Dom zu Florenz (seit August 1492 war Alexander VI. Papst), nahm sich Savonarola bei der Nennung und Verdammung des römischen Dirnenunwesens kein Blatt vor den Mund und sprach – im Anschluß an Amos 4,1 – von den Dirnen als den »fetten Kühen« Roms. Über die unwürdigen Priester und Prälaten Roms fügte er hinzu: »Die Nacht verbringt ihr mit eurer Kebse und, noch schlimmer, mit euren Lustbuben, und dann am Morgen geht ihr zum Sakrament (der heiligen Messe). O Rom! O Italien!, was soll ich sagen? Wie viele werden diese Ostern unwürdig zum Sakrament gehen! Ihr habt Gottes Zorn auf euch herausgefordert und tut dies beständig.«[12]

Auf eine nicht ungefährliche Gratwanderung ließ sich der Dominikanerprior Savonarola ein, als neben den Skandalen in Rom

Girolamo Savonarola als Prediger in Florenz. Zeitgenössischer Holzschnitt

die politischen Verhältnisse in Florenz einen immer größeren Raum in seinen Predigten einnahmen und mit zunehmender Aggressivität angeprangert wurden. Man muß gewiß die apokalyptisch angeheizte Stimmung dieser Zeit berücksichtigen, da nicht wenige für das Jahr 1500 wenn nicht den Weltuntergang, so doch ein gewaltiges Strafgericht Gottes erwarteten. Als Savonarola in seinen Fastenpredigten 1494 die Ankunft eines gottgesandten, politischen Machthabers ankündigte und im September des gleichen Jahres mit dem Feind Italiens und des päpstlichen Kirchenstaates, dem französischen König Karl VIII. [1483–1498], in Pisa verhandelte, war eine geradezu unerträgliche Spannung entstanden. Am 9. November 1494 kam es zur Vertreibung der Medici durch das Florentiner Volk. Bereits am 17. November 1494 zog der französische König Karl VIII. als Sieger in Florenz ein.

Damit waren alle Mächtigen in Italien, nicht zuletzt der Papst als Herr des Kirchenstaates, in Alarmstimmung versetzt. Wie konnte dem militärischen Vordringen des französischen Königs Einhalt geboten werden? In diese turbulente Zeit fällt das Angebot des Papstes Alexander VI., Savonarola zum Kardinal zu erheben, wenn dieser zwischen ihm und dem französischen König vermitteln werde. Nun überstürzen sich die Ereignisse: Am 16. Oktober 1495 verbietet der Papst Savonarola das Predigen. Savonarola hält sich nicht daran. Für ihn ist dieser Papst unrechtmäßig und möglichst bald durch ein Konzil abzusetzen. Durch Umgruppierungen in der Gemeinschaft der Dominikaner suchte man die einflußreiche Position des Priors Savonarola zu unterminieren. Am 13. Mai 1497 verfügte Alexander VI. die Exkommunikation über Savonarola und erneuerte das Predigtverbot. Am 11. Februar 1498 beginnt Savonarola wieder zu predigen. Seine letzte Predigt hielt er am 18. März 1498 in San Marco.

Rasch und tragisch begann im Volk von Florenz, dessen Seele sehr geschickt »zum Kochen gebracht wurde«, die bisherige Sympathie für Savonarola in blinde Wut gegen ihn umzuschlagen. Am 8. April 1498 wurde das Dominikanerkloster San Marco gestürmt und Savonarola mit seinen Getreuen gefangengenommen. Man kann durchaus die Frage aufwerfen: Ist Savonarola der Versuchung der Macht erlegen? Hat er seine religiöse Kompetenz überschritten oder gehörte zu seinem Gewissensauftrag, die Kirche zu erneuern, als Voraussetzung dazu die Erneuerung der äußeren, politischen Verhältnisse?

Papst Alexander VI., der zunächst die Absicht hatte, das Urteil in Rom vollstrecken zu lassen, ließ sich auf Bitten der Signoria von Florenz die Entscheidung abringen, die Vollstreckung des Urteils in Florenz durchführen zu lassen. Vergeblich mühten sich sowohl der Herzog von Ferrara, der Geburtsstadt Savonarolas, wie auch der neue König von Frankreich, Ludwig XII. [1498–1515], von einer Hinrichtung Savonarolas abzusehen und ihn lediglich lebenslänglich in Verwahrsam zu halten.

Die Zeit zwischen dem Prozeß und der Hinrichtung widmete Savonarola dem Gebet und der Niederschrift seiner Betrachtung über Psalm 50 Miserere, die er am 8. Mai abschließen konnte. Seine letzten Worte, die er in seiner Betrachtung über Psalm 30 niederschrieb, waren die Tröstung des Psalmverses (Ps 26,1 und 3): »Der Herr ist mein Licht und mein Heil – wen soll ich fürchten? ... Tritt ein Heerlager gegen mich an, mein Herz hat nicht Angst. Erhebt sich Krieg gegen mich, ich bleibe trotzdem gelassen.«[13]

Dramatisch spitzte sich die Situation zu, als am 19. Mai 1498 zwei päpstliche Kommissare, Gioacchino Turriano, der 82jährige General des Dominikanerordens, und der 36jährige Bischof Francisco Remolino, der seine Karriere der Freundschaft mit dem Papstsohn Cesare Borgia zu verdanken hatte, in Florenz eintrafen. Was sie wollten, sprach Remolino unverblümt aus: »Sterben muß er, und wäre er ein zweiter Johannes der Täufer ... ich habe das Todesurteil schon in der Tasche.«[14] Diese beiden päpstlichen Kommissare führten im Palast der Signoria den letzten (dritten) Prozeß durch, bei dem durch grausamste Folterungen vor allem am 21. und 22. Mai die Widerstandskraft Savonarolas gebrochen und »Geständnisse« erpreßt worden sind.

Erschütternd ist das Gebet der Dankbarkeit und der Sühne, das Savonarola am Morgen seines Hinrichtungstages vor dem Empfang der letzten Kommunion gesprochen hat. Dann wurde ihm und seinen beiden Mitbrüdern Silvestro Maruffi und Fra Domenico Buonvicini das Ordensgewand vom Leib gerissen. Auf Grund einer besonderen Anordnung des Papstes Alexander VI. wurden ihnen die heiligen Weihen abgesprochen. Nach der Verlesung des Urteils, das wegen Ketzerei, Kirchenspaltung und Verkündigung von Irrlehren ausgesprochen wurde, richtete der päpstliche Kommissar Remolino an die drei Verurteilten die Fragen: »Seine Heiligkeit Alexander VI. hat die Gnade, euch vollkommenen Nachlaß eurer Sünden zu gewähren, euch in den Stand der ersten Unschuld zurückzuversetzen und von der Strafe des Fegfeuers zu befreien. Nehmt ihr sie an?« Alle drei bejahten durch Verneigen des Kopfes.[15]

Nun wurden Fra Silvestro und Fra Domenico am einen Ende und am anderen Ende, Savonarola in der Mitte des aufgerichteten Galgens gehängt. Ihre Leichen wurden am gleichen Platz sofort verbrannt und die Asche vom Pontevecchio aus in den Arno geschüttet. Man spürt noch die innere Erregung, die den Savonarola-Kenner Joseph Schnitzer bei der Darstellung der Hinrichtung Savonarolas bewegte, wenn er schreibt: »So sah die ›Kultur der Renaissance‹ in der Nähe aus! So ging der Orden des heiligen Dominikus mit einem seiner edelsten Söhne um! So betrieb Alexander VI. die Kirchenreform! Savonarola am Galgen, ein Scheusal wie Borgia aber auf dem Stuhle des heiligen Petrus – das war die Lage der Christenheit!«[16]

Girolamo Savonarolas Glaube an seine göttliche Sendung blieb eingegrenzt durch Fanatismus und Schwärmerei. In seinem leidenschaftlichen und rücksichtslosen Einsatz für die politische Neugestaltung von Florenz dürfte er weit über seinen geistig-geistlichen Auftrag hinausgegangen sein. Das hell-dunkle Geheimnis seiner Größe besteht in dem Versuch, das Rad der Geschichte zurückdrehen und in einer hochentwickelten, nach neuen Ufern drängenden Kultur- und Wirtschaftsepoche eine theokratisch gefärbte Demokratie etablieren zu wollen.

Dokument

Es ist heute morgen unsere Absicht, alles zu wiederholen, was wir in diesen letzten Jahren über die Erneuerung der Kirche in Florenz gesagt und gepredigt haben. Sie wird nämlich unbedingt bald eintreten... Einige von den Beweisen beruhen auf Wahrscheinlichkeit, so daß man eine andere Ansicht haben kann. Andere sind durchschlagend, so daß sie keinen Widerspruch zulassen, weil sie in der Heiligen Schrift begründet sind. Ich

werde nur solche Argumente anführen, die beweiskräftig, weil in der Heiligen Schrift begründet sind:
  Der erste Grund ist die Verderbnis der praelati... Der zweite Grund liegt in der Hinwegnahme der Guten und Rechtschaffenen... Der dritte Grund besteht in der gewaltsamen Entfernung der Rechtschaffenen... Der vierte Grund in der Sehnsucht der Gerechten..., der fünfte in der Verstockung der Sünder. Darum, Florenz, mach dich gefaßt auf die Geißel – und du, Rom, auch zu dir kam der Ruf, und du bleibst doch in der Verhärtung. Der sechste Grund ist die Menge der Sünden; der siebte das Wegwerfen der ersten Tugenden, der Liebe und des Glaubens; der achte die Verleugnung der ewigen Wahrheiten; der neunte die Verwahrlosung des Gottesdienstes... O Geistlichkeit, o Geistlichkeit, deinetwegen ist diese Verwüstung gekommen, du bist die Ursache von allem Übel... Der zehnte Grund ist die allgemeine Überzeugung; denn sieh dich nur um: du findest, ein jeder spricht von der Geißel und sagt sich, es ist gerecht. Der Abt Joachim und viele andere haben es angekündigt... Ich habe dir gesagt: ›Das Schwert des Herrn kommt rasch und eilends über die Erde.‹ Glaube mir, es wird kommen, und zwar bald...!
  Ich komme zum Schluß. Ich bin heute morgen ein Narr geworden... Gott hat es so gewollt... O Italien, ihr Fürsten des Landes, ihr Prälaten der Kirche, der Zorn Gottes ist über euch, und ihr habt keinen Ausweg, als euch zu bekehren, und ›bei meinem Heiligtum will ich den Anfang machen‹.

Die Predigt vom 13. Januar 1495, gehalten im Dom zu Florenz, stellt eine Zusammenfassung der früheren Warnungen des Dominikanerpriors Girolamo Savonarola dar. Die kirchliche und politische Atmosphäre in Florenz war gekennzeichnet und gewiß auch angeheizt durch die hektisch-nervöse Naherwartung des Unheils, von der Savonarola wie ein endzeitlicher Prophet sprach.
  Der Text ist entnommen: Savonarola. Letzte Meditationen. Mit einer Einführung von O. Karrer, Düsseldorf 1956, 11–12. In seiner Einführung hat Otto Karrer (a. a. O. 12) für die Wertung und Deutung Savonarolas und seines Wirkens beachtenswert geschrieben: »... der Eindruck seines reinen, wenn auch menschlich durch den Radikalismus seines Wesens nicht unbedingt anziehenden, auch von manchen Guten mit Besorgnis beobachteten Wesens spiegelt sich in der starken und doch nicht einheitlichen Wirkung, die von ihm ausging. Seine kühne Sprache bewirkte für den Augenblick eher eine Revolution als eine seelische Umwandlung.«

Die Neuzeit

16.–20. Jahrhundert

Martin Luther
(1483–1546)

Welcher Aufschrei der Entrüstung würde weltweit laut, würde ein katholischer Autor in einem Buch über die Ketzer auch Martin Luther, den exkommunizierten und verheirateten Augustiner-Eremiten, nennen! Walter Nigg, der reformierte Theologe aus der Schweiz und Professor für Kirchengeschichte an der Universität Zürich, hat unbekümmert und klar konturiert dies in seinem erstmals 1949 erschienenen Werk »Das Buch der Ketzer«[1] getan. Friedrich Heer pflichtete ihm bei und erklärte, »es sei hoch an der Zeit, an den Ketzer Martin Luther zu erinnern«.[2] Gleichzeitig gibt es hüben wie drüben ernstzunehmende Aufrufe, Martin Luther vom Bannfluch zu lösen. In diesem Zusammenhang wird auf eine Grundüberzeugung Martin Luthers hingewiesen, wenn er 1519 schreibt: »Mir hat nie eine Kirchenspaltung gefallen und wird mir nie gefallen.«[3]

Angesichts der immer wieder aufgeworfenen Frage und gestellten Bitte, die Exkommunikation Martin Luthers aufzuheben und dadurch eine Barriere auf dem Weg der Wiedervereinigung zu beseitigen, hat der Präfekt der römischen Glaubenskongregation, Kardinal Joseph Ratzinger, eine klare Antwort gegeben, die jede weitere Diskussion erübrigt: »Man muß die Exkommunikation als eine Ordnungsmaßnahme der Rechtsgemeinschaft der Kirche gegenüber einer bestimmten Person unterscheiden von den sachlichen Inhalten, die den Anlaß zu einem solchen Vorgehen bilden. Da die Rechtsgewalt der Kirche sich selbstverständlich nur auf Lebende bezieht, endet die Exkommunikation mit dem Tod des

Betroffenen. Insofern ist die Frage einer Aufhebung der Exkommunikation gegenüber der Person Martin Luthers müßig: Sie ist mit seinem Tod erloschen, weil das Gericht nach dem Tode einzig Gottes ist. Man braucht die Exkommunikation gegen die Person Luthers nicht aufzuheben; sie besteht längst nicht mehr.«[4]

Nachdem das Wort vom »Ketzer« Luther immer noch zu hören ist, ist man doch wieder erstaunt, in dem von dem evangelischen Theologen Gerhard Ruhbach und dem Jesuitenpater Josef Sudbrack herausgegebenen Sammelband »Große Mystiker«[5] Martin Luther als Mystiker vorgestellt zu erhalten. Ist Martin Luther eine so schillernde widersprüchlich-dialektische und schwer faßbare Gestalt, daß man ihn ebenso als Ketzer wie als Mystiker nennen kann? In einer Stellungnahme der EKD (Evangelische Kirche in Deutschland) im Vorfeld des Papstbesuches 1980 heißt es: »Martin Luther ist für die evangelische Kirche kein Heiliger. Als Person der Kirchengeschichte ist er der kritischen Beurteilung durch Historiker ausgesetzt.«[6]

Nicht wenige tun sich schwer, in Martin Luther einen Mystiker zu erkennen. Ihnen ist allzu stark in Erinnerung der grübelnde Exeget, der zornig reagierende Pamphletist, der antipapistische Polterer. »Luthers Gestalt ist rätselhaft – nicht weil wir so wenig, sondern weil wir so viel von ihm wissen.«[7]

Der Ruf nach dem gnädigen Gott

Tausende von Bischöfen, Priestern, Ordensleuten und Laien haben am Ende des 15. und zu Beginn des 16. Jahrhunderts vom erbärmlichen Notstand der Kirche und von den Skandalen der Päpste, Bischöfe und Priester gewußt. Sie haben an der damaligen Kirche gelitten – schweigend, betend, auf Gottes Eingreifen hoffend. Warum aber hat es in Martin Luther so deutlich und folgenschwer »gezündet«? Welche geistige und religiöse Disposition war in ihm vorhanden, die aus der Not zur Nötigung des Redens, des Schreibens, des Handelns führte?

Wäre Martin Luther nicht ein höchstsensibler homo religiosus gewesen (was keineswegs gleichbedeutend sein muß mit Mystiker), er hätte als wohlbestallter Theologieprofessor der Universität

Wittenberg ein geruhsames Leben im Kloster der Augustiner-Eremiten führen können.

Martin Luther, geboren am 10. November 1483 in Eisleben als zweiter Sohn der Eheleute Hans (Luder) und Margarete (geb. Ziegler), ist sehr früh schon von einer tiefgreifenden, religiösen Unruhe bedrängt gewesen, die in der quälenden Frage gipfelte: »Wie kriege ich einen gnädigen Gott?«[8] Es war ein Bündel unterschiedlicher Ursachen, die Martin Luther bewogen haben, sein am 20. Mai 1505 erst begonnenes Rechtsstudium plötzlich abzubrechen und am 17. Juli 1505 in das Kloster der Augustiner-Eremiten in Erfurt einzutreten.

Martin Luther als Junker Jörg. Holzschnitt von Lukas Cranach

Es läßt sich nicht leugnen, daß Martin Luther durch seinen Ordenseintritt und seinen Verzicht auf eine respektable Laufbahn als Jurist ein holocaustum, ein Ganz-Opfer, Gott darbringen wollte, um endlich und für immer im Frieden mit einem gnädigen

Gott der Versöhnung leben und beten zu können. Er mußte aber erleben, daß alle noch so gut gemeinten Frömmigkeitsübungen, Wallfahrten, Reliquienverehrungen, Ablässe und selbst die Ordensgelübde nicht zum Gott der Versöhnung führen.

Im autobiographischen Rückblick (1545) schreibt Martin Luther über die zunehmende Qual dieser Zeit: »Ich konnte den gerechten, die Sünder strafenden Gott nicht lieben, im Gegenteil, ich haßte ihn sogar. Wenn ich auch als Mönch untadelig lebte, fühlte ich mich vor Gott doch als Sünder, und mein Gewissen quälte mich sehr. Ich wagte nicht zu hoffen, daß ich Gott durch meine Genugtuung versöhnen könnte.«[9] Sein Novizenmeister Johann Greffenstein, vor allem sein Ordensoberer und Freund Johann von Staupitz (1470–1524), versuchten den begabten, aber seelisch zerrissenen Novizen Martin von der religiösen Selbstquälerei zu befreien. Wie es damals um Martin Luther stand, kann einer seiner Aussagen entnommen werden: »Ich habe einmal sechs Stunden gebeichtet.«[10] Eine schonungslose Entlarvung des damaligen Zustands durch seinen Beichtvater muß Martin Luther zutiefst getroffen haben, denn er erinnert sich in seinen späteren Tischreden noch wortwörtlich an diesen Ausspruch: »Gott zürnt nicht dir, sondern du zürnst Gott.«[11]

Martin Luther hat sich »mit wildem und mit verstörtem Gewissen« gerieben und geradezu verblutet an der Stelle im Römerbrief (1,17): »Die Gerechtigkeit Gottes wird in ihm offenbar.« Sein religiöses Befreiungs- und Durchbruchserlebnis – die reformatorische Wende im sogenannten »Turmerlebnis« –, das zwischen 1513 und 1514 anzusetzen ist, hat er selbst mit folgenden Worten umschrieben: »...Da fing ich an, die ›Gerechtigkeit Gottes‹ zu verstehen als eine solche, durch welche der Gerechte durch Gottes Geschenk (als Gerechter) lebt, nämlich aus dem Glauben... da fühlte ich mich wahrhaftig wie neu geboren und wie durch offene Pforten in den höchsten Himmel eingegangen. Und sofort erschien mir das Gesicht der ganzen Schrift als neu... So wurde mir jene Paulusstelle wahrhaft zur Pforte des Paradieses.«[12]

Martin Luther, der als Augustinermönch und als Theologieprofessor mit dem neuen Verständnis der »Gerechtigkeit Gottes« wie durch die »Pforten des Paradieses« geschritten war, mußte zur gleichen Zeit mit zornig- erregtem Herzen erleben, daß ausgerechnet jene Frömmigkeitsformen, die ihm selbst weder Gottes Huld noch die Rechtfertigung schenken oder gar »verdienen« konnten, in den damaligen Ablaßverkündigungen, bei denen das Augsburger Bankhaus Fugger[13] kräftig mitverdiente, als rettendes Heilmittel angepriesen, von allzu eifrigen Ablaßpredigern übersteigert verkündigt und von nicht wenigen Christen falsch verstanden wurden. Luther konnte seine innere Erfahrung nicht für sich behalten. Er fühlte sich als Seelsorger von seinem Gewissen bedrängt, gegen den Mißbrauch mit aller Schärfe vorzugehen und seine befreiende Erfahrung von der wirklichen »Gerechtigkeit Gottes« der ganzen Christenheit zu erschließen. Ein erster, dramatischer Schritt war die Veröffentlichung seiner 95 in lateinischer Sprache abgefaßten Thesen am 31. Oktober 1517.[14] Durch diese Thesen sollte keineswegs das christliche Volk beunruhigt werden. Es sollte vielmehr eine gründliche theologische Diskussion ausgelöst werden, um Klarheit über den Ablaß und über mögliche Fehlakzentuierungen der Ablaßverkündigung zu erarbeiten.

Was dann an Frontverhärtungen und an Lieblosigkeiten hüben wie drüben folgte, kann in jeder Lutherbiographie oder Reformationsgeschichte nachgelesen werden. Nach der Bannandrohungsbulle[15] des Papstes Leo X. vom 15. Juni 1520 und der Verbrennung der Bannandrohungsbulle und anderer Schriften vor dem Elstertor in Wittenberg durch Martin Luther am 10. Dezember 1520 wurde über Martin Luther durch die Bulle »Decet Romanum Pontificem« des Papstes Leo X. am 3. Januar 1521 der Kirchenbann (Exkommunikation) verhängt.

Mystische Konturen

Es erregt immer wieder Erstaunen, daß Martin Luther angesichts eines immensen Arbeits- und Organisationspensums, das er zu bewältigen hatte, wie angesichts der immer neuen und sich verhärtenden Auseinandersetzungen mit der Römischen Kirche, aber auch mit den Schwarmgeistern im eigenen, reformatorischen Lager, Zeit und Muße fand, in denen die leisen und stillen Töne seines Glaubens und seines Herzens zu hören waren. Luther war sehr früh schon der Herzenstheologie seines Ordensvaters, des

Bischofs Aurelius Augustinus (354–430), wie des Zisterzienserabtes Bernhard von Clairvaux (1090–1153) begegnet. Er konnte sich an den Schriften des Pseudo-Dionysius Areopagita (6. Jahrhundert) begeistern und war stark beeindruckt von der »Theologia Deutsch« und von Johannes Tauler (1300–1364), einem Schüler des Meisters Eckhart.

Sicherlich kann man Martin Luther nicht auf die Ebene der großen Mystiker der christlichen Glaubensgeschichte stellen. Seine »Mystik«, die sich aus dem Kontext seiner Rechtfertigungs- und Worttheologie herausgebildet hat, ist »etwas höchst Eigentümliches«,[16] etwas unverwechselbar Lutherisches. Einen ersten Schritt in die »Mystik« Luthers vermag die Begegnung mit seinen Liedern zu eröffnen. In ihnen schwingt eine dankbare Seligkeit voller mystischer Tiefe mit, die vielfach selbstverständlich und sanft hinübergeleitet zur Meditation.

Martin Luther ist ein vom Wort Gottes Betroffener, Überwältigter, Besessener. Die Mystik Luthers kann daher nicht ohne das Tremendum wie ohne das Fascinosum des Gotteswortes verstanden werden. Was er bereits am 20. Februar 1519 an Johann von Staupitz schrieb: »Gott reißt mich mit ... Ich bin nicht mehr Herr über mich«,[17] wird immer stärker seine Erfahrung mit dem Gotteswort. Für ihn als Exegeten stellt sich nicht die Frage: Was mache ich mit dem Text? Als religiös Ergriffener und Mitgerissener wurde in ihm immer neu die Frage lebendig: Was macht der Schrifttext mit mir und aus mir?

Mystik ist Christusbegegnung, Einswerden mit Christus im Glauben an sein Wort und durch sein Wort. Es ist nicht primär eine durch das Sakrament getragene und vertiefte Christusmystik, sondern – wenn man die Gegenüberstellung wagen darf – eine Wortmystik, nicht eine Sakramentenmystik. Weil Martin Luther um das Angefochtensein des Christen weiß, ist gläubige Wortbegegnung stets Ermutigung zur Wortverwirklichung – Mut, Kraft und Gnade zur Passion, zur Nachfolge des gekreuzigten Christus.

Im Anschluß an Gal 2,20 (»Ich lebe, doch nicht ich, sondern Christus lebt in mir«) äußerte und konkretisierte Luther sein Mystik-Verständnis: »Der Glaube macht aus dir und Christus gleichsam eine Person, so daß du von Christus nicht geschieden werden magst, vielmehr ihm anhangst.«[18] Christusmystik realisiert sich nicht als Schweben über der Welt, nicht als Weltfremdheit oder als Weltentrücktheit.

Mystik ist für Martin Luther Lebensgemeinschaft des Glaubenden mit Christus und als solche auch Motiv- und Wirkgemeinschaft des Erlösten mit Christus. Luthers Mystik hat eine starke Einfärbung durch die paulinische und johanneische Mystik des In-, Mit- und Durch-Christus, der Teilnahme am Lebensauftrag und an der Stellvertretung Christi in der konkreten Situation einer Familie, eines Volkes, einer Epoche. Wer das Wort Christus ergreift, ist zuerst schon vom Wort, von der Gnade und Liebe Christi ergriffen worden: »Gott reißt mich mit... Ich bin nicht mehr Herr über mich.«[19] Der katholische Christ, der seit dem 2. Vatikanischen Konzil (1962/65) eine neue und beglückende Begegnung mit dem Worte Gottes erfährt, hat sicherlich dadurch auch einen neuen Zugang zu der vom Wort und vom Glauben getragenen Mystik Luthers und zu »dem völlig eigentümlichen Platz, den Luther in der Geschichte der christlichen Mystik einnimmt«.[20]

Dokument

Ich war von einem hartnäckigen Drang gepackt worden, den Paulus des Römerbriefes zu verstehen. Nicht mangelnde Herzensglut hatte mich bisher daran gehindert, sondern ein einziges Wort im ersten Kapitel: »Die Gerechtigkeit Gottes wird in ihm (= im Evangelium) offenbart« (Röm 1,17). Denn dieses Wort »Gerechtigkeit Gottes« haßte ich. Ich war nämlich nach Gebrauch und Auslegung aller Doktoren gelehrt worden, dieses Wort philosophisch zu verstehen von der sogenannten formalen oder aktiven Gerechtigkeit, kraft welcher Gott in sich gerecht ist und deshalb die Sünder und Ungerechten straft.

Ich aber fühlte, daß ich trotz allem untadelhaften Mönchsleben vor Gott ein Sünder sei mit unruhigstem Gewissen, und daß ich nicht darauf vertrauen könnte, ihn durch mein genugtuendes Werk zu versöhnen. Und also liebte ich nicht diesen gerechten und die Sünde strafenden Gott, vielmehr, ich haßte ihn. Mit stummem und, wenn schon nicht blasphemischem, so doch sicher ungeheurem Murren entsetzte ich mich über Gott: ob es denn noch nicht genug sei, daß die armen Sünder und die durch die Erbsünde ewig Verdammten mit jeder Art Unglück durch das Zehn-

Gebote-Gesetz bedrückt seien, wenn auch Gott noch durch die Frohbotschaft dem Schmerz neuen Schmerz hinzufüge und uns auch noch durch das Evangelium seine Gerechtigkeit und seinen Zorn auflade?! – So raste ich mit wildem und verstörtem Gewissen. Aber ich pochte doch in meiner Not weiter an jener Stelle bei Paulus an, in heißer Begierde zu wissen wünschend, was doch Sankt Paulus meine.

Bis ich, grübelnd die Tage und Nächte, durch Gottes Barmherzigkeit auf den Zusammenhang jener Stelle achtete, nämlich: »Die Gerechtigkeit Gottes wird in ihm enthüllt wie geschrieben steht: Der Gerechte lebt aus Glauben.« Da fing ich an, die »Gerechtigkeit Gottes« zu verstehen als eine solche, durch welche der Gerechte durch Gottes Geschenk (als Gerechter) lebt, nämlich aus dem Glauben. Und ich verstand, dies sei der Sinn: es werde durch das Evangelium die passive Gerechtigkeit Gottes enthüllt, durch welche der barmherzige Gott uns rechtfertigt durch den Glauben, wie geschrieben steht: Der Gerechte lebt aus Glauben.

Da fühlte ich mich wahrhaftig wie neu geboren und wie durch offene Pforten in den höchsten Himmel eingegangen. Und sofort erschien mir das Gesicht der ganzen Schrift als neu.

Ich durchlief die Schrift, wie ich sie im Gedächtnis hatte, und stellte Ähnliches bei andern Vokabeln fest, wie: »Werk Gottes« (d. h. das Gott in uns wirkt), »Kraft Gottes« (durch die er uns stark macht), »Weisheit Gottes« (durch die er uns weise macht), »Stärke Gottes, Heil Gottes, Ehre Gottes«.

Und siehe da: so stark ich vordem das Wort »Gerechtigkeit Gottes« gehaßt hatte, mit so großer Liebe hob ich das mir nun übersüße Wort empor. So wurde mir jene Paulusstelle wahrhaft zur Pforte des Paradieses.

Der unruhig suchende Augustiner-Eremit Martin Luther hat im sogenannten »Turmerlebnis« (benannt nach einem Turm an der Südwestseite des Wittenberger Augustinerklosters), das ihm um 1513/14 zuteil wurde, in einer Neusicht des Gotteswortes Gottgeborgenheit und zugleich Selbstfindung und Lebensauftrag erfahren. Die neue Auslegung des Wortes »Gerechtigkeit Gottes« (Röm 1,17) empfand er als unverdientes, froh- und freimachendes Geschenk Gottes. Gottes Wort hat ihn überwältigt und ihm ganz neue Horizonte aufgezeigt. Es wurde für ihn »zur Pforte des Paradieses«.

Der lateinische Originaltext ist abgedruckt in der WA (= Luthers Werke, Weimar 1883 ff.) 54, 185,14–186,21. Die deutsche Übersetzung ist zitiert nach J. Lortz, Die Reformation in Deutschland. Erster Band: Voraussetzungen. Aufbruch. Erste Entscheidung, Freiburg 1949, 180 f.

Teresa von Avila
(1515–1582)

Sie muß eine hübsche, vielbewunderte, charmante wie schlagfertige Spanierin mit jüdischem Blut gewesen sein – die Karmelitin und Mystikerin Teresa von Avila (1515–1582). Fürstliche Persönlichkeiten begehrten sie zu sehen, mit ihr zu sprechen, mit ihr zu speisen. Daß ausgerechnet dieses Mädchen, das in überschäumender Lebensfreude zunächst sagte: »Ich habe eine tiefe Feindschaft gegen das Dasein einer Nonne« (estaba enemigisma de ser monja),[1] mit zwanzig Jahren doch als Ordensfrau in den Karmel eintrat und, unterstützt von Juan de la Cruz (Johannes vom Kreuz), einem Karmeliten, Mystiker und Klassiker der spanischen Dichtung, Reformatorin der »Unbeschuhten Karmelitinnen« geworden ist, klingt wie ein Roman, ist aber die harte Wirklichkeit der Geschichte.

Abstammung wie Physiognomie der Teresa von Avila waren gekennzeichnet durch die Verschmelzung der in Spanien jahrhundertelang lebenden völkischen und religiösen Gruppierungen. Ihr Großvater, ein reicher Tuchhändler, war Jude, der sich zum Christentum bekehrt hatte.[2] Ihr Vater Don Alonso Sánchez de Cepeda war als Halbjude überzeugter, praktizierender katholischer Christ, der die christliche Erziehung seiner Kinder sehr ernstnahm. Jüdisches, spanisches und christliches Blut- und Kulturerbe haben sich in Teresa problemlos verbunden, wobei mit der damaligen politisch-religiösen Hochstimmung in Spanien dem christlichen Erbe eine unverkennbare Dominanz zukam.

Ordensreform und Mystik

Daß die am 28. März 1515 in Avila (in der Provinz Altkastilien) geborene Teresa de Cepeda Dávila y Ahumada eine der größten Mystikerinnen der Christenheit wird, konnte niemand, weder ihr Vater Don Alonso Sánchez de Cepeda († 1543) noch ihre Mutter Doña Beatriz de Ahumada († 1528), ahnen. Teresa wuchs im Kreis von drei Schwestern und neun Brüdern heran. Wie sehr unter den

Geschwistern spanischer Nationalstolz und missionarische Welteroberung lebendig waren und zu Taten drängten, kann allein daraus schon ersehen werden, daß sieben Brüder als Konquistadoren in die durch Christoph Kolumbus entdeckte »Neue Welt« aufbrachen und maßgebend an der Eroberung von Peru, Argentinien und Chile beteiligt waren. Der Mut zum Äußersten und zum Außergewöhnlichen steckte allen Geschwistern, vor allem Teresa, im Blut. Sie hätte ebenso in der politischen Welt eine Spitzenposition erobert, wie sie auch das kirchlich-monastische Leben ihrer Zeit unverkennbar prägte. Gewiß war sie alles andere als eine feministische Emanze. Ohne von Partnerschaft lange zu reden, hat sie in ihrer Zeit im Leben und in den Entscheidungen der Kirche Partnerschaft praktiziert.

Es war typisch für Teresa, daß sie gegen die Einwilligung des Vaters mit 20 Jahren am 2. November 1535 in den Karmel Encarnación ihrer Heimatstadt Avila eintrat. Die Motive dieses Schrittes liegen durchaus in der Bandbreite einer damaligen Spanierin: Angst vor den Bedrängnissen des Teufels und vor der ewigen Hölle – Vertiefung ihrer Frömmigkeit – Festigung ihrer Christustreue. Gequält war Teresa durch schreckliche Teufelsvisionen (1560), beglückt war sie von Christusvisionen und dem Verlangen nach ewiger Glückseligkeit. Ähnlich wie Martin Luther hat sie aber lange nicht jenen Seelenfrieden und jene tröstliche Geborgenheit in Gott gefunden, die sie gesucht hatte.

Was Teresa in der klösterlichen Gemeinschaft ersehnte, fand sie deshalb nicht, weil der Karmel von Avila keine Klausur hatte und die dortigen Sprechzimmer (man müßte eher von Salons reden) erfüllt waren vom Geschwätz über die Ereignisse in der »bösen« Welt. Man sage ja nicht, Ordensfrauen wären nicht neugierig! Es waren zahlreiche Ursachen, die 1537 zu einer tiefgreifenden Veränderung der Persönlichkeit Teresas durch Krankheit (Blutspucken, Nervenstörungen) und wiederholte tiefe Bewußtlosigkeiten führten. Drei Jahre lag Schwester Teresa wie gelähmt in ihrem Bett. Als sie in einen starrkrampfähnlichen Zustand fiel und man sie schon für tot hielt, wurden die Sterbekerzen entzündet und im Klosterhof ihr Grab ausgehoben.

Die Erschütterung angesichts einer realistisch gestalteten Statue des gegeißelten Christus brachte eine plötzliche Wende und Genesung, die ärztlich nicht mehr für möglich gehalten wurde. Mit dem Gelöbnis der inneren Umkehr wurde Teresa Gesundheit an Leib und Seele geschenkt. Von dieser Wende hat sie selbst geschrieben: »Das Leben, das ich bisher gelebt habe, war mein Leben. Das, was jetzt für mich im Gebet begann, ist das Leben Gottes in mir.«[3] Seit ihrer Gesundung (1555) fühlte sich Teresa in Treue und Dankbarkeit gegenüber Christus verpflichtet, ihren Teil an der Reform der Kirche, und zwar als Reform des Karmel, zu leisten. Ihr wurde immer klarer, daß in dem ohnehin mit 130 bis 180 Schwestern übergroßen Karmel, in dem sie zwanzig Ordensjahre verbracht hatte und den sie daher allzu gut kannte, eine Reform, wenn überhaupt, nur in einer langen Übergangsphase durchzuführen sei.

Unterstützt von ihrem Beichtvater, Petrus von Alcantara, gründete sie am Rande Avilas ein kleines Kloster: San José – das erste Kloster der Reform der Unbeschuhten Karmelitinnen (am 24. August 1562). Daß ihre »lieben« Mitschwestern darüber erbost waren und sich diskreditiert fühlten, hat Teresa offen berichtet: »Ich war in meinem ganzen Kloster verhaßt, weil ich ein anderes mit größerer Abgeschiedenheit gründen wollte. Die Nonnen sagten, ich würde ihnen Schande bereiten, denn ich könnte auch hier Gott dienen wie andere, die besser seien als ich... Einige sagten, man sollte mich ins Gefängnis werfen; andere, doch nur wenige, hielten zu mir.«[4]

Ohne die Unterstützung und Verteidigung durch ihren späteren Beichtvater Johannes vom Kreuz (1542–1591) wäre Teresa als verschrobene und utopische »Spinnerin« verlacht worden. Ihr Reformwerk wäre im Sand verlaufen. Während Teresa ein Reformkloster nach dem andern (insgesamt 17!) gründete[5], wurde ihr Tun von jenen »lieben«, aber neidischen geistlichen Mitbrüdern und Mitschwestern bespitzelt und als inquisitionsverdächtig verschrien, die die Nachfolge Christi als alleiniges Erbgut gepachtet glaubten.

Selbst der Päpstliche Nuntius in Madrid, Philipp Sega, äußerte sich 1578 bemerkenswert abfällig über Teresa: »Sie ist ein unruhiges Frauenzimmer, herumstreunend, ungehorsam und verstockt; unter dem Schein der Frömmigkeit denkt sie falsche Lehren aus; entgegen den Anordnungen des Konzils (von Trient) und ihrer Ordensobern verletzt sie die Klausur; ferner doziert sie wie ein

Theologieprofessor, obgleich der heilige Paulus (1 Tim 2,12) sagt, daß die Frauen nicht lehren dürfen.«[6] In ihrer Bedrängnis wandte sich Teresa an den spanischen König Philipp II. [1556–1598]. Dieser konnte erreichen, daß Papst Gregor XIII. die vollständige Trennung der beschuhten von den unbeschuhten (reformierten) Karmeliten anordnete. Ausdrücklich belobigte er das Reformwerk Teresas.

Erstaunlich ist, daß Teresa trotz der beschwerlichen Reisen und der mühseligen Verhandlungen bei den Klostergründungen wie auch trotz der bedrückenden Auseinandersetzungen mit dem Neid, den Anfeindungen und Verleumdungen nicht weniger Mitschwestern und Mitbrüdern noch Zeit fand, ihre innere Biographie, vor allem ihre Visionen niederzuschreiben, von denen sie immer wieder überfallen wurde:

1560/62 Libro de la Vida (Autobiographie, von Teresa »Buch der Erbarmungen Gottes« genannt),
1562 Camino de la Perfección (Ende 1562 begonnen, genannt »Weg der Vollkommenheit«; abgeschlossen 1565),
1563 Constituciones (Satzung des reformierten Karmel),
1573 Libro de las fundaciones (Buch der Klostergründungen, abgeschlossen 1581),
1577 Moradas del castillo interior (Hauptwerk »Die Seelenburg«).

Außerordentlich groß war Teresas Korrespondenz, von der noch etwa 450 Briefe erhalten sind.
    Teresa fühlte sich wiederholt wie ein von Gott selbst geführtes Medium, wenn sie ihre Verwunderung über niedergeschriebene Manuskripte zum Ausdruck brachte: »Ich weiß nicht, was ich sage, denn ich bringe dies zu Papier, als ob die Worte nicht von mir stammten.«[7] Sie war sich vor allem über den Mitteilungsvorgang oft und oft im Unklaren: »Manchmal erfuhr ich etwas durch laut hervorgebrachte Worte; dann wieder ohne die Hilfe von Worten, und zwar deutlicher als alles, was ich in Worten vernommen hatte. Ich begriff die allertiefsten Wahrheiten.«[8] Nicht selten wurde sie während der Niederschrift von Ekstasen und Erstarrungen überfallen, die mehrere Stunden dauerten: »Diese Ekstasen überkommen mich mit großer Heftigkeit, so daß sie auch äußerlich sichtbar

Franz von Assisi, der Stigmatisierte
In der Oberkirche von San Francesco in Assisi hat Giotto di Bondone (1266–1337) in 28 Wandgemälden das Leben des heiligen Franz von Assisi (1181/82–1226) dargestellt, darunter auch die Stigmatisation, die Franz am 14. September 1224 auf dem Berg Alverna in Tuscien erhalten hatte.

Teresa von Avila in mystischer Verzückung
Gian Lorenzo Bernini (1598–1680) hat in höchster künstlerischer Vollendung dargestellt, was die spanische Karmelitin Teresa von Avila (1515–1582) in ihrer Autobiographie über den maßlos süßen Schmerz der Herzensverwundung durch den Liebespfeil eines Engels beschrieben hat. Cornaro-Kapelle der Kirche S. Maria della Vittoria in Rom.

werden; ich habe auch dann nicht die Kraft, ihnen zu widerstehen, wenn ich mich mit anderen zusammenfinde, denn sie treten in einer Weise auf, daß sie gar nicht verborgen bleiben können, es sei denn, daß ich die Leute mit meinem Herzleiden vermuten lasse, es handele sich um Ohnmachtsanfälle.«[9]
Teresa verfügte bei der Aufzeichnung ihrer Visionen über eine außerordentliche Konzentrationskraft und eine erstaunlich schnelle Arbeitsweise. Das umfangreiche Werk »Moradas del castillo interior« (ein Werk mit 260 Druckseiten) hat sie in vier Wochen niedergeschrieben. Im 30. Kapitel ihrer Autobiographie »Libro de la Vida« (von ihr auch »Libro de las misericordias del Señor« = Buch der Erbarmungen Gottes genannt) hat Teresa zu beschreiben versucht, wie sie die mystische Begegnung mit Gott erfahren und ihre Herzverwundung erhalten hat (siehe diesen Text im anschließenden »Dokument«!). Sie reflektierte nicht »über« Mystik. Sie versuchte in ihren Werken lediglich ihre Erfahrungen aufzuzeichnen und anderen zu vermitteln. »Eine (erste) Gnade ist der Empfang der Gnade selbst; eine zweite ist die Erkenntnis dieser Gnade und eine dritte ist die Fähigkeit, die (empfangene und erkannte) Gnade auch auszudrücken und anderen verständlich zu machen.«[10]

Die Herzlichkeit und Spontaneität, mit der Teresa Mitmenschen und Mitschwestern begegnete, bildeten die ideale Voraussetzung für die Tiefe ihrer Freundschaft mit Christus, den sie sehr häufig wie nach dem spanischen Hofprotokolll mit »Seine Majestät« ansprach. Die Ekstasen und Visionen erfaßten die letzten Wurzeln ihrer psychosomatischen Existenz, die erfüllt und durchglüht wurde von der Gegenwart und Freundschaft Christi. Mystik ist Geschenk, das der Mensch von Gott nur empfangen, nie aber erzwingen oder fordern kann. Nach Teresa befindet sich der Charismatiker in einem ständigen Prozeß der Läuterung. Es soll der höchstmögliche Gleichklang mit Gott erreicht werden, damit auf dem harmonisch gestimmten, menschlich-irdischen Instrument die göttlich-ewige Melodie der Gnade, der Liebe und Freundschaft in ungebrochener Reinheit und Fülle zum Erklingen kommen kann – in einer Vielzahl von Ekstasen, Visionen, Auditionen, bis hin zur Verwundung des Herzens.
Teresa ist bei der Wertung mystischer Erfahrungen außeror-

dentlich selbstkritisch. Ekstasen sind nach ihr alles andere als »bloße Weiberohnmachten, wie sie bei uns vorkommen, und die man mit genügend Schlaf und Essen leicht beseitigen kann«.[11] In einem ihrer Briefe bemerkt sie: »Bei uns Frauenspersonen kennt

Teresa von Avila.
Ausschnitt aus einem Gemälde des 17. Jahrhunderts

man sich nicht so leicht aus.«[12] Das mystische Erlebnis der Herzverwundung, das Gian Lorenzo Bernini (1598–1680) in einer berühmtem Plastik (1646) nachgestaltet hat (heute in der Coronarokapelle – 4. Kapelle links der römischen Kirche Santa Maria delle Vittoria an der Piazza S. Bernardo), hat immer wieder Theologen, vor allem auch Ärzte und Chirurgen zur kritischen Nachforschung stimuliert. Während der Leichnam Teresas in einem kostbaren Schrein auf dem Hochaltar des Convento de Carmelitas Descalzas (Kloster der Karmelitinnen) in Alba de Tormes sich befindet, wird in der gleichen Kirche in einem Kristallgefäß ihr aus der Brust genommenes und unversehrtes Herz mit der geheimnisvollen

Wunde zur Verehrung gezeigt. Wiederholte wissenschaftliche Untersuchungen dieses Herzens haben ergeben, daß in ihm eine etwa 3 cm breite Narbe vorhanden ist, die von einem Messerstich stammen könnte und deren Wundränder wie durch glühendes Eisen verkohlt sind.[13]

Als Teresa de Jesús (so nannte sie sich seit 1562) das 60. Lebensjahr überschritten hatte, war ihre sprichwörtliche Schönheit Vergangenheit. Sie war beleibt, ihr zerfallenes Gebiß gestattete ihr nur noch ein undeutliches Sprechen. Beim Gehen mußte sie sich auf den Griff eines Ebenholzstockes stützen, den einer ihrer Brüder aus Westindien mitgebracht hatte. Sie hat sich für die Sache »Seiner Majestät« Jesus Christus und für die Reform des Karmel restlos verbraucht und aufgerieben. Kurz vor ihrem Sterben hat die 67jährige Teresa, die unter ihren Altersleiden litt und nach der endgültigen Begegnung mit Christus sich sehnte, ihren Herzenswunsch ausgesprochen: »Herr, es ist Zeit, daß wir uns sehen.«

Auf der Rückreise von ihrer letzten Klostergründung in Burgos (am 19. April 1582) starb Teresa am Abend des 4. Oktober 1582 in völliger Erschöpfung in Alba de Tormes. Ihre letzten Worte warten: »Am Ende bin ich immer noch eine Tochter der Kirche.«[14] Die als Landstreicherin Verrufene und von kirchlichen Stellen wiederholt Gemaßregelte wurde durch Papst Paul V. [1605–21] bereits am 24. April 1614 selig- und durch Papst Gregor XV. [1621–3] am 12. März 1622 heiliggesprochen. Als erste Frau wurde Teresa durch Papst Paul VI. am 27. September 1970 zur Kirchenlehrerin erhoben.

Was Teresa von Avila in ihr Brevier geschrieben hat, kennzeichnet ihr unerschütterliches Gottvertrauen:

> Laß nichts dich verwirren,
> Von nichts dich erschrecken,
> Alles geht vorüber,
> Gott ändert sich nicht.
> Die Geduld
> Erreicht alles.
> Wer sich an Gott hält,
> Dem fehlt nichts.
> Gott allein genügt.[15]

Dokument

Ich sah ganz nah, neben mir zur Linken, einen Engel in leiblicher Gestalt. Er war nicht groß, sondern eher zierlich und unaussprechlich schön. Sein Gesicht glühte wie von Feuer, als wäre er der höchste Engel, die alle aus Feuerflammen zu bestehen scheinen.

In seinen Händen sah ich einen langen, aus Gold gefertigten Pfeil, an dessen Spitze ein kleines Feuer zu leuchten schien. Es war mir, als durchbohrte er mit diesem Pfeil tief mein Herz und bohrte ihn tiefer hinein in mein Innerstes. Als der Engel den Pfeil wieder herauszog, kam es mir vor, als ziehe er ein Stück meines innersten Herzens mit heraus und als stünde ich ganz in Flammen, so groß war die Liebe zu Gott, die mich durchströmte.

Der Schmerz (beim Herausziehen des Pfeiles) war so gewaltig, daß ich aufstöhnte. Und doch: Die Süßigkeit dieses maßlosen Schmerzes war so selig, daß ich nie und nimmer wünschte, er möge aufhören – und daß die Seele nur in Gott sich zufrieden geben kann.

Es ist dies kein körperlicher Schmerz, sondern er ist geistig, obwohl der Körper an ihm unaufhörlich und sogar in hohem Maße teilhat. Es ist eine so süße Liebkosung zwischen der Seele und Gott, daß ich (Gottes) Güte anflehe, sie jene wenigstens verspüren zu lassen, die denken sollten, daß ich lüge.

Aus dem 30. Kapitel ihrer 1560/62 niedergeschriebenen Autobiographie »Libro de la Vida«, der Teresa wiederholt die Bezeichnung »Libro de las misericordias del Señor« = Buch der Erbarmungen Gottes gegeben hat. Diesen Text hat Gian Lorenzo Bernini (1598–1680) in einer berühmten Plastik (heute in der römischen Kirche S. Maria delle Vittoria an der Piazza S. Bernardo) nachgestaltet.

Giordano Bruno
(1548–1600)

In der Samstagausgabe der römischen Zeitung »Avvisi di Roma« vom 19. Februar 1600[1] wurde folgendes Ereignis festgehalten und der kritischen Beurteilung der Abonnenten vorgelegt: »Am Donnerstagmorgen (17. Februar 1600) wurde auf dem Campo di Fiori jener verbrecherische Dominikanermönch aus Nola lebendig verbrannt, von dem wir in einem der letzten Blätter berichteten – ein sehr hartnäckiger Ketzer. Dieser Bösewicht wollte in seiner Verstocktheit sterben, und er sagte, er sterbe als Märtyrer und er sterbe gern, und seine Seele werde aus den Flammen sofort zum Paradies emporschweben. Aber jetzt wird er ja schon erfahren haben, ob er die Wahrheit gesagt hat.« Der verbrecherische Mönch und verstockte Ketzer war Giordano Bruno.

Dieser Mann lebte zwar im 16. Jahrhundert. In seinem Leben und Denken war er jedoch ein totaler Ausflipper seiner Epoche. Er nahm Gedanken der religiösen Toleranz vorweg, wie sie der deutsche Dichter G. E. Lessing (1729–1781) in der Ringparabel seines Schauspiels »Nathan der Weise« (III, 5–7) formuliert, und der Preußenkönig Friedrich II., der Große [1740–1786], mit seinem berühmten Wort: »Jeder soll nach seiner Façon selig werden«[2] in die politische Praxis umgesetzt hat. Mancher Kirchenkritiker, Pantheist oder Atheist des 19. und 20. Jahrhunderts, könnte in den Schriften von Giordano Bruno ein reichhaltiges Arsenal für seine Argumente entdecken.

Die Odyssee seines Lebens und Denkens

Wie der griechische Held Odysseus (nach der Überlieferung des Homer) auf seiner Heimreise von Troja nach Ithaka nicht wenigen Irrungen und Wirrungen ausgesetzt war, so kann auch das Leben und Denken des Giordano Bruno mit einer zwar nicht aufgezwungenen, sondern selbstgewählten und selbstverursachten Odyssee verglichen werden. Geboren wurde Bruno 1548 als Sohn armer Leute in Nola bei Neapel; in der Taufe erhielt er den Namen

Filippo.³ Mit siebzehn Jahren trat er aus eigenem Entschluß am 15. Juni 1565 in das Kloster der Dominikaner in Neapel ein und erhielt als Dominikanernovize den neuen Namen Giordano.

Das Kloster der Dominikaner in Neapel, das seinem Geburtsort Nola am nächsten lag, hatte sicherlich auch deshalb für Giordano Bruno eine besondere Anziehungskraft, weil dort ein neapolitanischer Landsmann, der große Dominikanertheologe des Hochmittelalters Thomas von Aquin (1225–1274), 1272 die Ordenshochschule (studium generale) der Dominikaner errichtet hatte. Fra Giordano Bruno hat am 16. Juni 1566 seine Ordensprofeß abgelegt. Nach dem philosophischen und theologischen Studium an der Ordenshochschule in Neapel, das entscheidend vom aristotelisch-thomistischen Denken geprägt war, wurde er 1572 zum Priester geweiht. Giordano Bruno trug zwar äußerlich die weißschwarze Kutte eines Dominikanermönchs. Unter dem Ordenshabit pochte aber bereits während seines Noviziats und noch mehr während seines philosophisch-theologischen Studiums und trotz der Priesterweihe mit dem ausdrücklichen Versprechen der Treue und des Gehorsams gegenüber der Kirche und ihren Glaubenswahrheiten immer lauter und aufreizender der Pulsschlag eines revoltierenden, nach neuen Ufern ausschauenden Denkens.

Es dauerte knappe vier Jahre nach der Priesterweihe, als ihm wegen skeptischer Infragestellungen und häretischer Äußerungen ein Prozeß vor der Inquisition drohte, dem er sich im Februar 1576 durch die Flucht entzog. Zwischen 1576 und 1591 war Giordano Bruno Flüchtling quer durch ganz Europa. Bereits die Hauptstationen seines Fluchtweges machen dies deutlich: Genua, Venedig, Mailand, Genf, Lyon, Toulouse, Paris, London, Oxford, Paris, Marburg, Wittenberg, Prag, Helmstedt, Venedig. Vergegenwärtigt man sich nur mit den Namen Genf, London (Oxford) und Wittenberg die damalige neue Konfessionsszene des Calvinismus in Genf, der Anglikanismus in London und des Luthertums in Wittenberg, dann wird der kühne Seiltanz Giordano Brunos in, zwischen und über den neuen christlichen Konfessionen erkennbar.

Gelegentliche Konfessionswechsel waren für ihn keine Gewissensfragen, sondern Überlegungen seiner Lebens- und Überlebenstaktik. Um in der Akademie in Genf eine Professur zu erhalten, trat er zum Calvinismus⁴ über. Christliche Konfessionen, wenn er sie überhaupt noch als religiöse Heimat ernstnahm, waren für ihn nur unterschiedliche Kostüme, die er je nach der angetroffenen religiösen Lokalsituation wechselte. Wie wäre es sonst möglich gewesen, daß Giordano Bruno in London und Oxford, aber auch in Wittenberg und Helmstedt Vorlesungen halten konnte – ausgerechnet in der prekären Situation unmittelbar nach dem Konzil von Trient (1545–1563)! Giordano Bruno verstand es, sich ebenso anzupassen wie auch unaufhörlich ins Fettnäpfchen zu treten.

Er trat in Genf, der Hochburg des Calvinismus, zum Calvinismus über und spottet nach seinem Weggang (1579) über Calvin in noch zornigerer Weise als über die katholische Kirche. In England wiederum preist er die Königin Elisabeth I. [1558–1603], Tochter aus der am 25. Januar 1533 geschlossenen zweiten Ehe des englischen Königs Heinrich VIII. mit Anna Boleyn, »Göttin auf Erden«[5], was ihn kurze Zeit später nicht hindert, alle Engländer als ungebildet und wild hinzustellen. In Wittenberg nennt Giordano Bruno den deutschen Reformator Martin Luther in eleganter Verbeugung einen neuen Herkules,[6] obwohl er kurze Zeit später überaus bissig gegen Luthers Lehren polemisiert.

Giordano Bruno war ein weltanschaulich kühner Seiltänzer. Er war ebenso philosophisch wie theologisch so etwas wie eine Ein-Mann-Fakultät, die allen anderen Fach- und Entscheidungskompetenz absprach und für sich allein das Entscheidungsamt beanspruchte. Man vermißt bei ihm ebenso das Quentchen Dankbarkeit des aufgenommenen Flüchtlings gegenüber den Gastgebern wie vor allem nüchterne Selbstdisziplin und Selbstkritik. Der Titel »Eroici furori« (Heroische Leidenschaften), den er einem in London 1585 veröffentlichten Werk gegeben hat, läßt sich auch über das unstete, von gewiß nicht immer heroischen Leidenschaften geschüttelte Leben dieses Mannes mit ständigen und unerwarteten Eruptionen schreiben.

Es paßt durchaus in dieses Persönlichkeitsbild des Giordano Bruno, daß er seine Weltanschauung in philosophischen und theologischen Büchern und Traktaten wie auch in Theaterstücken und Gedichten unter das Volk brachte, z. B. in dem 1582 in London veröffentlichten Lustspiel »Il candelaio« (Der Kerzenmacher). Von Giordano Bruno stammen auch drei lateinische Lehrgedichte,[7] deren Druck er 1591 in Frankfurt am Main höchstpersönlich überwachte. Bezeichnend ist auch mancher Titel seiner Werke wie »Die Vertreibung der triumphierenden Bestie« (Lo spaccio delle bestia trionfante) oder »Kyllenischer Esel«, eine blasphemische Satire gegen die Juden und den jüdischen Stifter des Christentums, Jesus Christus.

Giordano Bruno war nach einem fast fünfzehnjährigen Flüchtlingsdasein in Europa froh, 1591 von Freunden nach Venedig eingeladen zu sein, um endlich eine Bleibe zu haben. Aber die gleichen Freunde waren es, die ihn im Mai 1592 der venezianischen Inquisition auslieferten. In der Nacht vom 22. Mai 1592 wurde er in das berüchtigte venezianische Gefängnis unter den Bleidächern in der Nähe des Dogenpalastes geworfen. Nach einem Rechtsansuchen von Rom, das in Venedig lange Diskussionen auslöste, wurde er schließlich 1593 der Inquisition in Rom überstellt.

Noch 1593 kam »die Sache Giordano Bruno« vor der römischen Inquisition zur ersten Verhandlung. Nur einige kurze Protokolle sind erhalten, aus denen der Prozeßverlauf, die Fragen der Inquisitoren und die Antworten des angeklagten Giordano Bruno sich nur dürftig rekonstruieren lassen. Überliefert ist jedoch, daß Bruno immer wieder behauptete, »er habe nie ketzerische Sätze aufgestellt, sondern seine Aussagen seien von Mitgliedern der Inquisition falsch und ketzerisch ausgelegt und mißdeutet worden«.[8] Der Prozeß wurde (mit Absicht?) verschleppt. Von 1593 bis 1600 mußte Giordano Bruno in Einzelhaft in einem feuchten, halbdunklen Verlies verbringen. Als endlich am 9. Februar 1600 die Inquisition das Todesurteil fällte, sprach Giordano Bruno seine letzte Antwort: »Mit größerer Furcht vielleicht verkündet *Ihr* das Urteil, als *ich* es empfange!«[9]

Ungebeugt, ohne Widerruf, tapfer und gefaßt bestieg Giordano Bruno den Scheiterhaufen auf dem römischen Campo di Fiori. Gewiß hatte er einen anderen Glauben als die Inquisitoren. Aber er starb – von welchem Standpunkt aus man ein Urteil auch fällen mag – für seine Gewissensüberzeugung, die sich in sechsjähriger Kerkerhaft geläutert und vertieft hatte: »Auch ich habe einen Glauben, nicht unedler, als es der christliche Glaube ist! ... Ihr habt einen Glauben, der mir geringer erscheint als der meine!«[10]

August Nitschke schließt seinen Artikel über Giordano Bruno mit den Worten ab: »Es ist versöhnlich, zu wissen, daß an der Stelle, an der Giordano Bruno hingerichtet wurde, an der heute sein Denkmal steht, noch Blumenmarkt abgehalten wird. So erinnert an diesen Mönch, der in den Erscheinungen dieser Welt, in der Weite des Raumes, in Tieren und Pflanzen Gott zu erkennen vermochte, ein Bild, das von Frauen und Männern Roms immer wieder mit Blumen umgeben wird.«[11]

Seien wir aber ehrlich: Was Giordano Bruno braucht, sind nicht verwelkende Blumen, nicht sentimentale Romantik. Herausgefordert ist vielmehr unser Respekt vor einem Menschen, der gewiß kein Heiliger, wohl aber so etwas wie ein »nachchristlicher« Naturmystiker gewesen ist, dem die Unendlichkeit Gottes den Atem verschlagen hat, der in den allzu engen Gehäusen der aristotelisch-thomistischen Scholastik sich nicht mehr wohl fühlte und daraus mit Verbitterung und Zorn, bisweilen auch mit deftigem Zynismus und liebloser Härte ausgebrochen ist.

Der Traum der Unendlichkeit

Die beiden, wenn auch mit einem Abstand von zwei Jahrhunderten lebenden Neapolitaner und Dominikanermönche, Thomas von Aquin und Giordano Bruno, hat die Frage beunruhigt, ob die Welt endlich oder unendlich sei. Der Aquinate gesteht offen ein, mit rein philosophischen Mitteln lasse sich der Anfang der Welt nicht beweisen. Er schreibt: »Daß die Welt nicht immer war, wird allein im Glauben festgehalten und kann nicht streng bewiesen werden. Es ist glaubbar, daß die Welt begonnen hat, nicht aber beweisbar und wißbar.«[12]

Fast 200 Jahre später stand Giordano Bruno vor der gleichen Frage, aber er hat ihr eine sehr entscheidende, neue Wende gegeben. Er flüchtet sich nicht wie Thomas von Aquin in eine schützende Nische des christlichen Schöpfungsglaubens. Er ist der festen Überzeugung, daß philosophisch die Unendlichkeit der Welt zu beweisen ist. Giordano Bruno leugnet nicht die Schöpfung der Welt; er verwickelte sich aber nicht in die Frage, die Thomas von Aquin nicht weiterkommen ließ. Er führte vielmehr den Ansatz der Schöpfung durch Gott grundlegend weiter, und zwar mit dem philosophischen Argument: Mit der Schöpfung der Welt durch den unendlichen Gott hat alles Geschaffene die Qualität des Unendlichen erhalten: Eine unendliche Ursache kann nur eine unendliche Wirkung haben.

Giordano Bruno war dem neuplatonischen Philosophen der Spätantike, Plotin (204–270), ebenso verpflichtet wie dem Humanisten und Mystiker Kardinal Nikolaus (Krebs) von Kues (1401–1461), und vor allem dem aus Thorn stammenden Astronomen Nikolaus Kopernikus (1473–1543). Die Aussagen des biblischen Schöpfungsberichts waren für ihn überholte Mythen. Die Grunddogmen des christlichen Glaubens, vor allem die Menschwerdung Christi, waren bedeutungslos, ja wissenschaftlich hinderlich geworden. Es scheint, als habe ihn jener Denkansatz des ewigen

Kreislaufs fasziniert, den der griechische Philosoph Heraklit von Ephesus (540–480) vertreten hatte. Alles, was aber Giordano Bruno berührte, veränderte sich mächtig unter seinen Händen, vor allem deshalb, weil er niemals objektiv und sachlich referieren konnte, sondern alles Gelesene und Gehörte stets subjektiv und in wahrhaft existentialistischer Betroffenheit mitgedacht und weitergedacht, verformt und verfremdet hat.

Giordano Bruno war ebenso fasziniert von dem mächtigen Prozeß des heraklitischen Werdens, wie er sich durch die Einsichten des Kopernikus herausgefordert fühlte, aus den allzu engen Denk- und Begriffsgefängnissen eines Aristoteles und eines Thomas von Aquin auszubrechen um ähnlich wie Ulrich von Hutten (»Es ist eine Lust zu leben!«) in einem Weltgefühl der neuen Geistesfreiheit leben und denken zu können. Es ist aber wiederum bezeichnend für Giordano Bruno, daß er die astronomischen Einsichten des Kopernikus nicht bloß zur Kenntnis nahm und in sein neues Weltgefühl einfügte. Er überrundete nochmals Kopernikus. Dieser hatte die Erde als bisherigen Mittelpunkt der Schöpfung (geozentrisches Weltbild) entthront und die Sonne in den Mittelpunkt seines Weltsystems (heliozentrisches Weltbild) gerückt. Giordano Bruno geht über das heliozentrische Weltbild noch hinaus. Es gibt für ihn keinen Mittelpunkt mehr. Eine Vielzahl von Sonnensystemen kennzeichnet sein planetarisches Weltsystem, wie er es in seinem lateinischen Lehrgedicht »De immenso et innumerabilibus« (Vom Unendlichen und den unzähligen Welten) dargelegt hat. In diesem planetarischen Weltbild gibt es kein Oben und kein Unten, kein Links und kein Rechts; weder für den Himmel noch für das Fegefeuer oder für die Hölle sind eigene Bereiche ausgepflockt: »Es gibt keinen Himmel der Kirche.«[13]

Der Weltentwurf, den Giordano Bruno vorlegte, sprengte alle Maßstäbe des damaligen theologischen und auch astronomischen Denkens. Es war ein Weltbild, das von optimistischem Enthusiasmus und von pantheistisch-mystischer Gläubigkeit überschäumte. Der ursprüngliche Glaube des Christen und Dominikanermönchs Giordano Bruno an einen persönlichen Gott entwickelte sich zum Glauben an eine apersonale Gottheit, an ein antlitzloses, göttliches Wesen. Die Unendlichkeit Gottes lebt in der Unendlichkeit und Unzerstörbarkeit des Universums auf.

In diesem Weltverständnis hat seine Lehre von der Seelenwanderung einen durchaus legitimen Platz – eine Reinkarnationslehre, jedoch ohne den Läuterungsprozeß, den fernöstliche Religionen damit verbinden. Giordano Bruno, der in leidenschaftlichen Haßausbrüchen Menschen verletzen und zertreten konnte, mochte keiner Spinne etwas zuleide tun. Er rügte einen seiner Freunde, der eine Spinne erschlug, da in dieser Spinne die Seele seines verstorbenen Freundes reinkarniert sein könnte.[14] Seinen Unmut gegen den griechischen Philosophen Aristoteles brachte er dadurch zum Ausdruck, daß er erkärte, dessen Seele sei mit dem Tod in einen Esel übergewandert.[15]

Giordano Bruno befand sich philosophisch und religiös auf einem anderen Stern als seine Zeitgenossen. Er, der einen kapellenlosen und dogmenfreien Glauben vertrat, scheint sich selbst nicht mehr unter die Christen gerechnet zu haben. Während seines letzten Verhörs in Rom hat er offen und freimütig ein Bekenntnis seiner »neuen Konfession« abgelegt: »Auch ich habe einen Glauben, nicht unedler, als es der christliche ist! Ich bin erfüllt von der göttlichen Harmonie unseres Weltganzen, wie sie – die Märtyrer – es waren von dem göttlichen Schmerz ihres gekreuzigten Messias. Ich fühle mich wie ein Stäubchen im Angesicht der Unendlichkeit und dennoch größer als die Gewalt der Himmelskräfte, da ich sie begreife und teilhabe an der ewigen Weltseele. Ihr habt einen Glauben, der mir geringer scheint als der meine!«[16]

Dokument

Ich halte das Weltall für unendlich als Schöpfung einer unendlichen göttlichen Allmacht, weil ich es der göttlichen Güte und Allmacht für unwürdig halte, daß sie eine endliche Welt erschaffen hätte, wenn sie noch neben dieser Welt eine andere und unzählig andere erschaffen konnte.

So habe ich denn erklärt, daß es unzählige Welten gibt ähnlich dieser Erde, die ich mit Pythagoras für ein ähnliches Gestirn halte wie den Mond und die anderen Planeten und andere zahllose Sterne; alle diese Weltkörper halte ich für Welten und ihre Zahl für unbegrenzt, sie machen eine unendliche, gesamte Natur aus in unendlichem Raum, und dies heißt das unendliche All, in welchem zahllose Welten sind derart, daß es eine doppelte Unendlichkeit gibt sowohl der Größe des Universums wie auch der Zahl der Welten, wodurch allerdings wohl indirekt eine Glaubenslehre angefochten werden dürfte.

Des weiteren setze ich in diesem Universum eine allgemeine Vorsehung, kraft deren jegliches Wesen lebt, sich erhält und sich bewegt und in seiner Vollendung dasteht, und ich nehme dies in immer zweifachem Sinne: Einmal ist diese Vorsehung allgegenwärtig als Seele ganz im ganzen Körper und ganz in jedem seiner Teile, und insofern nenne ich sie Natur, Schatten und Spur der Gottheit; sodann aber ist sie gegenwärtig auf eine unsagbare Weise als Allgegenwart Gottes seinem Wesen nach als eine Allmacht in allen und über allem, nicht als ein Teil, nicht als eine Seele, sondern auf eine unerklärliche Art.

Giordano Bruno, Gesammelte Werke. Eingeleitet und übersetzt von Kuhlenbeck. Bd. VI, Leipzig 1909, 174. Diese Ausführungen – jedoch ohne die pantheistische Einfärbung – erinnern an die Rede des Apostels Paulus in Athen, in die er ein Zitat des griechischen Dichters Aratus (3. vorchristliches Jahrhundert) einfügte: »In ihm leben wir, bewegen wir uns und sind wir, wie auch einige von euren Dichtern gesagt haben: Wir sind von seiner Art« (Apg 17,28).

Galileo Galilei
(1564–1642)

Oft zitiert werden die Worte, die Galileo Galilei in den Mund gelegt werden: »Eppur si muove« – Und sie (die Erde) bewegt sich doch! Aus dieser Aussage, auch wenn sie ungeschichtlich ist, kann jene eigenartige Mischung von menschlicher Resignation und wissenschaftlicher Überzeugung herausgehört werden, die das geistige Ringen um das neue Weltverständnis zu Beginn der Neuzeit prägte und gewiß auch schwer belastete. Der »Fall Galilei« (auch »Galilei-Mythus«[1] genannt) wird sehr häufig als exemplarischer Fall für die Rückständigkeit und Machtposition der Kirche im damaligen Zeitabschnitt angeführt.

Um aber nicht gedankenlos und ungerecht das Gerede vom »Fall Galilei« zu wiederholen, sollte man auf sich wirken lassen, was ein so exzellenter wie kompetenter Fachmann wie Carl Friedrich von Weizsäcker dazu gesagt hat. Indem er sich hineinversetzt in die

Position des Jesuiten-Kardinals Robert Bellarmin (1542–1621), der gegen Galilei die Bibelauslegung und den Schöpfungsglauben der Kirche verteidigte, schreibt Weizsäcker: »... muß ihn nicht geschaudert haben beim Gedanken an die Folgen des herannahenden Zeitalters ungezügelter Forschung? Ein gerader Weg von dreihundert Jahren führt von der klassischen Mechanik zur Mechanik der Atombombe. Ein gerader Weg von zwanzig Jahren führt von der Atommechanik zur Atombombe... Wäre einer von uns im Jahr 1615 Kardinal gewesen und hätte er die Zukunft übersehen bis 1964, aber nicht weiter, hätte er gewagt, das Risiko dieser Entwicklung auf seine Verantwortung zu nehmen, wenn es eine Aussicht gab, sie noch aufzuhalten?«[2]

Der »Fall Galilei« wird heute, da die Folgen eines hemmungslosen Wissenschafts- und Technikrausches überdeutlich gesehen und erlebt werden, in ganz neuen Dimensionen erfahren und einer notwendigen Revision unterzogen. Dort, wo man bisher fast ausschließlich von der Wissenschaftsfeindlichkeit der Kirche gesprochen hat, wird ihr heute echter »Sinn der Verantwortlichkeit für die Menschheit«[3] eingeräumt. Der »Fall Galilei« – ein nicht unwichtiges Thema für die Standbestimmung, Sinnerhellung und Zukunftsperspektive unserer Zeit!

Gratwanderung zwischen Glaube und Wissenschaft

Als Giordano Bruno am 17. Februar 1600 auf dem Scheiterhaufen in Rom starb, war Galileo Galilei, geboren am 15. Februar 1564 in Pisa als Sohn des nicht gerade begüterten Tuchhändlers Vincentio di Michelangelo Galilei, 36 Jahre alt und, nachdem er bereits mit 25 Jahren (1589) eine Professur an der Universität seiner Vaterstadt Pisa erhalten hatte, seit acht Jahren (1592) wohlbestallter Professor für Mathematik und Physik an der Universität in Padua. Galilei wußte um das pantheistisch-planetarische Weltbild, das Giordano Bruno zum Verhängnis geworden war. Ihm war aber auch die Tatsache bekannt, daß Nikolaus Kopernikus (1473–1543) sein Hauptwerk »De revolutionibus orbium coelestium«, versehen mit einer Widmung[4] an Papst Paul III. [1534–1549], erst in seinem Todesjahr 1543 veröffentlichte, obwohl er 30 Jahre früher im

»Commentariolus«[5] (Kleine Erläuterungsschrift) im Jahr 1510 bereits eine erste gedankliche Skizze seiner neuen Ideen niedergeschrieben hatte.

Galileo Galilei muß sich daher von Anfang an darüber im klaren gewesen sein, daß jeder, der sich an dem bisherigen geozentrischen Weltbild, das in den Rang des biblisch-christlichen Weltbildes und noch dazu mit dem Prädikat einer Quasi-Glaubenswahrheit aufgestiegen war, ins offene Messer lief. Er mußte mit der Gefährdung seiner wissenschaftlichen Existenz, mit der heftigsten Verwerfung durch die Kirche und eventuell mit einem Todesurteil durch die Inquisition rechnen.

Galilei war nicht der felsenharte und zynisch-frivole Typ wie Giordano Bruno. Er war weicher, sensibler, verletzlicher. Galilei lebte gern und er lebte gut, nachdem er vom Großherzog von Florenz mit einem stattlichen Gehalt von 1000 Goldgulden als Hofmathematiker angestellt war.[6] Er dachte durchaus nach ethischen Grundsätzen und Freiheiten des damaligen Renaissance-Zeitalters. So lebte er mit seiner Lebensgefährtin Marina Gamba ohne amtlich-sakramentale Eheschließung zusammen; Virginia Galilei, geboren 1600, die erste Tochter dieser Lebensgemeinschaft, trat 1616 in das Klarissenkloster in Arcetri bei Florenz ein, erhielt den Klosternamen Maria Celeste und starb 1634.

Nicht wenige Angriffe gegen ihn hat er selbst durch seinen Sarkasmus provoziert. Mancher Theologe wollte sich von einem Laien bei der Auslegung der Heiligen Schrift keine Belehrung geben lassen. Bei der ersten wie auch bei der zweiten Verhandlung vor dem römischen Inquisitionstribunal kann man ihm wahrlich nicht »die Klugheit der Schlangen« (Mt 10,16) bescheinigen. Durch unkluges und herausforderndes Vorgehen und Antworten hat er es seinen Gegnern leicht, seinen Freunden und Sympathisanten aber schwer gemacht.

Galilei wußte allzu genau um die große und angreifbare Schwäche seiner astronomischen Darlegungen: Es fehlten für seine Feststellungen die Beweise und Nachweise. Er war außerdem ein Christ mit einer tiefen Kirchen- und Papsttreue. Man mag ihn einen Taktiker schelten, was jedoch ungerecht ist. Was sich nach dem Tod in den Auseinandersetzungen um den »Fall Galilei« auf dem geistigen Schlachtfeld weit über Europa hinaus abspielte, hat er in konzentriertester Weise in seinem eigenen Herzen vorausgelitten.

Galilei lag es fern, sich mit der Kirche anzulegen oder gar das Ansehen der Kirche in der Öffentlichkeit zu diskreditieren. Es war nicht in erster Linie die Androhung der Folter im letzten Prozeß vor der römischen Inquisition (1633), die ihn zum Widerruf nötigte. Es war der aufrichtige und sich verblutende Respekt vor der heiligen Mutter Kirche, deren Entscheidung für ihn eine höhere Qualität besaß, als sie seinen eigenen Ausführungen als Astronom zukam. Nachdem Galilei durch den Großherzog von Florenz Cosimo II. zum Hofphilosophen und -mathematiker nach Florenz berufen wurde, hatte er mit einem sicheren Einkommen Zeit und Ruhe für seine Forschungen (Erfindungen des Fernrohrs, Entdeckung von Bergen auf dem Mond, Deutung der Milchstraße als Ansammlung unzähliger Sterne usw). Mit seiner ersten großen Schrift »Sidereus Nuncius«[7] (Sternenbote) zeigte Galilei seinen wissenschaftlichen Standort auf, bot aber gleichzeitig seinen Gegnern eine klare Angriffsfront.

Am 4. Adventsonntag 1614 bezichtigte der Dominikanerpater Caccini in einer Predigt in der Kirche Santa Maria Novella Galilei der Ketzerei und des Widerspruchs zur Bibel. Der Prediger verwies auf den alttestamentlichen Text aus dem Buch Josua:

> Sonne, bleib stehen über Gibeon
> und du, Mond, über dem Tal von Ajalon!
> Und die Sonne blieb stehen,
> und der Mond stand still
> *(Jos 10,12–13).*

Um den Himmel als klar umgrenzten Ort »Oben« als schriftgemäß zu bezeichnen, verwies Pater Caccini auf den Bericht über die Himmelfahrt Jesu in der Apostelgeschichte: »Ihr Männer von Galiläa, was steht ihr da und schaut zum Himmel empor?« (Apg 1,11) Die Vorwürfe der Ketzerei, die in Florenz gegen Galilei erhoben wurden, konnte die Inquisition in Rom nicht überhören. Man wollte nicht den Fehler des zu lange Wartens und Zögerns wiederholen, den man bei Martin Luther gemacht hatte!

Mit den Anklagen vor der römischen Inquisition begann ein

jahrzehntelanger Leidensweg, der neben seinen Veröffentlichungen vor allem durch seine fünf Romreisen gekennzeichnet ist: erste (1611), zweite (1616), dritte (1624), vierte (1630), fünfte (1633) und letzte Romreise. Galilei hatte gewiß nicht nur böswillige Feinde, die jedes seiner Worte überkritisch beargwöhnten. Unter den Päpsten wie Paul V. [1605–1621] und Urban VIII. [1623–1644], selbst unter den Mitgliedern des römischen Inquisitionsgerichts hatte er Freunde und Sympathisanten. Der Vorsitzende des Inquisitionsgerichts, der Jesuiten-Kardinal Robert Bellarmin, bemühte sich redlich, Galilei Brücken zu bauen. So schlug er in einem Brief vom 12. April 1615[8] vor, man solle die kopernikanische Lehre, wie sie Galilei vertrat, nur als wissenschaftliche Hypothese vertreten; behaupte man sie aber als sichere Wahrheit, so reize man nur die Philosophen und erst recht die Theologen, die einen Übergriff in ihren streng gehüteten Wissenschaftsbereich wittern, und außerdem könne der Glaube des einfachen Volkes Schaden leiden. In einem langen Gespräch[9] versuchte 1616 Kardinal Bellarmin auf den Astronomen Galileo Galilei freundschaftlich einzuwirken, nicht von einer Wahrheit, sondern lediglich von einer Hypothese des heliozentrischen Weltbildes künftig zu sprechen und zu schreiben. In Rom glaubte man angesichts der Erfolglosigkeit des ersten Inquisitionsprozesses zum entscheidenden Schlag ausholen zu müssen. Die Kongregation des Index verfügte in einem Dekret vom 5. März 1616[10], die kopernikanische Weltlehre von der Beweglichkeit der Erde und von der Unbeweglichkeit der Sonne sei »irrig und der Heiligen Schrift ganz und gar widersprechend«. Damit war für Galileo Galilei mehr als nur eine Vorwarnung signalisiert.

Es ist erstaunlich, daß Galilei auch nach dem Schicksalsjahr 1616, wenn auch mit größter Vorsicht lehren und schreiben konnte, was ihm jedoch immer neue Vorladungen nach Rom (1624, 1630, 1633) einbrachte. Wie ein roter Faden zieht sich durch sein Denken, seine Korrespondenz und Veröffentlichungen die wachsende Überzeugung durch, die er in einem Brief (1615) an die Großherzogin von Toskana, Christine von Lothringen, geäußert hat: »Mir scheint, wir sollten in der Diskussion von Naturproblemen nicht von der Autorität der Bibeltexte ausgehen, sondern von der Sinneserfahrung und von notwendigen Beweisführungen... Gott offenbart sich nicht weniger herrlich in den Wirkungen der Natur als in den heiligen Worten der Schrift... Natürlich ist es nicht die Absicht des Heiligen Geistes, uns Physik oder Astronomie zu lehren oder uns zu zeigen, ob sich die Erde bewegt oder nicht. Diese Fragen sind theologisch neutral; wir sollten den heiligen Text respektieren, wo es angebracht ist, die Ergebnisse der Wissenschaft benutzen, um seine Bedeutung zu erkennen.«[11]

Der Wissenschaftler Galileo Galilei litt an seiner Kirche und durch seine Kirche. Aber auch die Kirche in ihrem damaligen Selbst- und Glaubensverständnis litt an Galileo Galilei. Die gegenseitige Spannung war deshalb geradezu tragisch, weil einerseits der gute und treue Katholik Galilei niemals einen Konflikt mit seiner Kirche gesucht hatte und weil andererseits die Kirche von Galilei nicht mehr verlangte, als er beweisen konnte. Nachdem das Konzil von Trient 1545–1563 eben erst versucht hatte, die durch die Reformation entstandenen Schäden und Verunsicherungen des Glaubens zu beheben, fühlte sich die Kirche aufgeschreckt wegen eines möglichen neuen Dammbruchs des Glaubens.

Die fünfte und letzte Romreise Galileis besiegelte sein Schicksal: Der unangenehme Zeitgenosse wurde mundtot gemacht und im wahrsten Sinne des Wortes »aus dem Verkehr gezogen.« Der zweite Prozeß[12] vor der römischen Inquisition fand zwischen dem 12. April und dem 22. Juni 1633 statt. Wie schwierig die Urteilsfindung war, geht daraus hervor, daß drei Kardinäle des Richterkollegiums das Urteil der lebenslänglichen Kerkerhaft nicht unterschrieben haben.[13] Nur mit Wehmut kann man in den Protokollen nachlesen, was von dem fast 70jährigen, schwer leidenden Greis Galilei gefordert wurde. Nach Anhörung des Urteils mußte er kniend »vor Euren Eminenzen, den hochwürdigsten Herrn Kardinälen und Generalinquisitoren« seiner eigenen Lehre als ketzerisch abschwören und sich außerdem verpflichten, jeden anzuzeigen, der eine solche oder ähnliche Ketzerei (des heliozentrischen Weltbildes) vertritt.

Papst Urban VIII. wandelte die Kerkerhaft in Verbannung um. Als religiöse Buße mußte Galilei in den nächsten drei Jahren wöchentlich einmal die sieben Bußpsalmen (Ps 6, 31, 37, 50, 101, 129, 142) beten. Rom, Siena und schließlich Arcetri bei Florenz waren die letzten Stationen seines Lebensweges. In Arcetri wollte

Galilei, der an einem Bruchleiden und an schwerem Gelenkrheuma litt, leben und sterben, weil in dessen Nähe das Klarissenkloster lag, in dem seine heißgeliebte Tochter Maria Celeste (1600–1634) war, den sterbenskranken Vater aber nur noch einige Monate pflegen konnte. In den letzten vier Jahren war Galilei völlig erblindet. Er konnte und brauchte eine Welt nicht mehr sehen, die ihn und sein wissenschaftliches Werk nicht verstanden hat. Am 8. Januar 1642 am 4 Uhr früh starb Galilei in Arcetri, nachdem ihm vorher der Oberinquisitor von Florenz, Pater Fanano, den Segen des Papstes Urban VIII., seines ehemaligen Freundes und späteren Richters, übermittelt hatte. Dem Toten versagte man die Beisetzung in der Familiengruft. Ohne Inschrift wurde Galileo Galilei in einer kleinen Seitenkapelle von Santa Croce in Florenz begraben.

Der Fall Galilei und die Folgen

Der Galilei-Prozeß des Jahres 1633 hat gleich einer scharfen Pflugschar eine tiefe Furche im europäischen Geistesleben hinterlassen. Die beiden Hauptwerke Galileis »Dialogo sopra i due massimi sistemi del mondo« (Florenz 1632) und »Discorsi dimonstrazioni matematiche intorno a due nuove scienze« (Leiden 1638) wurden auf den Index[14] der von der katholischen Kirche verbotenen Bücher gesetzt. Erst im Neudruck des Index im Jahr 1835 wurden mit den Werken des Nikolaus Kopernikus auch die Schriften des Galileo Galilei darin gestrichen. Über zwei Jahrhunderte, in denen die moderne Naturwissenschaft zu grandiosen Erkenntnissen gelangte, blieben die Galilei-Werke ein vergessenes Relikt im Index. Man wußte zwar, daß das Weltbild des Kopernikus wie des Galilei als schriftwidrige Ketzerei verboten war, bewegte sich aber in seinem wissenschaftlichen Forschen und Denken doch in dem verbotenen heliozentrischen Weltbild – in aufgenötigten, hypothetischen Äußerungen.

Der »Fall Galilei« hatte, was vom Inquisitionstribunal des Jahres 1633 keineswegs auch nur geahnt werden konnte, tragische Konsequenzen. Die moderne Naturwissenschaft wanderte aus der Kirche aus. Moderne Physiker haben nicht selten die Kirche als wissenschafts- und fortschrittsfeindliche Institution abgelehnt. Man brauchte für diese Abqualifizierung der Kirche keine neuen Argumente – der Hinweis auf den »Fall Galilei«[15] genügte.

In einem langen Lernprozeß mußten die Verantwortlichen in den Chef- und Entscheidungsetagen der Kirche gerade beim Umgang und bei der Auslegung der Heiligen Schrift erkennen, »daß wir nicht mit der Bibel gegen die Naturwissenschaften operieren können, weil der Zweck, den Gott mit der biblischen Offenbarung verfolgt, nicht der ist, den Menschen naturwissenschaftlichen Unterricht zu geben. Aber wie schmerzlich mußte diese Einsicht erkämpft werden!«[16] Es ist dies übrigens genau jene Einsicht, die Galilei u. a. in seinem Brief an die Großherzogin von Toskana im Jahr 1615 (er wurde bereits zitiert!) ausgesprochen hatte.

Friedrich Dessauer hat von drei Katastrophen gesprochen, die die Kirche auf ihrem langen Weg durch die Geschichte getroffen haben: das griechische Schisma (1054), das jenen Riß zwischen der Ostkirche und der Westkirche bewirkt hat, der heute fast gleichbedeutend ist mit dem »Eisernen Vorhang« – die Kirchenspaltung der Reformation im 16. Jahrhundert – der »Fall Galilei« mit den Folgen der Säkularisierung der natürlichen Offenbarung und der wissenschaftsfeindlichen Abqualifizierung der Institution Kirche. Er schreibt dann: »Die beiden ersten waren schwer: Risse gehen zwischen Völkern und mitten durch sie hindurch. Indessen, die Abgewanderten sind nicht außer Sicht gekommen. Christen sind sie ja geblieben, und die Spalten verbreitern sich nicht mehr, wenn sie sich auch noch nicht schließen. Aber der dritte Abgrund geht mitten durch alle Völker.«[17]

Der »Fall Galilei« ist mehr als eine kirchlich-wissenschaftliche Konfrontation. Er gleicht einem Steinwurf in eine Wasserfläche, von dem kreisförmige Wellenbewegungen nach allen Richtungen ausgehen. Ungewollt und kontrastierend hat der »Fall Galilei« ein Ereignis von ungeahnter Tragweite in Bewegung gebracht, das unzulänglich mit Selbstverständnis, Liberalität, Wissenschaftsgläubigkeit des »modernen« Menschen umschrieben werden kann.[18]

Dokument

Ich, Galileo Galilei, Sohn des verstorbenen Vincentio Galilei aus Florenz, 70 Jahre alt, persönlich vor Gericht gestellt und kniend vor Euren Eminenzen, den hochwürdigsten Herrn Kardinälen, Generalinquisitoren, wegen ketzerischer Bosheit vor der ganzen christlichen Welt angeklagt, habe die heiligen Evangelien vor Augen und berühre sie mit meinen Händen, während ich schwöre:

Ich habe immer geglaubt, glaube auch jetzt und werde mit Gottes Hilfe auch in Zukunft alles glauben, was die heilige, katholische, apostolische Römische Kirche für wahr hält, verkündet und lehrt. Das Heilige Offizium hatte mir gerichtlich aufgetragen, daß ich jene falsche Meinung aufzugeben habe, nach der die Sonne der Mittelpunkt der Welt und unbeweglich ist, die Erde aber nicht der Mittelpunkt der Welt und beweglich ist...

Ich schwöre ab, verwünsche und verfluche mit aufrichtigem Herzen und mit ungeheucheltem Glauben die genannten Irrtümer und Ketzereien sowie jeden anderen Irrtum und jede andere sektiererische Meinung, die dem Glauben der Kirche widerspricht. Ich schwöre, in Zukunft niemals mehr etwas zu sagen oder mündlich oder schriftlich etwas zu behaupten, was mich in einen ähnlichen Verdacht bringen könnte. Sollte ich einen kennenlernen, der der Ketzerei verdächtig ist, werde ich ihn dem Heiligen Offizium oder dem Inquisitor oder dem zuständigen Ortsbischof anzeigen. Außerdem schwöre ich, alle auferlegten Bußen pünktlich zu erfüllen...

Zur Beglaubigung habe ich vorliegende Abschwörungsurkunden, die ich Wort für Wort verlesen habe, mit eigener Hand unterschrieben.

Rom, im Kloster der Minerva, am heutigen Tag, den 22. Juni 1633

Ich, Galileo Galilei, habe wie oben mit eigener Hand abgeschworen.

Aus dem 19. Band (Prozeßakten) der Werke Galileis, herausgegeben von A. Favaro, Edizione nazionale delle opere di Galileo Galilei, Florenz (20 Bände) 1890/1909.

Jakob Böhme
(1575–1624)

Jakob Böhme. Stahlstich von P. von Gaust

Die Redewendung »Schuster, bleib bei deinem Leisten« bringt humorvoll zum Ausdruck, in seinem Wissens- und Erfahrungsbereich zu bleiben und sich nicht zu Äußerungen über Angelegenheiten verleiten zu lassen, von denen man nichts versteht. Einem wirklichen Schuster, nämlich dem Meistersinger und Poeten (im Nebenberuf) Hans Sachs (1494–1576), hat man es nicht verübelt, sondern man hat ihn hochgepriesen, daß er »über den Leisten« geschlagen hat. Wenige Wochen, ehe Hans Sachs am 19. Januar 1576 in der Freien Reichsstadt Nürnberg starb, wurde in dem Dorf Alt-Seidenberg in der Oberlausitz (Schlesien) Jakob Böhme geboren, der später Schuster geworden ist und dem von dem Görlitzer Oberpfarrer (Pastor primarius) Gregor Richter wie vom Magistrat der Stadt Görlitz wiederholt vorgehalten wurde, er solle »bei seinem Leisten bleiben«[1] und sich nicht in theologische Fragen einmischen, von denen er nichts verstehe.

Es hat im Laufe der christlichen Glaubensgeschichte – erstmals in der Christengemeinde von Korinth zwischen dem Apostel Paulus und den Charismatikern[2] (vgl. 1 Kor 12,1–14,40) – immer wieder Spannungen zwischen Institution und Charisma, zwischen dem Statischen und dem Dynamischen gegeben. Nicht immer hielt und hält sich der Heilige Geist an jene hierarchische Reihenfolge, die Menschen ihm allzu gerne vorschreiben möchten. Er vermittelt nicht nur über die »Kirche von Oben«, bisweilen recht ungewohnt auch über die »Kirche von Unten« seine Impulse an die Christengemeinschaft. Gott kann das, was »den Weisen und Klugen verborgen bleibt, den Unmündigen offenbaren« (Mt 11,25). Keine noch so hohe kirchliche Instanz kann und darf Gott vorschreiben, wann und wie und welchen Personen er seinen Auftrag, seine Wahrheit und seine Gaben zu vermitteln hat. »Es gibt verschiedene Gnadengaben, aber nur den einen Geist... einem jeden teilt er seine besondere Gabe zu, wie er will« (1 Kor 12,4.11).

Schuster und Mystiker

Jakob Böhme wurde 1575 in einer wohlhabenden evangelischen Bauernfamilie in Alt-Seidenberg in der Nähe von Görlitz (im Kurfürstentum Sachsen) geboren. Im Kurfürstentum Sachsen war die neue Lehre Luthers unmittelbar nach dem Tod Friedrichs III., des Weisen [1486–1525], der Landesherr Martin Luthers mit Sitz in Wittenberg war, 1526 verpflichtend eingeführt worden. Von seinen Eltern muß Jakob Böhme eine mystische Veranlagung ererbt haben. Bereits als Junge, dem wegen seiner schwächlichen Gesundheit das Hüten des Viehs anvertraut war, wurde er (wie überliefert ist) von Visionen überfallen, die ihn mehr mit Angst als mit Freude erfüllten.

Weil er für schwere Bauernarbeit untauglich war, ließen seine Eltern ihn das Schusterhandwerk im benachbarten Städtchen Seidenberg erlernen. Er muß in seinem Handwerk geschickt und zuverlässig gewesen sein. Bereits mit 24 Jahren (1599) ist er hochangesehener Bürger der Stadt Görlitz geworden. Im gleichen Jahr seiner Einbürgerung schloß er die Ehe mit der Tochter eines Görlitzer Metzgermeisters. Aus dieser Ehe gingen 4 Söhne und

2 Töchter hervor. In Görlitz errichtete Jakob Böhme eine allseits bekannte und anerkannte Schusterwerkstätte, die er bis 1613 beibehielt. Er muß zu sichtlichem Wohlstand gekommen sein, denn er konnte sich 1610 in Görlitz ein eigenes, stattliches Haus erwerben, dessen Kaufpreis er in der damals erstaunlich kurzen Zeit bis 1619 völlig abzahlen konnte. Trotz seines beruflichen Erfolges und seines glücklichen Ehe- und Familienlebens litt Jakob Böhme unter Erlebnissen, mit denen er während seiner Lehrzeit und während seiner anschließenden Wanderjahre als Schustergeselle konfrontiert war, und die er nicht vergessen konnte. Es war für Jakob Böhme, der in einem Elternhaus mit täglichem Gebet und täglicher Schriftlesung aufgewachsen war, unverständlich, daß im Haus seines Meisters, bei dem er das Schuhmacherhandwerk lernte, weder gebetet noch die Bibel gelesen wurde. Vielleicht hat der von oben befohlene Konfessionswechsel nicht nur in dieser Familie eine erschütternde religiöse Gleichgültigkeit, ja Desinteressiertheit bewirkt? Was nützt es, von der »Freiheit des Christenmenschen« mit Martin Luther zu reden, aber in seinen Glaubensentscheidungen dem kurfürstlichen Konfessionsbefehl »von oben« gehorchen zu müssen? Während seiner Wanderjahre als Schustergeselle hat ihn aber vor allem die Gehässigkeit abgestoßen, mit der Lutheraner und Kalviner sich gegenseitig bekämpften und den rechten Glauben absprachen und doch gemeinsame Front machten, wenn es gegen die katholische Kirche ging. Immer unausweichlicher stellte sich ihm die Frage: Gewiß respektieren die Lutheraner (wie auch die Kalviner) die Bibel als Wort Gottes, als Wort von der Gottesliebe und von der Nächstenliebe, ihr Leben aber ist ein einziger Affront dagegen!

Jakob Böhme erkannte mehr und mehr, daß es nicht genügt, mit der Bibel unterm Arm durch sein Leben zu gehen. Was nützen außerdem eine theologisch noch so überzeugend vorgetragene Rechtfertigungslehre und selbst tägliche Lesungen der Bibel, wenn die »innere Erfahrung« fehlt und das Herz des Christen nicht in Betroffenheit gerät? Mit einem heiß suchenden Herzen griff Jakob Böhme zu Schriften, in denen er Hilfe und Lösung seiner Fragen vermutete. Er las die Schriften des Theophrastus Bombastus Paracelsus von Hohenheim (1493–1541), dessen Naturphilosophie theosophisch-mystische Prägung hatte. Er vertiefte sich in die

Werke des lutherischen Pfarrers in Zschopau Valentin Weigel (1533–1588), der eine spiritualistische Frömmigkeit verfocht, und las die Schriften des Kaspar von Schwenckfeld (1489–1561), der sich theologisch mit Martin Luther überworfen hatte und eine kämpferische Anhängerschaft vor allem im oberdeutsch-schwäbischen Raum hatte.

Was der Autodidakt Jakob Böhme las und in sich aufnahm, ist sicherlich nicht durch die Sonde einer kritischen Theologie gegangen. Diese Schriften haben in ihm eine vererbte Naturanlage gefördert und zur Blüte gebracht. So war er seltsam berührt, ja geradezu verzückt, durch die Glanzlichter auf einem frisch geputzten »zinnenen Gefäß« plötzlich »die innersten und tiefsten Geheimnisse der Natur«[3] erfahren zu haben. Es gab für ihn keinen Zweifel, daß Gott sich ihm wunderbar eröffnet hat. Viele Visionen, die ihm zuteil wurden, sonderten ihn nicht aus und machten ihn nicht zu einem menschenscheuen Einzelgänger. Er war und blieb ein liebenswerter Gatte und Vater seiner sechs Kinder und ein geschätzter Schuhmachermeister.

Was in Jakob Böhme vorging, hielt er fast ein Jahrzehnt für sich zurück. Erst 1612 fühlte er sich innerlich genötigt, das visionär Erlebte niederzuschreiben und dadurch anderen mitzuteilen. Seinem ersten unvollendet gebliebenen Werk gab er den Titel »Morgenröte im Anfang« (später »Aurora« betitelt). Mit diesem Werk löste er ungeahnte, überaus hitzige Debatten und einen fanatischen Kanzelkampf durch den Oberpastor von Görlitz, Gregor Richter, aus. Theologie und Frömmigkeit des orthodoxen Protestantismus sah man durch inkompetente Auslegungen eines theologisch ungebildeten Schusters gefährdet. Die offiziellen Vertreter und Verantwortlichen der evangelischen Kirche fühlten sich aufgerufen, den reformatorischen Glauben eines Martin Luther vor dem Abgleiten in eine Gefühlsreligion bewahren zu müssen. Jakob Böhme wurde vor den Rat der Stadt Görlitz zitiert, wo ihm nach einem peinlichen Verhör das Versprechen abgefordert wurde, künftig jedes Bücherschreiben zu unterlassen. Man sage ja nicht, es habe nur in der römischen Kirche Inquisitionstribunale und Inquisitionsurteile gegeben!

Trotzdem hörte der Görlitzer Oberpastor, der sich als Wächter der lutherischen Orthodoxie fühlte, nicht auf, gegen den verstiegenen Schuhmachermeister und Narren Jakob Böhme und dessen Familie von der Kanzel zu schimpfen und zu toben. Er wollte den Slogan unter die Leute und in die Öffentlichkeit bringen:

*Schuster, greif nach dem Leder
und nicht nach der Feder!*

Fünf Jahre hat Jakob Böhme zu diesen wahrhaft unchristlichen Gehässigkeiten geschwiegen. Erst durch eine Vision fühlte er sich 1617 verpflichtet, sein Schweigen zu brechen und sich vom Herzen zu schreiben, wozu er sich von Gott beauftragt fühlte. In kurzer Zeit veröffentlichte Jakob Böhme fast 30 Schriften[4], von denen nur die wichtigsten genannt seien: »Von den drei Prinzipien des göttlichen Wesens« – »Vom dreifachen Leben des Menschen« – »Psychologia vera« (Von der wahren Seelenkunde) – »Von der Menschwerdung Jesu Christi« – »Sex puncta theosophica« (Von den sechs theosophischen Punkten) – »Sex puncta mystica« (Von den sechs mystischen Punkten) – »Mysterium pansophicum« – »Mysterium magnum, oder Erklärung über das erste Buch Moses von der Offenbarung Göttlichen Worts...«

Bereits aus den Titeln dieser angeführten Schriften wird die mystisch-theosophische Grundrichtung des Jakob Böhme erkennbar. 1624 war es soweit, daß er aus der Stadt Görlitz weichen mußte. Am kurfürstlichen Hof in Dresden fand er tolerantere Förderer und Gesprächspartner als in Görlitz. Man war bei den weltlichen, aber auch bei den kirchlichen Stellen in Dresden höchst verwundert über die recht unchristliche Gehässigkeit des Görlitzer evangelischen Oberpastors und ermunterte Böhme, zu seiner bedrängten Familie zurückzukehren. Als sterbenskranker Mann kam er nach Görlitz zurück. Am Sonntag, dem 17. November 1624, um 6 Uhr früh, ging er betend und in seliger Erwartung hinüber in jenes Reich, in dem er Gerechtigkeit, vor allem die unbestechliche Liebe Gottes erwartete. Gegen den Willen des geistlichen Ministeriums setzte der Magistrat von Görlitz, damit seine frühere Entscheidung revidierend, ein würdiges Begräbnis durch. Der evangelische Oberpastor, der am Grab von Jakob Böhme auf dem Nikolai-Friedhof die Totenansprache hielt, konnte sich die Worte nicht verkneifen, er wäre lieber 20 Meilen woanders hingegangen, als hier dem Willen eines ehrbaren Stadtrates nachzukommen.

Visionäre Erfahrungen

Es ist erstaunlich, wie sehr der Schuhmachermeister aus Görlitz, Jakob Böhme, sich mit einer keineswegs einfachen Lektüre beschäftigte. »Er war nicht gelehrt im Sinn der damaligen humanistischen, scholastischen oder protestantisch-theologischen lateinischen Bildung, auch nicht in dem der neuen Naturwissenschaft; er besaß aber doch erhebliche Kenntnis der Bibel und der mystischen, theosophischen, naturphilosophischen und astrologischen apokryphen Literatur.«[5]

Man kann kaum annehmen, daß Jakob Böhme die Schriften des Paracelsus oder des Kopernikus kritisch lesen und auslegen konnte. Sie waren für ihn, auch wenn er nicht alles verstehen und deuten konnte, starke Impulse, die ihn in seinem Denken und Sehnen bestätigten. Er hat durchaus selbständig diese Anstöße in sein Denken eingeschmolzen, so daß bei ihm von einer »Gelehrsamkeit eigener Art«[6] gesprochen werden kann. Er gehörte keiner theologischen oder theosophischen Schule an. Er hat vielmehr einer Denkrichtung den Weg gezeigt, auf dem Friedrich Christoph Ötinger (1702–1782), Friedrich von Hardenberg = Novalis (1772–1801), Friedrich Schlegel (1772–1829), G. W. Friedrich Hegel (1770–1831), Franz von Bader (1765–1841), Ludwig Tieck (1773–1853) und Friedrich Wilhelm Schelling (1775–1854) mit je eigenen Akzenten weitergegangen sind.

Man sollte bei der Begegnung mit Jakob Böhme sich nicht von seiner bisweilen schrulligen Schreibweise und seinen kuriosen Spielereien und Vergleichen abschrecken lassen und mit Voreingenommenheit querstellen. Für Jakob Böhme gilt in noch höherem Maße, was nach Ludwig Wittgenstein (1889–1951) für jede sprachliche Deutung bereits der irdischen Wirklichkeiten gilt: Die Grenzen seiner Sprache bedeuten die Grenzen seiner Welt und der Mitteilbarkeit seiner Visionen. Sein Denken, Beten und Schreiben kreiste um drei Themen: Gott – Welt – Mensch. Mittel und Ausgangspunkt war Gott, von dem Welt und Mensch ausgehen und wieder zu Gott zurückkehren. Es ist zu billig, Jakob Böhme als Spinner und Phantasten, der mit Neurosen und Hysterie behaftet sei, rundweg abzulehnen, der besser als Schuhmachermeister »bei seinem Leisten« hätte bleiben sollen.

Jakob Böhme

Um seine Visionen und Auditionen, sein Schauen und Hören Gottes, ernstzunehmen, muß man zurückschauen zu Mechthild von Magdeburg (1208–1282) oder zu Meister Eckhart (1260–1328). Die Reaktionen etwa beim Görlitzer Oberpastor Gregor Richter, die Jakob Böhme auslöste, erweisen ihn – ähnlich wie die Propheten im Alten Testament – als kirchen- und gesellschaftskritisches Gewissen. Er steht an einer kirchengeschichtlichen Nahtstelle, an der der erste Elan der Reformation verklungen war, der Dreißigjährige Krieg mit seinem Ringen um konfessionelle Machtpositionen bereits begonnen hatte und außerdem die Bastionen der altprotestantischen Orthodoxie sich zu verfestigen begannen. Jakob Böhme lehnte gewiß nicht Wort und Sakrament ab. Wichtiger erschien ihm die »innere« Erfahrung, die persönliche und liebende Begegnung mit dem Herrn Jesus. In Jakob Böhme wird erstmals jene religiöse Unruhe und jenes kirchliche Unbehagen sichtbar, das später in der von Philipp Jakob Spener (1635–1705) gegründeten Bewegung des Pietismus[7] nach einer »zweiten Reformation« sich aussprach.

Man hört sehr deutlich die Antistellung gegen theologische und exegetische Wortklauberei heraus, die sich in der evangelischen Theologie mehr und mehr breitmachte, wenn Jakob Böhme schreibt: »Darum, sage ich, ist alles Babel, was sich miteinander beißet und um die Buchstaben zanket.«[8] Jakob Böhme kapselte sich nicht in ein individualistisches Privatkapellchen ein, in dem er zwar die Kultur der Seele pflegte, aber die Verantwortung und Sorge um die Welt vernachlässigte. Von Paracelsus inspiriert und geleitet von seinen Visionen legte er so etwas wie ein kosmisches Weltkonzept vor, in dem der Kampf von Gegensätzen, von Licht und Finsternis, Gut und Böse vorliegt und zur dynamischen Seinsverwirklichung führt. »Das Böse hat aufbauende Bedeutung. Das Böseste muß des Besten Ursache sein.«[9]

In diesem kosmischen Prozeß der Gegensätze ist Gott, der nach Jakob Böhme nur in der Form der negativ-verneinenden Theologie umschrieben werden kann, der »Ungrund«, der das mit göttlichem Willen als Weltprinzip erfüllte Nichts ist: »Das Nichts hungert nach dem Etwas.«[10] Jakob Böhme nimmt Gott, den »Ungrund« allen Werdens, als den christlich-dreifaltigen Gott ernst. Was im Laufe der Neuzeit jedoch faszinierte und inspirierte, waren sein organisch-dynamisches Naturverständnis und die Umrisse der Idee des »werdenden« Gottes. Nichts war daher selbstverständlicher, als daß alle, die das mechanistische Weltverständnis ablehnten, in Böhme ihren Inspirator, Geistesverwandten und Mitstreiter erblickten. Sehr häufig haben sie unter Ausklammerung der christlichen Verwurzelung seines Gottes- und Weltverständnisses Jakob Böhme für ihre ideologisch oft ganz anderen Ansichten »vereinnahmt«.[10]

Damit haben sie dem einfältigen Mystiker Jakob Böhme keinen guten Dienst erwiesen. Sie haben ihn bei jenen in Mißkredit gebracht, die sein Leben und seine Schriften nicht kennen.

Dokument

Also ist der Mensch zu betrachten: Er stehet und lebet in drei Welten. Die eine ist die ewige Finster-Welt, als das Zentrum der ewigen Natur, welche das Feuer gebieret als die Angstqual. Die andre ist die ewige Licht-Welt, welche die ewige Freude gebieret, darinnen der Geist Gottes wohnt, darinnen der Geist Christi menschlich Wesen annimmt und die Finsternis vertreibet. Die dritte Welt ist die äußere sichtbare, in den vier Elementen und dem unsichtbaren Gestirne. Das Feuer im Lichte ist ein Liebesfeuer. Und das Feuer in der Finsternis ist ein Angstfeuer.

Also verstehet recht, wie die neue Wiedergeburt geschehe. Der äußere Mensch wird in dieser Zeit nicht neu geboren, weder das äußere Fleisch, noch der äußere Teil der Seele. Sie bleiben beide in der Eitelkeit ihres in Adam aufgewachten Willens, sie lieben ihre Mutter, als das Regiment dieser äußern Welt. Aber der Feueratem der innern Welt verstehet es. Und das ist die Ursache, daß die feurige Seele diese Zeit (über) nicht mag zur Vollkommenheit kommen, daß sie im äußern Bande der Eitelkeit angebunden stehet, davon Jammer und Angst entstehet, daß sich die edel Sophia (= Weisheit) in der himmlischen Menschheit verbirgt. Denn sie weiß, wie es ihr in Adam ging, da sie ihr Perlein verlor...

Allhier soll nun ein Christ bedenken, ob er auch einer sei. Denn daß ich lerne wissen und verstehen, daß ich ein Sünder bin und daß Christus meine Sünde hat am Kreuz getötet und sein Blut für mich vergossen: das macht noch lange keinen Christen aus mir. Was hilft das der Seele, daß sie den Weg weiß, gehet aber den Irrweg und erreicht Gott nicht? Was hilft das der Seele, daß sie sich der Kindschaft Christi tröstet, mag aber nicht in die kindliche Geburt eingehen? Gewiß, das Kitzeln und Heucheln mit Christi Verdienst, außer der wahren eingeborenen Kindschaft, ist falsch und erlogen, es lehre es, wer da wolle.

Aber in dem heiligen Lehrer lehret der Heilige Geist, und in dem heiligen Hörer höret der Geist Christi. Der Heilige hat seine Kirche in sich, da er inne höret und lehret. Denn er stehet und gehet, er liegt oder sitzt in seiner Kirche. Der Heilige Geist predigt ihm aus allen Kreaturen. Alles, was er ansiehet, da siehet er einen Prediger Gottes.

Hier wird der Spötter sagen, ich verachte die steinerne Kirche. Da sage ich Nein zu. Ein rechter Christ bringet seine heilige Kirche mit in die Gemeinde. Sein Herz ist die wahre Kirche, da soll man Gottesdienst pflegen.

Ein rechter Mensch, welcher in Christi Geist neugeboren ist, der ist in der Einfalt Christi, hat mit niemandem Zank um die Religion. Er hat in sich selbst Streit genug mit seinem tierischen bösen Fleisch und Blut. Dem Gottlosen aber ruhen seine Sünden im Schlafe des Todes und grünen im Abgrund aus und bringen Früchte der Hölle.

Der Textausschnitt »Von der neuen Wiedergeburt« ist aus dem (1612 verfaßten, erstmals 1634 veröffentlichten) Hauptwerk von Jakob Böhme entnommen: »Aurora: Das ist Morgenröte im Aufgang und Mutter der Philosophie« (in der zweiten Auflage lautete der Untertitel: »Die Wurzel der Philosophie, Astrologie und Theologie«). Jakob Böhme beschreibt mit überaus eindringlichen Worten die Geschichte Gottes und des Kosmos. Es gehört zu den Lieblingsideen von Böhme, im dreifaltigen Gott bereits einen Urkampf zu sehen, der sich widerspiegelt im Widerstreit von Licht und Finsternis, von Gut und Böse in der Schöpfung und schließlich im dreieinigen Gott dialektisch vereinigt wird. In diesem gigantischen Ringen kommt Jesus Christus, dem menschgewordenen Sohn Gottes, eine Schlüsselrolle zu.

Der Text ist zitiert aus: Jakob Böhme, Vom Geheimnis des Geistes. Eine Auswahl, Leipzig o. J. S. 49–51.

Angelus Silesius
(1624–1677)

Häufig wird der Name Angelus Silesius zitiert, wenn aus seinem »Cherubinischen Wandersmann« einige Epigramme angeführt werden. Seine Dichtungen haben in unserer Zeit, gerade auch im Zusammenhang mit spirituellen und charismatischen Bewegungen, einen ganz neuen Stellenwert erlangt. Wer war aber dieser Angelus Silesius? Es ist jener aus Schlesien stammende Johann Scheffler, der in seiner Lebensmitte vom Protestantismus zur katholischen Kirche übertrat und als Priester-Dichter »mit größter lyrischer Sprachkunst eine wesentlich katholische Barocklyrik«[1] geschaffen hat.
Es ist nicht leicht, Angelus Silesius gerecht zu werden. Gehört er tatsächlich in die Reihe der Mystiker oder muß er doch den Dichtern beigezählt werden, die mit gläubiger Intuition in das intimste Gespräch zwischen Gott und der Seele sich einzufühlen und dieses Gespräch auch sprachlich zu beschreiben vermochten? Nur wenn man die Mühe nicht scheut, Angelus Silesius, den »Schlesischen Himmelsboten«, in seinem zeitgeschichtlichen Milieu zu sehen, gelingt es, seiner Persönlichkeit wie auch seinem Werk Gerechtigkeit widerfahren zu lassen.

Leben in unruhiger Zeit

Das Leben des Angelus Silesius[2] ist eingefügt in das 17. Jahrhundert, das erfüllt war vom Getümmel jahrzehntelanger Glaubenskriege (1618/48 Dreißigjähriger Krieg; 1621 Gegenreformation in Böhmen; 1631 Tilly erobert Magdeburg; 1632 Schlacht bei Lützen: Tod von Gustav Adolf; 1648 Westfälischer Friede; 1683 Belagerung Wiens durch die Türken; 1685 Aufhebung des Edikts von Nantes durch Ludwig XIV.). Man war des Streites mit Worten und erst recht mit Waffen müde. Allzu viele Städte waren zerstört, allzu viele Menschen waren getötet worden. Ganz Europa ein rauchendes Trümmerfeld. Der Boden Europas getränkt mit Blut und Tränen.

Es war nur zu verständlich, daß sich viele Menschen in den Innenraum ihres Gewissens zurückzogen und von dogmatischen Wortklaubereien nichts mehr hören wollten. Ein mystisch angehauchter, religiöser Individualismus stieg wie eine neue Zukunftshoffnung auf. Das gläubige Herz, das allzu lange geistig-geistlich gefroren hatte, sehnte sich nach der liebenden Umarmung durch Jesus Christus. Nach Jahrzehnten blutiger Glaubensstreitigkeiten und religiöser Verfrostung spürte man allenthalben einen Herzensfrühling aufbrechen. Diese neue emotionale Atmosphäre zeichnet sich bereits in den Titeln mancher damals verfaßter Werke ab, wenn etwa Angelus Silesius eines seiner Bücher »Heilige Seelenlust oder Geistliche Hirtenlieder der in ihren Jesum verliebten Psyche« betitelt. Er will anregen, daß der nach Gottesliebe und Gottesbarmherzigkeit sich sehnende Christ »in der Wüste dieser Welt als ein keusches Turteltäublein nach Jesu, seinem Geliebten, inniglich und lieblich seufzen«[3] kann.

Angelus Silesius. Stahlstich

Johann Scheffler wurde am Weihnachtstag, 25. Dezember 1624, in Breslau geboren, das damals zum Habsburger Reich gehörte (erst 1742 von Preußen erobert). Er entstammte einer polnischen Adelsfamilie, die nach Breslau übergesiedelt war. Nach einer gründlichen humanistischen Ausbildung am Gymnasium seiner Geburtsstadt widmete er sich umfassenden philosophischen und auch medizinischen Studien an so verschiedenen Universitäten wie Straßburg, Leyden und Padua. Im niederländischen Leyden fand er erstmals Zugang zu den Schriften von Jakob Böhme. In Padua promovierte er zum Dr. med. et phil. Schon als 25jähriger wurde er wegen seiner »in Medicina erlangten Experientz«[4] (1649) zum Leibarzt und Hofmedikus des Herzogs Sylvius Nimrod zu Württemberg und Oels ernannt.

Was Johann Scheffler trotz seiner sicheren und gutbezahlten Stellung bedrückte, war das landesfürstliche Gebaren seines protestantischen Herzogs. Im Sinne des berühmten Wortes: »Cujus regio, eius religio« (Wem das Land gehört, der bestimmt auch die Religion der Bewohner seines Landes) wurde landesfürstlich (der Landesfürst war ja auch Summus episcopus, oberster Herr und Bischof seiner protestantischen Untertanen!) in nur schwer verantwortlicher Weise dekrediert. Es herrschte alles andere als die von Martin Luther so beschworene »Freiheit des Christenmenschen«. Lediglich dem Landesherrn kam Freiheit zu, über die Konfessionszugehörigkeit seiner Landeskinder zu befinden. Außerdem gab es innerhalb des Protestantismus recht unerquickliche Streitigkeiten, so daß nach Abschluß des Dreißigjährigen Krieges der religiöse Friede keineswegs eingekehrt war.

Um in Freiheit seine Glaubensentscheidung zu treffen, die er immer deutlicher in Richtung Katholizismus erkannte, quittierte er 1652 bei Herzog Sylvius Nimrod seinen Dienst als Leibarzt und Hofmedikus. Dr. med. et phil. Johann Scheffler kehrte nach Breslau zurück, wo er manche Predigten von Jesuiten hörte, die sich kritisch und im Sinne des Reformkonzils von Trient (1545/1563) mit den Lehren des Luthertums befaßten. Nach reiflicher Überlegung trat er 1653 in der Matthiaskirche in Breslau, die damals den Deutschherrn gehörte, zum katholischen Glauben über. Am Tag der Firmung nahm Johann Scheffler den Namen Angelus an. Um sich von dem Theologen Johann Angelus zu unterscheiden und um gleichzeitig auch seine schlesische Herkunft zu betonen, nannte er sich von jetzt an Angelus Silesius (der Schlesier).

Acht Jahre später empfing Angelus Silesius im Mai 1661 in Neiße die Priesterweihe. Weil sein Übertritt zur katholischen Kirche von lutherischen Theologen vor allem in der Stadt Breslau mit bissigem Spott kritisiert wurde, sah er sich genötigt, die Beweggründe seiner Konversion in einer eigenen Schrift »Gründtliche Ursachen und Motiven« (1653) darzulegen. 1664 wurde der katholische Priester Angelus Silesius von seinem Gönner, Fürstbischof Sebastian Rostok von Breslau, zum geistlichen Hofmarschall und theologischen Berater ernannt.

Trotz seiner angestrengten apologetischen und homiletischen Tätigkeit in der Auseinandersetzung mit dem Protestantismus gelang es Angelus Silesius, seit 1661 im Kloster der Deutschherrn wohnend, Zeit und Muße zur Verwirklichung seiner schriftstellerischen Pläne zu haben. Nachdem er bereits früher (1657) sein fünf Bücher umfassendes Werk »Heilige Seelenlust oder Geistliche Hirtenlieder der in ihren Jesum verliebten Psyche« herausgegeben hatte, veröffentlichte er sein Werk »Geistliche Sinn- und Schlußreime« (1657) in zweiter Auflage (1674) unter dem neuen Titel »Der Cherubinische Wandersmann«. 1675 gab er heraus »Die sinnliche Beschreibung der vier letzten Dinge«, eine Dichtung, durch die die Menschen zur religiösen Besinnung und zur Vorbereitung auf einen guten Tod angeregt werden sollten. Eine Auswahl seiner theologischen und apologetischen Schriften erschien unter dem Titel »Ecclesiologia« (1677). Nahe der Breslauer Matthiaskirche, in der er 1653 zum katholischen Glauben übergetreten war, starb Angelus Silesius im benachbarten Kloster der Deutschherrn am 9. Juli 1677.

Mystiker und Poet

Ohne Zweifel besaß Angelus Silesius die sprachliche Kraft, seine religiösen Erfahrungen und Sehnsüchte überzeugend aufzuzeichnen. Seine Niederschriften sind aber nicht nur fromm anmutende Sprachspiele. Hinter ihnen steckt eine meditative Erfahrung, die Mitchristen beschenken und zur Begegnung mit Gott anleiten will.

Angelus Silesius ist ein Mystiker ganz eigener Prägung – ohne Visionen und ohne Auditionen –, ein Mystiker, der ganz bewußt andere an seinen Gotterlebnissen teilnehmen lassen und ihnen Wege zur persönlichen Gottbegegnung aufzeigen will. Er ist – wenn man es will – ein Mystiker mit pastoral-seelsorglicher Verantwortung.

Das »Barocke« äußert sich in seinen Schriften dadurch, daß Angelus Silesius die damals modisch werdende, stark emotional gefärbte Schäferpoesie, die sich schon bei dem niederrheinischen Jesuiten Friedrich Spee (1591–1635) findet, aufgreift und vor allem in seinem Opus »Heilige Seelenlust oder Geistliche Hirtenlieder der in ihren Jesum verliebten Psyche« weiterentwickelt. Charakteristisch vor allem für seine Sinnsprüche im »Cherubinischen Wandersmann«, die in zwei, vier oder mehr gereimten Alexandrinern bestehen (das Gesamtwerk umfaßt 1675 »Reime« und 10 Sonette), ist die fast stete Rückbezogenheit einer Glaubensaussage zum betrachtenden Ich. Es werden Glaubenswahrheiten in stark emotionaler Introvertiertheit in ihrer Bedeutung und Konsequenz mit einer deutlichen Pfeilspitze »für mich« nicht zur bloßen Kenntnisnahme, sondern für die persönliche Betrachtung, für die Verinnerlichung des religiösen Lebens, für die Privatandacht einer aufbrechenden Christusminne vorgelegt.

Für moderne Ohren mögen manche dieser Sinnsprüche holperig klingen. Es gibt aber unter ihnen »einige schlackenlose Dichtungen, die zu den schönsten, innerlichsten gehören, die unsere Mystik ins Leben gerufen hat«.[5]

Dokument

Nichts ist als Ich und Du: und wenn wir zwei nicht sein,
So ist Gott nicht mehr Gott, und fällt der Himmel ein.

Soll ich mein letztes End und ersten Anfang finden,
So muß ich mich in Gott und Gott in mir ergründen
Und werden das, was Er: ich muß ein Schein im Schein,
Ich muß ein Wort im Wort, ein Gott im Gotte sein.

Erweitere dein Herz, so gehet Gott darein,
Du sollst sein Himmelreich, er will dein König sein.

Ich muß Maria sein und Gott aus mir gebären,
Soll Er mir ewiglich die Seligkeit gewähren.

Wird Christus tausendmal zu Bethlehem geboren,
Und nicht in dir, du bleibst doch ewiglich verloren.

Mensch, werde wesentlich; denn, wenn die Welt vergeht,
So fällt der Zufall weg, das Wesen, das besteht.

Mensch, was du liebst, in das wirst du verwandelt werden;
Gott wirst du, liebst du Gott, und Erde, liebst du Erde.

Ich weiß, daß ohne mich Gott nicht ein Nu kann leben.
Werd' ich zunicht, er muß von Not den Geist aufgeben.

Halt an, wo läufst du hin, der Himmel ist in dir:
Suchst du Gott anderswo, du fehlst ihn für und für.

Der »Cherubinische Wandersmann, Geistreiche Sinn- und Schlußreime«, eine Sammlung von 1665 brillant formulierten Aphorismen, entstand zwischen 1651 und 1653; die zitierten Texte sind diesem Werk entnommen. Darin hat Angelus Silesius durch eigenständig mystische Anregungen der Vergangenheit (z. B. Meister Eckhart, Jakob Böhme, aber auch Einflüsse der spanischen Mystik, wie erst jüngst nachgewiesen wurde) verarbeitet.

Die Aphorismen kreisen um die auch andere Mystiker bewegenden Fragen: Gott und Ich, Gott in mir, Ich in Gott. Sie lassen auch den religiösen Individualismus, die beseligende Zweisamkeit mit dem geliebten Jesus durchscheinen, die später im Pietismus eine so prägende Bedeutung gewinnen sollten.

Bernadette Soubirous
(1844–1879)

Man darf und soll es unumwunden eingestehen, daß man nur mit einigem Zögern Bernadette Soubirous, die Seherin von Lourdes, eine Mystikerin nennen kann und sie damit in die Reihe der großen Mystikerinnen wie Hildegard von Bingen (1098–1179), Mechthild von Magdeburg (1208–1288) oder Teresa von Avila (1515–1582) stellt. Vielleicht wird aber dadurch die nicht unwichtige Einsicht erschlossen, daß es Mystik in vielfältiger, personaler wie epochaler Brechung und Stufung gibt. Neben den »großen« stehen »kleine« Mysterikerinnen und Mystiker, wobei keineswegs sicher ist, ob unsere menschliche und gestufte Wertung mit der Wertung Gottes übereinstimmt.

Was Bernadette in den achtzehn Marienerscheinungen des Jahres 1858 erfuhr, war eine natürlich nicht mehr erklärbare Erfahrung auf der Schwelle von Zeit und Ewigkeit. Diese Erfahrung, die nach einem sehr kritischen kirchlichen Verfahren als echt bestätigt wurde, hat ihr ganzes späteres Leben geprägt. Sie war dankbar, daß sie einen Auftrag Gottes empfangen und zu dessen Verwirklichung anregen durfte. Sie hat aus dieser mystischen Begnadigung gelebt, aber nie von Gott weitere mystische Erscheinungen erbeten.

Kurz vor ihrem Sterben am 16. April 1879 hat sie, 21 Jahre nach den Marienerscheinungen, von ihrem dienenden Auftrag gesagt: »Meine Geschichte ist ganz einfach. Die Jungfrau hat sich meiner bedient, dann hat sie mich in die Ecke gestellt. Das ist mein Platz. Dort bin ich glücklich, und dort bleibe ich.«[1]

Auf seiner Flucht vor der nazistischen Verfolgung hat der jüdische Schriftsteller Franz Werfel (1890–1945), »ein von Grund auf religiöser Dichter«,[2] in Lourdes das Versprechen abgelegt: »Wenn wir glücklich nach Amerika kommen, will ich zuerst das Lied von Bernadette schreiben, das habe ich mir gelobt.«[3] In Amerika angekommen, hat Werfel alle seine schriftstellerischen Pläne zurückgestellt und sein Versprechen eingelöst. Sein erstes, in der amerikanischen Emigration geschriebenes Buch »Das Lied der Bernadette« (1940/41) hat in Kreisen, denen katholische Frömmigkeit und Marienverehrung kaum vertraut sind, das Geheimnis von Lourdes bekannt gemacht.

Was Franz Werfel von Bernadette Soubirous hielt, die im Jahr 1858 achtzehn Erscheinungen der »schönen Dame« in der Grotte von Massabielle (zwischen dem 11. Februar und dem 16. Juli) erlebte, hat er bekenntnishaft in einem Brief an einen seiner Freunde ausgesprochen: »Bernadette ist der Beweis für die völlige (von der Erde aus gesehen) ›Ungerechtigkeit‹ der Gnade. Es gibt keine ›verdienstlosere‹ Heilige. Ihr größtes Verdienst ist, daß sie ›ihren Augen traut‹ und das bißchen Kampf für die Dame auf sich nimmt und sich nicht einreden läßt, daß sie verrückt ist... In Bernadette... liegt der ganze Nachdruck auf dem Mysterium selbst und auf der ›Unschuld‹ der Heldin in jedem Sinn. Vielleicht ist das am schwersten zu begreifen.«[4] Im Vorwort schrieb Franz Werfel: »Ich habe es gewagt, das Lied von Bernadette zu singen, obwohl ich kein Katholik bin, sondern Jude.«

Es ist dem Schriftsteller Franz Werfel bescheinigt worden, daß er an Ort und Stelle in Lourdes mit scharfem Blick für die Wirklichkeit recherchierte. Selbst ein genaues Studium der Prozeß- und Kanonisationsakten nahm er auf sich. Mit hellwacher und zugleich ehrfürchtiger Sensibilität hat er sich in das Leben und Beten der Bernadette eingefühlt. Er wurde offensichtlich vom Mysterium überwältigt und hat als »ein Glaubender diesen Roman geschrieben«[5] (er selbst bekannte, daß ihn lediglich seine Treue zum damals so unerbittlich verfolgten Judentum veranlaßte, nicht zur katholischen Kirche zu konvertieren).

Daten eines kurzen Lebens

Nur 35 Jahre ist Bernadette Soubirous alt geworden. Mit 14 Jahren hatte sie jene achtzehn Erscheinungen der »schönen Dame«, die zur Entstehung des Wallfahrtsortes Lourdes geführt haben, des größten Marienwallfahrtszentrums der ganzen Welt. Wer war dieses Mädchen von Lourdes? Waren die Marienerscheinungen, von denen Bernadette berichtete, Halluzinationen eines übersensiblen, wundersüchtigen Mädchens, das mit 14 Jahren ohnehin in einer sehr tiefgreifenden Umbruchsphase steht?[6]

Am 7. Januar 1844 wurde Bernadette in der Boly-Mühle in Lourdes als ältestes von neun Kindern der Eheleute François Soubirous (1807–1871) und Louise, geborene Castérot (1825–1866), geboren. Bereits am 9. Januar 1844 wurde sie getauft in der dem Apostel Petrus (St. Pierre) geweihten Pfarrkirche von Lourdes (diese wurde 1875 abgerissen und durch die heutige Pfarrkirche zum heiligsten Herzen Jesu ersetzt, in der noch der originale Taufstein sich befindet). Nach mehrfachen Bankrotten steckten die Eltern im tiefsten Elend, wurden aus ihrer bisherigen Unterkunft vertrieben und konnten schließlich im »Cachot« (Rue des Petits-Fossés) eine erbärmliche, viel zu kleine Behausung (4,20 × 3,70 m) finden. Der »Cachot« war in Lourdes und Umgebung ein verrufener Ort, denn er diente lange Zeit als Arrestzelle.

Um eine Kostgängerin weniger am Tisch zu haben, wurde Bernadette gegen Kost und Logis ab Ende Juni 1857 als Hirtenmädchen nach Bartrès, einem 3 km von Lourdes entfernten Dorf, verdingt. Ende Januar 1858 kam Bernadette in die elterliche Behausung im »Cachot« zurück. Das Jahr 1858 sollte für Bernadette zum Schicksals- und Gnadenjahr, zum Orientierungsdatum ihres ganzen Lebens werden. Bernadette konnte damals weder lesen noch schreiben. Sie sprach nicht das elegante Französisch, denn im Elternhaus hatte sie als »Muttersprache« nur den bigorrisch-südfranzösischen Dialekt (Patois von Lourdes) gelernt und gesprochen.

Am 11. Februar 1858 hatte Bernadette in Massabielle, einer Grotte in der Nähe von Lourdes am Ufer der Gave, ihre erste Erscheinung: »Ich sah eine weißgekleidete Dame. Sie trug ein weißes Kleid, einen blauen Gürtel und eine gelbe Rose auf jedem Fuß in der Farbe der Kette ihres Rosenkranzes. Die Perlen ihres Rosenkranzes waren weiß« (siehe den Gesamtbericht über die erste Erscheinung im Abschnitt »Dokument«).

Bis zum 16. Juli 1858 erlebte Bernadette achtzehn Marienerscheinungen. Vor der letzten Erscheinung empfing sie am 3. Juni 1858 in der Kapelle des heutigen Hospitals Bernadette (route de Tarbes) die erste heilige Kommunion. Was in der Grotte von Massabielle vor sich ging, scheint sehr bald in die Nachbarstadt Tarbes gedrungen zu sein. Man fühlte sich amtlicherseits aufgerufen, gegen den bigotten Schwindel schnellstens vorzugehen.

Bernadette Soubirous, die Seherin von Lourdes
Der französische Maler Du Roure hat Bernadette Soubirous als jenes schlichte Hirtenmädchen porträtiert, das 1858 in der Grotte von Massabielle bei Lourdes achtzehn Marienerscheinungen erlebte. Das sogenannte »blaue Porträt« befindet sich heute im Museum Notre Dame in Lourdes.

Leonardo Boff, der franziskanische Anwalt der Armen
Er sieht nicht aus wie ein Ketzer! Aber man verspürt im Gesicht des aus Brasilien stammenden Franziskaners die Einladung zu einem Gespräch unter Brüdern und zwar über ein Thema, das ihn seit Jahren quält: Wie kann den Armen der Welt Brot und Ehre gegeben und dadurch der Glaube an Gottes frei- und frohmachende Botschaft ermöglicht werden?

Bereits während den Marienerscheinungen zwischen dem 19. Februar und dem 4. März 1858 wurde (weil in Lourdes damals keine Polizeistation war) aus der Nachbarstadt Tarbes der Polizeikommissär Jacomet zu einem Verhör Bernadettes am 21. Februar ausgesandt. Wenige Tage später, am 25. Februar, unterzog der Kaiserliche Staatsanwalt Anselm-Vital Dutour sie einem weiteren Verhör. Auch die kirchlichen Stellen sahen sich genötigt, Bernadette am 17. November vor eine Bischöfliche Untersuchungskommission, der vier Domherren angehörten, zu laden. Ein weiteres Verhör Bernadettes führte am 7. Dezember 1860 höchstpersönlich der für Lourdes zuständige Bischof von Tarbes, Bertrand-Sévère Laurence, durch. Nach einem äußerst gewissenhaften, kirchenamtlichen Untersuchungsprozeß erklärte Bischof Laurence in einem Hirtenbrief vom 18. Januar 1862 die Ereignisse in der Grotte von Massabielle für echt.

Bereits am 4. April 1864 kam es zur Aufstellung und Einweihung der vom Bildhauer Joseph Fabish aus Lyon gefertigten Marienstatue in der Grotte von Massabielle, zu der heute noch unzählige Pilger mit Tränen in den Augen emporschauen und vielfach den Felsen der Grotte mit ihren Händen berühren oder küssen. Auf ihrem weiteren Lebensweg folgte Bernadette einem inneren Ruf. Am 19. Mai 1866 erlebte sie noch die Einweihung der Krypta in Lourdes. Am Dienstag, dem 3. Juli 1866, besuchte sie zum letzten Mal die Grotte von Massabielle, um für immer von dieser Stätte Abschied zu nehmen. Nie mehr ist sie später hierher zurückgekommen, obwohl sie noch weitere 13 Jahre lebte. Bernadette trat der Schwesterngemeinschaft von Nevers bei, die sie als Schülerin bereits in Lourdes kennenlernen konnte. Diese Schwesternkongregation (Sœurs de la Charité et de l'Instruction Chretienne de Nevers) war bereits 1680 von Dom Jean-Baptiste de Laveyne gegründet worden; sie setzte sich vor allem für den Unterricht armer Kinder, die das Schuldgeld nicht aufbringen konnten, und für die Pflege hilfloser Kranker ein, die Krankenhausaufenthalt und Arztkosten nicht bezahlen konnten. Diese monastische Gemeinschaft wurde 1883 päpstlich bestätigt.

Am 29. Juli 1866 wurde Bernadette – zusammen mit weiteren 42 Postulantinnen – im Kloster und Mutterhaus Saint-Gildard in Nevers eingekleidet. Sie erhielt den Ordensnamen Schwester

Marie-Bernard (nach Maria, der Mutter Jesu, und dem heiligen Bernhard von Clairvaux). Am 30. Oktober 1867 legte sie mit ihren Mitnovizinnen die zeitliche Profeß, am 3. Juli 1873 die sogenannte Ewige Profeß ab. Daß auch ein so streng abgeschirmtes Kloster wie Saint-Gildard von den Sorgen und Nöten der politischen Welt nicht unberührt blieb, beweist ein Brief, den Schwester Marie-Bernard während des deutsch-französischen Krieges im November 1870 an ihren Vater schrieb: »... Man erzählt, daß der Feind (die deutschen Truppen) sich Nevers nähert. Ich würde gern darauf verzichten, den Preußen zu begegnen, aber ich fürchte sie nicht: Gott ist überall, auch mitten unter den Preußen.«[7]

Daß man Schwester Marie-Bernard trotz der ständigen Kränklichkeit und des wiederholten Empfangs der Krankensalbung, aber auch trotz mehrmaliger Beschwerden ihrer Mitschwestern bei den Vorgesetzten im Kloster überhaupt behalten hat, dürfte wohl damit zusammenhängen, daß sie eine »außergewöhnliche« Kandidatin, Novizin und Ordensfrau war. Als 1866 Bernadette Soubirous nach Nevers kam, konnte Mutter Marie-Thérèse Vauzou, die damalige Novizenmeisterin und spätere Generaloberin der Schwesternkongregation, ihre freudige Erwartung nicht zurückhalten, bald »die Augen zu sehen, die die heilige Jungfrau gesehen haben«.[8]

Mit dieser einfachen, keineswegs sprachgewandten Ordensfrau, der man jedes Wort über ihre Marienerscheinungen förmlich herauspressen mußte, konnte man aber nicht Reklame machen, wie es unausgesprochen die Ordensleitung sich vielleicht vorgestellt hatte. Das klösterliche »Nachspiel«, das 21 Jahre lang nach den Erscheinungen in der Grotte von Massabielle dauerte, war ein Weg der Demütigungen, der Kränkungen, der Zurücksetzungen, der immer neuen und oft lästigen Befragungen vor allem von Jesuitenpater Léonard Cros. Bernadette hat sich mit ihren Erlebnissen nie »interessant« gemacht. Als sie am 1. September 1877 durch den Bischof Bourret von Rodez über ihre Erscheinungen befragt wurde, antwortete sie nur: »Das ist schon weit weg... sehr weit... all diese Dinge. Ich erinnere mich nicht mehr. Ich spreche nicht gern davon, denn, mein Gott, wenn ich mich getäuscht hätte!«[9] Sie hat ihren Vorgesetzten – was sicherlich erstaunlich ist! – nie die Bitte vorgelegt, wenigstens einmal noch für wenige Stunden oder Tage nach Lourdes zurückzukehren. Die Marienerscheinungen waren für Bernadette ein Geschenk der Gnade, nicht eine persönliche Auszeichnung. Sie selbst hatte kein Sendungsbewußtsein. Sie empfand sich als Werkzeug Gottes.

Ein schwerer Kreuzweg mit körperlichen Leiden (Knochentuberkulose) und religiösen Bedrängnissen kennzeichnet ihre letzten Lebenswochen. Zu Schwester Nathalie Portat, die sie pflegte, sagte sie bekümmert: »Liebe Schwester, ich habe Angst. Ich habe soviel Gnade erhalten und sie so wenig ausgenutzt.«[10] Am Mittwoch nach Ostern, am 16. April 1879, gegen 15.15 Uhr ist Schwester Marie-Bernard gestorben. Nicht im vielbesuchten Lourdes, sondern im fernen Nevers (im mittleren Südfrankreich) hat Bernadette ihre letzte Ruhestätte erhalten. Sie sollte oder wollte nicht in Lourdes »stören«! Zunächst wurde sie in der (1944 durch Bomben zerstörten, jedoch wieder aufgebauten) Josephskapelle im Klostergarten von Saint-Gildard bestattet. Dreimal wurde sie exhumiert: 1909, 1919, 1925. Das ärztliche Gutachten lautete: »Das Skelett ist vollständig vorhanden, die Muskeln sind atrophiert, aber gut erhalten; der Körper scheint weder in die übliche Fäulnis noch in Verwesung übergegangen zu sein.«[11]

Seit ihrer Seligsprechung am 14. Juli 1925 durch Papst Pius XI. [1922–1939] steht der kostbare Schrein mit dem unversehrten Leichnam Bernadettes im Chor der Klosterkirche von Saint-Gildard in Nevers.[12] Am 8. Dezember 1933 wurde sie heiliggesprochen und ihr liturgischer Festtag auf den 16. April, ihren Sterbetag, gelegt.

Das Geheimnis der Erscheinungen

Über die Vorgänge in der Grotte von Massabielle im Jahr 1858 liegen mehrere staatliche und kirchliche Protokolle vor: das Protokoll des Polizeikommissars Jacomet (vom 21. Februar 1858), des Kaiserlichen Staatsanwalts Anselm-Vital Dutour (vom 25. Februar 1858), der Bischöflichen Untersuchungskommission (vom 17. November 1858) und des zuständigen Bischofs von Tarbes, Bertrand-Sévère Laurence (vom 7. Dezember 1860). Bernadette selbst hat sieben Manuskripte hinterlassen, in denen sie über ihre Marienerscheinungen berichtete. Das vollständigste, handgeschriebene Manuskript stammt aus dem Jahr 1866,[13] in das Bernadette frühere Notizen und Aufzeichnungen eingearbeitet hat.

Die achtzehn Marienerscheinungen des Jahres 1858 sind mit genauem Datum festgehalten. Aus den Aufzeichnungen Bernadettes lassen sich in diesen Zeitraster auch jene »Worte der heiligen Jungfrau«[14] einordnen, die sie gehört hat:

Donnerstag 11. Februar:	Erste Erscheinung der »weißen Dame«.
Sonntag 14. Februar:	Zweite Erscheinung.
Donnerstag 18. Februar:	Dritte Erscheinung – Worte Marias: »Wollen Sie mir die Freude machen, vierzehn Tage zu kommen? – Ich verspreche Ihnen nicht, Sie in dieser Welt glücklich zu machen, aber in der anderen.«
Freitag 19. Februar:	Vierte Erscheinung.
Samstag 20. Februar:	Fünfte Erscheinung.
Sonntag 21. Februar:	Sechste Erscheinung.
Dienstag 23. Februar:	Siebte Erscheinung.
Mittwoch 24. Februar:	Achte Erscheinung – Worte Marias: »Bitten Sie Gott für die Sünder! Buße! Buße! Buße! Küssen Sie die Erde für die Bekehrung der Sünder.«
Donnerstag 25. Februar:	Neunte Erscheinung – Worte Marias: »Gehen Sie zur Quelle und waschen Sie sich dort. Bitten Sie Gott für die Sünder. Essen Sie das Gras, das Sie dort finden werden.«
Samstag 27. Februar:	Zehnte Erscheinung.
Sonntag 28. Februar:	Elfte Erscheinung.
Montag 1. März:	Zwölfte Erscheinung.
Dienstag 2. März:	Dreizehnte Erscheinung – Worte Marias: »Gehen Sie zu den Priestern und sagen Sie ihnen, man soll in Prozessionen hierherkommen und eine Kapelle errichten.«
Mittwoch 3. März:	Vierzehnte Erscheinung.
Donnerstag 4. März:	Fünfzehnte Erscheinung.

Donnerstag 25. März:	Sechzehnte Erscheinung – Worte Marias: »Ich bin die Unbefleckte Empfängnis« (Que soy era Immaculada Councepcion).
Mittwoch 7. April:	Siebzehnte Erscheinung.
Freitag 16. Juli:	Achtzehnte und letzte Erscheinung.

Beim Lesen der von Bernadette niedergeschriebenen Manuskripte fällt ein Zweifaches auf. Zunächst ist das optische Element zu beachten, wenn sie »von der weißgekleideten Dame... (von der) schönen Dame« schreibt. Es fällt Bernadette offensichtlich schwer, präzis die Erscheinung Marias in Worte zu fassen. Unmittelbar nach der ersten Erscheinung versuchte sie in einem Gespräch mit ihrem Beichtvater, Abbè Pomian, am 13. Februar 1858 ihr Erlebnis mit den Worten auszudrücken: »Ich habe etwas Weißes gesehen, das aussah wie eine Dame.«[15] Wie schwer es Bernadette fiel, das Bild der ihr erschienenen und mit ihr sprechenden Jungfrau Maria anderen zu vermitteln, geht allein schon daraus hervor, daß sie dem Bildhauer Joseph Fabish aus Lyon zwar ausführlich ihre Vorstellung mitteilte. Als sie aber die 1,80 m große Marienstatue, die 1864 aufgestellt wurde und heute noch in der Grotte von Massabielle steht, in Lourdes noch vor ihrer Reise nach Nevers sah, äußerte sie ganz entschieden: »Nein, so war es nicht.«

Die Niederschriften Bernadettes über ihre Marienerscheinungen haben aber auch noch mit einem anderen, meist übersehenen, sprachlichen Problem zu tun. Bernadette hat die Worte Marias in ihrem bigorrisch-südfranzösischen Dialekt[16] gehört und in diesem Dialekt aufgezeichnet. Auch die entscheidenden Marienworte während der sechzehnten Erscheinung am 25. März 1858: »Ich bin die Unbefleckte Empfängnis« hat sie im bigorrischen Dialekt gehört und weitergegeben: »Que soy era Immaculada Councepcion«.[17] Diese Dialektworte sind heute noch festgehalten auf der Vorderseite des Postaments, auf dem die Marienstatue in der Grotte von Massabielle steht. Gewiß hat Bernadette die theologische Aussage dieser Worte nicht verstanden, wie sie in einem Briefentwurf an Papst Pius IX. [1846–1887] im Auftrag ihres Heimatbischofs von Tarbes im Dezember 1876 schrieb: »Ich wußte damals nicht, was das Wort (Ich bin die Unbefleckte Empfängnis) bedeutet.«[18] Handelt es sich bei den Auditionen, beim Hören der Worte Marias, um ein Hör- oder um ein Sprechwunder, vergleichbar dem charismatischen Sprachereignis des ersten Pfingsttages, wo es von der Predigt der Apostel heißt: »... jeder hörte sie in seiner Sprache reden« (Apg 2,6)? Hat Maria im Gespräch mit Bernadette wirklich deren bigorrischen Dialekt gesprochen oder hat Bernadette die Worte Marias nur in ihrem bigorrischen Dialekt aufgenommen und verstanden? Eine ähnliche Frage tut sich auch angesichts der drei Seherkinder Lucia Santos, Francisco und Jacinta Marto auf, die als Analphabeten in Fatima (13. Mai und 13. Oktober 1917) Maria in ihrer portugiesischen Sprache gehört haben.

Es gibt keinen einzigen Augen- und Ohrenzeugen, der außer Bernadette die Erscheinungen der »weißgekleideten Frau« gesehen oder ihre Worte gehört hat. Hunderte von damaligen Zuschauern konnten nur im Gesicht Bernadettes Veränderungen der Freude, des Lächelns, der Traurigkeit feststellen oder ihre Gesten und Kreuzzeichen sehen. Hunderttausende von Pilgern ziehen seither nach Lourdes. Ein internationales Ärztebüro untersucht die Kranken und die von deren Heimatärzten ausgefertigten Krankenberichte. Es gehört zur ärztlichen Redlichkeit, nicht Wunder zu konstatieren, wohl aber festzustellen: »Medizinisch unerklärbar«.[19] Nur eine einzige Äußerung soll hier festgehalten werden, das Urteil des amerikanischen, nichtkatholischen Arztes Dr. Alexis Carrell, der für seine Krebsforschungen 1931 den Nobelpreis erhalten hat: »Niemals werde ich das erschütternde Erlebnis vergessen, als ich sah, wie ein großes, krebsartiges Geschwür an der Hand eines Arbeiters vor meinen Augen bis auf eine kleine Narbe zusammenschrumpfte; verstehen kann ich es nicht, aber ich kann nicht bezweifeln, was ich mit meinen eigenen Augen gesehen habe.«[20]

Können die Wunder nicht auch als Bestätigungen dessen angesehen werden, was Bernadette Soubirous erlebt hat? So mancher Skeptiker ist (wenn auch nicht zum plötzlichen Glauben gekommen) still und nachdenklich von Lourdes weggegangen, wenn er von unerklärbaren Wundern und Heilungen in Lourdes hörte!

Durch Bernadette Soubirous ist Lourdes zu einer Herausforderung geworden, an der die Geister sich scheiden. Diese Herausforderung gleicht einem Angelhaken, der schmerzt und zum Nachdenken über den Sinn der großen Weltgeschichte wie des persönlichen Lebens nötigt. Ist Geschichte tatsächlich (wie sie von allzu vielen gesehen wird) das exklusive Entscheidungsfeld der Menschen oder gibt es immer wieder auch einen unerwarteten Einbruch Gottes in diese Welt? Lourdes ist eine Herausforderung, der man sich stellen sollte.

Dokument

Das erste Mal, als ich bei der Grotte war, ging ich mit zwei Mädchen (es handelt sich um ihre jüngere Schwester Toinette und ihre Freundin Jeanne Abadie, Baloum genannt) an das Ufer der Gave, um Brennholz zu sammeln.

Als wir zur Mühle (von Savy) kamen, fragte ich die beiden Mädchen, ob sie sich anschauen wollten, wo das Wasser aus der Mühle wieder mit dem Gavefluß zusammenfließt.

Sie sagten: Ja.

Von da an folgten wir dem Kanal des Mühlbaches. Als wir (am Zusammenfluß des Mühlbaches und Gave) angekommen waren, befanden wir uns vor einer Grotte.

Da wir nicht weitergehen konnten, begannen meine beiden Begleiterinnen, durch das Wasser vor der Grotte an das andere Ufer zu waten.

Ich befand mich allein auf der bisherigen Seite... Ich ging zur Grotte zurück und begann (um durch das Wasser zu waten) meine Schuhe und Strümpfe auszuziehen. Kaum hatte ich den ersten Strumpf ausgezogen, hörte ich ein Geräusch. Ich sah, daß die Bäume sich nicht bewegten.

Ich fuhr fort, meine Schuhe auszuziehen. Noch einmal hörte ich das gleiche Geräusch wie einen Windstoß.

Ich erhob meinen Kopf und schaute zur Grotte hin. Ich sah eine weißgekleidete Dame. Sie trug ein weißes Kleid, einen blauen Gürtel und eine gelbe Rose auf jedem Fuß in der Farbe der Kette ihres Rosenkranzes. Die Perlen ihres Rosenkranzes waren weiß.

Als ich dies gesehen hatte, rieb ich mir die Augen. Ich glaubte mich zu täuschen. Ich sah aber immer die gleiche Dame.

Dann griff ich mit meiner Hand in die Tasche und fand meinen Rosenkranz. Ich wollte das Kreuzzeichen machen. Ich konnte aber meine Hand nicht zur Stirn bringen. Sie fiel herunter.

Nun nahm die Dame den Rosenkranz, den sie zwischen ihren Händen hielt, und machte das Kreuzzeichen.

Meine Hand zitterte. Ich versuchte das Kreuzzeichen zu machen, und jetzt konnte ich es. Ich nahm meinen Rosenkranz.

Die Erscheinung ließ die Perlen ihres Rosenkranzes durch ihre Finger gleiten, aber sie bewegte nicht die Lippen.

Ich kniete nieder und ließ ebenfalls die Perlen des Rosenkranzes durch meine Finger gleiten und schaute dabei unverwandt hin zu der schönen Dame.

Als ich meinen Rosenkranz beendet hatte, winkte mich die Dame mit dem Finger zu sich. Ich habe aber nicht gewagt, zu ihr hinzugehen, sondern bin am gleichen Platz stehengeblieben.

Dann verschwand die Erscheinung plötzlich...

(Nachdem wir drei Reisigbündel gesammelt hatten, machten wir uns auf den Heimweg.)

Unterwegs habe ich meine beiden Begleiterinnen gefragt, ob sie nichts gesehen hätten. Nein, war ihre Antwort...

Ich wollte nichts sagen. Auf dem ganzen Heimweg fragten sie mich, was ich gesehen habe.

Ich entschloß mich, es ihnen doch zu sagen, jedoch unter der Bedingung, mit niemandem darüber zu sprechen. Sie versprachen mir, das Geheimnis zu bewahren. Dann sagte ich ihnen, daß ich eine weißgekleidete Dame gesehen hätte. Ich wüßte aber nicht, wer sie war.

Kaum waren wir zu Hause, hatten meine Begleiterinnen nichts Eiligeres zu tun, als herumzuschwätzen, was ich gesehen hatte.

So war es beim ersten Mal.

Es war Donnerstag, der 11. Februar 1858.

Authentischer Bericht über die erste Erscheinung der »weißgekleideten Dame« am Donnerstag, 11. Februar 1858, in Massabielle, einer Grotte am Ufer des Flüßchens Gave bei Lourdes, aufgezeichnet durch Bernadette Soubirous. Einige Hinweise wurden vom Herausgeber in Klammern eingefügt.

Bernadette hat nach heftigem Drängen staatlicher, vor allem kirchlicher Stellen über die achtzehn Erscheinungen insgesamt sieben handgeschriebene Manuskripte vorgelegt, die sich heute in Nevers befinden. Der hier dokumentierte Text, in den frühere Notizen eingearbeitet wurden, ist 1866, im Jahr ihres Eintritts in das Kloster Saint-Gildard in Nevers, abgefaßt worden; es ist der letzte schriftliche Bericht Bernadettes über ihre Erlebnisse in der Grotte von Massabielle. In folgenden Werken sind ihre authentischen Manuskripte und gleichzeitig auch alle Dokumente ihres damaligen staatlichen und kirchlichen Umfeldes veröffentlicht: R. Laurentin, Documents authentiques. 7 Bde, Paris 1957/1966; A. Ravier, Écrits de Saint Bernadette, Paris 1961.

Therese von Lisieux
(1873–1897)

Wer mit knapp 15 Jahren in ein Kloster eintritt und bereits 9 Jahre später an Lungenschwindsucht stirbt, scheint im Urteil vieler Menschen unserer Zeit kaum die Welt gekannt noch Zeit gehabt zu haben, als Persönlichkeit zu reifen oder gar große und weltbewegende Entscheidungen für Kirche und Welt zu fällen. Wenn außerdem ein solcher junger Mensch des ausgehenden 19. Jahrhunderts das Pech hatte, daß sein »Bild von allem Anfang an der Devotionalienindustrie dieser kunstverlassenen Zeit in die Hände fiel«,[1] braucht sich nicht zu wundern, wenn selbst nach dessen Heiligsprechung – es handelt sich um die heilige Therese von Lisieux – von durchaus kompetenten Theologen oft widersprüchliche Urteile gefällt worden sind. Dennoch sieht Hans Urs von Balthasar in Therese von Lisieux eine der »großen Heiligen für unsere Zeit«[2], und er meint (sicherlich für viele erstaunlich), daß gerade dem modernen Menschen in seiner Gottesnot und Glaubenskrise diese Heilige Wichtiges und Befreiendes zu sagen habe.

Die Vermarktung der Therese von Lisieux

Es läßt sich nicht leugnen, daß in erster Linie der Karmel von Lisieux, dessen Mitglied Therese Martin als Schwester Thérèse de l'Infant-Jésus seit ihrem Klostereintritt am 9. April 1889 war, mit Geschick und Erfolg »mitgeholfen« und »nachgeholfen« hat, ihrer am 30. September 1897 verstorbenen Mitschwester einen kaum überbietbar hohen Bekanntheitsgrad zu verschaffen. An Stelle des sonst üblichen Nekrologs wurden nämlich die Aufzeichnungen der Verstorbenen, die sie sich auf Wunsch ihrer Priorinnen mühsam abgerungen hatte, in der erstaunlich hohen Auflage von 2000 Exemplaren versandt. Bigotte Souvenirjäger haben von Anfang an Teile aus dem Holzkreuz ihres Grabes (auf dem städtischen Friedhof von Lisieux) abgeschnitten, so daß es innerhalb kurzer Zeit zweimal erneuert und schließlich durch ein Metallkreuz ersetzt werden mußte, um dem frommen Raub ein Ende zu setzen.

Von 1897, dem Todesjahr, bis 1925, dem Jahr der Heiligsprechung, wurden über 30 Millionen Theresia-Bilder versandt – im damaligen Zeitstil der Nazarener-»Kunst« von ihrer leiblichen Schwester und Karmelitin Geneviève gemalt. Auf deren Konto geht jenes »Bild« mit dem honigsüßen Lächeln und dem rosenumkränzten Kreuz, das um die Welt gegangen ist und das wahre Bild dieser Heiligen mit Papierblumen verdeckt hat. Außerdem wurden vom Karmel in Lisieux Reliquien (Stoffstücke von Kleidern und Bettvorhängen, Holzsplitter von Gebrauchsgegenständen der Verstorbenen) auf Grund einer kaum zu bewältigenden Nachfrage in alle Welt versandt.

Während des Ersten Weltkriegs haben französische Kampfflieger ihre Flugzeuge auf Schwester Therese (damals noch nicht heiliggesprochen) getauft oder sogar mit ihrem Porträt geschmückt. Ihre Aufzeichnungen »Geschichte einer Seele« (L'histoire d'une âme) wurde in kürzester Zeit zu einem religiösen Bestseller. Bis zur Heiligsprechung im Jahr 1925 wurden allein in französischer Sprache fast 2½ Millionen Exemplare verkauft; außerdem wurde die »Geschichte einer Seele« in 35 Sprachen übersetzt. Diese Aufzeichnungen (es handelt sich dabei um drei Manuskripte: Handschrift A, Handschrift B und Handschrift C) wurden leider von ihrer anderen leiblichen Schwester Pauline, der Karmelitin Mutter Agnès de Jésus, zu einer »Geschichte« vermengt und kräftig geschönt, vor allem dort, wo die Familie Martin oder das Leben im Karmel nicht allzu gut weggekommen war. Erstmals wurde im April 1956, als die letzte leibliche Schwester Thereses, Marie-Céline als Schwester Geneviève im Karmel von Lisieux noch lebte († 25. Februar 1959), die Autobiographischen Schriften[3] unverkürzt und unverändert veröffentlicht.

Der kritische Theologe Karl Rahner hat sich wohl wegen dieser allzu offensichtlichen und greifbaren »Vermarktung« massiv geärgert und dieses Unterfangen als »widerwärtig«[4] bezeichnet. Man muß hohe Barrieren überwinden und zahlreiche bigotte Verkleisterungen abschlagen, um jener Therese von Lisieux zu begegnen, wie sie wirklich war. Und doch, es bleibt für den an Gottes Wirken glaubenden Christen seltsam, daß in und hinter dieser »nachhelfenden« Geschäftigkeit die bestätigende Gnade Gottes wirksam blieb und es nach sehr präzisen Untersuchungen doch zur Seligsprechung (am 29. April 1923) und zur Heiligsprechung (am 17. Mai 1925) durch Papst Pius XI. [1922–1939] gekommen ist. Wieder einmal scheint sich das spanische Sprichwort zu bewahrheiten:»Gott schreibt gerade – auch auf krumme Zeilen.«

Lebensabriß

Am 2. Januar 1873 wurde Therese als neuntes und letztes Kind des Ehepaares Louis-Joseph-Stanislas Martin und Zélie-Marie (geb. Guerin) in Alençon/Normandie geboren. Wenige Monate nach dem Tod der Mutter († 28. August 1877) übersiedelte der Vater mit seinen Töchtern nach Lisieux. Folgenschwer war für Therese der Eintritt ihrer leiblichen Schwester Pauline, die ihr zur zweiten Mutter geworden war, in den Karmel von Lisieux (Schwester Agnès de Jésus) im Jahr 1882. In den gleichen Karmel trat 1886 auch ihre leibliche Schwester Marie-Louise (Schwester Marie de Sacré-Cœur) ein.

Nach einer Romreise, wo Therese am 29. November 1887 eine Audienz bei Papst Leo XIII. erlebte, trat Therese ebenfalls in den Karmel von Lisieux ein und legte dort am 8. September 1890 ihre Feierliche Profeß ab. Als 1894 eine weitere leibliche Schwester, Marie-Céline (Schwester Geneviève de la Sainte-Face et de Sainte-Thérèse), Karmelitin wurde, waren insgesamt vier Geschwister im gleichen Karmel von Lisieux. Bereits Ende 1891 wurde bei Schwester Therese eine Lungenerkrankung (Tbc) festgestellt. 1896 zeigte ein erster Blutsturz in ihrer Klosterzelle den baldigen Tod an. Nach einem zwei Tage dauernden Todeskampf starb Therese am 30. September 1897 gegen 19.30 Uhr. Nachdem sie zunächst auf dem städtischen Friedhof von Lisieux ihre erste Ruhestätte erhalten hatte, wurden ihre Gebeine später in die Kapelle des Karmel übertragen.[5]

Einige Akzente sollen etwas Licht in dieses nur 24 Jahre umspannende Leben bringen.

Zunächst ist die Frage zu beantworten, warum ist Therese Martin nicht in die Benediktinerinnen-Abtei Notre-Dame-du-Pré, wo sie Schule und Pensionat besucht hatte, sondern in den unbedeutenderen, erst 1838 gegründeten Karmel von Lisieux eingetreten? Nach dem frühen Tod der Mutter († 28. August 1877) ist die älteste Schwester Pauline für die damals vierjährige Therese so etwas wie eine zweite Mutter und entscheidende Bezugsperson geworden. Als diese am 2. Oktober 1882 (Therese war damals neun Jahr alt) in den Karmel von Lisieux eintrat, war das Elternhaus für Therese

Therese von Lisieux im Hof der Sakristei.
Aufnahme vom 7. Juni 1897

wieder ohne Mutter, der sie ihre Sorgen anvertrauen konnte und von der sie sich religiös beraten und führen ließ. Der Eintritt Thereses ausgerechnet in den Karmel von Lisieux war daher sicherlich von dem Motiv entscheidend mitbestimmt, wieder bei ihrer »Mutter« sein zu können und die Geborgenheit des Elternhauses wieder finden zu können. Wäre Schwester und »Mutter« Pauline in die Benediktinerinnen-Abtei von Lisieux eingetreten, so hätte Therese sicherlich dort ihr monastisches Glück gefunden.

Therese hat im Karmel von Lisieux nicht nur ihre älteste,

heißgeliebte Schwester Pauline angetroffen. Insgesamt waren dort von ihren Geschwistern vier als Karmelitinnen eingetreten, zu denen noch eine Nichte mütterlicherseits (Guérin) kam.[6] Die Schwesternschaft des Karmel von Lisieux war, wenn man es so ausdrücken darf, fest in der Hand des Martin-Clans. Sicherlich hat diese Tatsache bei den übrigen Schwestern des Konvents von Lisieux Unbehagen ausgelöst. Weil der »Martin-Clan« im Karmel zusammenhielt, mußten manche Mitschwestern Zurücksetzungen ertragen und konnten ihre Verärgerung kaum laut aussprechen.

Eine andere Tatsache wird viel zu wenig beachtet, die mit der besonderen politisch-militärischen Situation des damaligen Frankreich zusammenhing. Sie hat vor allem bei Therese einen deutlichen Nachhall gehabt und läßt sich ebenso in ihrer »Schriftstellerei« wie in dem bescheidenen Versuch des klösterlichen Theaterspielens nachweisen. Therese wurde 1873 geboren. Es war eine dunkle Epoche Frankreichs: der verlorene Krieg mit den Deutschen (1870/71), Absetzung des französischen Königs Napoleon III. [1852–1870], Ausrufung des Deutschen Kaiserreiches im Spiegelsaal von Versailles (am 18. Januar 1871). Diese Ereignisse haben alle Franzosen der damaligen Zeit zutiefst in ihrer Ehre getroffen und waren auch in der Familie Martin in lebhafter und schmerzlicher Erinnerung, als ihr 9. und letztes Kind am 2. Januar 1873 geboren wurde.

Wie viele Franzosen fühlte sich auch Therese hingezogen zu der französischen Nationalheldin Jeanne d'Arc (1412–1431), die im Englisch-Französischen Krieg zur gottgesandten Retterin wurde. Als Karmelitin verfaßte sie ein kleines Theaterspiel und spielte bei der Uraufführung dieses Stückes selbst die Titelrolle der französischen Nationalheldin.[7] Gewiß wollte Schwester Therese nicht zu einem Revanchekrieg animieren, aber man hört doch recht deutlich aus ihren Versen heraus, daß nur eine religiöse Aufrüstung und innere Erneuerung die Voraussetzung für die Freiheit, Ehre und Zukunft Frankreichs sein kann.

Auch ein so abgeschirmtes Klosterleben wie im Karmel ist keine Insel der Seligen, die von den politischen Sehnsüchten und geistigen Strömungen der Zeitgeschichte hermetisch abgeschlossen ist. Christliches Leben und Beten bleibt immer beeinflußt und herausgefordert von den Mächten der »bösen« Welt.

Daß Therese von Lisieux nach ihrem Tod weit über Frankreich hinaus bekannt wurde und immer größere Pilgerströme zu ihrem Grab kamen, kann gewiß auch auf die geschickte Regie des Karmels von Lisieux zurückgeführt werden, kann aber letztlich damit allein nicht begründet und erklärt werden. Viele Menschen spürten sich von der kleinen, allzu früh verstorbenen Karmelitin besonders angesprochen. Sie sahen mehr und mehr in ihrem Leben, in den Gebetserhörungen und Heilungen, die sich auf ihre Fürbitte ereigneten, ein »Zeichen« aus einer anderen Welt, das schließlich zur offiziell-kirchlichen Anerkennung führte:

1899	(30. Dezember) Die ersten 2000 Exemplare der »Geschichte einer Seele« werden von der Druckerei St. Paul in Barle-Duc versandt
1899/1917	Gebetserhörungen – Heilungen – Pilgerströme zum Grab Thereses auf dem städtischen Friedhof in Lisieux
1917	(10. August) Exhumierung von Therese auf dem Friedhof von Lisieux, in Anwesenheit u. a. der noch lebenden leiblichen Schwester Sr. Geneviève vom Karmel in Lisieux, und Überführung der Gebeine in den Karmel von Lisieux
1923	(29. April) Seligsprechung durch Papst Pius XI.
1925	(17. Mai) Heiligsprechung durch Papst Pius XI.
1927	(14. Dezember) Papst Pius XI. erklärt die heilige Therese von Lisieux zur Patronin der Missionen und 1929 (21. September) zur Patronin der christlichen Arbeiterjugend (CAJ)
1944	(3. Mai) Papst Pius XII. erklärt die heilige Therese zur zweiten Patronin Frankreichs (neben der am 23. Mai 1920 heiliggesprochenen Jeanne d'Arc)

Die dunkle Nacht der Gottesfinsternis

Man wird Therese von Lisieux wohl kaum an die Seite der großen Gestalten christlicher Mystik stellen können. Gegenüber der großen spanischen Karmelitin Teresa von Avila (1515–1582), die mit

Recht »Adler« genannt wurde, kann die französische Karmelitin des 19. Jahrhunderts nur mit einer scheuen »Taube«[8] verglichen werden. Das religiöse Konzept, das sie anbietet, ist der »Kleine Weg«, der nicht mit hochfliegenden und heroischen Plänen für morgen zu tun hat. Er ist auch nicht die Hohe Schule der Mystik. Der »Kleine Weg« ist etwas viel Bescheideneres, etwas Alltägliches und scheinbar Gewöhnliches, aber auch etwas Praktizierbares, nämlich im Hier und Heute das zu tun, was genau diese Stunde und genau diese Minute von mir Gottes- und Nächstenliebe fordern. »Die Heiligkeit besteht nicht in diesen oder jenen Übungen und Leistungen: Sie besteht in einer Verfassung des Herzens, die uns klein und demütig in den Armen Gottes werden läßt, wissend um unsere Schwäche und bis zur Verwegenheit auf Seine Vatergüte vertrauend.«[9]

Gerade weil Therese von Lisieux von allzu vielen im süßen Kitsch religiöser Papierblumen gesehen und damit weithin auch identifiziert wird, hat sich die Meinung verfestigt, sie habe es in ihrem nur 24 Jahre umspannenden Leben religiös leicht gehabt, sie sei von religiösen Anfechtungen, von Gottesfinsternis, ketzerischer Bedrängnis und Kirchenkritik völlig frei und verschont geblieben. Dies ist wohl die größte Überraschung für viele, hinter dem überlieferten, fast naiven Therese-Bild eine ganz andere Christin und Karmelitin zu erkennen, wenn man sich nur der Mühe unterzieht, ihre seit 1956 vorliegenden, ungekürzten selbstbiographischen Aufzeichnungen mit immer größerem Staunen zu lesen.[10]

Therese von Lisieux steht dem heutigen Christen, in dem mehr Glaubensnot als Glaubensfreude, mehr »Gottesfinsternis« (Martin Buber) als Gottseligkeit vorhanden ist, in erstaunlicher und zugleich tröstlicher Parallelität nahe. Es ist für viele eine ganz neue, allzu lange unbekannt gebliebene, ja sogar verschwiegene Seite der Karmelitin Therese von Lisieux, daß auch sie unter der Not und Trockenheit ihres Glaubens litt. Einer ungläubigen Ketzerin gleich muß sie gestehen: »Ich glaube nicht mehr an das ewige Leben ... alles ist verschwunden.«[11] Therese fühlt sich vom Teufel selbst – unter Zulassung Gottes – in eine gefährliche Zerreißprobe und Krise ihrer gläubigen und monastischen Existenz gestellt, wenn sie schreibt: »Ich glaube, der Teufel hat Gott um Erlaubnis gebeten, mich durch ein äußerstes Leiden zu prüfen, damit ich doch noch dahin komme, in der Geduld und im Glauben zu versagen.«[12]

Mit Recht wird gefragt: Worin ist die heroische Größe, die mystische Erfahrung der französischen Karmelitin zu sehen? Es gibt eine (weithin bekannte) lichte Seite der mystischen Erfahrung, die in der beglückten Einswerdung und Vermählung mit Gott besteht. Es gibt aber auch eine (meist unbekannte) dunkle Seite der mystischen Erfahrung: das Schweigen Gottes auszuhalten und trotzdem in der Treue und Liebe zu Gott nicht zu zerbrechen. Gott kann auch in der dunklen Nacht »da sein«. Gott kann das Herz eines Menschen mit seiner Liebe durchglühen, ohne daß dieser Mensch in seinen natürlichen, psychologischen Erlebnissen davon etwas verspürt. Es kann in einem begnadeten Menschen die Wüste der erlebten Gottferne wachsen, und doch kann gleichzeitig die angefochtene Treue zu Gott reifen und sich vertiefen. Mystik – wie sie in der letzten Lebensstrecke von Therese von Lisieux erfahren wurde – kann auch das Verwundetsein durch ein Schwert sein – ein Schwert vieler Fragen und Infragestellungen, die keine Antwort mehr findet und doch an Gottes letzte Antwort glaubt.

Auch der sonst so kritische Karl Rahner ist ergriffen von diesem abgrundtiefen Leiden und Sterben in der dunklen Nacht der Gottverlassenheit und bekennt: »... da ist ein Mensch, der gestorben ist in der tödlichen Anfechtung des leeren, bis zum Grunde gehenden Unglaubens und der darin geglaubt hat. Der glaubte, als er an der Schwindsucht erstickte – ihm all das fromme Getue der Mitschwestern nur wie eine namenlose und leere Pein vorkommen mußte... was ist am Tod der Therese, der mich eigentlich allein interessiert, Besonderes?... weil ich bei diesem Tod wirklich darum darauf vertraue, daß er geglückt ist... wie er in die Unbegreiflichkeit hinein sich fallen ließ... hier ist ein Tod als Tat des Glaubens geglückt.«[13]

Dokument

Er (Gott) gestattete, daß meine Seele von dichtester Finsternis überwältigt wurde und daß der Gedanke an den Himmel, mir von frühester Kindheit an so süß, zum Gegenstand von Qual und Kämpfen wurde. Die Dauer dieser

Prüfung war nicht auf ein paar Tage oder Wochen beschränkt; schon sind es Monate, daß ich daran leide, und noch warte ich auf die Stunde meiner Befreiung... Ich möchte ausdrücken können, was ich erlebe – aber es ist unmöglich! Man muß durch diesen finsteren Tunnel gewandert sein, um seine Dunkelheit zu begreifen... Will ich mein Herz, ermattet von den umringenden Finsternissen, durch die stärkende Erinnerung an ein künftiges und ewiges Leben erquicken, so verdoppelt sich meine Qual. Dann scheint mir, als liehen sich die Finsternisse die Stimmen der Gottlosen und sprächen mir höhnend zu: ›Du träumst von Licht, von einer balsamischen Heimat, du träumst vom ewigen Besitz des Schöpfers dieser Herrlichkeit, du glaubst, eines Tages den Nebeln, in denen du schmachtest, zu entkommen! Nur zu! nur zu: freu dich auf den Tod, der dir nicht das, was du erhoffst, sondern noch tiefere Nacht, die Nacht des Nichts bringen wird!‹ ...dieses Bild meiner Prüfung ist so unvollständig wie die Skizze im Vergleich zu ihrem Urbild – aber ich will nicht mehr darüber schreiben... ›ich müßte fürchten, Lästerungen auszusprechen – ich fürchte schon, zuviel geschrieben zu haben –. O, möge Gott mir verzeihen!

Dieser erschütternde Text aus den selbstbiographischen Aufzeichnungen (a. a. O. 219) entstammt der Handschrift C. Er wurde im Juni 1897 für Mutter Priorin Marie de Gonzague niedergeschrieben, die nach den klösterlichen Wahlen im Karmel am 21. März 1896 erneut zur Priorin berufen wurde. Schwester Therese betont ausdrücklich, sie schreibe nicht, »um ein literarisches Werk zu verfassen, sondern aus Gehorsam« (a. a. O. 220).

Marcel Lefebvre
(* 1905)

Das 2. Vatikanische Konzil (1962–1965) hat engagiert, verantwortungsbewußt und hoffnungsvoll die Tore der katholischen Kirche für ökumenische Gespräche und Bemühungen zur Wiedervereinigung so weit wie noch nie seit der Kirchenspaltung des 16. Jahrhunderts geöffnet. Während der ökumenische Dialog weltweit intensiviert wurde und sich in manchen Bereichen Annäherungen, Konvergenzerklärungen und Übereinstimmungen feststellen ließen, so daß – wie nicht wenige meinten – der Tag X der ersehnten Wiedervereinigung noch vor dem Jüngsten Tag zu erhoffen sei, hat es innerhalb der katholischen Kirche gerade in der Nachkonzilszeit heftige Kontroversen, Flügelbildungen und Risse gegeben.

Viele Gemüter erhitzte die konservative Bewegung um den französischen Erzbischof Marcel Lefebvre und die von ihm 1970 gegründete »Priesterbruderschaft St. Pius X.«. Das Stichwort »Lefebvre« ist zum Reizwort geworden, an dem sich Konservative und Progressisten scheiden. Es muß nachdenklich, ja traurig stimmen, weil es neben intensiven ökumenischen Bemühungen und trotz des während des Konzils so häufig genannten »Dialogs« wie auch trotz der nachkonziliaren Betonung eines legitimen theologischen Pluralismus nicht gelungen ist, das Anliegen von Marcel Lefebvre in die keineswegs schmale Bandbreite des katholischen Glaubens einzubringen. Am 15. Juli 1976 wurde Erzbischof Lefebvre durch Papst Paul VI. [1963–1978] »a divinis« von seinem Amt suspendiert. Es wurde ihm damit untersagt, u. a. Priester zu weihen. Dennoch weihte er weiterhin Priester. Er kündigte sogar an, er sehe sich von seinem Gewissen genötigt, auch Bischöfe zu weihen, um die Existenz seiner Priesterbruderschaft St. Pius X. in aller Welt nach seinem Tode zu sichern. Ein solcher Vorgang hätte automatisch die Exkommunikation des Erzbischofs und die endgültige Abspaltung seiner Gemeinschaft von der römisch-katholischen Kirche zur Folge. Stehen die Zeichen auf Sturm? Wird Marcel Lefebvre durch eine heute noch nicht, aber vielleicht früher oder später vollzogene Entscheidung der Kirche in das Register der Ketzer und Schismatiker eingetragen?

Marcel Lefebvre

Lebensabriß

Marcel Lefebvre wurde als drittes Kind einer tieffrommen Industriellenfamilie am 29. November 1905 in Tourcoing (Dep. Nord) geboren. Es zeugt für die religiöse Lebendigkeit und tiefe Gläubigkeit des Elternhauses, daß von den acht Geschwistern Marcel und sein älterer Bruder Missionspriester und drei seiner Schwestern Ordensfrauen wurden. Das politische und religiöse Klima Frankreichs zu Beginn des 20. Jahrhunderts war bestimmt durch das zwischen Kaiser Napoleon I. und Papst Pius VII. ausgehandelte und am 18. April 1802 verkündete Konkordat, das bis 1905 in Kraft blieb. Am 1. Januar 1906 kam es jedoch zur Trennung von Kirche und Staat.

Unter dem Druck des laizistischen Staates sahen sich viele Katholiken Frankreichs zu einem engagierten Bekenntnis zu ihrer Kirche herausgefordert. Das Lefebvre-Elternhaus war eines der vielen Zentren der Kirchentreue und einer vorbildlichen Familienkatechese. Erinnert sei, daß es um 1908 zur Gründung der national eingestellten Action français durch Charles Maurras (1868–1952) kam, in der katholische Monarchisten und Akademiker wie Angehörige des französischen Adels sich zusammenfanden und vor allem für die Durchsetzung einer christlichen Demokratie kämpften.

Wer als Junge wie Marcel Lefebvre das eingeschränkte Wirken seiner Kirche erlebte, fühlte sich aufgerufen, für die Rechte und Freiheit seiner Kirche einzutreten. In dieser selbst erfahrenen Situation liegen sicherlich die ersten Ansätze für Lefebvres leidenschaftlichen Einsatz für den unverkürzten katholischen Glauben. Auch dem Modernismus, in Frankreich vor allem vertreten und propagiert durch den seines Amtes enthobenen Priester und Bibelwissenschaftler Alfred Loisy (1857–1940), ist Marcel Lefebvre bereits während seines Studiums begegnet. In nicht wenigen Geistesströmungen der Nachkonzilszeit erblickte er eine Renaissance modernistischen Denkens und Glaubens.

Nach philosophischen und theologischen Studien am Französischen Seminar der Kongregation der Väter vom Heiligen Geist in Rom, nach dem Empfang der Priesterweihe und einem kurzen Einsatz als Kaplan in Frankreich kam Marcel Lefebvre als Missionspriester nach Gabun in Westafrika. Dort wurde er von seinem zuständigen Bischof sogleich zum Professor am Seminar von Libreville ernannt. Sechs Jahre hat er dort Seminaristen für das Priestertum vorbereitet und ihnen ebenso die Freude am priesterlichen Dienst wie auch die Sorge und Verantwortung für die Verkündigung des Gotteswortes, für die würdige Spendung der Sakramente und für das karitativ-diakonische Wirken vermittelt. Nach dieser Professorenzeit wurde er zum Erzbischof von Dakar im Senegal geweiht; er wirkte 15 Jahre dort und war außerdem 11 Jahre Apostolischer Delegat für Französisch-Westafrika.

Bereits bei den Vorbereitungen des 2. Vatikanischen Konzils schätzte Papst Johannes XXIII. die Erfahrung und theologische Grundsatztreue von Marcel Lefebvre, der damals Präsident der Bischofskonferenz in Französisch-Westafrika war. Er wurde am 5. Juni 1960 in die Zentrale Vorbereitungskommission des 2. Vatikanischen Konzils durch Papst Johannes XXIII. berufen. Zeichen des Vertrauens der offiziellen Kirche wie auch der Mitglieder seiner Kongregation waren folgende Ereignisse: seine Ernennung zum Bischof von Tulle in Frankreich (Dep. Corrèze) am 23. Januar 1962 und seine Wahl zum Generalobern der Väter vom Heiligen Geist am 25. August 1962. Man glaubte, in ihm jenen Mann zur Führung dieser Kongregation berufen zu haben, der dem theologisch schwankend gewordenen Schiff dieser Gemeinschaft wieder Ruhe, Glaubensvertiefung und eine hoffnungsfrohe Zukunftsperspektive geben könne. Wie viele andere Priester, die aus dem Missionseinsatz nach Europa zurückgekehrt sind, traf Erzbischof Marcel Lefebvre in seiner eigenen Ordensgemeinschaft wie in vielen europäischen Ländern einen veränderten Glauben an.

Während des 2. Vatikanischen Konzils (11. Oktober 1962 – 8. Dezember 1965) gehörte Erzbischof Marcel Lefebvre neben Kurienkardinal Alfredo Ottaviani zu den aktivsten Vertretern und Verfechtern der katholischen Glaubenstradition, die sich energisch gegen sogenannte »Reformen« zur Wehr setzten. »Das Konzil wurde gleich in den ersten Tagen von progressistischen Kräften umstellt.«[1] In einem zusammenfassenden Rückblick sagte er: »Das Zweite Vatikanische Konzil ist nicht ein Konzil wie die anderen, und deshalb haben wir das Recht, darüber zu urteilen, freilich mit Vorsicht und Behutsamkeit. Ich akzeptiere von diesem Konzil und

seinen Reformen alles, was in voller Übereinstimmung mit der Tradition steht.«[2]
Von theologischen Fachleuten wird heute die Zeit nach Abschluß des Konzil (1965) bis etwa zum Jahr 1975, in der die Beschlüsse des Konzils in die seelsorgliche Praxis umgesetzt wurden, als ein »dramatisches Jahrzehnt« bezeichnet. Trotz seines Amtes als Generaloberer gelang es Marcel Lefebvre nicht, die Verunsicherung des Glaubens und die Lockerung der Ordensdisziplin in den eigenen Reihen aufzuhalten. Er schreibt mit sichtlicher Resignation: »1968 trat ich zurück, um nicht für die Reform einstehen zu müssen, die das Generalkapitel in einem der katholischen Tradition widersprechenden Sinn vorgenommen hatte.«[3]
In seinen Überlegungen, wie kann in dieser Umbruchsphase die katholische Kirche glaubenstreue und traditionsverbundene Priester erhalten, entstand der Plan, ein eigenes, der katholischen Tradition verpflichtetes Priesterseminar zu gründen, in dem die Seminaristen und künftigen Priester zu eindeutig katholischer Spiritualität und Meditation, zur Kirchentreue und zu einem opferbereiten Seelsorgseinsatz angeleitet und geschult werden. Gleichzeitig sollten die Vorlesungen an der Theologischen Fakultät der benachbarten Universität Fribourg (Schweiz) besucht werden.
»Sehr bald haben wir die Gründung eines vollständigen Seminars (mit philosophischen und theologischen Vorlesungen) in Betracht gezogen, weil man nicht mehr sicher sein konnte, an der Universität Fribourg einen wirklich katholischen Unterricht zu finden.«[4]
Am 1. November 1970 wurde in Ecône im Kanton Valais (Wallis) zwischen Sion (Sitten) und Martigny in der Diözese Fribourg ein Priesterseminar durch den zuständigen Bischof errichtet und von ihm mit der Genehmigung der Statuten auch die »Priesterbruderschaft St. Pius X.« ins Leben gerufen.
Das Priesterseminar St. Pius X. in Ecône (Anschrift: CH-1908 Ecône – Ridders) wurde zum Zentral- und Ausgangspunkt der weltweit vordringenden Lefebvre-Bewegung. Das offizielle »Mitteilungsblatt der Priesterbruderschaft St. Pius X. für den deutschen Sprachraum«[5] zählt eine kaum übersehbare Zahl von Priesterseminaren und Prioraten, von Kirchen und Kapellen als Seelsorgsstationen wie auch die Don-Bosco-Schule in Wadersloh-Diestedde auf, die in der Schweiz, in der Bundesrepublik Deutschland, in Öster-

reich, in Südtirol, Frankreich und in den Niederlanden gegründet worden sind. In vielen dieser Seelsorgsstationen hat Marcel Lefebvre seither in einem unermüdlichen und bewundernswerten Einsatz Firmungen, Niedere und Höhere Weihen und auch Priesterweihen gespendet.

Immer wieder werden, vor allem im Priesterseminar Herz Jesu im niederbayerischen Zaitzkofen, Ignatianische Exerzitien angeboten, wobei ausdrücklich betont wird, daß diese »nach den bewährten Regeln des hl. Ignatius von Loyola von Priestern unserer Bruderschaft« gehalten werden. Mit stolzer Freude stellte Lefebvre fest, daß aus diesen Seminarien »jetzt jedes Jahr etwa 40 Neupriester hervorgehen«.[6] Welcher Bischof wäre nicht glücklich, wenn er für sein Bistum eine ähnlich große Zahl von Neupriestern melden könnte!

Und doch scheint Lefebvre mit seiner starken Betonung der kirchlichen Tradition nicht in das Konzept der nachkonziliaren Kirche zu passen. Er ist »zum Zeichen (geworden), dem widersprochen wird« (Lk 2,34). Es ist nicht zu leugnen, daß das Priesterseminar in Ecône in der Diözese Fribourg vom zuständigen Bischof in kirchenrechtlich gültiger Weise kanonisch errichtet worden ist.[7] Im November 1972 wurde auf der Vollversammlung des französischen Episkopats das Priesterseminar in Ecône ein »illegales Seminar« (zu Unrecht!) genannt. Mit dieser Aussage wurde aber nur »die Spitze eines Eisberges« sichtbar, denn hinter den Kulissen hatte ein intensives Kesseltreiben bereits eingesetzt.

Gegen Lefebvre, Ecône und die Priesterbruderschaft St. Pius X. hatte sich innerkirchlich bis hinein in die bischöflichen Chefetagen ein erheblicher und sich steigender Unmut aufgestaut. Am 11. November 1974 kam eine von Papst Paul VI. ernannte Kommission von zwei Apostolischen Visitatoren nach Ecône. Nach Abschluß ihres Inquisitionsauftrages, ihrer Befragungen und Reden schrieb Lefebvre: »Zwei Tage später reisten sie wieder ab und hinterließen einen unangenehmen Eindruck.«[8] Am 21. November 1974 sah Lefebvre sich genötigt, eine Erklärung[9] zu veröffentlichen, in der er seine theologische und kirchliche Position überaus präzis aussprach (diese Deklaration ist in dem nachfolgenden »Dokument« wiedergegeben).

Nach einem Gespräch am 13. Februar 1975, zu dem Lefebvre

nach Rom eingeladen wurde, dem ein zweites am 3. März 1975 folgte, erhielt Erzbischof Lefebvre vom neu ernannten Bischof von Fribourg, Mamie, unter dem Datum des 6. Mai 1975 folgende amtliche Entscheidung: »Ich informiere Sie, daß ich die von meinem Vorgänger gesetzten Rechtshandlungen und erteilten Konzessionen hinsichtlich der Priesterbruderschaft St. Pius X. zurückziehe, insbesondere das Errichtungsdekret vom 1. November 1970. Diese Entscheidung tritt sofort in Kraft.«[10] Priesterbruderschaft wie auch das Seminar in Ecône waren damit aufgehoben. War aber diese Entscheidung des neuen Bischofs von Fribourg kirchenrechtlich gültig?

Erzbischof Lefebvre hat nachdrücklich auf die Illegalität dieser Entscheidung aufmerksam gemacht, indem er auf Kanon 493 hinwies: »Eine rechtmäßig errichtete Ordensgenossenschaft kann nur durch den Heiligen Stuhl aufgehoben werden. Dies gilt auch, wenn es sich um eine Kongregation des Diözesanrechts handelt, selbst wenn sie nur aus einer einzigen Niederlassung besteht.«

Marcel Lefebvre. Am 24. Oktober 1976 in der Messehalle von Friedrichshafen

Erzbischof Lefebvre hat die zwar ausgesprochene, kirchenrechtlich aber ungültige Aufhebung seiner Priesterbruderschaft und seines Seminars in Ecône nicht angenommen. Nachdem er am 29. Juni 1976 in Ecône Weihen erteilt hatte, wurde über ihn bereits am 25. Juli 1976 die Suspension »a divinis« ausgesprochen, d. h. es wurde ihm die Ausübung seiner priesterlichen und bischöflichen Weihegewalt untersagt. Zweimal hat Erzbischof Lefebvre bei der Apostolischen Signatur[11] in Rom (vergleichbar mit dem deutschen Bundesverfassungsgericht in Karlsruhe) Berufung eingelegt. Es wurde jedoch von dem damaligen Kardinal-Staatssekretär Villot diesem höchsten Gericht der Kirche verboten, die Rekurse Lefebvres anzunehmen und zu bearbeiten.[12]

Seit 1976 ist Erzbischof Marcel Lefebvre ein von der offiziellen römisch-katholischen Kirche Suspendierter. Seinem Gewissen folgend und trotz des (wie er sagt) widerrechtlichen und ungültigen Weiheverbots macht er von seinem priesterlichen und bischöflichen Amt in Firmungen, bei der Erteilung von Weihen und Priesterweihen immer wieder Gebrauch. Alle von ihm geweihten Priester haben ohne Zweifel gültig, wenn auch unerlaubt die Priesterweihe empfangen.

Es stimmt traurig, daß diesen Neupriestern nicht einmal erlaubt wird, in offiziellen Kirchen ihrer Heimatpfarrei ihre Primiz zu feiern; sie müssen ausweichen auf Werk- oder Turnhallen. Immer größer wird die Zahl der priesterlosen Gemeinden. Immer größer wird aber auch die Zahl der gültig geweihten Lefebvre-Priester, denen die Mitarbeit in den Bistümern verweigert wird. Wie soll es weitergehen? Kommt es im Laufe der Zeit zu einer Verhärtung der Fronten und schließlich zu einer Abspaltung der Lefebvre-Gemeinschaft von der römisch-katholischen Kirche?

Steine des Anstoßes

Es würde nur ein Bruchstück des Lefebvre-Anliegens beleuchtet, wollte man allein seinen kirchenrechtlichen Konflikt mit Rom erwähnen. Auch das Anliegen der lateinisch-tridentinischen Messe macht nur ein Teilproblem sichtbar. Die tiefer liegenden Gründe liegen im Bereich des Glaubens und der kirchlichen Tradition.

Stichwort und Wirklichkeit »Tradition« bilden die Mitte aller Anliegen, Anfragen und Sorgen, die Marcel Lefebvre bedrängen. Kritisch und mit immer neuen Argumenten und Belegen hat er seine Sorgen und Bedenken gegen mehrere Beschlußtexte des 2. Vatikanischen Konzils angemeldet: gegen einzelne Aussagen der Dogmatischen Konstitution über die Kirche (Lumen gentium) vom 21. November 1964, gegen das Dekret über den Ökumenismus (Unitatis redintegratio) vom 21. November 1964, gegen die Erklärung über das Verhältnis der Kirche zu den nichtchristlichen Religionen (Nostra aetate) vom 28. Oktober 1965, vor allem gegen die Erklärung über die Religionsfreiheit (Dignitatis humanae personae) vom 7. Dezember 1965.[13]

Im Zusammenhang mit den nachkonziliaren, liturgischen Reformen und dem darin aufscheinenden Amts- und Sakramentenverständnis sprach Lefebvre von einem neuen Kirchen- und Theologieverständnis, von einem Verrat der Botschaft Christi und der kirchlichen Glaubensüberlieferung, von einem massiven Einbruch modernistischen und neoprotestantischen Denkens in den katholischen Glaubensraum.

Alle diese Reformen – so hat es Lefebvre in seiner Deklaration vom 21. November 1964 schriftlich festgehalten und auch veröffentlicht – tragen bei »zur Zerstörung der Kirche, zum Ruin des Priestertums, zur Vernichtung des heiligen Meßopfers und der Sakramente, zum Schwinden des religiösen Lebens, zum naturalistischen und teilhardistischen Unterricht an den Universitäten, in den Seminarien, im Religionsunterricht, einem Unterricht, der aus dem Liberalismus und dem Protestantismus hervorging, die schon etliche Male vom Lehramt der Kirche feierlich verurteilt wurden. Keine Autorität, auch nicht die höchste in der Hierarchie, kann uns zwingen, unseren Glauben, wie er vom Lehramt der Kirche seit neunzehn Jahrhunderten klar formuliert und verkündet wurde, aufzugeben oder zu schmälern.«[14]

Jedes Gespräch mit und über Lefebvre muß daher beginnen mit der Klärung des Begriffs »Tradition«.[15] Ist kirchliche Überlieferung nur monotone Repetition dogmatischer Aussagen und liturgischer Zeremonien der Vergangenheit oder gibt es einen Prozeß der schöpferischen Identität und Kontinuität, in dem die christliche Glaubensgemeinschaft (wie es Jesus Christus selbst verheißen hat) unter Führung des Heiligen Geistes tiefer und umfassender »in alle Wahrheit eingeführt wird« (Joh 16,12–13)?

Im gleichen Atemzug mit dem Stichwort »Tradition« ist die umfassendere Wirklichkeit »Kirche« zu klären. Es ist ebenso deutlich zu machen, von welchem Kirchenverständnis das 2. Vatikanische Konzil[16] in seinen Diskussionen und Beschlüssen getragen und bestimmt war, wie auch, von welchem Kirchenverständnis Marcel Lefebvre in seiner Kindheit und Jugend, während seines Theologiestudiums und nicht zuletzt durch seine Wirksamkeit in der Mission von Französisch-Westafrika geprägt wurde. Wie lange war er selbst noch offen und flexibel, und von welchem Zeitpunkt an war jede Dynamik in seinem Kirchen- und Theologieverständnis gestoppt?

Schaut der Rebell Marcel Lefebvre allzu stark und allzu starr zurück in die Vergangenheit, die für ihn zum allein gültigen Maßstab geworden ist? Ist er zu wenig offen gegenüber Neuerungen und Reformen in der Kirche? Wittert er überkritisch, bisweilen vorschnell und ungerecht eine Veränderung des Glaubens und einen Verrat der kirchlichen Überlieferung?

Der suspendierte Erzbischof Marcel Lefebvre nimmt sich kein Blatt vor den Mund, wenn er in heiligem Zorn hart und kantig schreibt: »Dieser Bruch im Lehramt der Kirche, der zu den bisher aufgezählten hinzukommt, zwingt uns, offen zu sagen, daß der Vatikan von Modernisten und von Menschen dieser Welt besetzt ist, die glauben, daß menschliche und diplomatische List für das Heil der Welt wirksamer sind als die vom göttlichen Gründer der Kirche eingesetzten Mittel.«[17] In kritischer Auseinandersetzung mit der Kirchenkonstitution des 2. Vatikanischen Konzils schreibt er: »Der Bischof ist der Gefangene der Kollegialität, die nur eine beratende Organisation hätte bilden dürfen, eine Organisation der Zusammenarbeit, aber nicht eine Organisation mit Entscheidungsrecht.«[18] Mit Entrüstung weist er eine Ermunterung anläßlich einer Bischofsweihe im Sommer 1982 in Brüssel zurück, in der der weihende Bischof dem bischöflichen Weihekandidaten zurief: »Sei Apostel wie Gandhi, Helder Camara und Mohammed!«[19]

Es scheinen alle Tore für eine Versöhnung mit der römisch-katholischen Kirche von beiden Seiten geschlossen, von beiden Seiten regelrecht zugenagelt zu sein.

Marcel Lefebvre

Sensationelle Wende

Es trügt der Schein, als seien zwischen Rom und Erzbischof Marcel Lefebvre die Brücken endgültig abgebrochen. Nicht wenige Gespräche mit dem früheren Präfekten der römischen Glaubenskongregation, Kardinal Franjo Seper, wie auch eine Audienz bei Papst Johannes Paul II. am 18. November 1978 bemühten sich um eine Wiederversöhnung, frei von Unklarheiten. Lefebvre hat leider hoffnungsvolle Annäherungen durch harte und unversöhnliche Äußerungen zunichte gemacht, wenn er wiederholt sagte: »Wir verurteilen die drei Päpste Johannes XXIII., Paul VI. und Johannes Paul II., weil sie die Häresie begünstigt haben.«[20]

Zwischen Lefebvre und dem Vatikan in Rom, vor allem zwischen dem römischen Ansprech- und Verhandlungspartner, dem Präfekten der Glaubenskongregation, Kardinal Joseph Ratzinger, hat es nicht nur Briefwechsel, sondern wiederholte Gespräche gegeben. Auch Papst Johannes Paul II. hatte mit dem suspendierten Erzbischof der Traditionalisten Gespräche und ihm zu bedenken gegeben: »Wägen Sie alle Folgen eines Schismas ab? Es wäre ein großer Riß in der Kirche. Wieviel Zeit bräuchte es, um ihn wieder zu schließen?«[21]

Bereits 1978 hatte der französische Dominikanertheologe Yves Congar in dem Streit über die alte und die neue Messe[22] geschrieben: »Man könnte die Messe nach dem heiligen Papst Pius V. neben der Messe nach Paul VI. feiern. Einerseits würde dies zeigen, daß der katholische Glauben sich nicht geändert hat..., andererseits hätte man die Feinfühligkeit guter Katholiken respektiert, die in der Eucharistiefeier das Zeichen ihrer katholischen Identität sehen.«[23]

In allerjüngster Zeit (1987) ist durchgesickert, eine Versöhnung zwischen Rom und Lefebvre sei in greifbarer Nähe. Es wird davon gesprochen, daß in ähnlicher Weise wie beim Opus Dei die Priestergemeinschaft um Lefebvre als eigenständiger Kirchenorden oder als Personalprälatur[24] anerkannt werden könne. Es wäre eine große Stunde des Glücks, der Glaubenströstung und der Vertiefung der Kirchentreue für viele Katholiken (gewiß auch ein ermutigendes Zeichen für alle ökumenischen Bemühungen), wenn diese Hoffnung sich erfüllen könnte!

Dokument

Priesterbruderschaft St. Pius X. Rom, am 21. November 1974,
dem Fest Mariä Opferung

Wir hängen mit ganzem Herzen und mit ganzer Seele am katholischen Rom, der Hüterin des katholischen Glaubens und der zur Erhaltung dieses Glaubens notwendigen Tradition, am Ewigen Rom, der Lehrmeisterin der Weisheit und der Wahrheit.

Wir lehnen es jedoch ab und haben es immer abgelehnt, dem Rom der neomodernistischen und neoprotestantischen Tendenzen zu folgen, die auf dem Zweiten Vatikanischen Konzil und nach dem Konzil in allen Reformen, die daraus hervorgingen, klar zum Ausdruck kamen. Tatsächlich trugen und tragen alle diese Reformen bei zur Zerstörung der Kirche, zum Ruin des Priestertums, zur Vernichtung des heiligen Meßopfers und der Sakramente, zum Schwinden des religiösen Lebens, zum naturalistischen und teilhardistischen Unterricht an den Universitäten, in den Seminarien, im Religionsunterricht, einem Unterricht, der aus dem Liberalismus und dem Protestantismus hervorging, die schon etliche Male vom Lehramt der Kirche feierlich verurteilt wurden.

Keine Autorität, auch nicht die höchste in der Hierarchie, kann uns zwingen, unseren Glauben, wie er vom Lehramt der Kirche seit neunzehn Jahrhunderten klar formuliert und verkündet wurde, aufzugeben oder zu schmälern. Der heilige Paulus sagt: »Aber selbst, wenn wir oder ein Engel vom Himmel euch ein anderes Evangelium verkündigten, als wir euch verkündet haben, er sei verflucht!« (Gal 1,8).

Ist das nicht auch das, was der Heilige Vater uns heute ins Gedächtnis ruft? Und wenn sich zwischen seinen Worten und seinen Taten ein gewisser Widerspruch ergibt, ebenso wie in den Akten der römischen Zentralstellen, dann wählen wir das, was immer gelehrt wurde, und stellen uns taub gegenüber den zerstörerischen Neuerungen in der Kirche.

Man kann nicht tiefgreifende Änderungen auf dem Gebiet der »lex orandi« (dem Gesetz des Betens) vornehmen, ohne damit auch die »lex credendi« (das Gesetz des Glaubens) zu verändern. Der neuen Messe entsprechen ein neuer Katechismus, ein neues Priestertum, neue Seminarien, neue Universitäten, eine charismatische, pfingstlerische Kirche, lauter Gegebenheiten, die der Rechtgläubigkeit und dem Lehramt aller Zeiten entgegengesetzt sind.

Da diese Reform vom Liberalismus und vom Modernismus ausgeht, ist sie ganz und gar vergiftet; sie stammt aus der Häresie und führt zur Häresie, selbst dann, wenn nicht alle ihre Akte direkt häretisch sind. Daher ist es jedem wachen und treuen Katholiken unmöglich, diese Reform anzunehmen und sich ihr auf welche Weise immer zu unterwerfen.

Die einzige Haltung der Treue gegenüber der Kirche und der katholischen Kirche besteht, um unseres Heiles willen, in der kategorischen Weigerung, die Reform anzunehmen.

Deshalb werden wir ohne jede Rebellion, ohne jede Bitterkeit, ohne jeden Groll unser Werk der Priesterausbildung unter dem Stern des Lehramtes aller Zeiten weiter fortsetzen, überzeugt, daß wir der Heiligen Katholischen Kirche, dem Papst und den zukünftigen Generationen keinen größeren Dienst erweisen können.

Deshalb halten wir unerschütterlich an dem fest, was von der Kirche aller Zeiten geglaubt und im Glauben, in den Sitten, im Kult, im Katechismusunterricht, in der Ausbildung der Priester und in den Einrichtungen der Kirche selbst praktiziert und in jenen Büchern, die vor dem modernistischen Einfluß des Konzils erschienen sind, kodifiziert wurde. Wir tun dies in der Erwartung, daß das wahre Licht der Tradition die Finsternis zerstreue, die den Himmel des ewigen Rom verdunkelt.

Wenn wir mit der Gnade Gottes, der Hilfe der allerseligsten Jungfrau Maria, des hl. Josef, des hl. Papstes Pius X. so handeln, sind wir überzeugt, der römisch-katholischen Kirche und allen Nachfolgern Petri treu zu bleiben und so, wie der Apostel sagt, »fideles dispensatores mysteriorum Domini Nostri Jesu Christi in Spiritu Sancto« *[getreue Verwalter der Geheimnisse unseres Herrn Jesus Christus im Heiligen Geiste] zu sein. Amen.*

+ Marcel Lefebvre
Alterzbischof-Bischof von Tulle

Diese in französischer Sprache abgefaßte Deklaration des Erzbischofs Marcel Lefebvre vom 21. November 1974 wurde veröffentlicht in »Itineraires« Nr. 195, Juli/August 1975. Sie ist nicht nur eine energische Verteidigungsschrift. Sie ist die zeitlich früheste und beste Zusammenfassung der Anliegen, die Marcel Lefebvre bedrängt haben. In deutscher Übersetzung in M. Lefebvre, Offener Brief an die ratlosen Katholiken, Wien 1986, 249–252.

Diese Erklärung ist von Marcel Lefebvre ergänzt worden durch seinen Offenen Brief an Papst Johannes Paul II. vom 21. November 1983; wiedergegeben in M. Lefebvre, a. a. O. 258–267.

Leonardo Boff
(* 1938)

Was wäre geschehen, wenn Erzbischof Marcel Lefebvre oder der brasilianische Franziskanertheologe Leonardo Boff im Mittelalter oder selbst noch zu Beginn der Neuzeit gelebt hätten? Ein Blick auf Jan Hus (1369–1415), der während des Konzils in Konstanz (1414/18) als Ketzer auf dem Scheiterhaufen verbrannt wurde – auf den Dominikanerprior Girolamo Savonarola (1452–1498), der in Florenz am 23. Mai 1498 als Ketzer hingerichtet wurde – auf den Dominikanermönch Giordano Bruno (1548–1600), der am 17. Februar 1600 in Rom ebenfalls als Ketzer verbrannt wurde, gibt auf diese Frage eine eindeutige Antwort. Man hätte sicherlich nicht mit soviel Geduld und Nachsicht mit ihnen verhandelt und sich mit Suspension oder mit begrenztem Schweigeverbot begnügt, wie dies in unserem Jahrhundert etwa mit Leonardo Boff, dem leidenschaftlichen Verfechter der Theologie der Befreiung, die amtliche Kirche getan hat.

Während Marcel Lefebvre der konservative Extremist des katholischen Glaubens ist, vertritt Leonardo Boff den progressistischen Gegenpol, und zwar weit über seine lateinamerikanische Heimat hinaus. Es genügte ihm nicht, sein seelsorgliches Wirken unter das alte Motto »Rette deine Seele!« zu stellen. Er will, um ein Jesuswort (Mt 9,17) aufzugreifen, den neuen Wein seiner Theologie der Befreiung nicht in alte Schläuche gießen. Vor allem sein 1981 in Petropolis (Brasilien) erschienenes Buch: »Igreja: carisma e poder. Ensaios de eclesiologia militante« (deutsche Übersetzung: »Kirche: Charisma und Macht. Studien zu einer streitbaren Ekklesiologie«. Düsseldorf 1985) hat beträchtliches Aufsehen erregt.

Nach ersten Auseinandersetzungen über dieses Buch in der Kommission für die Glaubenslehre bei der für Pater Boff zuständigen Erzdiözese Rio de Janeiro wurde der »Fall Boff« an die Kongregation für die Glaubenslehre in Rom weitergeleitet. Strittige Punkten waren (wie in einer Verlautbarung der Kongregation für die Glaubenslehre vom 11. März 1985 festgestellt wurde) sein Kirchenverständnis, seine Aussagen über die Ausübung der sakralen Macht und über die Mißachtung der Charismen, vor allem der

Prophetie (»als Institution habe die Kirche in den Vorstellungen des historischen Jesus noch keinen Platz gehabt«), seine relativierende Auslegung von Offenbarung und Dogma, in der Leonardo Boff eine Unterdrückung der Freiheit sieht. In einem Schreiben an Papst Johannes Paul II. vom 30. März 1985 stellte Boff »mit einer gewissen Traurigkeit fest, daß die Verlautbarung der Glaubenskongregation meine Positionen... treffender hätte darstellen können... Diese Tatsache mindert nicht meinen Willen, die Entscheidung des offiziellen Dokuments zu akzeptieren.«

Rom legte Leonardo Boff vom 1. Mai 1985 an die Disziplinarmaßnahme eines einjährigen Schweigegebotes (obsequium silentium) auf.[1] Er selbst schrieb über dieses Bußschweigen: »Ich durfte nicht schreiben, nicht öffentlich predigen und keine Vorlesungen halten. Aber privat habe ich viel geredet, die Leute sind eben zu mir gekommen... Es gab einen großen Druck von unten und Tausende von Briefen an den Papst (Johannes Paul II.) und an (Kardinal Joseph) Ratzinger (den Präfekten der römischen Kongregation für die Glaubenslehre)... im Grunde hat die Amtskirche unsere Hauptanliegen doch geschluckt – wenn sie ihr auch im Magen liegen!«[2]

Leben im Umfeld der Krise

Nur wenige Daten über das Leben von Leonardo Boff stehen zur Verfügung. 1938 wurde er im Staat Sante Catarina (Südbrasilien) geboren. Über die menschlich-herzliche und religiös-lebendige Atmosphäre seiner italienisch-stämmigen Familie mit elf Kindern hat Leonardo Boff in seiner »Kleinen Sakramentenlehre«[3] einen einzigartigen, gänzlich unbeabsichtigten Einblick gegeben. In diesem Werk hat er dem 3. Kapitel die seltsame Überschrift »Das Sakrament des Zigarettenstummels«[4] gegeben. Er schreibt darin, daß ihm nach München, wo er seit 1965 an der Theologischen Fakultät der Universität Katholische Theologie studierte, in einem Brief der überraschende Tod seines Vaters mitgeteilt wurde. Er war »der Archetyp unserer Familie und Beziehungspunkt für die Grundwerte all unserer Geschwister«.[5] Auf den Grabstein des Vaters haben die Geschwister einmeißeln lassen: »Aus seinem

Mund haben wir gehört und von seinem Leben haben wir gelernt: Wer nicht lebt, um zu dienen, verdient nicht zu leben.«[6]

Dem Brief mit der Todesnachricht war in einem Glasschächtelchen ein kleiner Zigarettenstummel beigelegt. Es war der Rest der letzten Zigarette, die der Vater noch wenige Augenblicke vor seinem tödlichen Herzinfarkt geraucht hatte. Leonardo Boff hat in kindlicher Dankbarkeit und in der Sprache der Symbolik dem verstorbenen Vater das Kapitel »Das Sakrament des Zigarettenstummels« gewidmet. Er schreibt: »Könnte man nicht sagen, daß auch der Stummel einer Strohzigarette zu einem Sakrament werden kann? ... Die letzte Zigarette erlosch mit dem sterblichen Leben. Aber dennoch: Etwas brennt irgendwie noch immer, aufgrund der Zigarette.«[7]

Diese Worte sind typisch und aufschlußreich für die Persönlichkeit wie für die von überzeugender Menschlichkeit durchdrungene Gläubigkeit, Denk- und Ausdrucksweise des Franziskanerpriesters Leonardo Boff. Sein gründliches theologisches Studium in München schloß er 1970 mit der theologischen Promotion ab. Der Titel seiner Dissertation, begutachtet von dem Professor für Dogmatik Leo Scheffczyk und dem Professor für Fundamentaltheologie Heinrich Fries (als Korreferent), lautete: »Die Kirche als Sakrament im Horizont der Welterfahrung«.[8]

Zurückgekehrt in seine brasilianische Heimat, wurde der hochbegabte Leonardo Boff von seinen Ordensobern als Professor für Dogmatik an der Philosophisch-Theologischen Hochschule in Petropolis und gleichzeitig an der Katholischen Universität in Rio de Janeiro freigestellt. Die Hörerinnen und Hörer des jungen Dogmatikprofessors Leonardo Boff verspürten von Anfang an in dessen Vorlesungen einen neuen Ton, eine ganz ungewohnte, aufrüttelnde Argumentationsweise. Hier sprach einer, der nicht nur »dem Volk aufs Maul geschaut hat«, sondern die Situation und Sprache der Ärmsten der Armen selbst erlebt hatte und sich zum theologischen Anwalt, zum Alliierten der Armen machte.

Es war ungewöhnlich, in Dogmatikvorlesungen von Christus, Gnade, Kirche und Sakramenten ebenso zu hören wie schärfste Attacken gegen die blutsaugerischen Machenschaften und Unterdrückungsmechanismen der Grundbesitzer wie vor allem der internationalen Großkonzerne und aller Nutznießer des herrschenden Systems zu vernehmen. Nicht nur die Studenten der Hochschule horchten auf. Weil Leonardo Boff ein fleißiger und erfolgreicher Buchautor war, verbreiteten sich seine Gedanken sehr schnell in seiner brasilianischen Heimat; Übersetzungen sorgten für einen zusätzlichen Verbreitungsschub.

Aus der Vielzahl seiner Buchveröffentlichungen, die meist Sammlungen von Aufsätzen und Vorträgen aus mehreren Jahren sind, seien jene herausgestellt, die in deutscher Übersetzung vorliegen:

Erfahrung von Gnade (Düsseldorf 1978).
Die Neuentdeckung der Kirche. Basisgemeinden in Lateinamerika (Mainz 1980).
Was kommt nachher? Das Leben nach dem Tode (Salzburg 1982).
Aus dem Tal der Tränen ins Gelobte Land (Düsseldorf 1983).
Kirche: Charisma und Macht. Versuch einer streitbaren Ekklesiologie (Düsseldorf 1985).
Das mütterliche Antlitz Gottes. Interdisziplinärer Versuch über das Weibliche und seine religiösen Ausdrucksformen (Düsseldorf 1985).
Jesus Christus, der Befreier (Freiburg i. Br. 1986).
Der dreieinige Gott (Düsseldorf 1987).

Wer sich so umfassend als junger Dogmatikprofessor äußert und wahrlich »aus seinem Herzen keine Mördergrube macht«, setzt sein Konzept der öffentlichen Diskussion aus. Er läuft vor allem dann, wenn manche Formulierungen nicht in diplomatischer Ausgewogenheit, sondern eher mit jugendlicher Unbekümmertheit vorgetragen wurden, ins offene Messer der Kritik. Mit der Veröffentlichung seines Buches »Igreja: carisma e poder« im Jahr 1981 begann für Leonardo Boff eine bittere Zeit der Anfechtungen und Verdächtigungen, die zunächst in seiner Heimat Brasilien einsetzte. Es war für ihn ein großer Trost und eine Ermutigung, daß nicht wenige Theologen und Bischöfe seiner Heimat in Treue zu ihm standen und mit Vertrauen seinen theologischen und pastoralen Umdenkprozeß begleiteten.

Die Kongregation für die Glaubenslehre in Rom mußte schließlich vom Jahr 1984 an durch ihren Präfekten, Kardinal Joseph Ratzinger, den »Fall Boff« aufgreifen. In Absprache mit dem Generalminister der Franziskaner, John Vaughn OFM, sollte eine Klärung erreicht werden. In einem ersten Brief aus Petropolis an Kardinal Ratzinger vom 18. Juni 1984 hat Leonardo Boff sich nach seiner Unterschrift bezeichnet: »Frater, theologus minor et peccator«[9] (Minderbruder, Mindertheologe und Sünder).

Es gehört zur Duplizität der Fälle, daß gleichzeitig mit Leonardo Boff auch sein Bruder Chodovis in Konflikt mit seinen kirchlichen Vorgesetzten geriet. Anfang März 1984 wurde diesem durch den Erzbischof von Rio de Janeiro, Kardinal Eugenio de Araujo Sales, die kirchliche Lehrerlaubnis (venia legendi) für die Erzdiözese Rio de Janeiro entzogen. Es scheint in beiden Brüdern eine gleiche Geisteshaltung aufgelodert zu sein! Beide Boff-Brüder haben in einer Veröffentlichung in der brasilianischen Tageszeitung »Folha de Sao Paulo« vom 24. März 1984 gegen die Vorwürfe, die Kardinal Joseph Ratzinger gegen Theologen der Befreiung erhoben hatte, grundsätzlich und scharf gekontert.[10]

Am 6. August 1984 wurde die von Kardinal Ratzinger ausgearbeitete und auch von Papst Johannes Paul II. gutgeheißene »Instruktion der Kongregation für die Glaubenslehre über einige Aspekte der ›Theologie der Befreiung‹«[11] unterzeichnet und am 7. September 1984 veröffentlicht. Damit hatte sich Rom zum Thema »Theologie der Befreiung« wenige Tage vor der wichtigen Begegnung zwischen Kardinal Ratzinger und Pater Leonardo Boff verbindlich geäußert und damit auch seine Verhandlungsstrategie offengelegt.

Am 7. September 1984 kam es im Sitz der Kongregation für die Glaubenslehre in Rom (Sacra Congregatio pro Doctrina Fidei, Piazza de S. Ufficio 11, 00193 Roma) ab 10 Uhr zu einem Gespräch zwischen Kardinal Ratzinger und Pater Leonardo Boff, das in brüderlicher und vertrauensvoller Atmosphäre stattfand.[12] Es war unglücklich, daß Leonardo Boff bereits wenige Tage später Journalisten des »Spiegel« ein Interview gegeben hat, das in Nr. 38 vom 17. September 1984 unter dem Titel »Die Kirche ist eine keusche Hure« veröffentlicht wurde.[13]

In einer Verlautbarung der Kongregation für die Glaubenslehre über das Buch »Kirche: Charisma und Macht« vom 11. März 1985

wurden dessen Aussagen und Optionen als so geartet bezeichnet, »daß sie die gesunde Glaubenslehre, die diese Kongregation zu fördern und zu schützen hat, in Gefahr bringen«.[14] Mit dem Datum des 1. Mai 1985 wurde Leonardo Boff die Auflage eines einjährigen Bußschweigens als Diziplinarmaßnahme und als Angebot einer sicherlich förderlichen Denkpause mitgeteilt. Leonardo Boff hat diese Disziplinarmaßnahme in einem Schreiben vom 8. Mai 1985 angenommen (siehe »Dokument«!) gemäß seinem eigenen Ausspruch: »Ich gehe lieber mit der Kirche als allein mit meiner Theologie.«[15]
Leonardo Boff hat sich dem auferlegten Bußschweigen gefügt. Es wurde kirchlicherseits vorzeitig aufgehoben. Sein Anliegen, das in ähnlicher Weise fast in allen lateinamerikanischen Ländern wie eine offene Wunde nach Heilung schreit, ist gerade durch die kirchliche Disziplinarmaßnahme explosionsartig zum innerkirchlichen Weltgespräch geworden. Überall, wo seither Leonardo Boff auftritt, strömen Menschenmassen, vor allem Jugendliche, in die Vortragssäle. Sie bekunden sehr deutlich durch ihren Beifall, daß sie zu Leonardo Boff stehen. Immer wieder bemüht sich Leonardo Boff, von seiner Person auf seine »Mission« das stürmische Interesse und auch die Aktivitäten seiner Zuhörer hinzulenken.

Politische und soziale Dimension des Glaubens

Allzu lange haben Theologie und Frömmigkeit den christlichen Glauben unter heilsegoistischen und jenseitsorientierten Aspekten gesehen. Die »Theologie der Befreiung« hat ein gewaltiges, jahrhundertelanges Auswertungsdefizit der Botschaft Christi schonungslos aufgedeckt und eine baldige, gesamtkirchliche Glaubensvertiefung energisch angemahnt. Auslösendes Element dieses Unbehagens war gerade in Lateinamerika (vor allem in Brasilien und Peru, aber auch in Nicaragua) die wirtschaftliche, soziale und politische Situation dieses Subkontinents und die rapide Verschlechterung wie Verelendung großer Teile des Volkes. Leonardo Boff sprach angesichts mancher tragischer Verflechtungen von Großindustrie (auch aus europäischen Ländern), Kapital und Militär (bisweilen auch mancher kirchlicher Kreise) unverblümt von

»pathologischen Strukturen«[16] der Gesellschaft, die auch in die Kirche, in das Selbst- und Lebensverständnis vieler Christen wie Metastasen hineingewachsen sind. Er gesteht offen und ehrlich: »Ich trinke Cola, benutze Flugzeuge, lebe im Kloster statt mitten im Elend des Volkes. Solange das so ist, bin auch ich soziologisch gesehen ein Unterdrücker!«[17]

Eine andere Ursache, die zur Entstehung der »Theologie der Befreiung« führte, ist das neue, durch das Geschehen und die Dokumente des 2. Vatikanischen Konzils entstandene und praktizierte Selbstbewußtsein der Kirche, der Gemeinschaft der Glaubenden, des Volkes Gottes, der Laien, des »einfachen Mannes« von der Straße. Kirche sind nicht nur »die da oben«. Wir alle sind als Getaufte Kirche. Daher haben wir alle Mitsorge und Mitverantwortung für Botschaft und Werk Jesu.

Man kann heute bereits von einem dreistufigen Prozeß sprechen, den die »Theologie der Befreiung« durchlaufen hat: 1. Verelendung und Unterdrückung, Unruhe und Unbehagen in den christlichen Basisgemeinden, in der »Kirche von unten«, 2. pastorales Handeln als Milieuveränderung, das hinführt zur Gesinnungsänderung durch einzelne, unruhig gewordener Priester, Ordensleute und Laien, unterstützt oder auch beargwöhnt durch Bischöfe, 3. systematische Zusammenfassung aller Anliegen der Theologie der Befreiung durch Fachtheologen, gleichzeitig auch kritische Sichtung, Korrektur, Entdeckung neuer Problem- und Einsatzfelder und schließlich Setzung neuer Impulse.

Wen wird es wundern, wenn in dieser politischen, sozialen und gewiß auch theologisch-kirchlichen Umbruchs- und Umdenkphase manches Wort zu markig und kantig gesprochen wurde, wenn manche Aktion bei Streiks oder Protestmärschen einen klassenkämpferisch-marxistischen Geruch hatten! »Aus der Angst und aus den Hoffnungen der Armen heraus lesen lateinamerikanische Christen die Gründungstexte unseres Glaubens neu. Dabei wird ihnen deutlich, daß die Botschaft Jesu wirklich eine gute Nachricht ist und daß sich das Thema Befreiung durch die ganze Schrift hindurchzieht« – so formulierte Leonardo Boff.[18]

Die neue Begegnung der Arbeiter und Armen mit Christus und ihre Begeisterung für Christus drückt sich im Eingangslied der »Nicaraguanischen Bauernmesse« aus:

> Du bist der Gott der Armen,
> der Einfache und Menschliche,
> der Gott, der auf der Straße schwitzt,
> der Gott mit dem sonnengegerbten Gesicht.
> Deshalb spreche ich zu Dir,
> so wie mein Volk spricht,
> weil Du der werktätige Gott bist,
> Christus, der Arbeiter.[19]

Wird in solchen Liedern und den sie auslösenden religiösen wie politischen Haltungen Gott nur von den Armen und Arbeitern in Beschlag genommen und zum Bannerträger ihrer revolutionären Sehnsüchte gemacht? Gott ist (nur?) der Gott der Armen, der Unterdrückten. Dieser Gott will mit den Reichen, mit den Kapitalisten und ihren Praktiken im wirtschaftlichen, sozialen und politischen Leben nichts zu tun haben! Am Horizont taucht da und dort ein klassenkämpferisch eingefärbtes Gottesbild auf. Es könnte sich ein Riß selbst unter Christen aus unterschiedlichen soziologischen Lagern auftun!

Man horcht als »Traditionschrist« auf, wenn man im Credo aus Bluefields (Nicaragua) liest:

> Wir glauben an Christus, fleischgeworden im Unterdrückten, an Christus, auferstanden mit der Befreiung, inmitten des ausgebeuteten Volkes...
> Wir glauben, daß die Proletarier und Campesinos die Türen zum Glauben an den Gott Christus öffnen, an den Gott, der sich mit den Armen und Verarmten der Erde identifiziert
> und sie zur Vernichtung ihrer Ketten anleitet...
> Er wird keine falschen Götter dulden;
> er wird die Mächtigen vom Thron stürzen und die Niedrigen erhöhen.
> Er wird die Macht in die Hände der Unterdrückten übergeben.[20]

Jeder Leser dieser Texte spürt sicherlich sofort das Ungewohnte, das Aggressive, vielleicht sogar auch das Ketzerische solcher Formulierungen. Leonardo Boff geht auf die Barrikaden, wenn er auch nur den Hauch eines kirchlichen Machtmißbrauches wittert. »Die Ausübung der kirchlichen Macht hat sich an den Kriterien der heidnischen Macht orientiert, als Herrschaft, Zentralisierung, Marginalisierung, Triumphalismus, Vermischung von Menschlichem und Sakralem.«[21] Der gleiche »Ketzer« betont aber, daß »man sich keine ganzheitliche Befreiung denken (kann), die nicht von einer glühenden Mystik hervorgerufen, ermutigt und begleitet wäre«.[22]

Ob die Theologie der Befreiung auf die Kirche Europas, auf das allgemein verbindliche Glaubens- und Kirchenverständnis aller Christen übertragen werden kann oder ob sie ein typisches Anliegen Lateinamerikas (und vielleicht mancher Länder der Dritten Welt, die früher von europäischen Kolonialmächten beherrscht oder heute von Industriekonzernen »mißbraucht« werden) ist, darüber wird gegenwärtig heftig und kontrovers diskutiert. Leonardo Boff gehört zu jenen Theologen, ohne die die Landschaft der heutigen Kirche wesentlich ärmer und auch uninteressanter wäre. Mutig, ohne sich selbst zu schonen, hat er ausgesprochen, was ihn das Herz bluten ließ. Er gleicht – um eine deutsche Redewendung aufzugreifen – einem munteren Hecht, der Bewegung in den Karpfenteich der Kirche gebracht hat – sicherlich nicht zum Nachteil der Kirche und des Auftrages, den sie gegenüber Gott und den Menschen hat.[23]

Dokument

Aufgrund einer Entscheidung Roms ist es mir für einen angemessenen Zeitraum nicht möglich, mich öffentlich zu äußern. Bevor ich in diese Zeit des Bußschweigens eintrete, scheint es mir angebracht, einige Positionen zu verdeutlichen, die für Mißverständnisse anfällig sind:

1. *Ich erkläre, daß ich kein Marxist bin. Als Christ und Franziskaner bin ich für die Freiheiten, das Recht auf Religion und den edlen Kampf für Gerechtigkeit in Richtung einer neuen Gesellschaft.*
2. *Ich bekräftige, daß sich das Evangelium an alle wendet, ohne Ausnahme. Dennoch anerkenne ich, daß ebendieses Evangelium die Armen bevorzugt, denn sie bilden die leidenden Mehrheiten und sind deshalb die Bevorzugten Gottes, Christi und seiner Kirche.*

3. Ich meine, daß in einer Situation der Unterdrückung wie der unseren die Sendung der Kirche ganz eindeutig eine befreiende sein muß.
4. Ich bin davon überzeugt, daß die mir gegenüber ergriffenen Maßnahmen nicht die Notwendigkeit rückgängig machen, in Gemeinschaft mit dem Lehramt in der Ausarbeitung einer authentischen Theologie der Befreiung fortzufahren.
5. Künftig wird es Sache der zuständigen Stellen sein, ausführliche Informationen zu liefern.

P. Leonardo Boff OFM
Petrópolis, 8. Mai 1985

Diese Erklärung, in der in wenigen Sätzen die Kirchentreue als Christ und als Franziskanermönch, aber auch der Hinweis auf die Sendung der Kirche und die Notwendigkeit einer authentischen Theologie der Befreiung durch das Lehramt der Kirche wie herausgemeißelt bekundet ist, hat der Franziskanerpater Leonardo Boff am 8. Mai 1985 unmittelbar vor seinem Eintritt in das von der Kirche auferlegte Bußschweigen abgegeben. Sie ist in seiner brasilianischen Heimatsprache abgefaßt, und zwar an dem Ort Petropolis, wo er als Professor für katholische Dogmatik an der Philosophisch-Theologischen Hochschule wirkte. Der Text ist entnommen: Der Fall Boff. Eine Dokumentation. Herausgegeben von der Brasilianischen Bewegung für die Menschenrechte, Düsseldorf 1986, 181.

Nachwort

Es gibt eine schier unendliche Geschichte der Ketzer und Mystiker, und zwar nicht nur im Bereich des christlichen Glaubens. Neben profilierten Persönlichkeiten, Frauen wie Männern, die durch Konflikte und Proteste oder durch ausstrahlende Heiligkeit bekannt geworden sind, gibt es eine vielleicht noch größere Zahl anonymer Ketzer und Mystiker.

Es war und ist auch für kirchliche Entscheidungsinstanzen nicht immer leicht, die Grenze der Unterscheidung bei Ketzern und Mystikern zwischen Echt und Unecht, zwischen Gesund und Krank zu ziehen. Dem Außenstehenden scheint bisweilen der Ketzer mit seinen Reaktionen eher eine gesunde, »normale« Erscheinung zu sein. Beim Mystiker drängt sich nicht selten die Vorstellung auf, es liege ein eher labiles physisches wie psychisches Fundament vor, ganz zu schweigen von religiös-pathologischen Neurosen. Bei vielen Ketzern und Mystikern wird es hier auf Erden wohl nicht möglich sein, eine endgültige Entscheidung zu fällen. Das Zögern selbst kirchlicher Stellen bei der Eröffnung von Seligsprechungsverfahren bestätigt dies.

Die Geschichte der Ketzer und Mystiker kann nie in einem einzigen noch so umfangreichen Buch eingefangen und dargestellt werden. Es müßte eine ganze Reihe mit vielen Einzelbänden vorgelegt werden. Der »Mut zur Lücke« wie auch die Übersichtlichkeit zwangen zur Auswahl. Der eine oder andere Leser wird vielleicht seinen »Lieblingsketzer« oder seinen »Lieblingsmystiker« vermissen. Mit größter Sorgfalt haben Verfasser und Verlag eine repräsentative Auswahl zu treffen versucht.

Die Lektüre dieses Buches läßt sicherlich den aufmerksamen Leser nachempfinden, daß die präzise Einordnung einer geschichtlichen Persönlichkeit in die Rubrik der Ketzer bzw. der Mystiker keineswegs ein leichtes Unterfangen ist. Der große Bogen eines Lebenslaufes stand nicht immer unter einer einzigen Akzentsetzung. Was charismatisch begonnen hat, konnte durchaus ketzerisch und verblendet enden.

Nachwort

Es sei nicht verschwiegen, daß die dargestellten Ketzer und Mystiker wie Mystikerinnen Gestalten sind, die durch Predigten oder veröffentlichte Texte bekannt geworden sind – sogenannte »literarische« Ketzer und Mystiker. Über den Textbereich hinaus gibt es ein fast nicht absehbares Feld der Kunst und der Literatur, auf dem ebenso Ketzerei wie Mystik aufscheinen und nach einer wissenschaftlichen Aufarbeitung rufen. Häresie und Blasphemie können im Bild oder auch auf der Bühne, im Rocktext oder Kabarett, im Funk, Fernsehen und den vielfältigen Massenmedien nachhaltiger wirken als durch einen still und persönlich gelesenen Text.

Es gibt heute eine Vielzahl von »Schreibtisch-Ketzern« wie auch von anonymen Mystikern. Wie komplex die geistige Situation der Gegenwart ist, kann daraus ersehen werden, daß einerseits vom heutigen »Zwang zur Häresie« (P. L. Berger) und andererseits von der intensiven Suche nach Sinnerhellung und nach geistig-religiöser Geborgenheit außerhalb der christlichen Kirchen gesprochen wird. Muß Geborgenheit in Gott immer auch Geborgenheit in einer etablierten Kirche sein? Ketzereien der Vergangenheit, die sich leidenschaftlich an Gott oder an der Kirche gerieben haben, scheinen nur die Haut des christlichen Glaubens geritzt zu haben. In vielen Schattierungen moderner Ketzereien scheint das traditionelle und angegriffene Gegenüber zu fehlen, denn sie verstehen sich ohne Gott und ohne Kirche. Damit ist das Herz des christlichen Glaubens getroffen und zu einem langsamen Verbluten verurteilt.

Und doch: In der heutigen Welt der Rationalisierung und Technisierung gibt es eine neue Aufgeschlossenheit, ja eine Faszination für Mystik und Meditation, und zwar als Ergänzung, Korrektur und Tröstung für das Herz, für den inneren Menschen. Aufhorchen läßt ein Wort von Karl Rahner: »Der Fromme von morgen wird ein Mystiker sein, einer, der etwas erfahren hat, oder er wird nicht mehr sein.«

Erhebliche Sympathie schlägt heute den Ketzern, den Protestlern aus Vergangenheit und Gegenwart entgegen. Vielleicht braucht die Gegenwart beides – die Unruhe des Ketzers wie die Besinnlichkeit des Mystikers, denn »zwei Seelen« wohnen in des Menschen Brust – eine ketzerische Seele und eine nach Mystik und Gottes Tröstung ausschauende Seele.

Anmerkungen

Einführung

1 Augustinus, Enarrationes in Psalmos 124,5: »Non putetis quia potuerunt fieri haereses per aliquos parvas animas. Non fecerunt haereses nisi magni homines« (PL 37,1652).
2 Gertrud von Le Fort, Hymnen an die Kirche, München 1924, 14.
3 H. Flügel, Die Wahrheit der Ketzer. In: H. J. Schultz (Hg.), Die Wahrheit der Ketzer, Stuttgart – Berlin 1968,11. Vgl. K. Rahner, Schriften zur Theologie. Bd. V, Einsiedeln 1962 (Was ist Häresie? 527–576).
4 F. Klostermann, Leiden an der Kirche. In: P. Pawlowsky – E. Schuster (Hg.), Woran wir leiden, Innsbruck – Wien – München 1979, 74–75.
5 J. Wittig. Roman mit Gott. Tagebuchblätter der Anfechtung, Stuttgart 1950, 52. Vgl. dazu B. Haunhorst, »Dieser unser menschennahe Gott«. Zu Leben und Werk von Joseph Wittig (1879–1949). In: Orientierung 51 (1987) 20–24.
6 Zitiert nach G. Kranz, Herausgefordert von ihrer Zeit. Sechs Frauenleben, Regensburg 1976, 13 f.

Jesus von Nazareth

1 Büchsel F., Die Blutgerichtsbarkeit des Synedrions. In: Zeitschrift für neutestamentliche Wissenschaft und die Kunde der älteren Kirche 30 (1931) 202–210; K. Schubert, Die Juden oder die Römer? Der Prozeß Jesu und sein geschichtlicher Hintergrund. In: Wort und Wahrheit 17 (1962) 701–710.
2 Schalom Ben-Chorin, Bruder Jesus. Der Nazarener in jüdischer Sicht, München 1970, 27. Vgl. dazu Alfred Läpple, Jesus von Nazareth. Kritische Reflexionen, München 1972, 21–35.
3 Eine wertvolle und einmalige Zusammenstellung aller damals geltenden Ketzergesetze bietet E. Stauffer, Jerusalem und Rom im Zeitalter Jesu Christi (Dalp-Taschenbücher Bd. 331), Bern 1957, 113–122 (mit genauen Quellenangaben im 123 Nummern umfassenden Anmerkungsteil S. 156–160).
4 E. Stauffer, Jesus. Gestalt und Geschichte (Dalp-Taschenbücher Bd. 332), Bern 1957, 96; H. Braun, Jesus. Der Mann aus Nazareth und seine Zeit, Stuttgart–Berlin 1969; E. Biser, Jesus für Christen. Eine Herausforderung. Textauswahl und Einleitung, Freiburg – Basel – Wien 1984.
5 G. Lippert, Pilatus als Richter, Wien 1923; R. Caillois, Pontius Pilatus. Ein Bericht. Aus dem Französischen von G. Vorkamp. München 1963; J. Brecq, Pontius Pilatus und Jesu Tod. In: Das Heilige Land 96 (1964) 1–7. Das umfassendste und mit kaum überbietbarer wissenschaftlicher Gründlichkeit abgefaßte Werk über die Zeitgeschichte und den Prozeß Jesu hat vorgelegt J. Blinzler, Der Prozeß Jesu, Regensburg 1969.

Marcion

1 In erster Linie sind zu nennen Justin, Apologie I, 26; 58; Hippolyt, Philosophumena VII, 29 ff.; X, 19; Irenäus, Gegen die Häresien I,27, 1–4; III, 4; IV, 33; Tertullian, Gegen Marcion I,1,13,19; IV, 4.

ANMERKUNGEN

2 Vgl. dazu A. Läpple, Außerbiblische Jesusgeschichten, München 1983.
3 F. J. C. Overbeck, Christentum und Kultur, Basel 1919, 218. Vgl. K. Baus, Von der Urgemeinde zur frühchristlichen Großkirche. In: H. Jedin (Hg.), Handbuch der Kirchengeschichte Bd. 1, Freiburg – Basel – Wien 1962, 221–223.
4 Eine Zusammenstellung des »bereinigten« Neuen Testaments nach Marcion hat überliefert Irenäus, Gegen die Häresien III, 3. Der »gereinigte« Text des marcionitischen Lukas-Evangeliums wurde von A. Higgins ediert in: Vigiliae christianae, Amsterdam (1951) 1–42.
5 Ausspruch Polykarps (Bischof von Smyrna, Apostelschüler, Martyrium in Smyrna um 155), zitiert von Irenäus, Gegen die Häresien III, 3.
6 Ausspruch des Irenäus (Schüler Polykarps, seit 177 Bischof von Lyon), Gegen die Häresien I, 27. Bemerkenswert ist die Wertung, die Bischof Aurelius Augustinus von Hippo (354–430) in seinem Buch »Über die Taufe gegen die Donatisten« (7,14,31) abgibt. Er anerkennt die in den marcionitischen Christengemeinden gespendete Taufe.
7 A. v. Harnack, Marcion. Das Evangelium vom fremden Gott, Leipzig 1921, 5. Ders., Die Mission und die Ausbreitung des Christentums in den ersten drei Jahrhunderten. 2 Bde. Leipzig 1924.
8 W. Nigg, Das Buch der Ketzer, Zürich 1949, 70.

Origenes

1 H. U. v. Balthasar, Origenes. Geist und Feuer. Ein Aufbau aus seinen Schriften, Salzburg – Leipzig 1938, 11. Vgl. dazu H. Rahner, Das Menschenbild des Origenes. In: Eranos 15 (1947) 197–248; J. Danielou, Origène, Paris 1948; K. Baus, Das Nachwirken des Origenes in der Christusfrömmigkeit des hl. Ambrosius. In: Römische Quartalschrift 49 (1954) 21–55; G. Müller, Origenes und die Apokatastis. In: Theologische Zeitschrift 14 (1958) 161–190; K. Baus, Von der Urgemeinde zur frühchristlichen Großkirche. In: H. Jedin (Hg.), Handbuch der Kirchengeschichte. Bd. 1, Freiburg – Basel – Wien 1962, 268–274; P. Nautin, Origène. Sa vie et son œuvre, Paris 1977.
2 Vgl. dazu K. Gamber, Sie gaben Zeugnis, Regensburg 1982, der aufmerksam macht, daß bei römischen Gerichtsverhandlungen (etwa gegen Christen) die ganze Verhandlung genauestens durch Stenographen protokolliert wurde. Es ist frühchristlichen Gemeinden häufig gelungen, von Notaren die authentischen Gerichtsakten und damit die originalen Märtyrerakten zu erhalten.
3 V. v. Lerin, Commonitorium (Kap. 17).

Arius

1 A. Loisy, L'Évangile et l'Église, Paris 1902, 153.
2 Zitiert nach G. S. Wegener, Die Kirche lebt. Der Weg der Christen durch zwei Jahrtausende, Kassel 1961, 66; R. Lorenz, Arius judaizans? Untersuchungen zur dogmengeschichtlichen Einordnung des Arius, Göttingen 1978. Vgl. F. Heiler, Altkirchliche Autonomie und päpstlicher Zentralismus, München 1941.
3 H. Jedin, Kleine Konziliengeschichte (Herder-Bücherei 51); Freiburg – Basel – Wien 1978. Vgl. dazu H. Berkhof, Kirche und Kaiser, Zollikon – Zürich 1947, 73–79.
4 Contra Auxentium, 6.
5 J. A. Jungmann, Die Abwehr des germanischen Arianismus und der Umbruch der religiösen Kultur im frühen Mittelalter. In: Zeitschrift für katholische Theologie 69 (1947) 36–99. H. v. Schubert, Staat und Kirche in den arianischen Königreichen.

Anmerkungen

München – Berlin 1912. H.-E. Giesecke, Die Ostgermanen und der Arianismus, Leipzig 1939.
6 A. Läpple, Jesus von Nazareth. Kritische Reflexionen, München 1972 (vor allem S. 67–85: Das Sendungs- und Selbstbewußtsein Jesu).
7 K. Rahner, Schriften zur Theologie. Bd. I, Einsiedeln – Zürich – Köln 1954, 209.

Aurelius Augustinus

1 J. Bernhart, Der Vatikan als Weltmacht, Leipzig 1930, 62; K. Flasch, Augustin. Einführung in sein Denken, Stutgart 1980.
2 O. Karrer, Augustinus. Das religiöse Leben. Gesammelte Texte mit Einleitung. 1. Bd, München 1925, 20.
3 Epistola 21,1 (PL 33,88)
4 Sermo 355,2 (PL 39, 1569).
5 R. Guardini, Vom Denken und Leiden des heiligen Augustinus. In: Unterscheidung des Christlichen. Gesammelte Studien 1923–1963, Mainz 1963, 575 f.
6 M. Buber, Das Problem des Menschen, Heidelberg 1948, 24.26. Vgl. B. Groethuysen, Philosophische Anthropologie (Handbuch der Philosophie), München – Berlin 1928, 78–98, wo umfassend die anthropologische Wende durch Augustinus dargestellt und mit einer Vielzahl von Zitaten belegt ist.
7 »... se ipsum enim per se videt« (Augustinus, Enarrationes in Psalmos 41,7).
8 »Nasci hic in corpore mortali incipere aegrotare est« (Augustinus, Enarrationes in Psalmos 102,6).
9 »Sola est enim vera sanitas, quae est immortalitas« (Augustinus, Enarrationes in Psalmos 37).
10 R. Guardini, a. a. O. 576.
11 Augustins, De civitate Dei XXII,30. Die Übersetzung ist zitiert nach H. U. v. Balthasar, Augustinus. Der Gottesstaat. De civitate Dei. Systematischer Durchblick in Texten, Einsiedeln 1986, 277.
12 A. Läpple Kirchengeschichte in Dokumenten, Düsseldorf 1958, 155–157.
13 Vgl. dazu in G. Hasenhüttl – J. Nolte, Formen kirchlicher Ketzerbewältigung (Texte zur Religionswissenschaft und Theologie 3), Düsseldorf 1976 und die dort angeführten Texte aus dem Decretum Gratiani (S. 36 f.), aus dem Edikt »Ad abolendam« des Papstes Lucius III. (S. 37–40), aus den Beschlüssen des Vierten Laterankonzils (S. 40–42), aus der Bulle »Ad exstripanda« des Papstes Innozenz IV. (S. 42 f.).
Der mittelalterliche Dominikanertheologe Thomas von Aquin (1225–1274) schreibt in seiner Summa theologiae (II/II q 11a 3): »Es ist weit schwerwiegender, den Glauben zu entstellen, durch den die Seele ihr Leben hat, als Geld zu fälschen, das nur dem irdischen Leben dient. Wenn die Münzfälscher und andere Übeltäter ohne weiteres durch die weltlichen Fürsten von Rechts wegen dem Tod überliefert werden, so können um so mehr die Häretiker, sobald sie der Häresie überliefert sind, nicht nur aus der Gemeinschaft ausgeschlossen, sondern auch rechtens getötet werden«.
14 J. Bernhart, a. a. O. 62.
15 A. Läpple, Die Apokalypse nach Johannes. Ein Lebensbuch der Christenheit, München 1966.
16 Vgl. J. Gross, Geschichte des Erbsündendogmas, München – Basel 1960, Bd. I, 311; L. Scheffzcyk, Urstand, Fall und Ursünde. Von der Schrift zu Augustinus (Handbuch der Dogmengeschichte. Bd. II/ 3a), Freiburg – Basel – Wien 1981, 214.

Pelagius

1 J. Gross, Entstehungsgeschichte des Erbsündendogmas, 2 Bde. München 1960/63; H. Renckens, Urgeschichte und Heilsgeschichte, Mainz 1964; H. Haag, Biblische Schöpfungslehre und kirchliche Erbsündenlehre, Stuttgart 1966.
2 G. Greshake, Gnade als konkrete Freiheit. Eine Untersuchung zur Gnadenlehre des Pelagius, Mainz 1972.
3 A. Kunzelmann – A. Zumkeller (Hg.) A. Augustinus. Schriften gegen die Pelagianer. 4 Bde., Würzburg 1955 ff.
4 O. Wermelinger, Rom und Pelagius. Die theologischen Positionen der römischen Bischöfe im Pelagianischen Streit in den Jahren 411–432, Stuttgart 1975; G. de Plinval, Pélage, ses écrites, sa vie et sa réforme, Lausanne 1943; T. Bohlin, Die Theologie des Pelagius und ihre Genesis, Uppsala – Wien 1957.
5 Sermo 131, 10. Der zitierte Wortlaut stellt eine griffige, aber nicht originale Fassung dar. Die ursprünglich lateinische Passage hat folgenden Wortlaut: »Iam enim de hac causa duo concilia missa sunt ad sedem apostolicam, inde etiam rescripta venerunt. Causa finita est, utinam aliquando finiatur error «= In dieser Sache (nämlich des Pelagius) sind die Beschlüsse zweier Konzilien (von Karthago und Mileve) an den Apostolischen Stuhl geschickt worden, von dem auch die Erlasse (Entscheidungen) zurückkamen. Die Sache ist erledigt, o daß auch der Irrtum ein Ende fände!« Vgl. dazu K. Adam, Causa finita est. In: Gesammelte Aufsätze zur Dogmengeschichte und Theologie der Gegenwart, Augsburg 1936, 216–236.
6 L. Scheffczyk, Versuche zur Neuaussprache der Erbschuld – Wahrheit. In: Münchner Theologische Zeitschrift 17 (1966) 253–260; K. Schmitz-Moormann, Die Erbsünde, Olten – Freiburg i. Br. 1969; K.-H. Weger, Erbsünde heute. Grundlegung und Verkündigungshilfen, München 1972.
7 Blaise Pascal, Pensées (Fragment 434). Vgl. dazu A. Béguin, Blaise Pascal in Selbstzeugnissen und Bilddokumenten, Reinbek.

Peter Abälard

1 Die neueste Arbeit über Abälard und Heloise hat vorgelegt M. Fumagalli, Heloise und Abälard, München 1986. Vgl. dazu H. Waddell, Peter Abälard, Hamburg 1946. J. Weingartner, Abälard und Bernhard, Innsbruck, 1948; E. Gilson, Heloise und Abälard, Freiburg i. Br. 1955.
2 Abälard, Die Leidengeschichte und der Briefwechsel mit Heloise. Übertragen und herausgegeben von E. Brost, Berlin 1963, 413 f.
3 A. Mayer-Pfannholz, F. Heer und die Krise des Mittelalters. In: Hochland 45 (1952/53) 455–464 (Zitat: 459).
4 F. Heer, Europäische Geistesgeschichte, Stuttgart 1953, 118.
5 J. Bernhart, Der Vatikan als Weltmacht, Leipzig 1939, 155.

Bernhard von Clairvaux

1 J. Bernhart, Chimaera mei saeculi. Zur Achthundertjahrfeier des Todes Bernhards von Clairvaux. In: Hochland 45 (1952/53) 521–529. Vgl. J. Lortz (Hg.), Bernhard von Clairvaux, Mönch und Mystiker. Internationaler Bernharduskongreß Mainz 1953, Wiesbaden 1955 (mit umfassender Bibliographie S. 3–43). Originelle, wenngleich fiktive

Anmerkungen

Briefe an und von Bernhard von Clairvaux finden sich in dem Buch von Kardinal Albino Luciani (Patriarch von Venedig, dem nur 33 Tage regierenden Papst Johannes Paul I. 1978), Ihr ergebener Albino Luciani. Briefe an Persönlichkeiten. München – Zürich – Wien 1978, 38–48.
2 Sermones super Cantica Canticorum. Predigten über das Hohelied. Übersetzung von J. Schuck, Paderborn 1927.
3 J. Bernhart, a. a. O. 529.
4 J. Bernhart, Der Vatikan als Weltmacht, Leipzig 1930, 149. Vgl. W. v. Steinen. Vom heiligen Geist des Mittelalters, Breslau 1926; E. Gilson – Ph. Böhner, Die Mystik des heiligen Bernhard, Wittlich 1936; M.-A. Dimier, Die Kunst der Zisterzienser, Würzburg 1986.
5 Otto von Freising, Gesta Friderici I. imperatoris (I, 34 f).
6 F. M. Stratmann, Die Heiligen in der Versuchung der Macht, Frankfurt a. M. 1958, 236–305.

Hildegard von Bingen

1 F. Jürgensmeier, St. Hildegard »prophetissa teutonica«. In: A. Ph. Brück (Hg.), Festschrift zum 800. Todestag der heiligen Hildegard, Mainz 1979, 273–293. Vgl. dazu W. Lauter, Hildegard-Bibliographie. Wegweiser zur Hildegard-Literatur, Alzey 1970.
2 H. Fischer, Die heilige Hildegard von Bingen. Die erste deutsche Naturforscherin und Ärztin. Ihr Leben und Werk. In: Beiträge zur Geschichte und Literatur der Naturwissenschaften und Medizin 1927 (Heft 7/8) 381–538. Dazu Vita sanctae Hildegardis auctoribus Godefrido et Theodorico monachis (Migne, PL 197, 91–130); A. Führkötter, Das Leben der heiligen Hildegard, berichtet von den Mönchen Gottfried und Theoderich. Aus dem Lateinischen übersetzt und kommentiert, Salzburg 1980.
3 A. Dempf, Sacrum Imperium, München – Berlin 1929, 261–268. Vgl. R. Schneider, Pfeiler im Strom. Wiesbaden 1958 (S. 166–207 über Hildegard von Bingen).
4 M. Schrader, Heimat und Sippe der deutschen Seherin Sankt Hildegard, Salzburg 1941.
5 H. Büttner, Die Beziehungen der heiligen Hildegard von Bingen zur Kurie, Erzbischof und Kaiser. In: Universitas. Festschrift für Bischof Dr. Albert Stohr, Bd. 2, Mainz 1960, 60–68.
6 Liber divinarum operum, Vorrede (Minge, PL 197, 742 A): »paupertula muliebris forma«.
7 L. Berg, Die Mainzer Kirche und die heilige Hildegard. In: Archiv für mittelrheinische Kirchengeschichte (Speyer) 27, 49–70.
8 »Ein einfältiger Mensch« ist die anonyme Unterschrift, mit der Hildegard ihre großen Werke unterschrieben hat.
9 L. Bronarski, Die Lieder der hl. Hildegard. Ein Beitrag zur Geschichte der geistlichen Musik des Mittelalters. Veröffentlichungen der Gregorianischen Akademie zu Freiburg/Schweiz (1922); J. Gmelch, Die Kompositionen der heiligen Hildegard nach dem großen Hildegardkodex in Wiesbaden phototypisch veröffentlicht, Düsseldorf 1913.
10 J. B. Pitra, S. Hildegardis abbatissae opera omnia, Monte Cassino 1966 (tom. 8, 333). Zum Problem des mystischen Sprechens siehe W. Haug, Zur Grundlage einer Theorie des mystischen Sprechens. In: K. Ruh (Hg.), Abendländische Mystik im Mittelalter, Stuttgart 1986, 494–508.
11 Migne, PL 197, 145–382. Vgl. dazu A. Führkötter, Hildegard von Bingen. Briefwechsel nach den ältesten Handschriften übersetzt und nach den Quellen erläutert, Salzburg 1965.

ANMERKUNGEN

12 M. Schrader – A. Führkötter, Die Echtheit des Schrifttums der heiligen Hildegard von Bingen. Quellenkritische Untersuchungen, Köln – Graz 1956, 126 ff.
13 J. B. Pitra, Analecta sacra. tom 8: S. Hildegardis abbatissae opera omnia (Ep. II, 332), Monte Cassino 1966.
14 J. B. Pitra, a. a. O. (Ep. II, 333).

Joachim von Fiore

1 H. Grundmann, Studien über Joachim von Floris, Leipzig 1927; Ders., Neue Forschungen über Joachim von Fiore, Marburg 1950.
2 H. Dietenhard, Das tausendjährige Reich. Eine biblisch-theologische Studie, Zürich 1955.
3 Der genaue Titel lautet: »Divini vatis Abbatis Joachim liber concordiae novi ac veteris Testamenti«. Erstmals 1519 in Venedig in Druck erschienen. Ein Faksimilie-Nachdruck erschien in Frankfurt am Main 1964.
4 Thomas von Aquin, S. th. I–II 106, 4 ad 4: »Stultissimum est dicere quod evangelium Christi non sit evangelium regni«.
5 N. Cohn, Das Ringen um das Tausendjährige Reich. Revolutionärer Messianismus im Mittelalter und sein Fortleben in den modernen totalitären Bewegungen, Bern – München 1961; W. Nigg. Das ewige Reich. Geschichte einer Hoffnung, München – Hamburg 1967.
6 Zitiert nach W. Theurer. Das Programm Gott (Theologische Brennpunkte, Bd. 18/19), Bergen-Enkheim 1970, 87.
7 J. Delumeau, Angst im Abendland. Die Geschichte kollektiver Ängste im Europa des 14. bis 18. Jahrhunderts. 2 Bde. (Rowohlt Taschenbuch Nr. 7919/20; Reihe: Kulturen und Ideen), Reinbek 1985; Ders., Stirbt das Christentum?, Olten – Freiburg 1978.
8 J. B. Metz in H. W. Bähr (Hg.) Ausblick auf die Zukunft, Gütersloh. 1968, 81.

Katharer und Waldenser

1 W. Nigg, Das Buch der Ketzer, Zürich 1949, 204.
2 Zitiert nach G. Kranz, Herausgefordert von ihrer Zeit. Sechs Frauenleben, Regensburg 1976, 31.
3 H. Grundmann, Ketzergeschichte des Mittelalters, Göttingen 1978, 22–28.
4 G. W. David, The inquisition at Albi 1299–1300, New York 1948. J. Fearns, Ketzer und Ketzerbekämpfung im Hochmittelalter, Göttingen 1968.
5 H. Kühner, Die Katharer. In: H. J. Schultz (Hg.), Die Wahrheit der Ketzer, Stuttgart – Berlin 1968, 58.
6 Die Gemeinschaft der Waldenser näherte sich während der Reformation in ihren theologischen Positionen dem Kalvinismus. 1566 nahmen sie die 2. helvetische Konfession an. 1848 erhielten die Waldenser durch einen Emanzipationsakt des italienischen Königs Karl Albert von Savoyen [1831–1849] die Religionsfreiheit und damit die bürgerliche Gleichberechtigung. Zur gleichen Zeit begannen sie eine weitläufige Evangelisation. Ihre theologische Schule von Torre Pellice wurde 1922 nach Rom verlegt. Nach dem Zweiten Weltkrieg gründeten sie das Dorf Agape (in der Nähe der Ortschaft Prali bei Turin). Die heutige Gesamtzahl der Waldenser wird mit 45 000 angegeben, davon 28 000 in Italien, 12 300 in Südamerika, die übrigen in den USA und im außeritalienischen Europa. Nachkommen von französischen Waldensern, die – auf Grund des Edikts von

Nantes (1685) – 1699 Frankreich verlassen mußten und sich in Deutschland angesiedelt haben, leben heute noch in geschlossenen Gruppen in Rohrbach im Odenwald.
7 Dieses Glaubensbekenntnis wurde veröffentlicht durch A. Dondaine, Aux origines du Valdéisme. In: Archivum Fratrum Praedicatorum 16 (1946) 191–237.
8 W. Mohr, Waldes und das frühe Waldensertum. In: Zeitschrift für Religions- und Geistesgeschichte 9 (1957) 357–363. Vgl. K. V. Selge, Die ersten Waldenser, 2 Bde., Berlin 1967.
9 G. Koch, Waldensertum und Frauenfragen im frühen Mittelalter. In: Forschungen und Fortschritte 16 (1946) 191–237.
10 G. S. Wegener, Die Kirche lebt. Der Weg der Christen durch zwei Jahrtausende, Kassel 1961, 145

Franz von Assisi

1 Thomas von Celano, Vita I.
2 F. Heer, Europäische Geistesgeschichte, Stuttgart 1953, 137; A. Groeteken, Franziskus von Assisi in der Poesie der Völker, Mönchengladbach 1912; K. Eßer, Franziskus von Assisi und die Katharer seiner Zeit. In: Archivum Franciscanum Historicum (Florenz-Quaracchi) 51 (1958) 225–264.
3 Franz von Assisi, Legenden und Laudes (Hg. O. Karrer). Zürich 1945; Schriften des heiligen Franziskus von Assisi. Einführung, Übersetzung und Erläuterungen von K. Eßer und L. Hardick (Franziskanische Quellenschriften Bd. 1), Werl 1972.
4 Thomas von Celano, Leben und Wunder des heiligen Franziskus von Assisi. Einführung, Übersetzung, Anmerkungen von E. Grau (Franziskanische Quellenschriften Bd. 5), Werl 1964.
5 Die Dreigefährtenlegende des heiligen Franziskus. Einführung von S. Clasen. Übersetzung und Anmerkungen von E. Grau (Franziskanische Quellenschriften Bd. 8), Werl 1972.
6 Franziskus – Engel des Sechsten Siegels. Sein Leben nach den Schriften des heiligen Bonaventura. Einführung, Übersetzung, Anmerkungen von S. Clasen (Fanziskanische Quellenschriften Bd. 7), Werl 1972.
7 F. von den Borne, Die Franziskusforschung in ihrer Entwicklung dargestellt, München 1917; B. Kleinschmidt, St. Franziskus in Kunst und Legende, Mönchen-Gladbach 1926.
8 A. Fortini, Nova vita di S. Francesco. 4 Bde, Assisi 1959. Vgl. D. Bullmann, Franz von Assisi, Aschaffenburg 1984; G. K. Chesterton, Franziskus von Assisi (Herderbücherei 47); J. Green, Bruder Franz. Freiburg – Basel – Wien 1984.
9 Dreigefährtenlegende bzw. Testament.
10 Dreigefährtenlegende (23).
11 Thomas von Celano, Vita I (XXIX, 83).
12 Thomas von Celano, Vita II (126).
13 Leben und Wirken des Bruders Elias von Cortona müssen aus einer Vielzahl von Berichten wie auch von Anschuldigungen sorgsam herausgearbeitet werden, um einerseits ihm Gerechtigkeit widerfahren zu lassen, um aber andererseits auch die wirklichen Vorgänge anläßlich der »Übergabe« der Ordensleitung durch Franz von Assisi an ihn – sine ira et studio – deutlich zu machen. Vgl. dazu S. Attal, Fratre Elia, Genua 1953.
14 Thomas von Celano. Vita II (III, 94–95).
15 Dreigefährtenlegende (13); Bonaventura, Legenda maior sancti Francisci (II,1).
16 Thomas von Celano, Vita I.
17 Testament.

ANMERKUNGEN

Mechthild von Magdeburg

1 Mechthild von Magdeburg, Das fließende Licht der Gottheit. Übersetzt und eingeführt von M. Schmidt. Mit einer Studie von H. U. von Balthasar, Einsiedeln 1955.
2 Das fließende Licht der Gottheit (III,1).
3 Das fließende Licht der Gottheit (II,26).
4 Das fließende Licht der Gottheit (Prolog).
5 Das fließende Licht der Gottheit (IV,15).
6 E. S. Ringler, Viten- und Offenbarungsliteratur in Frauenklöstern des Mittelalters, Zürich – München 1980; P. Dinzelbacher, Vision und Visionsliteratur im Mittelalter, Stuttgart 1981.
7 Das fließende Licht der Gottheit (VI,29).
8 Zitiert nach V. Zühlsdorff. Wie das ist, wenn Gott die Seele grüßt. Eine führende Frauengestalt der deutschen Mystik – Mechthild von Magdeburg. In: Deutsche Tagespost Nr. 8 (vom 20. Januar 1987), S. 5.
9 Zitiert nach V. Zühlsdorff, a. a. O. 5.
10 Das fließende Licht der Gottheit (II,22).
11 Das fließende Licht der Gottheit (I,2).
12 Zitiert nach V. Zühlsdorff, a. a. O. 5.
13 Zitiert nach V. Zühlsdorff, a. a. O. 5.
14 J. B. Metz, Zeit der Orden. Zur Mystik und Politik der Nachfolge, Freiburg 1977.
15 G.-Kl. Kaltenbrunner, Die Suche nach dem anderen Zustand, Freiburg 1976; St. Grof, LSD im Dienste der tiefenpsychologischen Forschung, Stuttgart 1978; Ch. T. Tart, Transpersonale Psychologie, Olten – Freiburg 1978; W. Obrist, Die Mutation des Bewußtseins, Freiburg 1980; H. D. Zimmermann, Rationalität und Mystik, Frankfurt 1981.

Meister Eckhart

1 Aus Predigt 32, deutsche Übersetzung zitiert aus: Meister Eckehart, Deutsche Predigten und Traktate. Herausgegeben und übersetzt von J. Quint, München 1970, 309.
2 Vgl. die mutige und kritische Auseinandersetzung (und zwar noch während der Nazi-Zeit) mit den Geschichtsklitterungen und Fehldeutungen des nationalsozialistischen Weltanschauungs-»Papstes« Alfred Rosenberg durch J. Koch, Meister Eckhart. In: E. Kleineidam – O. Kuss, Die Kirche in der Zeitenwende, Salzburg – Leipzig 1936, 190–217.
3 O. Karrer – H. Piesch, Meister Eckharts Rechtfertigungsschrift, Erfurt 1927.
4 Deutsche Übersetzung dieser Bulle in F. Schulze-Maizier, Meister Eckharts deutschen Predigten und Traktate, Leipzig 1927, 404–412.
5 B. Schmoldt, Die deutsche Begriffssprache Meister Eckharts, Heidelberg 1954; O. Karrer, Eckhart. In: H. J. Schultz (Hg.), Die Wahrheit der Ketzer, Stuttgart – Berlin 1968, 73; er sieht in der Schrift »Reden der Unterweisung«, die Eckhart als 35jähriger niederschrieb, einen Text, der »in der schönsten Prosa vor Luther« aufgezeichnet wurde.
6 J. Koch (Anmerkung 2), a. a. O. 198. Vgl. Meister Eckehart, Abwesenheit und Nähe Gottes (Schriftenreihe zur Meditation Nr. 21), Bergen-Enkheim 1976.
7 O. Karrer, Das Göttliche in der Seele bei Meister Eckhart, Würzburg 1928; W. Bange, Meister Eckharts Lehre vom göttlichen und geschöpflichen Sein, Limburg 1937; A. Dempf, Meister Eckhart, Freiburg 1960.
8 K. A. Fink. Die Deutsche Mystik. In: H. Jedin (Hg.), Handbuch der Kirchengeschichte. Bd. III: Die mittelalterliche Kirche, Freiburg – Basel – Wien 1968, 466.
9 Zitiert nach J. Quint (Anmerkung 1), 308.

ANMERKUNGEN

10 O. Karrer, Eckhart. In: H. J. Schultz (Hg.), Die Wahrheit der Ketzer, Stuttgart – Berlin 1968, 75; vgl. A. M. Haas, Meister Eckhart. In: G. Ruhbach – J. Sudbrack (Hg.), Große Mystiker. Leben und Wirken, München 1984, 156–170. Vgl. J. Bernhart, Die philosophische Mystik des Mittelalters, München 1922, 177 ff. Überaus anregend und von bleibender Bedeutung ist J. Bernhart, Meister Eckhart und Nietzsche. Ein Vergleich für die Gegenwart, Berlin 1934.

11 Das Urteil Ockhams, des Franziskaners, über Meister Eckhart, den Dominikaner, lautet: ». . . fantastica, non haereticalia, quam insana et nullo modo vel vix opinabilia« (zitiert nach H. Meyer, Geschichte der abendländischen Weltanschauung. Bd. III. Die Weltanschauung des Mittelalters, Würzburg 1948, 330).

12 J. Tauler, Predigten. Herausgegeben von W. Lehmann, Jena 1923, Bd. I, 73; vgl. E. Holzmair, Eckhart und Tauler, Wien 1931.

William Ockham

1 K. Bosl, Die »geistliche Hofakademie« Kaiser Ludwigs des Bayern im alten Franziskanerkloster zu München. In: Der Mönch im Wappen, München 1960, 97–130; H. S. Offler, Meinungsverschiedenheiten am Hof Ludwigs des Bayern im Herbst 1331. In: Deutsches Archiv für Erforschung des Mittelalters 11 (1954/55) 191–206.

2 Eine umfassende, äußerst anregende Information zu Leben und Werk Ockhams bietet O. Aicher – G. Greindl – W. Vossenkuhl (Hg.), Wilhelm von Ockham. Das Risiko, modern zu denken, München 1986 (Ausstellungskatalog); Vgl. dazu H. Junghans, Ockham im Lichte der neueren Forschung, Berlin – Hamburg 1968; F. Hoffmann, Die erste Kritik des Ockhamismus durch den Oxforder Kanzler Johannes Lutterell, Breslau 1941.

3 R. Höhn, Wilhelm Ockham in München. In: Franziskanische Studien 32 (1950) 142–155; R. Imbach, Wilhelm von Ockham, in: O. Höffe (Hg.), Klassiker der Philosophie. Bd. 1, München 1981, 220–244.

4 R. Winterswyl, Erinnerungen an Wilhelm von Occam. In: Süddeutsche Zeitung Nr. 246 (25./26. Oktober 1986) S. XIII. Den lateinischen Originaltext siehe Opera Politica. Bd. III, Manchester 1956, 6–17.

5 Einen ausgezeichneten Überblick über alle Werke Ockhams und ihre Veröffentlichung in modernen Publikationen in Opera Theologica (10 Bände), Opera Philosophica (7 Bände) und Opera Politica (3 Bände) sowie weitere Politische Schriften, Übersetzungen von Ockham-Werken, Hinweise auf lexikalische und bibliographische Hilfsmittel sowie ausgewählte Monographien und Aufsätze bietet O. Aicher – G. Greindl – W. Vossenkuhl (Anmerkung 2), a. a. O. 180–187.

6 A. Rotzetter, Der utopische Entwurf der franziskanischen Gemeinschaft. In: Wissenschaft und Weisheit 37 (1974) 159–169. Vgl. dazu K. S. Frank, Utopie – Pragmatismus. Bonaventura und das Erbe des heiligen Franziskus von Assisi. In: Wissenschaft und Weisheit 37 (1974) 139–159.

7 Über den Armutsstreit informiert der Beitrag in O. Aicher – G. Greindl – W. Vossenkuhl (Hg.), a. a. O. 158–162. Der Armutsstreit entzündete sich über Interpretation und Realisierung der Worte Jesu (Lk 12, 19–31) und des Armutsverständnisses, wie es Franz von Assisi in 9. Kapitel seiner »Zweiten Regel« niedergelegt hatte.
Nicht nur der einzelne Mönch, der ganze Orden sollte besitzlos sein. Die sogenannten Spiritualen hielten kompromißlos am strikten Armutsgebot fest. Sie wehrten sich gegen einen nur »armen Gebrauch« (usus pauper) des Lebensnotwendigen (wie er von Petrus Johannes Olivi † 1298 vertreten wurde). Nach Bonagratia müsse der Orden wie jeder einzelne Mönch auch auf den Gemeinschaftsbesitz an einzelnen Gebrauchsgütern

ANMERKUNGEN

verzichten; Vgl. K. Balthasar, Geschichte des Armutsstreites im Franziskanerorden bis zum Konzil von Vienne, Münster 1911.
8 M. A. Schmidt, Kirche und Staat bei Wilhelm von Ockham. In: Theologische Zeitschrift 7 (1951) 265–284; W. Kölmel, Wilhelm Ockham und seine kirchenpolitischen Schriften, Essen 1962.
9 P. L. Landsberg, Die Welt des Mittelalters und wir, Bonn 1925, 80. Vgl. dazu H. Heimsoeth, Die sechs großen Themen der abendländischen Metaphysik und der Ausgang des Mittelalters. Berlin 1922.
10 K. Bosl (Anmerkung 1), a. a. O. 122.
11 Cl. Baeumker, Die christliche Philosophie des Mittelalters. In: Die Kultur der Gegenwart, Berlin – Leipzig 1922, 418.
12 K. Hammerle, Von Ockham bis Milton, Innsbruck – Wien – München 1936, 10.
13 E. Hochstetter, Viator Mundi. Einige Anmerkungen zur Situation des Menschen bei Wilhelm von Ockham. In: Franziskanische Studien 32 (1950) 1 – 20; G. Martin, Ist Ockhams Relationstheorie Nominalismus? In: Franziskanische Studien 32 (1950) 31–49.
14 A. Läpple, Der Weg des Denkens. Geschichte – Probleme – Gestalten der Philosophie, Donauwörth 1980, 286–290. Vgl. J. Pinborg, Logik und Semantik im Mittelalter. Ein Überblick. Stuttgart 1972; A. Locher, Die Vorstellung von der Sprache bei Augustinus und Wittgenstein. In: Hochland 57 (1964/65) 438–446.
15 R. Winterswyl, a. a. O. XIII.
16 J. Huizinga, Herbst des Mittelalters, Stuttgart 1969, 10.

Jan Hus

1 A. Henze, Das große Konzilienbuch. Ein Kapitel Weltgeschichte aus Bildern, Bauten, Dokumenten, Starnberg 1963, 153. Vgl. H. Grundmann, Ketzergeschichte des Mittelalters, Göttingen 1963; F. Seibt, Hussitica. Zur Struktur einer Revolution, Köln – Graz 1965. Vgl. St. Hafner – O. Tureček – G. Wytrzens (Hg.), Slavische Geisteswelt. 3 Bde., Baden-Baden 1977/59.
2 Vgl. dazu die farbige Darstellung von F. Heer, Europäische Geistesgeschichte, Stuttgart 1953, 200 ff. und vom gleichen Verfasser: Jan Hus. In: K. Fassmann (Hg.), Die Großen der Weltgeschichte. Bd. IV, Zürich 1974, 148–169.
3 G. Wehr, Jan Hus. Ketzer und Reformator, Gütersloh 1979, 29–31; R. Friedenthal, Ketzer und Rebell. Jan Hus und das Jahrhundert der Revolutionskriege, München 1977.
4 R. Riemeck, Jan Hus. Reformation 100 Jahre vor Luther, Frankfurt/Main 1966, 24.
5 M. Eschborn, Karlstein. Das Rätsel um die Burg Karls IV. Stuttgart 1971; weist in einem hervorragend bebilderten Werk auf den mystisch-asketischen Hintergrund der Frömmigkeit, des Selbstverständnisses wie des sakralen Herrschertums des Kaisers Karl IV. hin.
6 Passage aus »De ecclesia«. Siehe dazu längere Auszüge in G. A. Benrath (Hg.), Wegbereiter der Reformation (Klassiker des Protestantismus Bd. I), Bremen 1967, 346–353. Hus greift damit Aussagen von John Wiclif auf, wonach Christus und der Papst als die direkten und schärfsten Gegner anzusehen sind: »Christus et papa directe contrarii« (John Wicliff, Polemical Sermons. II, London 1883, 681).
7 Zitiert nach W. Nigg, Das Buch der Ketzer, Zürich 1948, 303. Vgl. dazu J. Hus, Schriften zur Glaubensreform und Briefe der Jahre 1414–1415. Herausgegeben und eingeleitet von W. Schamschula, Frankfurt/Main 1969.
8 Zitiert nach W. Nigg, a. a. O. 305.
9 K. A. Fink, Das Konzil von Konstanz. In: H. Jedin (Hg.), Handbuch der Kirchengeschichte Bd. II, Freiburg – Basel – Wien 1968, 557.

Jeanne d'Arc

1 Zitiert nach P. Demetz, Vorwort zu J. Schondorff (Hg.), Die heilige Johanna. Vollständige Dramentexte: Schiller, Shaw, Brecht, Chaudel, Mell, Anouilh, München 1967, 9 ff. Für weitere Informationen sind heranzuziehen: A. Mirgeler, Jeanne d'Arc, Stuttgart 1952; W. Nigg, Große Heilige, Zürich 1952, 103–154; S. Stolpe, Das Mädchen von Orleans. Einführung von I. F. Görres, Frankfurt a. M. 1954; F. M. Stratmann, Die Heiligen in der Versuchung der Macht. (5. Band: Die Heiligen und der Staat), Frankfurt a. M. 1958, 394–417; G. Kranz, Politische Heilige und katholische Reformatoren. Fünfzehn Lebensbilder, Augsburg 1958, 73–97.
2 Eine ausgezeichnete Einführung dazu bietet V. Sackville-West, Jeanne d'Arc. Die Jungfrau von Orleans, Hamburg 1937, 143 f. Isabeau von Bayern, verheiratet mit dem geisteskranken König von Frankreich, Karl VI. [1380–1422], gebar in den Jahren 1386 bis 1407 zwölf Kinder, von denen Karl VII., der das Alter von 57 Jahren erreichte, alle überlebte.
3 Jeanne d'Arc, Dokumente ihrer Verurteilung und Rechtfertigung 1431–1456, Köln 1956.
4 Oriflamme hieß im Mittelalter die Kriegsfahne der französischen Könige.
5 V. Sackville-West, a. a. O. 425 f.
6 V. Sackville-West, a. a. O. 225 f.
7 Das vollständige Verzeichnis aller am Prozeß beteiligten Personen siehe V. Sackville-West, a. a. O. 428–433. M. Pribilla, Die »Stimmen« der Jungfrau von Orleans. In: Stimmen der Zeit 57 (1926/27) 361–377.
8 V. Sackville-West, a. a. O. 363 f.
9 V. Sackville-West, a. a. O. 401 f.
10 V. Sackville-West, a. a. O. 399. Die Überstellung an die weltliche Gerichtsbarkeit erfolgte nach dem Grundsatz: »Ecclesia non sitit sanquinem«.
11 V. Sackville-West, a. a. O. 404; vgl. dazu A. Läpple, Das kleine Hausbuch der Heiligen, München 1984, 161–164.

Girolamo Savonarola

1 A. Läpple, Savonarola und Luther. In: Klerusblatt 63 (1983) 297–299.
2 J. Schnitzer, Savonarola. Ein Kulturbild der Renaissance. Bd. II, München 1924, 744; vgl. O. Karrer, Der Prophet Savonarola. In: Hochland 27/II (1929/30) 497–517; L. v. Pastor, Geschichte der Päpste. Bd. III, Freiburg i. Br. 1924, 158–203, 467–518; G. Kranz, Politische Heilige und katholische Reformatoren. Fünfzehn Lebensbilder, Augsburg 1958, 150–175.
3 WA 7, 139, 18–23 (= Weimarer Ausgabe der Werke Luthers, zitiert nach Band, Seite und Zeile).
4 WA 12, 248, 22 f. Vgl. dazu Savonarola, Letzte Meditationen über die Psalmen 50 und 30. Düsseldorf 1956.
5 F. X. Seppelt, Geschichte der Päpste. Vierter Band. Neu bearbeitet von G. Schwaiger, München 1957, 376. Vgl. dazu O. Ferrara, Alexander VI. Borgia, Zürich – Stuttgart 1957.
6 H. Kühner, Das Imperium der Päpste, Frankfurt S. 244.
7 Aus der zehnten Predigt Savonarolas über Rut und Micha vom 20. August 1496. Siehe dazu J. Schnitzer, a. a. O. Bd. I, 344.
8 J. Schnitzer, Savonarolas Erzieher und Savonarola als Erzieher, Berlin 1913.
9 G. Savonarola, Prediche sopra l'Exodo, Venetia 1520 (XI, 67 b).
10 Aus der Predigt Savonarolas über Amos und Sacharja am 17. Februar 1496.

11 J. Schnitzer, Savonarola im Streite mit seinem Orden und mit seinem Kloster. München 1914.
12 Girolamo Savonarola, Auswahl aus seinen Schriften und Predigten. In deutscher Übersetzung von J. Schnitzer, Jena 1928, 136.
13 Savonarola, Letzte Meditationen über die Psalmen 50 und 30. Mit einer Einführung von O. Karrer, Düsseldorf 1956.
14 P. Burlamacchi, Vita del P. F. Girolamo Savonarola, Lucca 1764, 154; vgl. G. Gieraths, Savonarola, Ketzer oder Heiliger?, Freiburg – Basel – Wien 1961, 36.
15 Zitiert nach J. Schnitzer, Savonarola (Anmerkung 2), a. a. O. Bd. I, 581.
16 J. Schnitzer, a. a. O. Bd. I, 584; vgl. dazu S. Merkle, Der Streit um Savonarola. In: Hochland 25/II (1927/28) 462–485; N. Sementovsky-Kurilo, Savonarola. Revolutionär, Ketzer oder Prophet?, Olten 1950 (mit gutem Literaturverzeichnis); U. v. Klimburg, Der heilige Ketzer, Speyer 1958; L. v. Pastor, Zur Beurteilung Savonarolas. Kritische Streifzüge, Freiburg i. Br. 1898.

Martin Luther

1 W. Nigg, Das Buch der Ketzer, Zürich 1949, 327–350.
2 F. Heer, Martin Luther. In: H. J. Schultz (Hg.), Die Wahrheit der Ketzer, Stuttgart – Berlin 1968, 99 – 107 (Zitat: 100).
3 J. Lortz, Die Reformation in Deutschland. Erster Band, Freiburg i. Br. 1949, 393.
4 J. Ratzinger, Kirche, Ökumene und Politik. Neue Versuche zur Ekklesiologie, Einsiedeln 1987, 101.
5 G. Ruhbach – J. Sudbrack (Hg.), Große Mystiker. Leben und Wirken, München 1984 (R. Schwarz, Martin Luther. a. a. O. 185–202). Vgl. G. A. Benrath, Luther und die Mystik. Ein Kurzbericht. In: P. Manns (Hg.) Zur Lage der Lutherforschung heute, Wiesbaden 1982, 44–58.
6 Stellungnahme der EKD, zitiert nach KNA Nr. 48 vom 24. Oktober 1980, S. 2. Vgl. dazu K. Ihlenfeld, Angst vor Luther?, Witten – Berlin 1967.
7 K. G. Steck, Martin Luther. Tischreden, München 1959, 6.
8 WA 37, 661, 23–26.
9 WA 54, 185.
10 WA 15, 489, 3.
11 WA T 5, 6017.
12 WA 54, 185, 14–186, 21.
13 A. Läpple, Martin Luther. Leben – Bilder – Dokumente, München – Aschaffenburg 1982, 112.
14 WA 1, 233–238. Die deutsche Übersetzung aller 95 Thesen findet sich in A. Läpple, a. a. O. 137–143.
15 Es dürfte sich wohl um eine legendäre, das Leben und Wirken Luthers heroischdramatisch ausschmückende Nachricht handeln, Martin Luther habe die päpstliche Bannandrohungsbulle verbrannt. Das Original dieser Bannandrohungsbulle, ausgefertigt von Papst Leo X., gehört nämlich zu den Prunkstücken des Dresdner Staatsarchivs (wie der Münchner Merkur Nr. 249 vom 27./28. Oktober 1979, S. 9 berichtete).
16 R. Schwarz, Martin Luther. In: G. Ruhbach – J. Sudbrack (Hg.), Große Mystiker. Leben und Wirken, München 1984, 185.
17 Zitiert nach A. Greiner. Martin Luther. Erfahrung der Gnade, München 1967, 145.
18 WA 40/I, 285, 5 f.
19 Siehe Zitat Anmerkung 17!

20 R. Schwarz, a. a. O. 202. Vgl. H. Quiring, Luther und die Mystik. In: Zeitschrift für systematische Theologie 13 (1936) 150–174. 177–240. Vgl. dazu die Dogmatische Konstitution über die göttliche Offenbarung (Art. 21) des 2. Vatikanischen Konzils vom 18. November 1965.

Teresa von Avila

1 V. Sackville-West, Adler und Taube. Eine Studie in Gegensätzen: Die heilige Teresa von Avila – die heilige Therese von Lisieux, Hamburg 1947, 35.
2 G. Hinricher, Teresa von Avila. In: G. Ruhbacher – J. Sudbrack (Hg.), Große Mystiker. Leben und Wirken, München 1984, 223.
3 Zitiert nach G. Kranz, Politische Heilige und katholische Reformatoren. Fünfzehn Lebensbilder, Augsburg 1958, 230. Santa Teresa de Jesùs, Libro de la Vida, Burgos 1964.
4 W. Herbstrith, Teresa von Avila. Die erste Kirchenlehrerin, Bergen – Enkheim 1971, 42.
5 Eine tabellarische Übersicht der Klostergründungen Teresas mit genauer Angabe der Daten und der Orte findet sich in W. Herbstrith, a. a. O. 152.
6 Zitiert nach W. Herbstrith, a. a. O. 105.
7 Zitiert nach V. Sackville-West, a. a. O. 62.
8 Zitiert nach V. Sackville-West, a. a. O. 75.
9 Zitiert nach V. Sackville-West, a. a. O. 69 f.
10 Aus ihrer Autobiographie »Libro de la Vida«.
11 Zitiert nach W. Nigg, Große Heilige. Zürich 1946, 204.
12 Zitiert nach W. Nigg, a. a. O. 204.
13 Vgl. dazu V. Sackville-West, a. a. O. 138 f.
14 Prozeß von Alba 1592. Biblioteca Mistica Carmelitana (BMC) I, 18, 101.
15 Poesis Nr. 33.

Giordano Bruno

1 L. v. Pastor, Geschichte der Päpste im Zeitalter der katholischen Reformation und Restauration. 11. Bd., Freiburg i. Br. 1927, 466. Bereits in der Samstagausgabe vom 12. Februar 1600 und in der Mittwochausgabe vom 16. Februar 1600 hatte die römische Zeitung »Avvisi di Roma« über den zum Feuertod verurteilten Giordano Bruno berichtet. Vgl. A. Nitschke, Giordano Bruno. In: H. J. Schultz (Hg.), Die Wahrheit der Ketzer, Stuttgart – Berlin 1968, 119–127.
2 A. Läpple, Kirchengeschichte in Dokumenten, Düsseldorf 1967, 304 (Religiöse Toleranz: Aus dem politischen Testament Friedrichs des Großen).
3 L. v. Pastor, a. a. O. 459–466. Vgl. W. Nigg, Das Buch der Ketzer, Zürich 1949, 410–421.
4 L. v. Pastor, a. a. O. 460.
5 L. v. Pastor, a. a. O. 461.
6 L. v. Pastor, a. a. O. 463.
7 Es handelt sich um die drei, lateinisch abgefaßten Lehrgedichte: De triplici minimo et mensura (Vom dreifachen Kleinsten und dem Maß), De immenso et innumerabilibus (Vom Unendlichen und den unzähligen Welten) und De monade, numero et figura (Von der Einheit, der Zahl der Gestalt).
8 L. v. Pastor, a. a. O. 465.
9 A. Kaiser, Giordano Bruno. In: K. Deschner (Hg.), Das Christentum im Urteil seiner Gegner. Erster Band, Wiesbaden 1969, 48.

10 A. Kaiser, a. a. O. 48.
11 A. Nitschke, a. a. O. (Anmerkung 1) 127.
12 »... mundum incoepisse est credibile, non autem scibile vel demonstrabile« (S. th. I, 46,2). Vgl. dazu A. Läpple, Der Weg des Denkens. Geschichte – Probleme – Gestalten der Philosophie, Donauwörth 1980, 137.
13 Zitiert nach A. Kaiser, a. a. O. 52.
14 A. Nitschke, a. a. O. 120. Vgl. a. a. O. 307 den Text über die Seelenwanderung aus dem Werk »Cabala del cavallo Pegaso« (2. Dialog) von Giordano Bruno.
15 L. v. Pastor, a. a. O. 461.
16 A. Kaiser, a. a. O. 48.

Galileo Galilei

1 C. F. v. Weizsäcker, Die Tragweite der Wissenschaft. Erster Band: Schöpfung und Weltentstehung. Die Geschichte zweier Begriffe, Stuttgart 1964, 111. Vgl. L. v. Pastor, Geschichte der Päpste im Zeitalter der katholischen Reformation und Restauration, Freiburg i. Br. 1927, 203–214.
2 C. F. v. Weizsäcker, a. a. O. 116.
3 C. F. v. Weizsäcker, a. a. O. 116.
4 Siehe A. Läpple, Kirchengeschichte in Dokumenten, Düsseldorf 1967, 191–193.
5 L. Kühle, Punkt im All. Nikolaus Kopernikus – Künder eines neuen Weltbildes, Berlin 1943, 105.
6 L. v. Pastor, a. a. O. 204.
7 H. Blumenberg (Hg.), Galileo Galilei, Sidereus Nuncius, Frankfurt/Main 1965.
8 L. v. Pastor, a. a. O. 209.
9 L. v. Pastor, a. a. O. 211.
10 L. v. Pastor, a. a. O. 211.
11 A. C. Crombie, Von Augustinus bis Galilei. Die Emanzipation der Naturwissenschaft, Köln – Berlin 1965, 433 f.
12 H. Grisar, Galileistudien. Historisch-theologische Untersuchungen über die Urteile der Kongregationen im Galilei-Prozeß, Regensburg 1882; G. Dickler, Dreizehn Prozesse, die Geschichte machten, München 1964; G. Hamann, Der Galilei-Prozeß (12. April – 22. Juni 1633), Wien 1983 (Österreichische Akademie der Wissenschaften 1982/83, Sonderdruck Nr. 2).
13 F. Dessauer, Der Fall Galilei und wir, Frankfurt/Main 1947, 39.
14 L. v. Pastor, a. a. O. 213 f. Auf Grund einer Anfrage hatte am 11. September 1822 das Heilige Offizium bereits erklärt, die allgemein angenommene kopernikanische Lehre könne in Wort und Schrift frei verkündet werden. Vgl. dazu F. Lektor, Der Index der verbotenen Bücher. In: Orientierung 23 (1959) 124 – 129. Um der geschichtlichen Wahrheit willen sollte man nicht verschweigen, daß neben Martin Luther und Melanchthon die meisten Anhänger der Reformation das kopernikanische Weltsystem als schriftwidrig verworfen haben. Luther hat in seiner Tischrede ausdrücklich auf den Widerspruch zum Schriftwort in Jos 10,12–13 hingewiesen und Kopernikus einen »Narren genannt, der die ganze Kunst der Astronomie umkehren will«.
15 B. Brecht, Aufzeichnungen zu »Leben des Galilei«. In: Materialien zur Brecht »Leben des Galilei« (Edition Suhrkamp Nr. 44), Frankfurt/Main 1963. Bertolt Brecht (1898–1956) hat das Schauspiel »Leben des Galilei« (1939), umgearbeitet 1956 unter dem Eindruck der Ergebnisse der Kernforschung geschrieben. Vgl. dazu G. Szczesny, Das Leben des Galilei und der Fall Bertolt Brecht, Frankfurt – Berlin 1966; E. Schumacher, Der Fall Galilei, Berlin 1964.

16 H. U. v. Balthasar, Die Gottesfrage des heutigen Menschen, Wien – München 1956, 139.
17 F. Dessauer, a. a. O. 70; P. Paschini, Vita et Opere di Galileo Galilei. 2 Bde, Rom 1964; P. Davies, Gott und die moderne Physik. Vorwort von H. v. Ditfurth, Gütersloh 1986.
18 Auf dem 2. Vatikanischen Konzil 1962/65 wurde wiederholt der Wunsch laut, die katholische Kirche möge durch ihre höchste Autorität eine »demütige und gerechte Rehabilitation Galileis« vollziehen. Am 10. Juni 1965 hat Papst Paul VI. auf dem Domplatz in Pisa das katholische Volk aufgefordert, es möge den Glauben Galileis, Dantes und Michelangelos nachahmen. Siehe dazu J. Chr. Hampe (Hg.), Die Autorität der Freiheit. Gegenwart des Konzils und Zukunft der Kirche im ökumenischen Disput. Bd. III, München 1967, 330 (Anmerkung 1).

Jakob Böhme

1 W. Tritsch (Hg.) Christliche Geisteswelt. Die Welt der Mystik, Baden-Baden 1957, 279. Eine immer noch brauchbare und detaillierte Darstellung Jakob Böhmes von D. Dibelius findet sich in der Realenzyklopädie für protestantische Theologie und Kirche. Dritter Band, Leipzig 1897, 272–276. Vgl. dazu den Artikel »Böhme Jakob« von F. Maliske im Lexikon für Theologie und Kirche. Zweiter Band, Freiburg 1958, Sp. 559–560; E. Ludovica, Jakob Böhme, der Görlitzer Mystiker, Schmiedeberg 1924; P. Hankamer, Jakob Böhme, Bonn 1924; H. Grunsky, Jakob Böhme, Stuttgart 1956.
2 G. Ruhbach, Das Charismaverständnis des Neuen Testaments. In: Monatsschrift für Pastoraltheologie 53 (1964) 407–419; H. Mühlen, Mysterium – Mystik – Charismatik. In: Geist und Leben 46 (1973) 247–256.
3 W. Tritsch (Hg.), a. a. O. 279.
4 H. Kaiser, Böhmes Schriften, Leipzig 1920; W. Buddecke, Die Jakob-Böhme-Ausgaben. 2 Bde, Göttingen 1937/57.
5 K. Schilling, Geschichte der Philosophie. Zweiter Band: Die Neuzeit, München 1944, 200.
6 K. Schilling, a. a. O. 200.
7 M. Schmidt, Pietismus, Stuttgart 1972; G. Schmalenberg, Pietismus – Schule – Religionsunterricht. Die christliche Unterweisung im Spiegel der vom Pietismus bestimmten Schulordnungen des 18. Jahrhunderts, Bern – Frankfurt/M 1974; A. Läpple, Kleine Geschichte der Katechese, München 1981, 115 ff.
8 Zitiert nach H. Meyer, Geschichte der abendländischen Weltanschauung. IV. Bd.: Von der Renaissance bis zum deutschen Idealismus, Würzburg – Paderborn 1950, 60.
9 Zitiert nach H. Meyer, a. a. O. 59.
10 Zitiert nach H. Meyer, a. a. O. Vgl. E. Werner, Die voluntaristische Mystik Jakob Böhmes, Berlin 1913. Eine Darstellung der »Welt-Anschauung« von Jakob Böhme findet sich in K. Schilling, a. a. O. 200–208. Vgl. A. Grunsky, Böhme als Schöpfer einer germanischen Philosophie des Willens, Hamburg 1940; A. Faust, Böhme als Philosophus teutonicus, Stuttgart 1941.

Angelus Silesius

1 P. Hankamer, Deutsche Literaturgeschichte, Bonn 1930, 146.
2 G. Ellinger, Angelus Silesius. Eine Lebensbild, Breslau 1927; vgl. den Artikel von W. Dürig »Angelus Silesius« im Lexikon für Theologie und Kirche. Erster Band, Freiburg 1957, Sp. 542; W. Köhler, Angelus Silesius, München 1929.

ANMERKUNGEN

3 F. Schulze-Maizier, Mystische Dichtung aus sieben Jahrhunderten, Leipzig 1925, 268. Vgl. Sämtliche poetischen Werke von Angelus Silesius (3 Bde). Hg. H. L. Held, München 1949.
4 A. Salzer, Illustrierte Geschichte der Deutschen Literatur. Zweiter Band, Regensburg 1926, 519.
5 F. Schulze – Maizier, a. a. O. 36. Angelus Silesius dürfte das alexandrinische Versmaß der geistlichen Spruchdichtung »Monodisticha sexcenta sapientium« von Daniel von Czepko (1605–1660) entnommen haben. Für die Hochschätzung seiner Lieder zeugt die Tatsache, daß der Pietist Gerhardt Tersteegen (1697–1760) in seine Sammlung 50 Scheffler-Lieder, aber nur 2 von Martin Luther (1483–1546) und 10 von Paul Gerhardt (1607–1676) aufgenommen hat. Vgl. G. Müller, Geschichte der deutschen Seele, Freiburg i. Br. 1939, 93–97; W. Milch, Daniel von Czepkos Stellung in der Mystik des XVII. Jahrhunderts. Im: Archiv für Kulturgeschichte 20 (1930) 261–280.

Bernadette Soubirous

1 A. Läpple, Lourdes, Aschaffenburg 1983, 52.
2 W. Grenzmann, Dichtung und Glaube, Bonn 1950, 243. Zu Franz Werfels religiösen Werken zählen neben dem »Lied der Bernadette« »Der veruntreute Himmel« und »Der Stern der Ungeborenen«. Vgl. H. Braun, Die Wendung zum Religiösen im modernen Roman. In: Hochland 41 (1948/49) 174–180.
3 Über die dramatischen Phasen von Werfels Flucht siehe A. Mahler-Werfel, Mein Leben, Frankfurt/Main 1960, 269 ff. Vgl. dazu auch J. Wulf, Literatur und Dichtung im Dritten Reich. Eine Dokumentation, Gütersloh 1963, 28 f.
4 Zitiert nach W. Grenzmann, a. a. O. 248.
5 W. Grenzmann, a. a. O. 249.
6 Vgl. dazu den Bild-Text-Band von A. Läpple, Lourdes, Augsburg 1988.
7 Bernadette von Lourdes, Ich habe das Glück, zur Grotte zu gehen. Briefe und Bekenntnisse. Herausgegeben von A. Ravier, Freiburg – Basel – Wien 1979, 81.
8 A. Ravier, Bernadette Soubirous. Eine Heilige Frankreichs, Europas und der Welt, Freiburg – Basel – Wien 1979, 93.
9 R. Laurentin. Das Leben der Bernadette. Die Heilige von Lourdes, Düsseldorf 1979, 232.
10 A. Laurentin, a. a. O. 246. Einen Bericht über das Sterben Bernadettes hat Schwester Nathalie Portat unmittelbar nach dem Tod von Schwester Marie-Bernard niedergeschrieben. Siehe Bernadette von Lourdes, a. a. O. 156–159.
11 P. Fischer, Lourdes. Das Buch für Pilger, Sankt Augustin 1976, 33.
12 Pilger und Touristen, die nach Nevers kommen, sollten nicht versäumen, auch die einzigartige gotische Kathedrale Saint-Cyr mit einem neuentdeckten merowingischen Baptisterium zu besuchen. Vgl. W. Schäfer, Frankreichs gotische Kathedralen (DuMont Kunst-Reiseführer), Köln 1979, 245–247.
13 Eine Wiedergabe dieser handgeschriebenen Aufzeichnungen aus dem Jahr 1866 siehe A. Läpple, a. a. O. 43 und 48.
14 Bernadette von Lourdes, a. a. O. 32. Am 24. Oktober 1865 schrieb Bernadette für den Jesuitenpater Léonard Cros, der später, in der Zeit vom 25. August 1878 bis zum 3. März 1879, sie in einem erbarmungslosen Verhör interviewte, die »Worte der heiligen Jungfrau« nieder, die Maria zu Bernadette gesprochen hat. Bernadette hat diese Worte in jenem (bigorrischen) Dialekt aufgezeichnet, in dem sie diese gehört hatte.
Über die Reihenfolge der Marienerscheinungen unterrichten R. Laurentin, a. a. O. 37–100; A. Ravier, a. a. O. 13–33.
15 R. Laurentin, a. a. O. 44.

16 Bernadette von Lourdes, a. a. O. 32. Vgl. dazu R. Laurentin, a. a. O. 2, der auf den »Dialekt in okzitanisch-südfranzösischer Sprache« und auch auf die erheblichen Schwierigkeiten aufmerksam macht, diesen Dialekt in das Normal-Französisch zu übertragen (a. a. O. 55 f.).
17 R. Laurentin, a. a. O. 91–94.
18 Bernadette von Lourdes, a. a. O. 137.
19 A. Läpple, a. a. O. 58–87, wo sich eine Übersicht der Wunderheilungen in Lourdes mit mehreren Krankheitsberichten über kirchlich anerkannte Lourdes-Wunder befindet.
20 Zitiert nach W. Schamoni, Das wahre Gesicht der Heiligen. Leipzig 1938, 275.

Therese von Lisieux

1 I. F. Görres, Das verborgene Antlitz, Wien 1948, 18.
2 H. U. von Balthasar, Der »Kleine Weg«. Zum hundertsten Geburtstag der Therese von Lisieux am 2. Januar 1973. In: Deutsche Tagespost vom 5./6. Januar 1973, 14. Vom gleichen Verfasser: Therese von Lisieux. In: zur debatte. Themen der Katholischen Akademie in Bayern 3 (1973) Nr. 1/2, Seite 10 f.
3 Die Faksimile-Ausgabe erschien im April 1956 unter dem Titel: Manuscrits Autobiographiques de Sainte Thérès de l'Enfant-Jesus (Office Central de Lisieux). Deutsche Übersetzung: Therese vom Kinde Jesus. Selbstbiographische Schriften. Authentischer Text. Ins Deutsche übertragen von Dr. Otto Iserland und Cornelia Capol. Geleitwort von Hans Urs von Balthasar, Einsiedeln 1958 (Zitiert: Selbstbiographische Schriften).
4 K. Rahner, Therese, eine große Heilige. In: Münchner katholische Kirchenzeitung vom 24. Dezember 1972, 8.
5 Ein detaillierter Personalakt findet sich in den Selbstbiographischen Schriften 283–287.
6 Vgl. dazu die Geschwistertabelle in A. Läpple, Theresia von Lisieux, Aschaffenburg 1984, 14.
7 Von diesen Theateraufführungen sind auch Fotografien erhalten, die Schwester Therese als Jeanne d'Arc zeigen; siehe P. Francois de Sainte-Marie, Therese von Lisieux. Wie sie wirklich war. Authentische Fotografien, Einsiedeln 1961, 55 f.
8 V. Sackville-West, Adler und Taube. Eine Studie in Gegensätzen. Hamburg 1947.
9 I. F. Görres, a. a. O. 429. Vgl. dazu J.-F. Six, Letztes Mittel – Fahnenflucht. In: Orientierung 41 (1977) 13.
10 J.-F. Six, Theresia von Lisieux. Ihr Leben, wie sie wirklich war, Freiburg i. Br. 1976.
11 I. F. Görres, a. a. O. 448.
12 I. F. Görres, a. a. O. 470. Vgl. dazu A. Läpple, a. a. O. 72–75.
13 K. Rahner, a. a. O. 8.

Marcel Lefebvre

1 M. Lefebvre, Offener Brief an die ratlosen Katholiken, Wien 1986, 152.
2 M. Lefebvre, a. a. O. 160.
3 M. Lefebvre, a. a. O. 208.
4 M. Lefebvre, a. a. O. 98.
5 Mitteilungsblatt der Priesterbruderschaft St. Pius X. für den deutschen Sprachraum Nr. 106/ Oktober 1987, 46–52.
6 M. Lefebvre, a. a. O. 221.
7 Es handelt sich um die Kanones 492–498 des damals noch gültigen Codex Juris Canonici vom Jahr 1917.

ANMERKUNGEN

8 M. Lefebvre, a. a. O. 211.
9 M. Lefebvre, a. a. O. 249–252.
10 M. Lefebvre, a. a. O. 213.
11 Der Codex Juris Canonici (1917) hat in den Kanones 1602 bis 1605 die Organisation, Zuständigkeit, Rekursmöglichkeiten und Verfahren der Apostolischen Signatur in Rom (Signatura Apostolica) festgelegt.
12 M. Lefebvre, a. a. O. 215.
13 Eine Zusammenfassung seiner kritischen Äußerungen findet sich in M. Lefebvre, a. a. O., Wien 1986.
14 M. Lefebvre, a. a. O. 249–250.
15 Die Frage »Was ist Tradition?« beantwortet M. Lefebvre in seinem bereits zitierten Werk S. 187–194.
16 Vgl. dazu U. Horst, Die Kirchenkonstitution des II. Vaticanums. Versuch einer historischen Einordnung. In: Münchener Theologische Zeitschrift 35 (1985) 36–51.
17 M. Lefebvre, a. a. O. 131.
18 M. Lefebvre, a. a. O. 145.
19 M. Lefebvre, a. a. O. 73.
20 Vgl. Mitteilungsblatt der Priesterbruderschaft St. Pius X. für den deutschen Sprachraum Nr. 56, 24 f. Heranzuziehen ist auch L. Kozelka, Lefebvre. Ein Erzbischof im Widerspruch zu Papst und Konzil, Aschaffenburg 1980.
21 Zitiert nach J. Vandrisse, Wird es zu einer Einigung kommen? In: Deutsche Tagespost Nr. 124 vom 17. Oktober 1987, S. 4. Vgl. dazu G. Horst, Jetzt ist Lefebvre am Zug. In: Deutsche Tagespost Nr. 127 vom 24. Oktober 1987, S. 2.
22 G. May, Die alte und die neue Messe. Die Rechtslage hinsichtlich des Ordo Missae, St. Augustin 1984.
23 Es handelt sich um einen Beitrag von Yves Congar im November-Heft 1978 der Zeitschrift »Concilium«. Zitiert nach J. Vandrisse, a. a. O. 4.
24 Vgl. dazu die Kanones 294 bis 297 des neuen Codex Juris Canonici (1983) über die Errichtung und Statuten von Personalprälaturen (Praelatura personalis). Das bisherige Weltinstitut »Opus Dei«, eine Laienbewegung mit eigenen, inkardinierten Priestern (Prälaturpriestern), wurde am 23. August 1982 als Personalprälatur errichtet.

Leonardo Boff

1 Die Erklärung von Leonardo Boff vor Eintritt in das auferlegte Stillschweigen vom 8. März 1985 ist in deutscher Sprache wiedergegeben im »Dokument« dieser Biographie (zitiert nach »Der Fall Boff«). Eine Dokumentation. Herausgegeben von der Brasilianischen Bewegung für die Menschenrechte, Düsseldorf 1986, 181.
2 Zitiert nach E. Höfl-Hielscher, Leonardo Boff. Franziskaner und Vertreter der Theologie der Befreiung. In: Süddeutsche Zeitung Nr. 222 vom 28. September 1987, S. 15.
3 L. Boff, Os sacramentos da vida e a vida dos sacramentos. Petropolis (Brasilien) 1975. Deutsche Übersetzung: Kleine Sakramentenlehre, Düsseldorf 1976.
4 L. Boff, Kleine Sakramentenlehre, Düsseldorf 1976, 27–33.
5 L. Boff, a. a. O. 29.
6 L. Boff, a. a. O. 29.
7 L. Boff, a. a. O. 32–33.
8 Diese theologische Dissertation ist unter dem gleichen Titel erschienen in der Reihe: Konfessionskundliche und kontroverstheologische Studien. XXVIII, Paderborn 1972.
9 Der Fall Boff (siehe Anmerkung 1), a. a. O. 69.

Anmerkungen

10 Der Text dieser grundsätzlichen Bemerkungen ist abgedruckt in: H. Greinacher (Hg.), Konflikte um die Theologie der Befreiung. Diskussion und Dokumentation, Zürich – Einsiedeln – Köln 1985, 175–184.
11 Die deutsche Übersetzung der Instruktion »Libertatis nuntius« wurde als Nr. 57 der Verlautbarungen des Apostolischen Stuhls vom Sekretariat der Deutschen Bischofskonferenz (Kaiserstr. 163, 5300 Bonn 1) herausgegeben.
12 L. Boff, a. a. O. 154.
13 Vgl. dazu das Schreiben von Leonardo Boff an Kardinal Dom Aloísio Lorscheider vom 15. Oktober 1984 wie auch an den Herausgeber des »Spiegel«, Rudolf Augstein, vom 1. Oktober 1984 in: Der Fall Boff, a. a. O. 155–157.
14 Der Fall Boff, a. a. O. 170.
15 Der Fall Boff, a. a. O. 88.
16 E. Höfl-Hielscher, a. a. O. 15.
17 E. Höfl-Hielscher, a. a. O. 15.
18 L. Boff, Aus dem Tal der Tränen ins Gelobte Land, Düsseldorf 1983, 194.
19 Zitiert nach D. Huber, Material für entwicklungspolitische Bildung. Herausgegeben vom entwicklungspolitischen Bildungszentrum (A-1090 Wien, Türkenstr. 3). o. J. S. 11.
20 D. Huber, a. a. O. 29. Von einem ganz anderen und gegensätzlichen Gesichtspunkt der modernen Großstadt wurden Gegenwartssituation, Auftrag der wissenschaftlichen Theologie und der Christen in Kirche und Gesellschaft beleuchtet von H. Cox, Stadt ohne Gott?, Stuttgart – Berlin 1966.
21 L. Boff, Kirche: Charisma und Macht. Versuch einer streitbaren Ekklesiologie, Düsseldorf 1985, 98 (vgl. a. a. O. 81–94).
22 L. Boff, Aus dem Tal der Tränen ins Gelobte Land, Düsseldorf 1983, 193. Vgl. dazu G. Gutiérrez, Aus eigener Quelle trinken. Spiritualität der Befreiung, München – Mainz 1986.
23 Vgl. dazu von J. Ratzinger, Zur Lage des Glaubens, München – Zürich – Wien 1985, 179–203 und vom gleichen Verfasser: Kirche, Ökumene und Politik. Neue Versuche einer Ekklesiologie, Einsiedeln 1987, vor allem 165–243. Vgl. dazu J. B. Metz (Hg.), Die Theologie der Befreiung: Hoffnung oder Gefahr für die Kirche?, Düsseldorf 1986.

Bildquellen

Schutzumschlag. Links: Franz von Assisi. Ausschnitt aus dem Fresko von Giovanni Cimabue. Rechts: Girolamo Savonarola. Bildnis von Fra Bartolomeo.

Archiv für Kunst und Geschichte, Berlin: 195, 221

KNA-Bild, Frankfurt: Farbbild Leonardo Boff, Marcel Lefebvre (251)